国際関係私法講義［改題補訂版］

松岡博［著］ 高杉直［補訂］

法律文化社

改題補訂版はしがき

　本書は、松岡博『現代国際私法講義』(2008年)の補訂を行うとともに、国際取引法の部分を追加したものである。

　松岡博先生は、2013年7月25日、天に召された。同書の刊行後、財産関係事件の国際裁判管轄に関する立法があったため、松岡先生から改訂についてお手伝いをするよう依頼されていた。それにお応えすることができなかったことは、私にとって悔いの残るものであったが、このたび、ご遺族のお許しを得て、遅ればせながら補訂することができた。

　また、国際取引法の部分は、松岡先生ご自身も同書の企画当初から執筆を考えられていたところであり、先生のご遺志に従い、この機会に追加することにした。

　補訂部分および追加部分については、心の中で松岡先生に質問しながら執筆を進めたものであるが、誤り等の責任はすべて私にある。松岡先生からの直接のお導きを賜ることができないことが、残念でならない。

　ご遺族の松岡直之様には、松岡先生の自筆による修正部分等を拝見する機会をいただくとともに、松岡先生のお考えについて多数の貴重なご意見を賜りました。心より厚く御礼申し上げます。

　また、本書の校正に関して、同志社大学法学研究科博士後期課程の西岡和晃君と小池未来さんにお世話になりました。記して謝意を表します。

　松岡博先生のご冥福を心よりお祈りいたします。

　2015年3月

京都・今出川の研究室にて
高　杉　直

はしがき

　グローバル化時代を迎えて，国際関係私法の基本法としてその中核的役割を担う国際私法の重要性は益々高まりつつある。

　本書は，このような時代における国際私法のわかりやすく，利用しやすい標準的教科書を目指した。

　全体を4編に分け，最近その重要性が増している国際民事手続法に1編を割り当てた。また重要と考えた論点をバランスよく説明することに努めた。そのため紙面が限られていることもあって包括的であることはある程度犠牲にした。

　国際私法の理論的な側面だけでなく，その実際的な側面をも重視しようとした。【設例】を用いて，具体的に説明しようとしたのもそのためである。とくに法選択問題の設例については，関連する国の法の具体的な適用の結果が異なる【設例】とするように心がけた。法選択理論は，まさしくそのような場面においてその真の価値を発揮すると考えたからである。

　また国際私法は，かつて畳の上の水泳訓練と評されたこともあったが，近時は重要な裁判例も随分と増えた。もはや判例を無視して日本の国際私法を論じることはできないであろう。そこで判例もできる限り多く取り入れた。つまり，【設例】と判例をできる限り利用して，国際私法を具体的に説明しようとした点に特色がある。

　国際私法の基礎にある政策考慮はなにかという政策考慮論と，国際私法規則の構造はいかにあるべきかという構造論を重視したのも本書の特色である。この点は，国際裁判管轄と外国判決の承認執行の問題を取り上げる場合にも貫いたつもりであり，著者の国際私法方法論の一端を示した。

　国際私法においても，立法論の重要性はいうまでもないが，本書では国際私法の立法論は，必ずしも十分には展開されていない。国際裁判管轄の立法化についても，現段階では別の機会に譲らざるを得なかった。

　教科書としての性格上，文献の引用は省略した。ご教示を得ながら，その出所を明示しなかった点については，なにとぞご海容をお願いしたい。

本書は，法律文化社のNJ叢書『現代国際取引法講義』（松岡博編著）の姉妹版である。10年ほど前に，本書の執筆を約束しながら，いろいろの事情から随分と遅れてしまった。この間，辛抱強く待って，激励いただいた秋山泰社長に心から感謝したい。

　本書をなんとか刊行することができたのは，大阪大学，帝塚山大学等において40年近くにわたって，拙い講義を聴いてくれた学生諸君のお陰である。また大阪大学・帝塚山大学の当時の大学院生であった神川朋子，田中美穂，大崎理恵，松永詩乃美ほかの皆さんには講義の内容を原稿にすることやその整理に本当にお世話になった。さらに本書の初稿のゲラを読んで，貴重なコメントをくださった高杉直同志社大学教授，多田望熊本大学教授，吉川英一郎大阪学院大学准教授，北坂尚洋福岡大学准教授，黄軔霆帝塚山大学准教授の各氏にも厚く御礼を申し上げたい。校正は帝塚山大学大学院学生前田実紀さんに献身的なご協力を頂いた。もとより内容上の誤りや誤植の責任は著者にあることはいうまでもない。

　最後に法律文化社の秋山泰社長には，本書の企画の段階から完成に至るまで，万端にわたってお世話になった。心から感謝の意を表したい。

2008年8月

奈良の帝塚山大学研究室にて

松　岡　　博

目　次

改題補訂版はしがき
はしがき

第1編　国際私法総論

第1章　国際私法の意義・法源 … 3
第1節　国際私法の意義 … 3
1 国際私法とは(4)　*2* 法選択——狭い意味の国際私法(4)　*3* 国際的私法生活関係と国際私法(5)　*4* 国際私法の必要性(6)　*5* 国際私法による法規制と統一私法による法規制(6)　*6* 国際民事手続法——国際裁判管轄と外国判決の承認・執行(8)　*7* 隣接分野(8)

第2節　法　源 … 9
1 国際私法の法源(9)　*2* 「法例」から「法の適用に関する通則法」へ(9)　*3* 「法の適用に関する通則法」(10)　*4* 民法・商法・民事訴訟法(11)　*5* 学説・判例の役割(11)　*6* 国際私法の統一(11)　*7* ハーグ国際私法会議(12)　*8* 国際連盟・国際連合下の条約(13)

第2章　法選択規則の構造 … 14
第1節　伝統的法選択規則の理念型 … 14
第2節　国際私法における法選択規則の構造 … 15
1 間接規律性＝適用する法の内容と適用の結果を問わない(15)　*2* 双方的抵触規定(16)　*3* 単一の連結点(16)　*4* 明確で機械的な規則(18)　*5* 適用範囲の広い，包括的な規則(19)　*6* 今後の課題と展望(19)

目　　次

第3章　法選択プロセスにおける政策考慮 ……………………… 20

第1節　法選択の基礎にある政策考慮 ……………………………… 20

1 結果の統一性・判決の国際的調和(20)　*2* 国際取引の安全と円滑(21)　*3* 内国法の優先(22)　*4* 事件に関連を有する国の利益(23)　*5* 当事者の利益・正当な期待の保護(24)　*6* 法的安定性・適用の容易さ(25)　*7* 具体的妥当性の確保(26)　*8* 実質法の基礎にある法目的(27)

第2節　政策考慮の抵触と調整 …………………………………… 28

第4章　連結点と準拠法 ……………………………………………… 29

第1節　連結点 ……………………………………………………… 29

1 連結点とは(29)　*2* 連結点の種類と準拠法(29)

第2節　属人法 ……………………………………………………… 31

1 属人法とはなにか(31)　*2* 属人法の決定基準としての本国法主義(31)　*3* 住所地法主義(32)　*4* 対立点と解決への方向性(33)

第3節　本国法・常居所地法 ……………………………………… 34

1 国　籍(34)　*2* 重国籍者の本国法の決定(34)　*3* 無国籍者と本国法の適用(35)　*4* 不統一法国に属する者の本国法の決定(36)　*5* 分裂国家に属する者の本国法(39)　*6* 常居所地法・住所地法(40)　*7* 人際法(40)

第5章　法律関係性質決定 …………………………………………… 42

第1節　法律関係性質決定とは …………………………………… 42
第2節　法律関係性質決定はなぜ問題となるか ………………… 43
第3節　解決方法 …………………………………………………… 44
第4節　法律関係性質決定各論 …………………………………… 45
第5節　法律関係性質決定論の課題 ……………………………… 48

1 法律関係性質決定と条理(48)　*2* 法律関係性質決定と法選択規則の構造(49)　*3* 具体的妥当性を確保するための一般条項として法律関係性質決定を活用すること(49)

第6章　国際私法上の公序 ……………………………………………… 50
第1節　通説による公序条項の理解 ……………………………………… 51
1 公序条項の機能(51)　*2* 公序条項の発動の基準(51)
第2節　裁判所における公序条項の適用 ………………………………… 52
第3節　公序条項の積極的活用 …………………………………………… 56
1 公序条項の積極的適用と機能的公序論(56)　*2* 離婚の際の親権者を自動的に父と定める外国法の適用と公序(56)　*3* 離婚の際の財産分与請求を妻に認めない外国法の適用と公序(58)

第7章　反　　　致 ……………………………………………………… 60
第1節　反致とはなにか …………………………………………………… 60
第2節　反致にはどのようなものがあるか ……………………………… 61
1 狭義の反致(61)　*2* 転致または再致(61)　*3* 間接反致(61)
4 二重反致(62)
第3節　反致の根拠 ………………………………………………………… 62
1 判決の国際的調和(62)　*2* 自国法適用の利便(63)　*3* 反致の一般条項としての機能(63)
第4節　通則法41条の解釈・適用 ………………………………………… 64
1「当事者の本国法によるべき場合」(64)　*2* 反致の排除(66)
3「その国の法に従えば日本法によるべきとき」(66)　*4*「日本法による」(67)　*5* 隠れた反致論(68)　*6* 通則法41条の特則(69)

第8章　先決問題・法律回避 ………………………………………… 70
第1節　先決問題 …………………………………………………………… 70
1 先決問題とは(70)　*2* 判例・学説の状況(71)　*3* 先決問題の解決(72)
第2節　法律回避 …………………………………………………………… 74
1 法律回避とは(74)　*2* 法律回避の解決方法(75)

目次

第2編　国際財産法

第9章　自　然　人 …………………………………………… 79
第1節　権利能力 ……………………………………………… 79
第2節　外国人の私法上の地位 ……………………………… 79
第3節　行為能力 ……………………………………………… 80
　　1　年齢に基づく行為能力(80)　　*2*　行為能力における政策考慮(81)　　*3*　本国法主義(81)　　*4*　内国取引保護主義(82)　　*5*　内国取引保護から行為地における取引保護へ(83)　　*6*　隔地的取引(85)　　*7*　取引保護主義の例外(85)　　*8*　附則3条1項(85)
第4節　成年後見・保佐・補助開始の審判 ………………… 86
　　1　通則法5条(86)　　*2*　後見開始の審判の管轄権(86)　　*3*　居住地国の管轄権(87)　　*4*　本国管轄(87)　　*5*　後見開始審判の準拠法(89)　　*6*　附則3条2項(90)　　*7*　外国成年後見開始審判の承認(90)
第5節　失踪宣告 ……………………………………………… 91
　　1　通則法6条(92)　　*2*　失踪宣告の管轄権(92)　　*3*　不在者の最後の住所地管轄(92)　　*4*　本国管轄(93)　　*5*　不在者の財産が日本にあるとき(93)　　*6*　日本法によるべき法律関係等(94)　　*7*　失踪宣告の準拠法(94)　　*8*　施行日以前の申立て(95)　　*9*　外国失踪宣告の効力(95)
第6節　能力における本国法主義 …………………………… 96

第10章　契　　約 …………………………………………… 97
第1節　当事者自治の原則 …………………………………… 98
　　1　当事者自治の原則(98)　　*2*　当事者自治の原則の根拠(98)　　*3*　当事者による準拠法の変更(99)　　*4*　当事者の意思による有効な準拠法の指定(99)　　*5*　附合契約における準拠法約款の効力(101)　　*6*　量的制限(101)　　*7*　分割指定(102)
第2節　当事者による準拠法選択がないとき──客観的連結 ………… 103
　　1　法例7条2項（行為地法主義）(103)　　*2*　行為地法主義に対する批判と黙示意思探求の理論(103)　　*3*　通則法8条(105)　　*4*　「当事者による準拠法選択のないとき」とは(106)　　*5*　最密接関

係地法(106)　　**6**　契約の類型化と連結点の集中(107)　　**7**　最密接関係地法の決定と個々の争点(107)　　**8**　法の内容と適用の結果の考慮(107)　　**9**　特徴的給付の理論(108)　　**10**　具体的適用(109)

第3節　労働契約の特則 …………………………………………………… 110

1　当事者自治の原則と強行法規(110)　　**2**　公法理論(111)　　**3**　公序論(112)　　**4**　強行法規の特別連結理論(112)　　**5**　ローマ条約6条(113)　　**6**　通則法12条(113)　　**7**　当事者自治の原則と最密接関係地法の強行法規の適用(114)　　**8**　当事者による準拠法選択のないとき——客観的連結(115)

第4節　消費者契約の特則 ………………………………………………… 115

1　消費者契約とは(116)　　**2**　当事者自治と消費者の常居所地の強行法規の適用(116)　　**3**　当事者による準拠法選択のないとき——客観的連結(117)　　**4**　消費者契約における方式の特則(117)　　**5**　能動的消費者の適用除外(118)　　**6**　その他の適用除外(118)

第11章　法律行為の方式 …………………………………………… 119

第1節　法律行為の方式の準拠法＝法律行為の成立の準拠法の適用 … 119
第2節　行為地法の選択的適用（連結）…………………………………… 120
第3節　異法地域者間の法律行為の方式 ………………………………… 121
第4節　行為地法の適用に対する例外 …………………………………… 122
第5節　方式の特則 ………………………………………………………… 122

第12章　不法行為・事務管理・不当利得 ……………………… 123

第1節　不法行為 …………………………………………………………… 123

1　法例11条1項(123)　　**2**　不法行為地法主義(123)　　**3**　不法行為地の決定(124)　　**4**　通則法17条による不法行為地の決定(125)　　**5**　不法行為地法主義の動揺(125)　　**6**　バブコック判決(126)　　**7**　ハータドウ判決(127)　　**8**　わが国における動向(127)　　**9**　通則法における不法行為地法主義の修正(129)

第2節　生産物責任の特則 ………………………………………………… 129

1　学説の状況(130)　　**2**　通則法18条(130)

第3節　名誉・信用毀損の特則 …………………………………………… 131
第4節　明らかにより密接な関係がある地がある場合の例外 ………… 132

目　　次

　　第 5 節　当事者自治……………………………………………………………133
　　第 6 節　法廷地法の累積的適用(1)…………………………………………134
　　第 7 節　法廷地法の累積的適用(2)…………………………………………135
　　第 8 節　事務管理・不当利得………………………………………………136
　　　　1　事務管理(136)　　*2*　不当利得(137)　　*3*　明らかにより密接な関係がある地がある場合の例外(137)　　*4*　当事者による準拠法の変更(138)

第13章　債権債務関係……………………………………………………139
　　──債権者代位権・債権の消滅時効・債権譲渡・債権質・金銭債権──

　　第 1 節　債権者代位権………………………………………………………139
　　　　1　債権者代位権(139)　　*2*　債権者代位権における累積的適用(141)　　*3*　債権者取消権(141)
　　第 2 節　債権の消滅時効……………………………………………………141
　　　　1　債権の消滅時効──手続か実体か(142)　　*2*　債権の消滅時効期間と公序(143)
　　第 3 節　債権譲渡……………………………………………………………143
　　　　1　債権譲渡の準拠法（譲渡者と譲受人との関係）(144)　　*2*　債権譲渡の第三者に対する効力(145)　　*3*　法例12条に対する批判と通則法23条(145)
　　第 4 節　債権質………………………………………………………………146
　　第 5 節　金銭債権……………………………………………………………146
　　　　1　債権準拠法と貨幣準拠法(146)　　*2*　貨幣価値の変動(147)　　*3*　代用給付権(147)

第14章　物　　権……………………………………………………………149
　　第 1 節　物　権………………………………………………………………149
　　　　1　物権の準拠法(149)　　*2*　目的物所在地法主義の根拠と具体的妥当性(150)　　*3*　「目的物の所在地」の決定(151)　　*4*　物権準拠法──目的物所在地法の適用範囲(153)　　*5*　物権変動と所在地の変更(153)　　*6*　知的財産権(155)　　*7*　特許権の効力(155)　　*8*　特許法上の職務発明(156)　　*9*　著作権(156)
　　第 2 節　担保物権……………………………………………………………157

1 総　説(157)　　*2* 約定担保物権の成立と効力の準拠法(157)
　　3 法定担保物権の成立および効力の準拠法(158)

第15章　法人・代理 ……………………………………………………… 160

第1節　法　人 ……………………………………………………… 160

　　1 序　説(160)　　*2* 法人の従属法(161)　　*3* 法人の権利能力の準拠法(163)　　*4* 外国法人の認許(163)　　*5* 外国法人の権利享有(164)　　*6* 法人の設立，内部組織の準拠法(165)　　*7* 法人の代表権の準拠法(166)　　*8* 外国法人の登記(166)　　*9* 外国会社に対する会社法の規制(167)　　*10* 擬似外国会社(167)

第2節　代　理 ……………………………………………………… 169

　　1 法定代理(169)　　*2* 任意代理(169)　　*3* 表見・無権代理(170)

第3編　国際家族法

第16章　婚　姻 ……………………………………………………… 175

第1節　婚姻の実質的成立要件 …………………………………… 175

　　1 婚姻の実質的成立要件と法の抵触(175)　　*2* 婚姻の実質的成立要件の準拠法(176)　　*3* 各当事者の本国法の配分的適用(176)　　*4* 準拠法の具体的適用(179)

第2節　婚姻の方式 ………………………………………………… 183

　　1 婚姻の方式に関する各国法の相違(183)　　*2* 平成元年法例改正の概要と通則法(184)　　*3* 挙行地法主義の原則(184)　　*4* 平成元年改正前法例における挙行地法主義の例外(185)　　*5* 当事者の一方の本国法の選択的適用(185)　　*6* 日本人条項(186)

第3節　婚姻の効力 ………………………………………………… 187

　　1 婚姻の効力(187)　　*2* 平成元年改正前法例14条における夫の本国法主義(188)　　*3* 通則法25条(188)　　*4* 段階的連結の採用(189)　　*5* 準拠法の適用範囲(190)

第4節　夫婦財産制 ………………………………………………… 191

　　1 夫婦財産制における法の抵触(192)　　*2* 夫婦財産制の準拠法

（192）　**3**　通則法26条1項における夫婦財産制の準拠法――客観的連結（192）　**4**　段階的連結（193）　**5**　当事者による法選択（194）　**6**　内国取引の保護（26条3項・4項）（197）

第17章　離　婚 …… 199

第1節　序　説 …… 199

　1　各国離婚法の相違と法の抵触（199）　**2**　平成元年改正前法例16条における離婚の準拠法（200）

第2節　離婚の準拠法 …… 201

　1　通則法25条の準用と段階的連結（201）　**2**　変更主義（202）　**3**　通則法27条ただし書における日本人条項（202）

第3節　離婚準拠法の具体的適用 …… 203

　1　離婚の許否・離婚原因（203）　**2**　離婚禁止国法の適用と公序（203）　**3**　離婚の方法――協議離婚（205）　**4**　調停・審判離婚（205）　**5**　離婚の際の慰謝料（207）　**6**　離婚の際の財産分与請求（208）　**7**　財産分与請求を認めない外国法の適用と公序（208）

第18章　親　子 …… 211

第1節　親子関係の準拠法 …… 211

　1　親子関係序説（211）　**2**　国際私法における子の利益保護（211）

第2節　嫡出親子関係の成立 …… 214

　1　嫡出親子関係の成立をめぐる法の抵触（214）　**2**　平成元年改正前法例17条における母の夫の本国法主義（215）　**3**　平成元年改正法例17条（通則法28条）における選択的連結（215）　**4**　嫡出の推定（216）　**5**　否認権（217）

第3節　非嫡出親子関係の成立 …… 219

　1　非嫡出親子関係の成立に関する法の抵触（219）　**2**　平成元年改正前法例18条（220）　**3**　通則法29条（220）　**4**　準拠法の具体的適用（223）

第4節　準　正 …… 224

　1　準　正（224）　**2**　平成元年改正前法例における準正（224）　**3**　準正の準拠法の明文化（225）

第5節　養子縁組 …… 225

　　　　1 養子縁組をめぐる実質法の抵触（226）　　*2* 準拠法の決定（226）
　　　　3 養子縁組の準拠法（227）　　*4* 準拠法の具体的適用（228）

　第6節　親子間の法律関係……………………………………………………231
　　　　1 各国法の抵触（232）　　*2* 平成元年改正前法例20条における父の本国法主義（232）　　*3* 親子間の法律関係の準拠法（233）　　*4* 準拠法の具体的適用（234）　　*5* 子の奪取（238）

第19章　身分的法律行為の方式・親族関係・氏 ……………241

　第1節　身分的法律行為の方式 ……………………………………………241
　　　　1 身分的法律行為の方式の準拠法（241）　　*2* 本条の適用範囲（242）
　第2節　親族関係 ……………………………………………………………243
　第3節　氏 ……………………………………………………………………244
　　　　1 氏名の準拠法（244）　　*2* 身分変動にともなう氏の準拠法（245）
　　　　3 氏と戸籍（246）

第20章　後見・保佐・補助と扶養 ……………………………248

　第1節　後見・保佐・補助 …………………………………………………248
　　　　1 法例24条と通則法35条（248）　　*2* 後見事件の国際裁判管轄（249）
　　　　3 被後見人の本国法主義の原則（250）　　*4* 被後見人の本国法の具体的適用（250）　　*5* 外国人に対する日本法による後見（251）
　　　　6 ボル事件とハーグ条約（253）
　第2節　扶　養 ………………………………………………………………255
　　　　1 国際私法上の扶養（255）　　*2* 子条約（255）　　*3* 扶養義務の準拠法に関する法律（256）

第21章　相続・遺言 ………………………………………………259

　第1節　相　続 ………………………………………………………………259
　　　　1 各国の相続法の抵触（259）　　*2* 相続統一主義と相続分割主義（259）　　*3* 被相続人の本国法主義（260）　　*4* 相続準拠法の具体的適用（260）　　*5* 相続と反致（265）　　*6* ハーグ相続の準拠法条約（267）
　第2節　遺　言 ………………………………………………………………269
　　　　1 遺言の成立・効力の準拠法（269）　　*2* 遺言の方式の準拠法（270）

目次

第4編 国際民事手続法

第22章 国際裁判管轄 ……………………………………… 273
第1節 国際裁判管轄の意義 ………………………………… 273
第2節 国際裁判管轄決定における理念 …………………… 274
第3節 国際裁判管轄の決定と民事訴訟法の裁判籍 ……… 277
1 民訴法の裁判籍(277)　*2* 平成23年立法前の学説：逆推知説と管轄配分説(278)　*3* 平成23年立法前の判例：マレーシア航空事件最高裁判決と特段の事情論(279)　*4* 平成23年立法による国際裁判管轄の明文規定の新設(281)　*5* 管轄問題の判断プロセス(282)

第4節 財産関係事件の国際裁判管轄 ……………………… 284
1 被告住所地主義の原則と営業所所在地管轄(284)　*2* 財産所在地(287)　*3* 合意管轄(289)　*4* 契約債務の履行地(291)　*5* 不法行為地(293)　*6* 応訴管轄・関連請求の管轄(296)　*7* 専属管轄(297)　*8* 消費者契約・個別労働関係(298)

第5節 身分関係事件の国際裁判管轄 ……………………… 300
1 離婚の国際裁判管轄権(300)　*2* 婚姻無効の国際裁判管轄(304)　*3* 親子関係の国際裁判管轄(304)

第6節 国際的二重訴訟 ……………………………………… 305

第23章 国際訴訟における訴訟手続・当事者 …………… 308
第1節 国際訴訟における訴訟手続 ………………………… 308
1 「手続は法廷地法による」との原則(308)　*2* 法廷地法が適用される手続事項(308)　*3* 司法共助(309)

第2節 国際訴訟における当事者 …………………………… 311
1 国際訴訟における外国人の地位(311)　*2* 訴訟能力・当事者能力(311)

第24章 外国法の適用と裁判所 …………………………… 313
第1節 外国法の性質 ………………………………………… 313
第2節 外国法の選定 ………………………………………… 314

第3節　外国法の内容の確定 …………………………………… 315
　　第4節　外国法の内容の不明 …………………………………… 317
　　第5節　外国法の適用違背と上告理由 ………………………… 320

第25章　外国判決の承認と執行 ……………………………… 321
　　第1節　序　説 …………………………………………………… 321
　　　　1 問題の所在(321)　**2** 各国法制の対立点(322)　**3** 正当性の原則と終局性の原則(323)　**4** 正当性の原則と終局性の原則の対立と調整(324)
　　第2節　外国判決承認の要件（民訴法118条）……………… 326
　　　　1 外国裁判所の確定判決(326)　**2** 国際裁判管轄（民訴法118条1号）(327)　**3** 送達（民訴法118条2号）(330)　**4** 公序（民訴法118条3号）(331)　**5** 相互の保証（民訴法118条4号）(333)　**6** 外国離婚判決の承認と準拠法の要件(335)
　　第3節　外国判決の執行 ………………………………………… 336

第26章　国際商事仲裁 ………………………………………… 337
　　第1節　国際取引と仲裁 ………………………………………… 337
　　　　1 国際商事仲裁と訴訟(337)　**2** 個別的仲裁と制度的仲裁(338)　**3** 法　源(339)
　　第2節　仲裁合意 ………………………………………………… 340
　　　　1 仲裁合意の効力(340)　**2** 仲裁合意の準拠法(341)
　　第3節　仲裁手続 ………………………………………………… 343
　　　　1 仲裁廷と仲裁人(344)　**2** 仲裁手続(344)　**3** 仲裁手続の準拠法(345)　**4** 仲裁判断(345)
　　第4節　外国仲裁判断の承認・執行 …………………………… 346
　　　　1 序　説(346)　**2** ニューヨーク条約における外国仲裁判断の承認・執行(347)　**3** 仲裁法における仲裁判断の承認・執行(349)

目 次

第5編　国際取引法

第27章　国際売買と法 ……………………………………………… 353
第1節　古典的な国際物品売買の仕組み ……………………………… 353
第2節　民間統一規則とインコタームズ ……………………………… 355
第3節　ウィーン売買条約（CISG）………………………………… 356
1 CISGとその適用範囲(356)　　*2* 売買契約の成立と当事者間の権利義務(357)

第28章　国際運送 …………………………………………………… 359
第1節　海上運送 ………………………………………………………… 359
第2節　航空運送 ………………………………………………………… 361

第29章　国際支払い ………………………………………………… 363
第1節　荷為替手形による取立て ……………………………………… 363
第2節　信用状 …………………………………………………………… 364

事項索引 …………………………………………………………………… 367
判例索引 …………………………………………………………………… 374

第1編　国際私法総論

第1章 国際私法の意義・法源

第1節　国際私法の意義

　国際私法とはどのような法律か。この点を明らかにするために，つぎの例を考えてみよう。

> 【設例1-1】　日本法人Ｙの代表者は，ニューヨーク市の米国人弁護士Ｘに対し米国での米国法人との取引に関し，ＸがＹを代理して，交渉，契約書の作成などの法律業務を行うことを委任する契約をニューヨークのＸの事務所で締結した。ＸはＹのため交渉にあたったが，不成功に終わった。Ｘがその報酬を求める訴訟をわが国の裁判所に提起したのに対し，Ｙは日本民法172条1項によれば弁護士報酬の消滅時効は2年であり，Ｘの債権はすでに消滅したと抗弁した。これに対しＸは契約の準拠法はニューヨーク州法であり，その期間は6年であると主張した。Ｘの請求は認められるか。

> 【設例1-2】　日本人妻Ｘは，フィリピン人夫Ｙとわが国で婚姻を挙行し，婚姻生活を営んできたが，ＹはＸを悪意で遺棄したばかりでなく，その後生死不明の状態が相当期間継続しているので，これらを理由として，わが国の裁判所に離婚を求める訴訟を提起した。夫の本国法であるフィリピン法は，宗教上の理由により，離婚を全面的に禁止しているのに対して，日本民法770条によればＸの離婚請求は認められる。Ｘの離婚請求は認められるか。

> 【設例1-3】　日本人Ａは，マレーシアに滞在中，マレーシア法によって設立され，同国に本店を有する国際的な航空会社であるＹ社の航空機に搭乗し，ペナンからクアラルンプールへむかう途中，墜落事故により死亡した。日本に居住するＡの日本人妻Ｘは，Ｙ社に対し3000万円の損害賠償を求める訴訟を提起した。Ｙ社は日本に営業所を有し，わが国に周航する路線があり，航空切符の販売，

予約，宣伝，広告活動など継続的，実質的な事業活動を営んでいるとした場合，わが国の裁判所はこの事件を審理する国際裁判管轄権を有するか。

【設例1-4】　Xは，1970年11月にYほか2名を被告として，米国コロンビア特別行政区連邦裁判所に売掛代金請求の訴訟を提起し，同裁判所は1972年4月，Yに対し5万4000ドル余をXに支払うことを命ずる判決を下し，この判決はまもなく確定した。そこでXが，日本在住のYを被告として，この判決に基づく執行判決を求めた。Xの請求は認められるか。

1　国際私法とは

国際私法とは，上の4つの設例にみられるように，複数の国に関連のある私人間の生活関係（国際的私法生活関係または渉外的私法生活関係という）から生じる法律問題の解決を目的とする法律をいう。そのうち，主要なものはつぎの3つである。

①　【設例1-1】，【設例1-2】のように，国際的な私法生活関係に対してどこの国の法律が適用されるかという「法選択」の問題である。

②　【設例1-3】のように，どこの国の裁判所が国際的な民事事件を審理する管轄権をもつかという「国際裁判管轄」の問題である。

③　【設例1-4】のように，外国で下された判決はわが国でどのような効力を認められるかという，「外国判決の承認・執行」の問題である。

2　法選択——狭い意味の国際私法

国際私法とは，国際結婚，国際契約など複数の国に関連を有する国際的な私法生活関係から生じる法律問題の解決を目的とする法である。なかでも，国際的な私法生活関係に適用される法（これを準拠法という）の決定問題が中心となる。したがって，国際私法とは狭い意味では国際的私法生活関係の準拠法を指定する法をいう。つまり，国際私法は各国の法律の抵触を解決する法，すなわち，抵触規則（Kollisionsnorm）ないし法選択規則（Choice of Law Rule）を中心とする法の体系であって，私法の抵触問題，すなわち，国際的私法生活関係に適用されるべき法（準拠法）の選択問題が，国際私法の中心部分をなす。

国際私法（Private International Law）が，とりわけ，英米において抵触法（Conflict of Laws）という名称でよばれることが多いのも，また法選択問題が狭い意味の国際私法であるとされてきたのもこのことを物語っている。

刑法や行政法などの公法の抵触問題は国際私法の範囲から除外されてきた。しかし，労働法，独占禁止法，知的財産法などの経済法等，私法の分野で公法化の現象がみられるに及んで，これらの事項が国際私法の範囲に入るかが問題となっている。これらの分野においても国際私法の法選択理論の果たしうる役割は大きい。

3 国際的私法生活関係と国際私法

この狭い意味の国際私法が対象とする法律関係は，国際性のあることを除けば，民法や商法などで問題とされる法律関係と同じである。国際私法が特異なのは，民商法のように直接に私法関係を規律するのではなく，いずれかの国の民商法の適用を指定することによって私法関係を間接的に規律するという点にある。

たとえば【設例1-2】の夫婦の離婚の場合を考えると，国際私法は離婚がどこの国の法によるべきかを定めるにすぎない。そしてこの夫婦の離婚がどのような場合に認められ，また離婚の効果はなにか，といった問題は国際私法によってその適用を指定された国の法律によって規律される。

このように国際的私法生活関係における当事者の権利義務の実質を直接に規律するのは各国の民商法であって，国際私法ではない。そこで当事者の権利義務の実質を直接に規律する各国の民商法などの私法規定を実質法または事項規定といい，これと区別する意味で国際私法のことを抵触法または適用規範という（国際私法の間接規律性ということもある）。

また，国際私法が各国の民商法などの実質法と同一の平面になくて，いわばそれらの上位にあって複数の実質法の中から，問題となっている法律関係に適用すべき実質法を国際私法が指定しているという点に着目して，これを国際私法の上位性ということがある。

4 国際私法の必要性

なぜ国際私法という法が必要か。

【設例1-1】と【設例1-2】にみられるように，法選択規則が必要とされるのは，国際的な私法生活関係に関連を有する複数の国の法の内容が異なるからである。したがってたとえば，【設例1-2】において，各国の離婚法がすべて統一され，同じ内容になるとすれば，各国の実質私法が異なることを前提とする国際私法はその存在意義を否定され，不要となる。

各国の実質私法が異なっている場合であっても，考えられるもう1つの解決策は，日本の裁判所に事件が提起されているのであるから，かりに外国と関連を有する国際的な事件であっても，法廷地である日本の法を適用すればよいとすることであろう。

しかし国際的な事件について，つねに訴訟が提起された国の法律である法廷地法を適用するのも適当ではない。たとえば，英国人夫婦が英国で有効な婚姻をし，そこで婚姻生活を送ってきた後，日本に来て，その婚姻が日本法により無効であると夫が主張したとしよう。この場合に日本法を適用して婚姻を無効とすることは，婚姻当事者の正当な期待と利益を侵害し，英国人夫婦の婚姻に強い利害関係を有する英国の利益を侵害し，さらには国際的な身分関係の安定性を損なうことになるであろう。したがって国際的な事件では，その外国的要素を無視して，つねに内国法を適用するという解決策をとるべきではない。

5 国際私法による法規制と統一私法による法規制

国際的な私法生活関係を規律する方法としては，国際私法による準拠法の指定という方法のほかに，特定の分野において条約による統一私法が形成されている場合には，この統一私法によって規律するという方法がある。

条約により，各国の民法や商法などの実質私法を統一する方法には，さらに各国の実質私法を文字どおり統一し，問題となっている法律関係が内国的なものであろうと，国際的なものであろうと，すべての法律関係に適用される統一私法を制定する方法（世界統一私法）と，国内的な法律関係に適用される法規はそのままにして，国際関係に適用される統一法（統一法としての万民法）を制定する方法の2つがある。

前者の例としては、「為替手形及び約束手形に関する統一法を制定する条約」(1930年)、「小切手に関する統一法を制定する条約」(1931年) などがあり、統一法による解決としては、より徹底した方法である。後者の例としては、「海上旅客運送に関するある規則の統一のための条約」(1961年)、「有体動産の国際売買についての統一法に関する条約」(1964年) などがある。

上のような条約による統一私法が存在し、問題となっている法律関係がその適用範囲内にある場合には、この統一私法を適用して問題が解決されることになる。

統一私法条約による解決が、国際私法的な生活関係に対する法的規制方法として、関連諸国間で統一私法が適用される限りにおいて、どこで訴訟が提起されようとも同一の結果に到達するという意味で判決の国際的調和の観点からみて望ましいことはいうまでもない。

また、後者の統一私法については、国際関係を固有の規律対象として立法されたものであるから、ほんらい国内的生活関係のみを念頭において制定された国内法を国際関係事件に適用する場合と比較すると、国際関係から生じる紛争の解決にとってより合理的といえるであろう。したがって国際私法生活の安全と円滑のためには、統一私法形成への努力が今後とも活発に進められるべきはもとより当然であろう。

しかしながら、現状では統一私法条約が成立している分野は限られており、また、統一条約が採択されている場合であっても、必ずしもすべての国がこれを批准しているとは限らないし、特定の条項の適用を留保している場合もあるし、解釈の異なる場合もある。その意味で統一私法条約による方法は、その効用は限られており、現状では国際的な私法生活関係を規律する原則的、一般的な方法とはいえないことは明らかである。

したがって現時点では、国際的私法生活に対する最も一般的で、原則的な法的規制の方法としては、国際私法による法的規制、つまり、国際的な私法生活関係に関連を有している複数の国の法律の中から最も適切な法を選んで、その法を適用して解決するという方法に頼らざるをえない。

国際私法による法規制と統一私法による規制とは、国際的私法生活関係を規律する方法としては、車の両輪のごとく、互いに相補うべき、相互補完的な機

6 国際民事手続法──国際裁判管轄と外国判決の承認・執行

最近のわが国の国際私法の教科書では，つぎの問題が法選択問題とならんで，国際民事手続法と総称されその一部に取り入れられることが多い。

① 【設例1-3】のように，どこの国の裁判所が国際的私法関係事件を審理する管轄権をもつかという国際裁判管轄権の問題

② 【設例1-4】のように，外国判決は内国でどのような効力を認められるかという外国判決の承認・執行の問題

③ 国際的私法事件における当事者，訴訟手続，国際商事仲裁などである。

また，近時の各国の国際私法の立法では，とくに国際裁判管轄権と外国判決の事項にまで及ぶ例がしばしばみられる。

狭い意味の国際私法が国際的事件の実体的規制を目的とするのに対し，国際民事手続法はその手続的側面を規制するものであるが，両者は相互に密接に関連する。たとえば，どこの国の裁判所に管轄を認めるかによって適用される国際私法が異なり，最終的に適用される法が違ってくる。したがってこれらの問題は，国際私法に取り入れて，相互に関連づけて検討するのが適切である。本書ではこれに1編を割り当てている。

7 隣接分野

国際私法の範囲をどのように決めるかは，国際私法をどう考えるかという理論上の問題であるとともに，教育研究上の実際的便宜の問題でもある。法選択と国際民事手続法のほか，隣接分野としては，主としてつぎの事項が問題となる。

(1) 準国際私法

一国内に複数の地域の法が併存しているとき，そこにも法の抵触が生じる。それを解決する法が準国際私法である。国際私法と準国際私法とは，ともに私法の場所的抵触を解決する法である点で本質を同じくし，歴史的にも国際私法は準国際私法から発達したものであるから，準国際私法を国際私法に含めるのが普通である。しかし，現在のわが国には異法地域は存在しないから，準国際

私法を論じる必要はわが国の実定国際私法の解釈，適用という観点からはほとんどない。

(2) 国　籍

わが国の国際私法のように身分，能力など広い範囲にわたって本国法を優先して適用する場合には，国籍の決定は国際私法上もきわめて重要である。ただ，ある者が特定の国の国籍を有するかはその国の国籍法によって決定されるとされているから，国際私法が主としてかかわるのは，二重国籍者や無国籍者の本国法をどう決定するかである。

(3) 外国人法

外国人が内国でどんな権利を認められるかという，外国人の地位を定める法を外国人法という。外国人法は国際的私法生活関係を直接的に規律するものであり，間接的に規律する国際私法とは性質を異にするものではあるが，これと密接に関連を有するものとして国際私法の関連領域とされることがある。

第2節　法　源

1　国際私法の法源

国際私法の法源としてはどのようなものがあるか。法源とは法の成立形式を意味する。ここでは，国際私法が実定法としてどのような形式で存在しているかを説明する。

国際私法はその規律の対象という面からみれば国際的な法ではあるが，現実に行われている国際私法は，条約の成立している特定の分野を除けば，その存在形式からみて国際法ではなく国内法である。そこでまず，国内法から説明する。

2　「法例」から「法の適用に関する通則法」へ

わが国の国際私法の主要法源は，平成18年6月に「法例」を全面改正し，平成19年1月1日から施行された「法の適用に関する通則法」（以下「通則法」という）である。

第1編　国際私法総論

まず，明治23年に旧民法とともに旧法例が制定されたが，旧民法と運命をともにして施行されなかった。その後，主としてドイツの立法を範にとり，法例修正案が作成され，明治31年6月21日法律第10号として公布され，同年7月16日に施行された。これが改正前の「法例」である。改正前の法例は昭和17年，22年，39年に小改正を経たのみで最近までほとんど原形のままであった。

その間，わが国をめぐる社会経済状勢も著しく変化した。そこで政府は昭和32年法制審議会に対し「法例その他の渉外私法に関する実体法および手続法を改正する必要があれば，その要綱を示されたい」との諮問を行った。この目的のために法制審議会に国際私法部会が設置され，昭和36年に同部会小委員会の名で「法例改正要綱試案（婚姻の部）」が，ついで昭和47年には「法例改正要綱試案（親子の部）」が公表された。その後しばらく改正についての審議は中断されたが，昭和59年から作業が再開され，昭和61年には「法例改正についての中間報告」が，同63年に「婚姻及び親子に関する法例の改正要綱試案」が作成，公表された。そして平成元年6月28日「法例の一部を改正する法律」が平成元年法律27号として公布され，平成2年1月1日から施行された。

この平成元年改正は婚姻と親子を中心とし，総則にまで及ぶ大改正であった。つぎに平成11年法律151号2条により，禁治産・準禁治産の廃止，成年後見制度の導入等の民法一部改正にともなう改正前法例4条・5条・24条の改正が行われた。

3　「法の適用に関する通則法」

平成15年5月には，法制審議会に国際私法（現代化関係）部会が設置され，前回改正されなかった部分の改正と現代語化にむけた改正作業が始まり，平成17年3月には，「国際私法の現代化に関する要綱中間試案」が公表され，ついで同年7月に「国際私法の現代化に関する要綱案」が部会決定された。

この要綱案が同年9月の法制審議会で「国際私法の現代化に関する要綱」として決定され，閣議決定を経て，法例を全面改正する「法の適用に関する通則法案」として，国会に提出され，平成18年6月15日第164回国会において「法の適用に関する通則法」として成立し，平成19年1月1日から施行された。

改正法の主な内容としては，まず法律行為（契約）の準拠法については，当

事者による準拠法の選択のない場合には，契約に最も密接に関係する地の法によることとし，消費者契約および労働契約について消費者と労働者保護の観点から特則を設けた。不法行為の準拠法については，原則として結果発生地法によることとし，生産物責任および名誉・信用毀損についての特則を設け，また当事者による準拠法の変更や柔軟な準拠法決定のための例外的処理を可能にした。その他債権譲渡については譲渡対象債権準拠法によることとしたほか，隔地的な法律行為の方式，行為能力の制限に関する取引保護，後見開始の審判，失踪宣告，外国人の被後見人に対する日本法の適用などについての規定を整備した。

4　民法・商法・民事訴訟法

通則法のほかにも，民法（35条・741条・801条），会社法（817条・818条），民事訴訟法（33条・108条・118条・184条），民事執行法（24条）などにも国際私法の関連規定が散在している（条約を国内法化したものについてはつぎの **6〜8** を参照）。

5　学説・判例の役割

これらの成文の国際私法の規定はきわめて概括的であったり，断片的であって国際的私法生活関係を規律する立法としては不備である。そのため，現在のわが国の国際私法の解釈・適用において判例・学説の果たす役割は大きい。

もともと国際私法は学説法としての性格が強かったのであるが，戦後のわが国の国際私法の特色の1つは国際私法判例の飛躍的増大であろう。今日，判例を無視してはわが国の国際私法を論じることはできない。とくにこの点は明文の規定がないとされる国際裁判管轄の分野で顕著である。離婚の裁判管轄などについての判例がそうである。また，かつての法例の本国法主義が判例によって実質的に修正されているとの指摘があったように，判例が現実には法創造機能を営む場合のあることは否定できない。

6　国際私法の統一

国際私法の規律対象が国際的私法生活関係であるにもかかわらず，それを規律する役割を担う国際私法は，現実には各国の国内法として存在している。そ

のため各国国際私法間に不統一の生じることは避けられない。その結果どこの国の裁判所に訴訟が提起されるかによって，国際私法が異なり，したがって最終的に適用される法が異なってくる。これでは判決の国際的調和が達成されない。

自分に都合のいい法廷地を選んで訴訟を提起するという，法廷地漁りを阻止し，判決の国際的調和を達成するためには，各国の国際私法を統一する必要がある。このため国際私法の統一運動が積極的に展開されてきた。ラテン・アメリカ諸国におけるモンテビデオ条約・ブスタマンテ法典，ベネルックス3国，スカンジナビア諸国における統一運動，また最近ではEU諸国による国際私法規則などが地域的なものとして注目される。

7 ハーグ国際私法会議

国際私法の世界的な統一の母体として最も重要なのはハーグ国際私法会議である。1893年，オランダ政府の発議により，ヨーロッパ諸国の代表がハーグに集まって国際私法の統一のための会議を開いたのが最初である。このハーグ国際私法会議は，その後，中断はあったものの，現在では原則として4年ごとに1回通常会期を開く。構成国はヨーロッパが中心であるが，日本，米国，カナダ，エジプト，ベネズエラなども加盟している。この会議で採択された条約はハーグ国際私法条約とよばれ，きわめて多数にのぼる。

わが国が批准したのはつぎの条約である。

① 民事訴訟手続に関する条約（1954年）
② 子に対する扶養義務の準拠法に関する条約（1956年）
③ 遺言の方式に関する法律の抵触に関する条約（1961年）
④ 外国公文書の認証を不要とする条約（1961年）
⑤ 民事又は商事に関する裁判上及び裁判外の文書の外国における送達及び告知に関する条約（1965年）
⑥ 扶養義務の準拠法に関する条約（1973年）
⑦ 国際的な子の奪取の民事上の側面に関する条約（1980年）

わが国は，③の条約の批准にともなって特別法として「遺言の方式の準拠法に関する法律」を，⑥の条約の批准にともない「扶養義務の準拠法に関する法

律」を，①⑤については「民事訴訟手続に関する条約等の実施に伴う民事訴訟手続の特例等に関する法律」を，⑦については「国際的な子の奪取の民事上の側面に関する条約の実施に関する法律」を，それぞれ制定した。

8　国際連盟・国際連合下の条約

国際連盟または国際連合の下でもいくつかの国際私法統一条約が成立している。

これらの条約のうち，わが国が批准しているのはつぎの条約である。

① 仲裁条項に関する議定書（1923年）
② 外国仲裁判断の執行に関する条約（1927年）
③ 為替手形及び約束手形に関する法律の抵触を解決するための条約（1930年）
④ 小切手に関する法律の抵触を解決するための条約（1931年）
⑤ 外国仲裁判断の承認及び執行に関する条約（1958年）
⑥ 国家と他の国家の国民との間の投資紛争の解決に関する条約（1965年）

このうち，③の条約は手形法附則88条以下に，また④は小切手法附則76条以下に取り入れられている。

第2章 法選択規則の構造

　国際私法は，狭義には複数の国に関連をもつ国際的私法生活関係に適用される法（準拠法）を指定する法である。法選択規則または抵触規定ともいう。
　国際結婚や国際契約などの個別的な国際的私法生活関係における準拠法の決定問題は，第2編，第3編で取り扱う。
　本編では，これらの各論上の法選択問題に共通の総論上の問題を取り上げる。まず法選択規則の構造から始める。

第1節　伝統的法選択規則の理念型

　通則法の典型的な法選択規則は，「人の行為能力は，その本国法によって定める」「相続は，被相続人の本国法による」「動産又は不動産に関する物権その他の登記をすべき権利は，その目的物の所在地法による」のように，つぎの5つの構造的特徴をもつ。
　①　これらの法選択規則は適用される法の内容とその適用の結果を問題としていない，
　②　内国法と外国法を区別しないで，その双方の適用を指定する双方的抵触規定（→第2節2参照）である，
　③　準拠法を決定する媒介となる連結点（→第4章第1節1参照）として，本国や目的物の所在地など単一の連結点が採用されている，
　④　準拠法の決定が明確かつ機械的である，
　⑤　それぞれの法選択規則の適用範囲が広く，包括的である。
　これがわが国の国際私法が前提とする法選択規則の理念型である。また，学説が法選択規則というとき，立法論，解釈論のいずれにおいても正統なものとして想定するのもこのようなルールである。もっとも，わが国の立法，学説上，

すべての法選択規則がこのような特徴をもつわけではない。現実にはこのような理念型にさまざまな修正が加えられている。

第2節　国際私法における法選択規則の構造

1　間接規律性＝適用する法の内容と適用の結果を問わない

　法選択規則は，「人の行為能力は，その本国法によって定める」のように，たとえば英国人の行為能力の国際的私法生活関係について，それに適用される法，この場合はその本国法である英国法の適用を指定するにすぎない。この英国人の行為能力が具体的にどのような内容になるかは，法選択規則によって適用を指定された英国法によって定められる。つまり当事者間の権利義務の実質を直接に規律するのは法選択規則によって適用を指定された国の実質法であって，国際私法は国際的私法生活関係を間接的に規律するにすぎない。これを国際私法の間接規律性という。

　このことは，法選択規則は，その適用が問題となっている実質法の内容と適用の結果を問うべきではない，ということを意味する。国際私法は実質法の内容と適用の結果を考慮しない盲目的指定であり，「暗闇への跳躍」なのである。法選択規則は，実質法的にみてよりよい結果を実現しようとしてはならず，抵触する各国の実質法の内容と適用の結果に「価値中立的」でなければならない。

　しかし，適用されるべき実質法の内容と適用の結果を考慮しないという建前は通則法においても完全には貫かれてはいない。

　まず，通則法は，法律行為の方式について原則としてその行為の成立の準拠法によるとしながらも（10条1項），その行為が行為地法上有効であれば有効とすると定める（同条2項）。これは，これら2つの法のいずれかによって有効であれば方式は有効となるのであるから，方式を有効視する法を優先的に適用するものであって，実質法の内容に価値中立的ではない。また，行為能力について原則として本国法によるとしながらも（通則法4条1項），法律行為をした者が本国法上，制限行為能力者でも，行為地法上行為能力者となるべきときは，この者は行為能力者とされる（同条2項）。これによると，行為者は本国法かそ

れとも，行為地法上，能力者であるときは，能力者とされるのであるから，行為地における取引の保護のために行為者を能力者とする法の優先的適用を示すものである（なお，手形法88条2項，小切手法77条2項参照）。さらに平成元年法例改正においては，婚姻の方式，嫡出親子関係の成立，認知，準正の分野での準拠法決定において身分関係の成立を容易にする法律の優先的適用が認められたことによってこの傾向はいっそう促進され，通則法でもこれをそのまま受け継いでいる（24条3項・28条1項・29条2項・30条1項参照）。

また平成18年通則法において消費者保護，労働者保護のための特則が設けられた（11条・12条参照）。

2　双方的抵触規定

通則法の法選択規則は「相続は，被相続人の本国法による」のように，原則として双方的抵触規定，つまり，法廷地であるわが国の関連する国際的私法生活関係だけでなく，広く一般的にすべての国際的私法生活関係を対象とし，内外法を問わず，いずれの国の法によるべきかを定めている。

ところが，通則法にもかなりの一方的抵触規則，すなわち，内国法である日本法が適用される場合のみを定める規定がみられる。たとえば，後見開始の審判等につき，通則法5条は，「裁判所は，成年被後見人，被保佐人又は被補助人となるべき者が日本に住所若しくは居所を有するとき又は日本の国籍を有するときは，日本法により，後見開始，保佐開始又は補助開始の審判（以下「後見開始の審判等」と総称する。）をすることができる。」と規定する。この規定は，日本法の適用される範囲のみを定める一方的抵触規定である（なお，6条・22条・24条3項・26条3項・27条ただし書等も参照）。

3　単一の連結点

通則法の法選択規則の多くは，人の「本国」，物の「所在地」など単一の連結点（法律関係を特定の国家に連結し，その国の法を準拠法として指定する前提となる構成要素をいう→第4章第1節1参照）を媒介にして準拠法を決定する。

これは，国際私法は関連する複数の国の中から「最も密接な関係を有する国」，「法律関係の本拠」地の法を適用すべきであり，「法律関係の本拠」は，

唯一つしか存在しない，という観念に基づくものである。

しかし，現実には唯一の本拠を単一の連結点を媒介にしてすべての法律関係ごとに決定することの困難から，あるいは，それを無理に決定することは不当であるとの認識から，複数の連結点を考慮して準拠法を決定する方法がとられている。これにはいくつかの態様がある。

(1) 配分的連結

通則法24条1項は，婚姻の成立要件は各当事者の本国法によると規定する。これが配分的連結または配分的適用である。婚姻が有効に成立するためには，夫たるべき者については，夫の本国法の定める要件を，妻たるべき者については，妻の本国法の定める要件をそれぞれ充足しなければならない。

(2) 選択的連結

通則法10条1項は，法律行為の方式はその行為の成立の準拠法によるとしながらも，2項で行為地法によった方式も有効であると定める。これは，成立の準拠法または行為地法が選択的ないしは択一的に適用されること，つまり，この2つの法のどちらかの定める要件を充足すればその法律行為の方式は有効であることを意味する。

また平成元年の法例改正においては，婚姻の方式，嫡出親子関係の成立，認知，準正の分野での準拠法決定において身分関係の成立を容易にするために選択的連結が認められ，通則法に引き継がれた（24条3項・28条1項・29条2項・30条1項）。

さらに広く選択的適用が認められるのは，「遺言の方式の準拠法に関する法律」2条である。同条は行為地，遺言者の本国など8つの連結点を定め，そのどれか1つの法の定める要件を充足すれば，遺言は方式上有効とされる。

(3) 累積的連結

ある法律関係に複数の法律が準拠法として累積的に適用されることである。たとえば，不法行為に関する通則法22条1項・2項は，不法行為の成立と効力について，不法行為地と日本法が累積的に適用されるべきこと，つまり不法行為はこの2つの法律の定める要件をともに充足するのでなければ，不法行為は成立せず，また不法行為地と日本法が認める損害賠償その他の方法でなければその請求は認められないことを定める（なお，通則法29条2項後段・31条1項後段

(4) 段階的連結

通則法25条によれば，婚姻の効力について，第1段階として夫婦の同一本国法が適用され，これがないときは，第2段階として夫婦の同一常居所地法により，これもないときは最後の段階として夫婦の最密接関係地法による，としている。これが段階的連結である。この連結点の組合せと段階的連結という手法は最近の立法，条約において比較的よく使われるものである（通則法26条・27条・32条参照）。

このようにみてくると，単一の連結点による準拠法の決定という原則は，相当に空洞化しているといえるであろう。

4 明確で機械的な規則

通則法の多くの法選択規則は明確で機械的である。たとえば，人の行為能力の準拠法はその者の本国いかんによって決定されるが，この本国はふつうきわめて簡単に決定され，裁判所自身の判断をなんら加えることなしに結論が導き出せる。このように明確で機械的な法選択規則が採用されているのは，法の内容が一定し，その適用の結果が予測しうるという法的安定性，予測可能性，適用の容易さの要請に基づくものである。

しかし，反面，厳格で硬直的な法選択規則は，ときとして具体的に妥当でない結果をもたらすことがあるのは否定しえない。そのためにもっと柔軟に個別的事情を考慮して準拠法を決定しようとする試みがなされることがある。

「遺言の方式の準拠法に関する法律」6条は，不統一法国に属する者の本国法の決定について，一定の場合に「最も密接な関係を有した地域の法」によるべきことを定める。この決定は結局のところ具体的事情を考慮して個別的になされざるをえないであろう。

平成元年法例改正における婚姻の効力その他における「最密接関係地法」の採用のほか，通則法42条は，外国法の適用が公序良俗に反するときはその適用を排除することを認める。ここでも公序に反するかどうかの判断は具体的事情を考慮して個別的になされざるをえないことは，学説・判例の一致して認めるところである。

さらに平成18年の通則法における契約に関する最密接関係地法（8条1項），不法行為・事務管理・不当利得に関する「明らかにより密接な関係のある地」法（15条・20条）の適用もこのような傾向をいっそう推し進めたといえるであろう。その傾向はますます強まるものと推測される。

5 適用範囲の広い，包括的な規則

わが国の国際私法の法選択規則の多くは，物権における目的物所在地法主義のように，適用範囲が広く，包括的である。この点はとくに改正前の法例における契約，物権，不法行為などの財産法の分野で著しく，これらの領域がそれぞれ基本的にはわずか一か条で規律されていた。

このように個々の法選択規則の適用範囲が広く，包括的であるときは，ある問題がどの規定の適用範囲に入るかという，法律関係性質決定の必要性と重要性が高くなる。国際私法においては法律関係性質決定が他の法分野と比較にならないほど重要と考えられてきたのは，このような法選択規則の構造に由来するものである。

これに対して，ハーグ条約を批准し，国内法として取り入れた「遺言の方式の準拠法に関する法律」や「扶養義務の準拠法に関する法律」等は，かなり詳細な規定を設けている。

平成18年法例全面改正において，通則法は，契約や不法行為において典型的にみられるように，かなり詳細な規定に改められた。

6 今後の課題と展望

今後の課題と展望はどのようなところにあるだろうか。思うに，法選択規則の構造としては，立法論としてもまた解釈論としても，適用範囲の狭い，関連する実質法の内容と法目的を考慮した，柔軟な法選択規則への指向がいっそう強まるのではないかと考えている。平成元年改正と法例全面改正と通則法の制定による，新しい規定の中にもそのような傾向が認められるといえるであろう。

第3章　法選択プロセスにおける政策考慮

第1節　法選択の基礎にある政策考慮

　国際私法における準拠法決定の基礎には立法論上，または解釈論上，どのような政策考慮（Policy Considerations）（利益衡量ともいう）が存在しているのか。そしてそれらが互いに抵触するときいずれを優先すべきか。この点をわが国の立法・学説を中心に検討する。

1　結果の統一性・判決の国際的調和
　わが国の国際私法における重要な政策考慮として最初にあげられるのは，訴訟がどこで提起されようとも同じ実質法が適用され，同一の結果が得られるという意味での判決の国際的調和ないしは結果の統一性の要請である。
　たとえばわが国の学説ではどのような形であれ，訴訟が提起された国の法を適用するとする，法廷地法主義に対する批判はきわめて強い。その理由とするところは，法廷地法主義によれば，「訴訟がどこの国の裁判所に提起されるかによって，裁判の基準となるべき法が異なり，したがって，また，裁判の結果も違ってくる」という点にある。
　つぎに「最も密接な関係を有する」国の法ないしは「法律関係の本拠地」法の適用という伝統的国際私法の基礎にある観念もまた，判決の国際的調和という政策考慮の反映であるとみることができる。つまり各国がそれぞれ事件に最も密接な関連を有する単一の国の法を適用すれば，法廷地のいかんを問わず適用される法は同一となり判決の国際的調和が達成されることになるからである。
　もとよりどこで訴訟が提起されようとも同一の準拠法が適用されるということが国際的な私法事件の解決にとって望ましいことは疑いない。問題は結果の統一性が現実に得られるかどうかは，わが国の国際私法のみによってはいかん

ともしがたいという点にある。他国の国際私法が別の準拠法を指定している限りにおいて結果の統一性はわが国の国際私法のみによっては達成されえない理想であるといわなければならない。また法選択規則が表見的に一致しても具体的事件においてその解釈・適用が同一でない限り，関連諸国間での判決の国際的調和は現実には得られない。この各国国際私法不統一の現実を無視して判決の国際的調和の重要性を理念として強調するだけでは現実の具体的な準拠法決定の指針として不十分である。従来は，ともすれば判決の国際的調和さえ得られれば解決の中身は問わないとする傾向がみられないわけではなかった。しかしながら判決の国際的調和は，結局のところ他の法秩序が事件をどのように解決するかに依存しているがゆえに決定的な重要性を与えることはできない。その意味でこの政策考慮の絶対視は反省すべきであろう。判決の国際的調和を過度に強調するよりは，むしろ妥当な解決の探究を重視すべきであろう。かりに判決の国際的調和が可能であるにしても，すべての国において統一的に達成される妥当でない，不正な解決というものもまた，決して魅力のある目標ではないからである。

2　国際取引の安全と円滑

　財産法の分野で重要な役割を果たしている政策考慮としては，国際取引の安全と円滑がある。たとえば能力につき原則として本国法主義を採用しながらも本国法上制限能力者であっても，行為地法上能力者であれば能力者とされる場合には（手形法88条2項，小切手法76条2項参照），本国法または行為地法のいずれかにより能力者であれば能力者とされるのであって，ここでは国際取引の安全が決定的な役割を果たしているといえる。この点は通則法4条2項により，いっそう促進されることとなった（→第9章第3節**5**参照）。

　つぎに，法人の外部関係，代理に関する代理権の存否，表見・無権代理における本人と第三者の関係について，行為地法の適用を主張する見解が有力であるが，この行為地法の適用の根拠も国際取引の相手方の保護ないしは国際取引の安全に求められる。

　国際取引の安全と円滑が重要な政策考慮の1つであることは否定しえない。しかしながら，一部の有力説によって主張されるように能力・法人・代理など

の分野における行為地法の適用が本当に国際取引の安全と円滑にかなうかは再検討の余地があろう。つまり手形法88条2項や通則法4条2項のように行為地法上能力者であれば能力者とされる場合には行為地法の適用が取引の安全の保護にかなうことは疑いない。しかし行為地法上制限能力者で属人法上能力者の場合には，属人法の適用がむしろ実質的な意味での国際取引の安全と円滑にかなうのであって，行為地法の内容とその適用の結果を問うことなく，行為地法の適用が一般に国際取引の安全と円滑にかなうと論じるのは事の実質を無視した議論であろう。その意味でなにが国際取引の安全であるかを改めて問い直す必要があろう。

3 内国法の優先

わが国の国際私法において内国の利益の維持，自国法適用の利便などの理由で，内国法が優先的に適用される場合はかなり多い。日本に居住する外国人の後見開始の審判（通則法5条），失踪宣告（6条），不法行為の成立と損害賠償の方法（22条），婚姻の方式（24条3項ただし書），夫婦財産制（26条3項・4項），離婚（27条ただし書），日本に居住する外国人の後見（35条2項），国籍の抵触における内国国籍の優先（38条1項ただし書），反致（41条），および公序（42条）である。これは通則法の法選択規則の約3分の1近くを占める。したがって内国法優先の思想はわが国の実定国際私法における政策考慮の1つであることは否定できない。

ところが学説は一般に内国法優先の思想に対してきわめて否定的であり，内外法平等を原則とする国際私法の意義を否定するものとの批判が強い。そして解釈論においてもこれらの規定を双方的に解釈したり（改正前法例3条2項），あるいは内国法の適用範囲を厳格に制限・抑制する（通則法22条・42条）ことによって，内国法優先の思想を緩和しようと努力してきたのである。

これに対し判例は学説の批判にもかかわらずとくに公序条項の適用に積極的な姿勢を示してきた。したがって，この政策考慮の評価，すなわち国際私法の解釈においてどの程度のウエイトを与えるかについては，立法・判例と学説との間にはかなり顕著な対立があるといってよい。

4 事件に関連を有する国の利益

　法廷地たる内国の利益がわが国の国際私法における連結政策，政策考慮の1つであることは上に述べたところから明らかである。問題は，準拠法の決定にあたって，法廷地以外に事件に関連を有する国の利益を考慮すべきかどうかである。

　学説上，わが国の法選択規則の立法趣旨の説明としてつぎの場合には国の利益が顧慮される。すなわち，不法行為地法主義の根拠として不法行為に関する問題は不法行為地の公益に関するものであるとか，物権につきその内容，変動の原因などは目的物所在地の公益と密接な関連を有し，したがって所在地の公益保護のため目的物所在地法の適用が正当とされる。

　また婚姻の方式に関する挙行地法主義も，婚姻の方式が挙行地の公序良俗ないしは公益にかかわるからである，というのがわが国の学説のほぼ一致した説明である。さらに身分関係における本国法主義の根拠の1つを，本国が自国民の身分関係に対して自国法を適用してこれを規律する利益に求めることもできよう。この点はとりわけ，婚姻の実質的成立要件について，その根拠を「婚姻ハ人生ノ最大事件ノ一ニシテ婚姻禁止ノ原因ハ国家ノ公益ニ関スルモノナルカ故ニ各国ノ婚姻法ノ規定ニ違反セル自国民ノ婚姻ハ無効トセサルハナシ」（法例修正案参考書）という点に求めるところに顕著である。

　このように，国の利益を法選択の決定要因とみる立場に対しては，国際私法の問題は私人間の利害関係の調整という見地から検討されるべきであって，国家間の利害関係を介入させてはならない，という有力な反対論がある。

　もとより国際私法が当事者の利益を適切に考慮するものでなければならないことはいうまでもない。しかしそのことは事案に関連を有する国の利益の考慮を排除するものであってはならない。国際的な私法事件における適切な解決とは，事件に関連を有する当事者と国の利益をともに最もよく調整することのできる法を適用することにあるからである。法はある社会的，経済的政策を達成するために制定される。このことは私法についても変わらない。たとえばある国が一定の近親婚を禁止したり，生産者の責任に厳格責任を課するときは，それはその国としての明確な法政策の宣言なのであって，法はその法政策または法目的の実現のために制定されたのである。そしてある法の実現しようとする

政策が，問題となっている国際的事案にその法を適用することによって達成されると認められるときは，この国はその事案に自国法を適用する正当な利益を有するのであって，これは準拠法を決定する重要な要因であるというべきである。

5 当事者の利益・正当な期待の保護

　当事者の利益・正当な期待の保護も法選択を決定する重要な政策考慮である。まず身分・能力に関する属人法主義は，属人法が当事者と最も密接な関係にある法であり，その適用が当事者の利益を保護するのに最も適切であるという点から正当化される。たとえば，制限能力者の制度は，制限能力者を保護するための制度であるからその属人法によると説明される。

　平成元年法例改正前の身分関係における夫の本国法主義や父の本国法主義が両性平等の理念に反するとして，その立法論的妥当性について強い批判があったのも，身分関係における当事者の利益を国際私法上，適切に考慮していないという点にその根拠があったというべきであろう。

　そしてこのような批判をうけて，平成元年改正においては，たとえば婚姻の効力において，夫の本国法主義を廃し，段階的連結による準拠法の定め方を採用したが，これは，国際私法の分野で夫と妻を対等に扱うために両当事者に共通で，中立的な連結点を順次探し出すのが適当であると考えられたからである。

　さらに同改正において嫡出親子関係・認知・準正において選択的連結が採用されたのは，親子関係の成立を容易にすることが子の利益の保護にかなうとの連結政策上の配慮が重要な役割を果たしているといえるであろう。

　財産法の分野でも契約における当事者自治の原則や，当事者の意思分明でないときにおける行為地法の適用（改正前法例7条2項）を当事者の利益や正当な期待の保護に求める見解がある。不法行為地法主義の根拠も当事者の予測可能性と正当な期待の保護にあるとみることも可能である。また生産物責任について，この制度が被害者保護を重点とするところから被害者の常居所地法の適用を原則としながらも，他方，製造者の正当な期待をも考慮しなければならないという見地から，常居所地が輸出先国でないときは公衆への売却地を考慮しなければならないとする見解も，当事者の利益や正当な期待の保護を重要な政策

考慮の1つとして顧慮しようとするものである。

このように当事者の利益・正当な期待の保護にはかなり重要なウエイトが与えられている。もとより当事者の利益や予測可能性といった要素を法選択における重要な政策考慮であるととらえることに異論はない。問題はやはり，たとえば制限行為能力者の本国法の適用が本当に制限行為能力者の保護にかなうといえるであろうか，むしろ行為地法の適用が制限行為能力者の保護にかなう場合があるのではないかという点であろう。ある国の法の適用が実質的にみてある者の利益を保護するかどうかは，その法の内容をみなければ決定しえないはずである。生産物責任においても過失責任主義をとる被害者の常居所地法よりも厳格責任主義をとる製造地法の適用が被害者の保護にかなうことは明らかである。この場合に被害者の常居所地法の適用を被害者の利益の保護という理由で正当化することはできない。当事者の利益の保護という国際私法上の政策考慮は法の内容を考慮しない法域選択規則（jurisdiction selecting rule）によって十分に達成されるとは思われない。どの法の適用が当事者の利益や正当な期待をより適切に保護しうるかは，問題となっている争点について関連している法の内容と適用の結果を考慮してはじめて決定しうるものであることを認識する必要があろう。

6　法的安定性・適用の容易さ

法的安定性の確保，つまり法の内容が一定し，その適用の結果が予測しうるということはすべての法秩序に要請される一般的な政策考慮である。わが国の国際私法においてもこれにかなり高いウエイトが与えられているといってよい。まずわが国ではプロパー・ローないしは重心理論のみならず，実質法の法目的の分析を重視する米国の革新的な理論に否定的な傾向が強いが，その際なによりも強調されるのは，法的安定性と予見可能性の欠如である。

より基本的には日本の国際私法の法選択規則の構造そのものが法的安定性の要請に基づくといってよい。すなわち，典型的な法選択規則は，「人の行為能力は，その本国法によって定める」のように，単一の明確な連結点を媒介にして，適用すべき法の内容を問わない，適用範囲の広いルールである。このような法選択規則の構造は，「法的安定性を重視すれば連結点は一義的に決定して

おかねばならない」と指摘されるように，法的安定性や適用の容易さの要請とみるべきであろう。少なくともこのようなルールが法的安定性の確保からみて望ましいことは疑いない。さらに契約準拠法の決定などにおいて，争点ごとの準拠法の決定に反対し，準拠法単一の原則が主張されるのも法的安定性や準拠法の決定の容易さの要請からくるものであろう。

7　具体的妥当性の確保

これに対して具体的妥当性の確保も無視されているわけではない。むしろ近時は，法選択規則の硬直的で妥当でない結果を救済するために個別的事案における正義の実現を図ろうとする理論がさまざまな形で提唱されつつあるといってよい。

まず学説上，具体的妥当性の確保という要請が明確に意識されているのは公序条項の適用においてであろう。たとえば，公序に反するか否かの判断は，「個々の事案における具体的妥当性の探究の中で判断されるほかはない」といわれるのがその例である。

また契約準拠法決定において明示の指定のないときには，当事者の黙示の意思を探究すべしとするのがわが国の学説の一致した立場であった。この黙示意思探究の理論も契約の種類，争点，当事者などの具体的事情を考慮して準拠法を決定するものであるから，個別的事案における具体的妥当性の確保を意図したものである（黙示意思探究にあたってはさらに実質法の内容，法目的をも考慮すべしとする立場もある）。

以上のほか，不法行為におけるプロパー・ローないしは最も有意義な関係の理論，分裂国家の国民の本国法の決定における最も密接な関係の理論などはいずれも，連結点の一義性からの解放を目指し，ケース・バイ・ケースの柔軟なアプローチにより具体的妥当性の確保を図ろうとするものである。

さらに具体的妥当性の確保という観点からみて，とりわけ注目される最近の動きは，平成元年法例改正において，婚姻の効力などの段階的連結の第三段階の準拠法や内外国籍の抵触の場合の解決として，「最密接関係地法」という柔軟な観念が採用されたことである。通則法の契約等における「最密接関係地法」の採用もこのような傾向をいっそう推し進める結果をもたらした。

8　実質法の基礎にある法目的

　伝統的国際私法理論は，実質法の内容やその法目的についての価値判断をしない。つまり抵触している各国実質法の内容についての等価性を前提とする。しかしこの建前はわが国の国際私法の明文の規定においてもすでに完全には貫かれていない。まず内国の特定の実質法の法目的の優先を示す規定がある（通則法22条・42条など）。

　つぎに，法律行為の方式につき実質の準拠法または行為地法の選択的適用を認める通則法10条2項および34条2項の規定は，方式についてその成立を容易ならしめる実質法の優先的適用を示すものである（「遺言の方式の準拠法に関する法律」2条も同旨）。

　また能力につき行為地（署名地）法上能力者であれば責任を負うと定める手形法88条2項，小切手法76条2項の規定も行為地の取引保護のために行為者を能力者とする内容をもった実質法の優位を認めていると解せられる。

　さらに平成元年改正において，婚姻の成立の容易化のために，婚姻の方式に関して選択的連結が採用されるとともに，親子関係の成立を容易化し，子の利益を保護するために，嫡出親子関係・認知・準正において選択的連結が採用されたことは，婚姻法と親子法の基礎にある法目的に重要なウエイトが与えられたことを意味するものである。通則法においても，消費者保護や労働者保護のための特則が設けられたのも，実質法の法目的の積極的考慮を示すものとして注目される。

　学説上も，契約の成立につき契約を有効視する法を適用すべしとする見解，内国で労働する外国人労働者につき当事者の選択した外国法と内国法のうち労働者の保護により優位な法の適用を主張する見解，生産物責任において一定の場合に原告に最も有利な法の適用を認める見解は，いずれもその分野における実質法上の支配的な法目的を自覚的に顧慮しようとするものである。最後に公序の認定にあたって外国法が文明諸国に認められた法的確信に反する——たとえば甚だしい近親婚や重婚等の禁止に関する事項の——場合には，その外国法の適用は排除されるといわれるときも，実質法の内容に対する価値判断が下されているといってよい。このようにみるとわが国の国際私法の解釈においてもいまだ限られた範囲ではあるが，実質法上の法目的が法選択における政策考慮

の1つとして顧慮されていることは否定できない。

第2節　政策考慮の抵触と調整

　以上に検討してきた政策考慮のうち，従来，わが国の国際私法の立法，解釈においては，判決の国際的調和，国際取引の安全と円滑，当事者の利益・正当な期待の保護，法的安定性・適用の容易さという政策考慮，とりわけ判決の国際的調和と法的安定性の確保に最も強いウエイトが与えられてきたといえる。
　しかるに近時はある程度の法的安定性を犠牲にしてでも——あるいは法的安定性と調和しうる限度で——具体的妥当性の確保を企図する見解が活発に提唱されるにいたっており，平成元年改正における最密接関係地法の採用にみられるごとく，おそらく今後その傾向はいっそう強まるであろう。通則法はそのことを示している。
　また，従来ともすれば軽視されがちであった事件に関連を有する国の利益はより意識的に顧慮されるべきであろう。
　さらに伝統的国際私法理論の立場からみて最も受容しがたいと思われる実質法の基礎にある法目的も，それがすべての事案において決定的な役割を演じることはもとより否定されるべきであるにしても，特定の実質法の分野において客観的にみて異論のない支配的な法目的が明確であるときには——たとえば子の保護や労働者の保護，消費者の保護のように——法選択における政策考慮の1つとしてより積極的に顧慮されるべきことを期待したい。平成元年改正は，必ずしもいまだ十分ではないが，子の利益保護などの点でこれを一歩進めたものと評価できる。通則法の制定は消費者の保護や労働者の保護の点で，この傾向をさらに推し進めることになった。

第4章 連結点と準拠法

第1節 連結点

1 連結点とは

　国際私法は、その対象とする国際的な私法生活関係を契約、不法行為、婚姻、離婚、相続などの単位法律関係に分割し、その構成要素のうち、最も重要と思われるものを取り出し、それを媒介として適用すべき法（準拠法）を決定する。

　このように、国際私法上、単位法律関係を特定の国家に連結し、その国の法を準拠法として指定する前提となる構成要素を連結点または連結素という。

　たとえば、通則法36条は、「相続は、被相続人の本国法による」と定め、「相続」という単位法律関係について、「被相続人の本国」という連結点を媒介として、準拠法を決定している。

2 連結点の種類と準拠法

　日本の国際私法における法選択規則において、連結点の代表的な例として用いられているものとしては、以下のものがある。

(1) 国　籍

　国籍を連結点として、準拠法を決定する法選択規則は、人の能力や家族法の分野において広く採用されている。たとえば、「人の行為能力は、その本国法によって定める」（通則法4条1項）とか、さきに述べた「相続は、被相続人の本国法による」との規定がその典型的な例である。

(2) 常居所

　つぎに人が常時居住する場所、つまり常居所を連結点とする通則法の規定もある。たとえば、「消費者契約の成立及び効力について第7条の規定による選択がないときは、第8条の規定にかかわらず、当該消費者契約の成立及び効力

は，消費者の常居所地法による」(通則法11条2項)の規定に認められる。名誉または信用を毀損する不法行為についても被害者の常居所地法による(通則法19条)。

(3) 当事者が選択した地

当事者の意思を，準拠法を決定する連結点とする規定もある。たとえば，「法律行為の成立及び効力は，当事者が当該法律行為の当時に選択した地の法による」(通則法7条)がそうである。

(4) 行為地

行為地という連結点が準拠法を決定する要素となる場合もある。たとえば，通則法10条2項は，「前項の規定にかかわらず，行為地法に適合する方式は，有効とする」と規定し，一定の場合に行為地法の適用を認める。

(5) 目的物の所在地

通則法13条1項は，「動産又は不動産に関する物権その他の登記をすべき権利は，その目的物の所在地法による」と定める。ここで採用されている連結点は，目的物の所在地である。

(6) 労務提供地または労働者を雇い入れた事業所の所在地

労働契約の準拠法については，「労務を提供すべき地(その労務を提供すべき地を特定することができない場合にあっては，当該労働者を雇い入れた事業所の所在地)」(通則法12条2項)の法が最密接関係地法と推定され，適用されることがある。

(7) 原因となる事実が発生した地

原因となる事実が発生した地が連結点として採用されているのは，通則法14条2項であり，「事務管理又は不当利得によって生ずる債権の成立及び効力は，その原因となる事実が発生した地の法による」と定める。

(8) 結果発生地または加害行為地

不法行為の準拠法については，通則法17条は，「不法行為によって生じる債権の成立及び効力は，加害行為の結果が発生した地の法による。ただし，その地における結果の発生が通常予見することのできないものであったときは，加害行為が行われた地の法による」と定める。結果発生地と加害行為地が不法行為の準拠法を決定する連結点として用いられている。

(9) 生産物の引渡地

生産物責任の準拠法については,「被害者が生産物の引渡しを受けた地」の法が適用されるとされ,引渡地が連結点として採用されている。

(10) 最も密接な関係がある地

最も密接な関係がある地が連結点となる場合もある。たとえば,通則法8条1項は,「前条の規定による選択がないときは,法律行為の成立及び効力は,当該法律行為の当時において当該法律行為に最も密接な関係がある地の法による」と規定するが,これがその典型的な例である。

(11) 法廷地

通則法等の明文の規定で認められているわけではないが,中世以来,各国の国際私法上認められてきた「手続は法廷地法による」という原則がある。

以上のほか,法人の設立地,船舶の旗国,運送中の物の仕向地など学説・判例で連結点として認められているものもある。

第2節 属人法

通則法の採用する連結点のうち,特別の考慮を必要とするのは,本国(国籍)を中心とした属人法の決定にかかわるものである。その他の連結点については,各論のそれぞれのところで論じる。

1 属人法とはなにか

身分・能力に関する問題については,人が一般的に従うべき法律があり,この法律は人が現にある場所,行為地のいかんを問わず,そのいたるところに追随して適用される。この法律を属人法という。

2 属人法の決定基準としての本国法主義

なにが属人法であるかについては,本国法主義と住所地法主義が対立し,国際私法の統一を妨げる最大の障碍の1つであったし,現在でもある程度まではそうである。本国法主義とは,属人法として本国法を適用する主義であり,属

人法の決定基準として国籍を採用するところから国籍主義ともいう。19世紀初頭，フランス民法典によってはじめて採用されて以来，広くヨーロッパを始めとする大陸法系の諸国に取り入れられた。

わが国の法例も平成元年改正以前は，かなり明確な形で本国法主義を採用していた。本国法主義の主要な根拠としては，①一国の法律はその民族的特性，倫理意識，風俗，習慣，信仰などを考慮してその国民のために制定されたものであるから，本国が人と最も密接な関係をもち，その法が適用されるべきである，②国籍は住所と比較するとその変更が容易ではなく，属人法の決定基準として明確性，固定性の要請にかなう，ことなどがあげられる。

他面，重国籍または無国籍の場合や，避難民，分裂国家・不統一法国の国民の本国法の決定，さらには異国籍の夫婦間・親子間の法律関係の準拠法決定にあたり，この主義の適用には多くの困難がともなう。かつて本国法主義の牙城であったハーグ国際私法会議が常居所地法主義を採用するなどその妥当性への疑念が深まりつつあることは否定できない。

3　住所地法主義

これに対して住所地法主義は属人法として住所地法を適用する主義を指し，主として英米法諸国で採用されている。この主義の根拠としては，①人の身分・能力など属人法の規律する事項は政治的・公法的紐帯である国籍よりもその者の私法生活の中心である恒久的なホームの所在地である住所地の法によるのが妥当である，②住所は不統一法国における属人法の決定基準としても有用である，③本国法主義よりも住所地法主義の方が，夫婦・親子の属人法を一致させることができる，ことなどがあげられる。

他方，この主義に対する批判としては，①住所の決定は国によって異なるけれども，多くの場合，その決定は証明の困難な当事者の意思に依存するので住所の決定は容易ではなく，明確性に欠ける，②身分関係の準拠法は永続的性質をもたねばならないが，その点で国籍に劣る，ことなどが指摘されている。

4 対立点と解決への方向性

(1) 対立点

両主義の対立の1つは、属人法の決定において固定性、明確性という要請をどの程度重視するのかという点にある。たしかに国籍の決定は一般的には住所よりは明確であり、また国籍はより恒久的で固定的な連結点であろう。しかし、明確性は属人法の決定にとってそれほど重要なのか、身分・能力については最も密接な法の適用という要請をより重視すべきではないかが問題となる。したがって、本国法または住所地法のいずれが身分・能力につき当事者に最も密接な法であり、いずれの法の適用が当事者の意思または利益にかなうかが重要となる。

もう1つの問題は本国が身分・能力につきその国民に対して自国法を適用する利益と、住所地国が内国に居住する者に対して自国法を適用する利益のいずれを優先させるかである。一般的には生活の中心地である住所地の方が、とりわけ家族生活がそこで営まれている場合には、人の身分・能力に本国よりも強い利害関係を有し、その法の適用が当事者の利益や正当な期待にかなうであろう。ハーグ国際私法会議が本国法主義と住所地法主義の妥協の面があるとはいえ、常居所地法主義へ移行したのもこのような事情を反映するものであろう。

(2) 解決への方向性

しかし、属人法の観念を認めるにしても、国籍または住所のいずれかを基準にして、その者に最も密接な関係を有する法を一律的、機械的に決定することがはたして適切なのかという疑問がある。属人法の決定はもっと個別的、具体的事情を考慮してなされるべきではなかろうか。

第2に、問題となっている争点のいかんを問わず、属人法を本国法か住所地法に決定し、その後にそれがどのような問題に適用されるべきかを決定するのが正しいのかという点が問題とされるべきである。むしろ問題とすべきは、たとえば婚姻の効力のうち夫婦間の扶養義務、夫婦の氏、あるいは離婚原因のそれぞれについて、本国法を適用すべきか、それとも住所地法を適用すべきかを個別的な争点ごとに探究すべきではないのかという問題である。

上のような観点からすれば、婚姻親子を中心に行われた、平成元年改正およびこれを受け継いだ平成18年改正は、これまでの批判をある程度ふまえたもの

ということができよう。まず，通則法は，基本的には本国法主義に立ちながらも，一定の範囲で常居所地法の適用される場合を認めている（通則法25条・26条1項2号・27条・32条・38条1項）。「住所」の代わりに，ハーグ国際私法会議で創出された「常居所」を用いているとはいえ，これは平成元年改正前法例の本国法主義の硬直性に対する住所地法主義からの批判に応えたものといえよう。

第2に，たとえば婚姻の効力について通則法25条は，夫婦の同一本国法があるときにはそれにより，それがないときには夫婦の同一常居所地法により，さらにそれもないときには夫婦に最も密接な関係がある地の法を適用するとして，段階的な準拠法決定の方法をとっている。また最も密接な関係がある地の法の適用を採用したことは，より個別的，具体的事情を考慮できる柔軟性ある法選択規則を取り入れたものとして評価できよう（後掲ハーグ相続条約を参照→第21章第1節**6**）。

第3節　本国法・常居所地法

1　国　籍

国籍とは，人を特定の国家に結びつける法律的紐帯であり，特定の国家の構成員としての資格をいう。どのような個人に国家が自国の国籍を与えるかは，国際法上，国家がその歴史的伝統，人口政策などから原則として自由に決定することができる。

各国の国籍法上，最も対立するのは血統主義（自国民から生まれた者に自国籍を与える）と生地主義（自国内で生まれた者に自国籍を与える）のどちらを原則とするかである。日本の国籍法は日本国籍の出生・帰化による取得，および日本国籍の喪失・離脱について規定する。出生による日本国籍の取得については，父母両系主義を原則として，補充的に生地主義を採用する（国籍法2条）。

2　重国籍者の本国法の決定

以上のように，各国の国籍法が相違する結果，重国籍，無国籍という国籍の抵触が生じる。

まず，各国の国籍法の相違から特定の個人が複数の国籍を有する場合がある。この場合に，日本の国際私法上，本国法を適用すべき場合にどちらの国籍を優先すべきかが問題となる。

この点について，通則法38条1項は，「当事者が二以上の国籍を有する場合には，その国籍を有する国のうちに当事者が常居所を有する国があるときはその国の法を，その国籍を有する国のうちに当事者が常居所を有する国がないときは当事者に最も密接な関係がある国の法を当事者の本国法とする。ただし，その国籍のうちのいずれかが日本の国籍であるときは，日本法を当事者の本国法とする。」と規定する。

したがって，内外重国籍の場合には，日本法をその者の本国法とし，外国籍相互間の重国籍の場合は，当事者が常居所を有する国，そのような国がないときは，当事者に最も密接な関係のある国の法を本国法とすることとなる。

内外国籍抵触の際の内国国籍の優先については，日本が当事者に最も密接で実効的な結びつきを有しているとはいえないことを理由に日本法を優先的に適用することには学説上，批判が強い。

3 無国籍者と本国法の適用

つぎに当事者の本国法を適用すべき場合において，当事者がどこの国の国籍をも有しない，いわゆる無国籍者である場合には，本国法の適用はどうなるか。

この点について，通則法38条2項は，「当事者の本国法によるべき場合において，当事者が国籍を有しないときは，その常居所地法による。ただし，第25条（第26条第1項及び第27条において準用する場合を含む。）及び第32条の規定の適用については，この限りでない。」と規定し，無国籍者の常居所地法を適用すべきことを定める。

* **実効的国籍の理論**　政治的避難民のように，本国を去って，他の国に定住し，形式的には本国の国籍を有していても，その本国との結びつきが形骸化し，国籍が連結点としての実効性を失っているときは，このように形骸化した国籍所属国の法律の適用を排除し，住所地法または常居所地法を適用すべきであるという理論である。通説は，実効性の基準が不明確で安定性を欠くとして，この説を批判する。

　しかし，難民については，すでにわが国も批准する「難民の地位に関する条約」12条1項により，この条約の規定により政治的難民と認定された者については，そ

の属人法は住所地法とし，住所がない場合には居所地法とされ，本国法の適用は排除されている。

　思うに，難民にあたらない者であっても，本国との関連が形骸化し，難民や無国籍者と同視しうるときは，このような実効的でない国籍を根拠に，国籍所属国法を本国法として適用するのは妥当でないと考える。むしろこのような場合には，無国籍者の本国法として，常居所地法の適用を認める通則法38条2項を類推適用し，常居所地法を適用すべきである。

　このような観点からは，日本に居住する朝鮮人について，大韓民国，朝鮮民主主義人民共和国のいずれに属するかは明らかでなく，いずれにおいても生活したこともなく，今後もその意思がない場合には，むしろ無国籍に準じ，住所地法である日本法をもってその本国［法］とみなすべきであるとした富山家審昭和56・2・27家月34巻1号80頁が，実質的には実効的国籍の理論を採用したものとして注目される。

4　不統一法国に属する者の本国法の決定

> 【設例4-1】　Ｘ男は，日本で生まれた日本人であったが，1960年に米国アリゾナ州で帰化により，米国籍を取得し，日本国籍を喪失した。Ｘは，米国軍人として沖縄に駐留中に，当時日本人であったＹ女と1973年に婚姻した。同年ＸＹは渡米し，2年間はジョージア州に，その後1976年9月までテキサス州，バージニア州に居住し，その後は，メリーランド州に居住した。1980年2月，Ｙはメリーランド州で帰化により米国籍を取得し，日本国籍を喪失した。同年3月，Ｘは米国陸軍軍属として，Ｙとともに来日し，翌年，長男Ａが出生した。
> 　Ｘが日本においてＹに対して離婚訴訟を提起した。通則法27条の適用上，ＸとＹの本国法はどこの法律か。

【設例4-1】の場合において，通則法27条により離婚の準拠法を決定するためには当事者の本国法を決定しなければならない。通常の場合は，当事者の本国法は，その国籍所属国の法律であり，その決定は容易である。しかし，設例における米国やカナダのように，地域により私法が異なる不統一法国においては，どのようにしてその者の本国法を決定するのかが問題となる。

(1)　間接指定主義と直接指定主義

　これを定めたのが通則法38条3項であり，同項は，「当事者が地域により法を異にする国の国籍を有する場合には，その国の規則に従い指定される法（そのような規則がない場合にあっては，当事者に最も密接な関係がある地域の

法）を当事者の本国法とする。」と規定する。

　この規定は，法例28条3項を現代語化したものであり，実質的な変更はない。まず前段で間接指定主義（当事者の本国法を日本の国際私法の立場から直接指定しないで，米国にこれを決める内部の「規則」があればその規則に従って間接的に指定すること）を採用する。ついで，そのような規則のない場合に備えて後段で直接指定主義（日本の国際私法の立場から直接に当事者の本国法を指定すること）を採用した規定である。

　(2)　米国における「その国の規則」の存否

　そこで個々の不統一法国ごとに，通則法38条3項にいう「その国の規則」が存在するかどうかを決定する必要がある。たとえば【設例4-1】における米国には，38条3項にいう本国法決定の基準となる内部的な規則が存在するか。肯定説と否定説が対立する。

　肯定説は，米国にはかつてのポーランドのような統一的な準国際私法は存在しないが，実質的にはドミサイル（住所）の存する地を属人法とするという統一的な法則を認めることができると解する（判例として横浜地判昭和57・10・19家月36巻2号101頁）。

　これに対して否定説は，米国には抽象的に住所地主義の原則については，一致が認められるにしても，住所（ドミサイル）概念の具体的内容は各州の規則ごとに必ずしも一様でなく，統一的な規則は存在しないと解する。

　＊　横浜地判平成3・10・31家月44巻12号105頁は，裁判例としてはじめて「同条項にいう『規則』は，米国にはないとされている」と述べて否定説をとった。また，横浜地判平成10・5・29判タ1002号249頁も「米国は，実質法のみならず抵触法についても各州ごとに相違しており，統一的な準国際私法の規則も存在しない不統一法国であるから〔改正前〕法例28条3項にいう内国規則はなく，当事者に最も密接な関係ある地方の法律を当事者の本国法とすべきことになる」とし，同様の立場を採用した。

　肯定説は，否定説のように「その国の規則」を厳密に解釈すると，間接指定主義の趣旨が損なわれると考える。すなわち，本国の規則により本国でその者が属するとされる地域の法を適用することによって，本国との間で判決の国際的調和を達成することができる，というのが間接指定主義を採用した根拠であ

る。この点を重視すれば，米国全体を通じて，本国法の指定の趣旨に合致したなんらかの内部的な統一基準があればそれで十分であり，たとえ各州間に少々の相違はあっても，ドミサイルについて基本的なルールが米国全体を通じて存在すると解することができると主張する。

　思うに，この米国との判決の国際的調和の要請を重視すれば，米国内に当事者のドミサイルが存在する場合には，それが達成されるのであるから，通則法38条3項の趣旨からすれば，肯定説が一般的には妥当ではなかろうか。

　当事者が米国外にドミサイルを有すると認められる場合には，肯定説でもこれによって本国法を決定することはできない。「当事者に最も密接な関係がある地域」の法を本国法として適用せざるをえないこととなり，両説の間に対立は存在しない。

(3) 「当事者に最も密接な関係がある地域」

　米国に本国法決定の基準となる内部規則がないとすれば，当事者が最も密接な関係を有する地域を決定しなければならない。当事者の常居所が米国内に存在するときは，常居所地州が最も密接な関係のある州とすべきと考える。当事者の常居所が米国内にないときは，現在または過去の居住の状況，配偶者・家族の居住，当事者の職業活動などを総合的に考慮して認定すべきである。

　前掲横浜地判平成3・10・31は，**【設例4-1】**の事案において，ＸＹの帰化による米国籍の取得の事実を重視して，Ｘについては，アリゾナ州法，Ｙについてはメリーランド州法を最も密接な関係がある地方の法律であると認定した。Ｘはメリーランド州法が本国法であると主張したが，同州にはＸの親族はおらず，その資産もなく，そこに帰還する必要性も蓋然性もないから，最も密接な関係がある地方とはいえないとしてその主張を斥けた。

　しかし，判旨の指摘する関連は，アリゾナ州にもなく，むしろ米国内で最も長く婚姻生活を営み，渡日直前までＹとともに居住していたことを考えると，メリーランド州が最も密接な関係ある地方と認定しうる場合ではなかったかという批判が強い。このように解するときは，離婚の準拠法は，同一本国法であるメリーランド州法となる。

5　分裂国家に属する者の本国法

　第2次大戦後，従来の国家または新たに成立した国家が2つに分裂し，それぞれ異なる私法秩序を構成し，別個独立した国籍法を有するという現象が生ずるにいたった。朝鮮，中国，かつてのドイツやベトナムの場合がそうである。これらの分裂国家に属する者の本国法をどのように決定するかという問題は，これまでわが国の国際私法において活発に議論され，学説判例は鋭く対立してきた。

　まず，わが国が正当な政府として承認している政府の法を適用すべきとする少数説がある。国際私法は事案と最も密接な関係を有する法域の法を適用することを目的とするものであるから，国際法上の承認が存在するかどうかとは無関係であるとの理由で支持されていない（最判昭和34・12・22判時211号13頁もこの立場を否定するものと解される）。

　つぎに分裂国家の状態を一国内に2つの法秩序が存在する不統一法国と解する立場と2つの国家とみる立場が対立してきた。

　しかし通則法の下では，いずれの場合であっても，最終的には「最も密接な関係がある地域の法」または「最も密接な関係がある国の法」を適用することとなり，「最も密接な関係がある地の法」を本国法として適用するのであるから，国際私法上の法の適用問題としては，実質的にはほとんど違いはないといってよい。

　最密接関係地または国の判断にあたっては，当事者の現在および過去の住所・常居所・居所，親族の住所・常居所・居所のほか，当事者の意思などを考慮することとなろう。

> ＊　たとえば，仙台家審昭和57・3・16家月35巻8号149頁は，朝鮮半島の状況を2つの国が併存するものとみた上で，「抵触する国籍によって連結されている複数の国の法秩序のうちから住所，居所その他当事者と社会の関係の密接度を示す諸要素を併せ考慮し，属人法として適用すべき法秩序を選択するのが相当である」との一般論を展開する。そして具体的には，在日のYにつき，外国人「登録において国籍を朝鮮とし，積極的に在日朝鮮人民総連合会に所属し活動していることからすれば，Yはこれを紐帯として同政府と結ばれ，したがって同政府の支配圏内に行なわれる法規がYの本国法であると解すべきである」とした。
> 　平成元年改正前の事例であるが，通則法の最密接関係地法の解釈としても当ては

6 常居所地法・住所地法

(1) 常居所地法

常居所地法については，通則法39条はつぎのように規定する。「当事者の常居所地法によるべき場合において，その常居所が知れないときは，その居所地法による。ただし，第25条（第26条第1項及び第27条において準用する場合を含む。）の規定の適用については，この限りでない。」

常居所の決定に際しては，明文の規定はなく，結局のところ，相当期間の安定的居住の事実，居住目的，居住意思などを総合的に考慮して，ケース・バイ・ケースにより決定するしかないと思われる。

このような観点からは，米国軍属であっても，米国に帰化する前には日本の国籍を有していたこと，10年以上日本に定住していることから，配偶者双方ＸＹの常居所は日本にあると解した前掲横浜地判平成3・10・31は，戸籍の窓口での取扱いのために，常居所の認定についての基準を画一的に定めた民事局長通達（平成元・10・2民二3900号）によりえないとした部分をも含めて妥当であろう。

(2) 住所地法

法例29条は，住所について，「当事者ノ住所地法ニ依ルヘキ場合ニ於テ其住所カ知レサルトキハ其居所地法ニ依ル　②当事者ガ二箇以上ノ住所ヲ有スルトキハ其住所地中当事者ニ最モ密接ナル関係アル地ノ法律ヲ其住所地法トス」と規定していた。ところが，平成18年の法例全面改正により，通則法は住所を管轄基礎とすることはあっても，連結点とすることはなくなった。そこで通則法は住所に関する法例29条に相当する規定を有していない。

7 人際法

たとえば，インドやマレーシアのように，一国内において，人種や宗教を基準にして，人的集団ごとに別の法秩序を適用すべき場合がある。これらの法秩序間の法の抵触問題を解決する法を人際法という。

この点について通則法は，当事者の本国法によるべき場合において，当事者

が人的に法を異にする国の国籍を有するときは、その国の規則に従い指定される法を、もしそのような規則がない場合にあっては、当事者に最も密接な関係がある法を当事者の本国法とすると定める（通則法40条1項）。これは地域的不統一法国における解決にならったものである。

またこの規定は、当事者の常居所地が人的に法を異にする場合における当事者の常居所地法で25条（26条第1項および27条において準用する場合を含む）、26条2項、32条、38条2項の規定により適用されるものおよび夫婦に最も密接な関係がある地の法について準用される（40条2項）。

　＊　東京地判平成2・12・7判時1424号84頁は、インドネシア人の父と子の国籍が同一であっても、宗教が同一でない場合には、同一本国法が存在しないとして、離婚にともなう親権者指定について、子の常居所地法である日本法を適用し、日本人母を親権者として指定した。

第5章 法律関係性質決定

> **【設例5-1】** 日本に永年にわたって居住する甲国人夫婦X女とY男には2人の日本国籍を有する未成年の養子がある。Xは，Yから不当な待遇をうけ，XY間の婚姻は破綻したと主張し，Yとの離婚を求める本訴を提起するとともに，未成年の2人の子の親権者をXに指定するよう申し立てた。
> 甲国法（改正前韓国民法904条4項参照）によれば，離婚の際の親権者は父と法定されており，親権者として適切であっても母を親権者として指定しえない。ところが，日本法（民法819条2項）によれば親権者として母を指定することができる。Xが親権者として適切であるとすれば，親権者指定に関するXの申立ては認められるか。離婚の際の親権者指定の準拠法はどこの国の法律か。

第1節 法律関係性質決定とは

　【設例5-1】で問われているのは，離婚の際の親権者指定の準拠法がどこの国の法律かという問題である。甲国法ならば，親権者は自動的に父となり，日本法ならば母が親権者となる。これを決定するためには，離婚の際の親権者指定の問題は，いかなる性質の法律関係とみるべきか，すなわち，「離婚」の効果の問題とみて通則法27条によるのか（そうすると，同一本国法である甲国法が準拠法になる），それとも「親子間の法律関係」の問題とみて通則法32条による（そうすると，子の常居所地法である日本法が適用される）べきかを決定しなければならない。

　これが法律関係の性質決定の問題（法性決定ということもある）である。この問題は，「離婚」または「親子間の法律関係」という国際私法上の概念をどのように決定すべきかという問題であるともいうことができる。

　もう1つ例をあげよう。第1章の**【設例1-1】**において，問題となったのは，

契約債権の消滅時効の問題である。日本法人Yが，債権の消滅時効の問題は訴訟手続に関する問題であるから，法廷地法である日本法が適用され，弁護士報酬請求権は日本民法172条の短期消滅時効により消滅したと，主張すればどうか。この場合にも，契約債権の消滅時効の準拠法を決定する前提として，この問題が「訴訟手続」の問題か，「契約債権」の効力の問題（契約の準拠法が出訴期限を6年とするニューヨーク州法であるとせよ）であるかの法律関係の性質決定を行う必要がある。

第2節 法律関係性質決定はなぜ問題となるか

　国際私法においては，従来，総論上の重要課題として法律関係性質決定に高いウエイトが与えられてきた。その理由はなにか。それは法選択規則のあり方と切り離して考えることはできない。

　まず，国際私法の伝統的な法選択規則は，「離婚」（通則法27条）や「親子間の法律関係」（通則法32条）のように，概括的で適用範囲がきわめて広い場合が多い。したがって，ある問題がどの法選択規則の適用範囲に入るかどうかという問題が民商法等と比べてはるかに頻繁に生じることになる。

　つぎに国際私法の法選択規則は明確かつ簡潔であって，どの法選択規則が適用されるかが決まると，準拠法がほぼ自動的に定まってしまう。すなわち，〈法律関係性質決定＝準拠法の決定〉という図式になるべき場合が多い。このことが国際私法において法律関係性質決定が重要な課題として議論されてきた理由であると考えられる。

　したがってこの法選択規則の構造に変更修正が加えられるならば，法律関係性質決定の問題は，国際私法における総論上の重要課題としての意義を失うことになろう。

　たとえば，かつては生産物責任の問題は，契約か不法行為かという性質決定が問題となったが，通則法18条の明文の規定が新設されたことによってその必要性が消滅した。

第3節　解決方法

　法律関係性質決定問題の解決方法として，どのような解決策が主張されているか。
　(1)　法廷地（実質法）説
　法律関係性質決定は法廷地の実質法によって行われるべきであるとする立場である。この見解に対しては，法廷地法にない法的問題（たとえば日本法にない別居）の法律関係性質決定ができないなどの批判があった。
　(2)　準拠法説
　法律関係の性質はその法律関係の準拠実質法によって決定すべきであるとする立場である。この見解に対しては，法律関係性質決定がなされてはじめて準拠法が決まるはずなのに，準拠法を基準に法律関係性質決定をするのは論理的に誤りであるなどの批判があった。
　(3)　国際私法独自説
　法廷地実質法説も準拠法説も法律関係性質決定をいずれかの国の実質法に従って行おうとするところに誤りがある。法律関係性質決定は国際私法の解釈問題であり，国際私法独自の立場からなされるべきであるとする見解である。この国際私法独自説がわが国の通説である。
　性質決定の問題は，ある国際的な法律関係をその準拠法を選ぶという観点からして，どのように分類すべきかの問題であって，それは結局，国際私法の全体の構造や関連する抵触規定の趣旨などに照らして，その法律関係の位置づけを行うことにほかならないと考えられるからである。
　問題は，国際私法独自説の立場に立つとして，具体的にどのように法律関係性質決定を行うかである。

第4節　法律関係性質決定各論

　これまでの通説・判例は、国際私法独自説に立ちながら、法律関係性質決定を具体的にどのようにして行ってきたか。主として判例を中心に検討する。
　一般的には、各国の実質法を比較法的に検討したり、問題となっている法律関係を概念的に分析することが中心である。ときに国際私法上の実質的な利益考慮が行われることもあるが、それについての首尾一貫した方法が確立されているわけではない。

(1)　離婚の際の親権者指定における解決

　離婚の際の親権者指定については、わが国の国際私法は離婚の準拠法と親子関係の準拠法のいずれによるべきかについて明言していないとした上で、「離婚の際の親権の帰属問題は、子の福祉を基準にして判断すべき問題であるから、法例21条〔通則法32条〕の対象とされている親権の帰属・行使、親権の内容等とその判断基準を同じくするというべきである」（東京地判平成2・11・28判時1384号71頁）として21条を適用した。
　ここでは子の福祉という利益衡量が決め手となっている。学説上も、離婚にともなう親権者指定の法律関係性質決定については、実質的な国際私法上の利益衡量が行われている。法律関係の性質決定において、このような利益衡量のより積極的な分析が必要であろう。

(2)　消滅時効

　徳島地判昭和44・12・16判タ254号209頁は、「消滅時効という制度の性質いかんであるが、英米法においては……ニューヨーク州法に定める例のように訴提起期間、即ち訴権の消滅の問題として規定している例が多いが、それも所詮は一定期間の経過により債務者が利用し得る防禦手段として付与され、かつその者の援用を条件として債務を免責するという事柄の性質においてはわが国など大陸法系の消滅時効と実質上差異がないと解されており、その性質は手続法上よりも実体法上の制度であるとみるのが妥当である」とし、契約の準拠法であるニューヨーク州法を適用した。この立場については、学説の多くもほぼ一

致して賛成する。
(3) 債権者代位権
　東京地判昭和37・7・20下民集13巻7号1482頁は，債権者代位権に関する規定は，債権者が自己の名において債務者に属する権利を訴訟上追行しうる訴訟法上の規定と解釈し，法廷地法である日本法を適用し，保険金請求権の代位行使を認めた。これに対し，学説上は，債権者代位権は当事者の実体的な権利義務の最終的な帰属に影響を及ぼす実体法上の権利であり，実体準拠法によるべき事項であるとされる。

(4) 法律行為の実質と方式
　法律行為の方式に関する性質決定について，最判昭和53・4・20民集32巻3号616頁は，質権の設定を第三者に対抗しうるためには，確定日付のある証書による通知・承諾を要するかについて，「この通知・承諾は，債権質の効力に関する要件であると解すべきであるから，これを法例8条〔通則法10条〕にいう法律行為の方式にあたるものとする論旨はその前提において失当である」と判示する。ここでは，実質的な理由にはなにもふれることなく，結論が断定的に述べられているにすぎない。

(5) 債権質
　債権質は，物権，債権，債権譲渡のいずれか。前掲最判昭和53・4・20は，「権利質は物権に属するが，その目的物が財産権そのものであって有体物でないため，直接その目的物の所在地を問うことが不可能であり，反面，権利質はその客体たる権利を支配し，その運命に直接影響を与えるものであるから，これに適用すべき法律は，客体たる債権自体の準拠法によるものと解する」とした。ここでも実質的な理由づけはほとんどなされていないというべきであろう。

(6) 特許権に基づく差止めおよび廃棄請求
　特許権に基づく差止めおよび廃棄請求について，最判平成14・9・26民集56巻7号1551頁は，「米国特許権に基づく差止め及び廃棄請求は，正義や公平の観念から被害者に生じた過去の損害のてん補を図ることを目的とする不法行為に基づく請求とは趣旨も性格も異にするものであり，米国特許権の独占的排他的効力に基づくものというべきである。したがって，米国特許権に基づく差止め及び廃棄請求については，その法律関係の性質を特許権の効力と決定すべき

である。」と判示する。

(7) 夫婦の氏

夫婦の氏の問題は，婚姻の効力か人格権か。この点については，学説・判例は，対立する。通説は婚姻の効力と性質決定するが，これと異なる立場も有力である。たとえば，京都家審昭和55・2・28家月33巻5号90頁は，婚姻による夫婦の氏の準拠法は，婚姻の身分的効力の問題として法例14条（通則法25条）によるのが通説であるが，「人の独立の人格権たる氏名権の問題として本人の属人法によるべきものと解すべきである」とする。

(8) 相続人の不存在

イラン人の遺産についての東京家審昭和41・9・26家月19巻5号112頁は，相続人不分明の場合に相続財産をいかに管理し，また相続人不存在の場合に相続財産が何人に帰属するかの問題は，法例10条（通則法13条）の規定の精神に従った相続財産ないしこれに代わるものの所在地法によらしめるべきであると解して，日本民法952条を適用した。

(9) 離婚にともなう慰謝料・財産分与

横浜地判平成3・10・31家月44巻12号105頁は，離婚にともなう財産分与および離婚そのものによる慰謝料請求権については，いずれも離婚の際における財産的給付の一環をなすものであるから，離婚の効力の問題として法例16条（通則法27条）によるべきものと解するのが相当であり，日本民法が適用されるとした。

(10) 協議離婚における家庭法院の確認（韓国法）

つぎの通知も法律関係性質決定のあり方を示す1つの例である。「韓国法が一部改正され，昭和54年1月1日から施行されることになっているところ，改正後の同法836条1項の規定によれば，協議上の離婚をするには，あらかじめ家庭法院の確認を要することとされたが，右確認は，法例上，協議離婚の方式に属するものと解せられるので，改正法施行後においても夫が韓国人である夫婦につき右の確認を得ることなく協議離婚の届出がなされた場合，従来どおりこれを受理して差し支えない」（昭和53・12・15民26678号法務省民事局第2課長依命通知家月31巻3号120頁）（→**第17章第3節 3**参照）。

以上の判例等の分析の結果から，どのようなことがいえるであろうか。

法律関係性質決定は，国際私法の法選択プロセスの一側面として，論理的に重要な役割を与えられていることはたしかである。

しかし，実際的な結果からみると，法律関係性質決定いかんで事件の最終的な結果が左右される事例は必ずしもそれほど多くはないと考えられる。すなわち，どのように法律関係性質決定しようと，結果はあまり変わらない事例が多いといえるであろう。法律関係性質決定が事件の重要な争点であるケースの少ないことが判例の分析からも伺われる。法律関係性質決定に与えられている国際私法の理論的な重要性ほどには，実際上は，大きなウエイトを有していないといえる。

もう1つは，(8)の裁判例などに典型的にみられるように，事件の具体的妥当性を確保するための手段として法律関係性質決定が利用されているとみられる場合があるということである。

そのような観点からすると，現行国際私法の解釈論としては，国際私法独自の立場から法律関係性質決定を行うとしても，とくに国際私法独自の立場から，特段の考慮を必要とするのでない場合には，法廷地の実質法（普通は日本民法）を一応の基準として法律関係性質決定するのが現実的で，実際的な方法ではなかろうか。また裁判所の多くは結果的にはそのような判断を下しているといえるであろう。その意味であまりに国際私法独自の立場を強調することは，現実性のない，空疎な解決になりかねないことに留意する必要があろう。

第5節　法律関係性質決定論の課題

1　法律関係性質決定と条理

従来は，国際私法の法選択規則を自己完結的なものと考え，すべての問題を法選択規則のいずれかの規定の適用範囲の中に無理にでもはめ込もうとする傾向が強かった。

ところが近時は，既存の法選択規則の枠内にすべての問題を無理矢理に法律関係性質決定してしまわないで，もっと積極的に明文の規定が欠けていることを率直に認め，条理によって妥当な法選択規則を創造していこうとする試みが

なされてきた（法例における生産物責任などの分野を参照）。ここでは，あくまでどのようにして妥当な法選択規則を形成していくかが議論の中心であり，法律関係性質決定は法選択プロセスにおいて消極的な意義しかもっていない。このような方法をもっと積極的に採用することも1つの方向であろう。

2　法律関係性質決定と法選択規則の構造

連結点の決定を柔軟にしたり，公序条項などの一般条項を活用することによっても，また，個別的で適用範囲の狭い法選択規則を形成することによっても法律関係性質決定の必要性と重要性が著しく減少することになる。

すなわち，通則法各条の規定を柔軟に解釈，立法するとすれば，法律関係性質決定は準拠法の決定にそれほど重要な意義を果たさなくなる。法律関係性質決定によって直ちに準拠法が決定されることにはならないからである。

また個別的で適用範囲の狭い法選択規則を採用すれば，法律関係性質決定の必要性はかなりの程度まで減少することになろう。たとえば，「離婚の際の親権者指定は，子の常居所地法による」とか，「親子関係の法律関係の準拠法が離婚の際の親権者指定の問題に適用される」との明文の規定を置くことが考えられる。立法にあたっては，このような明文による適用範囲の明確化を積極的に活用すべきである。

3　具体的妥当性を確保するための一般条項として法律関係性質決定を活用すること

さらに具体的な事案ごとに具体的妥当性を確保する手段として，柔軟に法律関係性質決定をすることも考えられる。また，いくつかの判例にはそのような傾向を認めることができる。法律関係性質決定によって具体的に妥当な結果を達成するために，法律関係性質決定が利用されている例といえよう。事案の具体的に適切な解決をもその責務とする裁判所がときとしてそのような解決を行うこと，つまり具体的正義を実現するための一般条項として，法律関係性質決定を活用することもあながち否定すべきではないように考える。

第6章　国際私法上の公序

> **【設例6-1】** 日本に永年にわたって居住する韓国人夫婦X女とY男には2人の未成年の韓国人の子がある。Xは，Yから不当な待遇をうけ，XY間の婚姻は破綻したと主張し，Yとの離婚を求める本訴を提起するとともに，未成年の2人の子の親権者をXに指定するよう申し立てた。韓国法によれば，離婚の際の親権者は父と法定されており，親権者として適切であっても母を親権者として指定しえない。ところが，日本法によれば親権者として母を指定することも可能である。
> 　設例において，Xが親権者として適切であるとすれば，親権者指定に関するXの申立ては認められるか。

> **【設例6-2】** 大韓民国の国籍をもつXY夫婦はともに日本で出生，成育し，40年以上わが国で生活している。XYは昭和45年大阪市で婚姻したが，夫Yの不貞行為と虐待のために2人の婚姻生活は破綻した。そこで妻XはYに対して離婚とともに慰謝料100万円と財産分与500万円（夫婦財産関係の清算と離婚後の扶養を含む）を請求する訴訟を提起した。500万円の財産分与請求は日本法によれば認容されるが，韓国法によれば認められないとする（韓国法は改正され，現行法の下ではこのような問題は生じない）。
> 　このXの財産分与請求は認められるか。

　通則法42条は，「外国法によるべき場合において，その規定の適用が公の秩序又は善良の風俗に反するときはこれを適用しない」と規定する。これが国際私法上の公序条項とよばれるものである。この公序条項の機能，発動の基準については学説・判例は一致しない。

第1節　通説による公序条項の理解

1　公序条項の機能

　国際私法による準拠法の指定は，連結点を媒介にして行われ，準拠法となるべき法の内容とその適用の結果を問わないのが普通である（→第1章第1節 *1* 参照）。その結果，たとえば一夫多妻を認める外国法など内国法とはその内容が異質な外国法が準拠法となり，その外国法をそのまま適用すると，場合によってはわが国の基本的な法秩序が危うくされることがある。この場合に，内国の基本的な法秩序，つまり公序良俗を守るために，ほんらい適用すべき外国法の適用を排除することを認めるのが国際私法上の公序条項である。

　このように公序条項の機能は，ほんらい適用すべき原則的準拠法の適用を排除するという例外的なものである以上，その発動は厳に慎むべきであって，いやしくも濫用してはならない。伝家の宝刀はみだりに抜いてはならないのである。

2　公序条項の発動の基準

　それでは通説的見解によればどのような基準によって公序条項は発動されるのか。

　まず，国際私法上の公序は，外国法の適用を排除するものであり，個人の自由な意思による法律行為を制限する民法90条の国内的公序とは異なる。内国の実質私法と抵触する外国法であっても，国際私法上の公序に反するとは限らない。内国の強行法規に反する外国法の適用がすべて排除されるならば，外国法の適用を定めた通則法の規定はほとんど無意味となろう。

　つぎに公序条項の発動にあたっては，外国法の内容そのものが問題となるのではなく，その適用の結果を問題とすべきである。たとえば本国で一夫多妻を実行し，その第二妻から生まれた子がわが国で父の遺産に対する相続権を主張した場合には，わが国で一夫多妻を実行するときと異なり，その外国法を適用した結果は公序に反するとは限らない。平成元年法例改正において，この通説

の趣旨を明確にするために，改正前法例30条の「其規定カ」という文言が「其規定ノ適用カ」と改められた。通則法の文言もこれをそのまま踏襲する。

つまり外国法の内容そのものを抽象的に問題とし，指弾するのではなく，事件とわが国との関連をも含めて，その具体的な適用の結果を問題とすべきである。内国との関連が密接になるほど公序条項の発動される可能性は強くなり，逆に内国的関連が稀薄になれば公序条項の発動の余地は少なくなる。

このように公序条項の発動は具体的な適用の結果を問題とするものであるから，その基準はあくまで相対的であって，明確にすることは不可能に近い。

なお，公序条項によって外国法の適用が排除された場合，法廷地法が適用されることになるが，そこでいう法廷地法がなにを意味するかについては見解は一致しない。

第2節　裁判所における公序条項の適用

それでは判例は公序条項をどのように適用してきたか。裁判例の多くは，平成元年法例改正前の法例30条に関する事例であり，通則法の下では具体的状況により，通則法により指定される原則的準拠法が日本法となり，公序条項の適用が問題とならない場合もあることに留意する必要がある。

(1) 債権の消滅時効

ハワイで日本人間で締結された金銭消費貸借に基づく債権の消滅時効について大審院は，時効は公益的規定であるから米国法の消滅時効がわが国の消滅時効よりも長期であるならば公序に反するとした（大判大正6・3・13民録23輯78頁）。

もっともこれと逆に6年の消滅時効のニューヨーク州法の適用は，わが国の民法172条の2年よりも長期であっても，公序に反しないとする判決もある（徳島地判昭和44・12・16判タ254号209頁）。

(2) 物　権

船舶に対する抵当権設定は公示なくとも第三者に対抗しうるとするロシア法の適用は公序に反する（長崎控決明治41・12・28法律新聞550号12頁）とか，かり

に米国法が合意によって留置権を創設しうるとしても，わが国法では留置権は法律で定めるほかはこれを創設しえないからその適用は公序に反する（神戸地判大正6・9・16法律新聞1329号23頁）とする判決がある。

(3) 解　雇

米国会社に米国で雇用された米国人パイロットの解雇について，労働契約に基づく現実の労務給付が継続して日本国内で行われる場合には，属地的に限定された効力をもつ公序としての労働法が適用されるとするものがある（東京地決昭和40・4・26労民集16巻2号308頁）。

しかしこれに対し，同じく米国会社に米国で雇用された日本支社の米国人ゼネラル・マネージャーの解雇について，米国法を適用して解雇を有効とすることは公序に反しないとする判決もある（東京地判昭和44・5・14下民集20巻5・6号342頁）。

(4) 賭博契約

賭博契約については，ラスベガスでカジノを経営するホテルと日本人客との契約の準拠法はネバダ州法であり，同州の賭博は公認のものであって，厳格な管理がなされており，内国との牽連関係も間接かつ希薄であるとして，賭博契約を有効とするネバダ州法の適用は公序に反しないとした事例（東京地判平成5・1・29判時1444号41頁，判タ818号56頁）がある。

(5) 特許権の効力

特許権の効力に関して，最判平成14・9・26民集56巻7号1551頁は，一定の行為については領域外のものであっても域外適用されるとする米国特許法の適用は，わが国のとる属地主義の原則に反するものであるから，「米国特許権侵害を積極的に誘導する行為を我が国で行ったことに米国特許法を適用した結果我が国内での行為の差止め又は我が国内にある物の廃棄を命じることは，我が国の特許法秩序の基本理念と相いれない」として，公序により，米国特許法の適用を排除した。

(6) 婚姻無効

婚姻無効については，異教徒間の婚姻を禁止するエジプト法の適用は，信教の自由，法の下の平等を保障するわが国の公序に反するとして，エジプト法の適用を排除し，異教徒である日本人とエジプト人との婚姻は有効に成立したと

した事例（東京地判平成 3・3・29家月45巻 3 号67頁）がある。

　(7)　離婚禁止

　日本在住の日本人妻からフィリピン人夫に対する悪意の遺棄等を理由とする離婚請求について，離婚を禁止するフィリピン法の適用は公序に反するとして日本法により離婚請求を認めた事例は枚挙にいとまがない（たとえば東京地判昭和35・6・23下民集11巻 6 号1359頁）。

　もっともこれらの事例の多くは，通則法27条によれば，日本法が準拠法となる場合であるから，今後は公序条項が発動されることはあまりないであろう。夫の住所，婚姻挙行地，婚姻住所が夫の本国であるフィリピンにあり，夫が妻を悪意で遺棄したとはみられない場合（横浜地判昭和48・1・18判タ297号315頁）や，フィリピン人夫から日本在住の朝鮮人妻に対する離婚請求の場合（神戸地判昭和54・11・5 判時948号91頁）も同じく公序に反するとされたものもある。

　離婚にきわめて厳格な要件を課すイタリア離婚法の適用の結果は著しく正義公平の理念，善良の風俗に反するとして日本法により離婚請求を認めた事例もある（東京地判昭和50・11・17判タ334号331頁）。

　(8)　離婚の際の財産分与

　離婚にあたり，財産分与を認めない韓国法の適用は公序に反するとして日本法により妻からの財産分与請求を認めた一連の判例がある（東京地判昭和55・11・21判タ441号140頁）。しかし最判昭和59・7・20民集38巻 8 号1051頁は，300万円の慰謝料が認められる場合には財産分与が認められないからといって，韓国法の適用は公序に反しないとした。

　(9)　離婚の際の親権者指定

　この点については，日本に在住する韓国人夫婦の離婚に際し，日本民法によれば親権者として適切な母を指定しうる場合に，父を親権者と法定する韓国法を適用することは子の福祉に反し，ひいては法例30条（通則法42条）の公序に反するとした最判昭和52・3・31民集31巻 2 号365頁が重要である。

　(10)　認　知

　強制認知の規定を欠く米国ミズーリ州法（東京高判昭和32・11・28下民集 8 巻11号2200頁），死後認知の規定がないテキサス州法，イラン法，西ドイツ法，リヒテンシュタイン法の適用を公序により排除するものが多い。

これに対し，死後認知の出訴期間について，最判昭和50・6・27家月28巻4号83頁は，出訴期間を1年に限定する韓国法はその適用の結果が公序に反するとは認めがたいから，同期間を徒過した出訴は不適法であるとした。

(11) **養子縁組**

養子縁組では，まず未成年の2名の兄弟との養子縁組申立事件において，養親は1名の子女としか縁組できないとする中国法を適用して，申立てを棄却または兄弟を切り離して一方だけとの縁組を許可することは，子の福祉を目的とする未成年養子制度の趣旨を著しく損なうので，公序に反するとする事例（神戸家審平成7・5・10家月47巻12号58頁）がある。また，イスラム教徒を養親とする特別養子縁組の申立てについて，イスラム教徒に養子縁組を禁止する養親の本国法であるエジプト法の適用は公序に反するとしてその適用を排除した事例（東京家審平成7・11・20ジュリ1140号150頁，同旨宇都宮家審平成19・7・20家月59巻12号106頁）もある。

さらに養親の実子の同意を要件とする養子の本国法であるフィリピン法の適用は公序に反するとしてその適用を排除した事例（水戸家土浦支審平成11・2・15家月51巻7号93頁）がある。養子縁組の離縁を認める制度がない米国法の適用を公序を理由に排除する裁判例もいくつかある（水戸家審昭和48・11・8家月26巻6号56頁，那覇家審昭和56・7・31家月34巻11号54頁など）。

(12) **相　続**

相続人不存在の場合に，内縁の日本人妻に特別縁故者の分与請求を認めず，韓国法を適用して国庫に帰属すべきとすれば妻に酷であり，公序に反する（仙台家審昭和47・1・25家月25巻2号112頁）とするものがある。また，比較的広大な不動産について，その個人所有を禁止し，それを相続の対象としていないと解される朝鮮民主主義人民共和国法を適用して，わが国内に居住する同国国民の相続権を剝奪する結果を容認することは，公序に反する（名古屋地判昭和50・10・7判時817号98頁）とする判決もある。さらに，相続分については，嫡出子と非嫡出子を区別しない中国法の適用は公序に反しないとした事例（東京地判平成4・6・26家月45巻8号90頁）がある。

第3節　公序条項の積極的活用

1　公序条項の積極的適用と機能的公序論

　このように，判例は広い範囲にわたって公序条項を発動し，ほんらい適用すべき原則的準拠法の適用を排除している。裁判所によるこのような公序条項発動の現実的機能は，硬直的・概括的な法選択規則の機械的な適用から生じる妥当でない結果を回避する手段として公序条項が利用されている，という点にあるとみることができよう。通説は判例の立場を公序条項の濫用と批判するけれども，このような批判は適切とは思われない。

　国際私法の基本理念（国際私法上の公序）は事案の解決に最も適切な法，つまり，事件に関連を有する当事者と国の利益を最もよく考慮し，調整することのできる法を適用すべきであるという点にある。平成元年改正前法例の典型的な法選択規則，たとえば親子関係におけるかつての父の本国法主義がこの目的をつねに達成しうるかは疑わしいものであった。なぜならこの規則は父の本国以外の国（たとえば子の住所地）が事案の解決に対して有する利益をなんら考慮していないし，また父の本国法の適用の現実の結果が関連する当事者の利益を正当に考慮しているかは疑問だからである。したがって，このような法選択規則をそのまま適用すれば国際私法の基本理念からみれば妥当でない結果が生じる場合のあることはもとより当然であり，裁判所がこのような結果を是正するために公序条項を用いることはやむをえないといわざるをえない。

　このような公序条項を積極的，機能的に活用すべきとする立場を機能的公序論ということがある。

2　離婚の際の親権者を自動的に父と定める外国法の適用と公序

　機能的公序論を【設例6-1】のような事例に適用するとどうなるか。この設例は，日本に在住する韓国人夫婦の離婚に際し，日本法によれば親権者として適切な母を指定しうる場合において，父を親権者と法定する韓国法を適用することは子の福祉に反し，ひいては公序に反するとした，前掲最判昭和52・3・

31をもとにしたものである。なお，韓国法の規定は改正され，日本法と同じ趣旨の規定となったので，現在ではこのような法の抵触は生じない。

　まず，親権者として適切な母を親権者として指定しうる日本法の目的は，子の福祉または子の利益の保護である。子の利益の保護に最大の利害関係を有するのは子の住所地国である。親権者として適切な親を親権者として指定するのが子の福祉にかなうという法目的からすれば，わが国はたとえ外国人であってもわが国に永年にわたって居住する子の福祉のために自国法を適用して適切な母を親権者として指定する正当な利益を有する。

　また，日本法の目的が親権者指定における両性の平等の実現にあるとすれば，外国人たる妻が永年にわたってわが国に居住し家族生活の中心がわが国にあるときは，日本に居住する母の利益を保護するためにも自国法を適用する正当な利益を有するというべきである。

　そしてこれらの法目的は，いずれも憲法で保障された強度の政策的基盤を有するのみならず，比較法的にみても子の利益の保護という一般的傾向は明らかであるから，この場合，わが国はいっそう強く明白な利益を有するといえよう。

　他方，父を自動的に親権者とする韓国法の基本的法目的は，父に対する子の支配権，父権の尊重あるいは封建的な家制度の維持にあるとすれば，韓国に居住する韓国人家族について自国法を適用する根拠はあるにしても，わが国に永年にわたって居住し，その家族生活の中心がわが国にあり，本国との関係が密接でない自国民に対して本国の家制度の遵守を要求したり，子の利益を無視してまで，外国に永年居住する父の権利を保護する正当な利益を有する場合であるかは疑わしい。

　とりわけ，親権者指定における父優先主義が，近時における子の利益のための親権という一般的傾向に反するのみならず，韓国においても憲法の男女平等の原則に基づく夫婦同権に反するという理由で，弱い政策的基盤しか有しないときはそうである（そして現に1990年に改正された）。このように考えると，日本に永住する韓国人夫婦の子の利益のために，親権者として適切な母を指定することのできる日本法を適用することが韓国の利益に反するとはいえない。

　また，当事者の正当な期待の保護という観点からみても，日本法の適用が正当化される。すなわち，日本法を適用し，母を親権者と指定することが母と子

の正当な利益と期待を保護する結果となることは疑いない。

　問題は父であるが，日本に永年居住する父に子の福祉のために日本法を適用し，親権者として適切な母を指定することが父の利益と期待を不当に侵害し，父に対して不公正とまではいえないであろう。

　以上のように，本国法の機械的適用が，事件に関連を有する国と当事者の利益からみて最も適切な法を適用すべきだとする国際私法の基本理念ないしは正義に反するときは，国際私法の公序条項を積極的に発動すべきだとする立場からいっても，韓国法の適用は公序に反することになる。

3　離婚の際の財産分与請求を妻に認めない外国法の適用と公序

　つぎに，【設例6-2】のような事例に機能的公序論を適用するとどうなるか。この設例は，前掲最判昭和59・7・20を基礎としつつ，これに妻も韓国人とする修正を加えた。なお，最高裁判決では300万円の慰謝料が認められる場合には，財産分与を認めない韓国法の適用は公序に反しないとされている。

　まず，日本法が離婚に際し，十分な財産分与を認める趣旨は，夫婦が協力して財産を形成してきた場合，または離婚後に妻の扶養を必要とする場合に，夫婦財産の清算を十分に認めないことは，一方の配偶者の保護に欠けるばかりでなく，生活保護などにより国の負担となるという点にあると考えることができる。しかもこのような要請は両性の平等や個人の尊厳という憲法上の強度の政策を反映するものであり，比較法的にも支配的な法目的である。そうすると，妻が外国人であっても，日本に40年以上にわたって居住し，しかも日本で婚姻生活を営んできた以上は，わが国は離婚の際に十分な財産分与を認める日本法を適用して，妻を保護する正当な利益をもつというべきである。

　他方，韓国法が家父長的家族制度を前提として，夫婦が婚姻中協力して得た財産であっても，それはあくまで家の財産であって離婚の際に妻が分与請求をすることができない，離婚後，家を去る者は実家の扶養によればよいと考えているとすれば，韓国はこの事件に自国法を適用する正当な利益をもつだろうか。韓国が自国の家制度を維持するためであっても，わが国に40年以上も居住し，本国との関連もそれほど強くない自国民に対してまでその遵守を要求するほど強い利益を有しているとはいいがたい。また，日本在住者間で実家扶養の実効

性に疑問があるとすればなおさらである。さらに後になって日本法と同趣旨の規定が新設されていることは，当時においてもすでにその実質的根拠への批判が強かったと考えられ，政策的基盤は強いとはいえない。

　このように考えると，本件のように，外国人夫婦が永年にわたって日本に居住し，婚姻生活を送るなどわが国と密接な関連を有する場合には日本民法を適用して妻の利益を保護すべきであり，そうすることは決して夫に対して不公正ではない，というべきであろう。したがって，**【設例6-2】**の場合にも韓国法の適用は公序に反するというべきである。

　以上の2つの設例の検討からも明らかなように，わが国の国際私法の法選択規則の機械的な適用が，最も適切な法の適用という国際私法の基本理念を損なう場合には，一般条項としての公序条項の果たすべき役割は大きい。公序条項の濫用を懸念するよりはむしろ，その積極的活用こそ考慮すべきである。

第7章 反　　致

第1節　反致とはなにか

　通則法41条は，「当事者の本国法によるべき場合において，その国の法に従えば日本法によるべきときは，日本法による。ただし，第25条（第26条第1項及び第27条において準用する場合を含む。）又は第32条の規定により当事者の本国法によるべき場合は，この限りでない。」と規定する。これが国際私法上，反致条項とよばれるものである。

> 【設例7-1】　日本に住所を有し，日本に不動産を有する英国人Ａの相続が問題になった場合に，相続人はだれか，各自の相続分はどうなるかはどこの国の法律によるか。
> 　なお，英国国際私法は相続に関しては，不動産については不動産所在地法によるとし，動産については被相続人の住所地法によるべきものと定め，そしてその英国の国際私法上の住所が日本にあるとせよ。

　相続は，通則法36条によれば被相続人の本国法である英国法によるべき場合である。ところが英国の国際私法が相続に関し，動産につき被相続人の住所地法によるべきものと定め，そしてその英国の国際私法上の住所が日本にあるとすれば，これは「当事者の本国法によるべき場合において，その国の法［英国国際私法］に従えば日本法によるべきとき」にあたる。そこで，この英国人の動産相続については結局，日本法を適用すべきことになる（東京家審昭和45・3・31家月22巻10号101頁）。これが反致とよばれるものである。
　したがって，反致とは，法廷地の国際私法が準拠法を決定するにあたって，外国の国際私法をも考慮すべきかどうかという問題，つまり，法廷地はどのような場合に，またなぜ外国の国際私法を考慮し適用するのかという，外国国際

私法の適用可能性の問題であるといえよう。

第2節　反致にはどのようなものがあるか

　反致，つまり，外国国際私法の適用可能性には，設例の場合のほか，各国の立法上いくつかの態様がある。そのうち，どのような種類の反致を認めるかはそれぞれの国の立法政策の問題である。

1　狭義の反致

　さきの英国人の相続の例のように，法廷地A国の国際私法によればB国法が適用されるが，B国の国際私法によれば逆にA国法が適用されるときに，A国の裁判所がA国法を適用する場合。これが反致の最も典型的な例であって，狭義の反致という。わが国の国際私法上は，この狭義の反致のみを認めたものと解するのがかつての通説・判例の立場であった。

2　転致または再致

　A国の国際私法によればB国法が適用されるが，B国の国際私法によればC国法が適用されるときに，A国の裁判所がC国法を適用する場合（手形法88条1項後段，小切手法76条前段3参照）。これを転致または再致という。

3　間接反致

　A国の国際私法によればB国法が適用され，B国の国際私法によればC国法が適用されるが，C国の国際私法によればA国法が適用されるときに，A国の裁判所がA国法を適用する場合。間接反致という。通則法41条の解釈として，B国の国際私法が転致を認めるときは，「その国の法に従えば日本法によるべきとき」にあたるから，同条はこれを認めたものと解するのが近時の有力説である。

4 二重反致

以上はいずれも外国の通常の国際私法規則を適用する場合であるが，外国の反致規定まで考慮されることがある。これが二重反致とよばれるものである。すなわち，A国の国際私法によればB国法が適用され，B国の通常の国際私法によればA国法が適用されるが，B国の国際私法が反致を認めるために結局はB国の裁判所がB国法を適用するとき，法廷地A国の裁判所はB国法を適用する場合である。これはほんらいのA国国際私法をそのまま適用したのと変わらない。かつての通説は二重反致を「反致の自殺」として否認した。ところが，最近の有力説は，この場合に二重反致を否認して法廷地であるわが国が日本法を適用するのは「その国の法に従えば日本法によるべきとき」でないのに，日本法を適用するものであって妥当ではないと批判し，二重反致を肯定する（東京高判昭和54・7・3判時939号37頁）。

第3節 反致の根拠

反致はなぜ認められるか。その根拠はなにか。

反致の根拠は多様であり，かつては総括指定論，棄権論などによる理由づけが行われたが，最近ではむしろ，つぎのような理由づけがなされることが多い。

1 判決の国際的調和

反致を認めれば，一定の範囲で判決の国際的調和，法廷地漁りの阻止という目的を達成できるという理由づけである。とくに属人法の決定基準についての本国法主義と住所地法主義との対立を反致によって緩和できるという点が強調される。すなわち，各国の国際私法が違っていれば，同一の法律関係が法廷地を異にするに従って異なった法によって規律されることになる。このような状況からの脱却は究極的には各国の国際私法の統一を必要とするけれども，その実現が不可能な段階においては，その相違を前提とした上で，とくに判決の国際的調和が必要な事項について反致を採用することにより，この不統一から生じる不都合な結果を回避しようとする点に反致の根拠が求められる。

もっとも、たとえば狭義の反致の場合に、わが国がこれを採用し、本国が否認するときは、同じ結果に到達することができるけれども、双方とも狭義の反致を採用するときは準拠法が入れ替わるだけで異なる結果になることには変わりはない。したがって、反致の根拠を判決の国際的調和に求めるという趣旨を貫こうとすれば、それぞれの反致の類型ごとに準拠法の同一性が達成される場合に限って反致を認めるべきことになろう。

かつてわが国では立法論として全面的な反致否認論が強かった。反致は外国国際私法に盲従する誤謬、すなわち自国の設定した国際私法原則に対する確信の欠如、国際主義に対する不忠実を示すものであり、不当であると主張された。ところが最近では一定の範囲に限って、とくに判決の国際的調和が達成される場合に限って反致の効用を認める、反致再評価の動きもみられる。

2　自国法適用の利便

狭義の反致、間接反致については、法廷地の実質法が適用されるのであるから、反致を採用することにより、外国実質法の適用という内国裁判所にとって困難な仕事を避けることができるという点が反致の根拠として指摘される。

しかし反面、反致を採用することにより外国国際私法の解釈・適用という新たな困難が生じ、準拠法の決定が複雑になり、予見可能性と簡明さを損なうのみならず、内国法へ送致する場合にだけ反致を認めようとする内国法優先の思想は、内外法の平等を原則とする国際私法の趣旨に反するとの批判が加えられてきた。

3　反致の一般条項としての機能

つぎに反致は、法廷地の法選択規則、わが国の通則法についていえば身分・能力に関する本国法の適用が具体的事案において妥当でない結果を招来するとき、法廷地の硬直した法選択規則（本国法主義）の厳格さを緩和する手段として利用されることがある。これは反致の根拠というよりはむしろ、反致が一般条項として各国の判例上営んでいる機能であるといえよう。

これに対しては、反致をあまりに概括的で硬直化した法選択規則を修正する手段として利用することは、反致の濫用であって、不当な法選択規則に対する

修正は反致によるべきでなく，正面からの改正を待つべきであるとの有力な批判があった。

　もとより，根本的な解決は国際私法の基本的構造の変革を必要とするけれども，それがなんらかの理由で現実的でないときは，現に生じている紛争の妥当な解決という要請を無視しえない裁判所が，法律関係性質決定，公序条項とならんで，反致によりこのように硬直した法選択規則の妥当でない結果を回避しようとする努力を全面的に否認することは妥当ではない。本国法をそのまま適用するよりも，反致条項により外国国際私法を考慮して準拠法を決定した方が，当事者や関連する国の利益を適切に調整しうる解決策であるときは，裁判所が一般条項としての反致条項を利用してこのような解決策をとることは，わが国の国際私法のもつ硬直性を緩和するためのやむをえない措置として肯定されるべきではなかろうか。平成元年改正以前の法例において反致条項がこのような機能を営んだことは否定できず，また通則法の下でも限定的にせよ，このような機能が依然として留保されているとみるべきである。

第4節　通則法41条の解釈・適用

　通則法41条の解釈・適用上の問題点を判例を中心に検討する。ただし，裁判例はほとんど平成元年法例改正以前のものである。

1　「当事者の本国法によるべき場合」

　通則法41条により反致が成立するためには，まずわが国の国際私法上当事者の本国法によるべき場合でなければならない。

(1)　離婚・親子関係

　かつて判例上，反致の成否が最も問題となったのは離婚である。平成元年改正前法例16条は夫の本国法主義を採用していたから，これと異なる法選択規則をもつ国が夫の本国であるとき，とくに英米法系の諸国が夫の本国であるとき反致の成否が検討されなければならなかった。たとえば，英国国際私法上，住所地法主義が採用されているとすれば（東京地判昭和10・2・4法律新報390号27

頁)，夫の住所が日本にあれば反致が成立する。反致が認められ，日本法によったのが最も多いのは夫が米国人の場合である（たとえば東京地判昭和33・4・3下民集9巻4号576頁，否認例としては福岡地判昭和30・1・19下民集6巻1号46頁がある)。

　また，平成元年改正前の法例20条によれば，親子関係は父の本国法によった。そこで父の本国たる米国においては，親子関係は子の住所地法に準拠すべきものと解釈されているので，反致により子の住所地法である日本法による（東京家審昭和34・6・24家月11巻12号142頁）としたものがあった。

　しかし，いずれにせよ，平成元年法例改正により，離婚と親子関係は，婚姻の効力，夫婦財産制とともに，反致条項の適用が排除されるにいたった。もっとも平成元年改正後においても，親子関係について，米国ミシガン州法から日本法への隠れた反致の成立を認める審判（那覇家審平成3・4・1家月43巻10号44頁）がある。

(2) 養子縁組

　離婚についで判例上，反致がよく問題となったのは養子縁組の成立である。ここでも最も多いのは米国人に関する事例である。たとえば米国人夫婦が日本人未成年者を養子とする場合に，養親の本国法である米国（メリーランド州）法からの反致を認めたものがある（東京家審昭和35・2・8家月12巻5号171頁，なお，否認例として東京家審昭和41・9・2家月19巻4号110頁)。同じくカナダ人夫婦が日本人未成年者を養子とするにつき，反致が成立するとして日本法を適用したもの（熊本家審昭和40・9・28家月18巻3号93頁，なお否認例として宮崎家審昭和42・4・4家月19巻11号122頁)，日本在住の英国人と日本人未成年者との養子縁組につき日本民法を適用して許可した事例（横浜家審昭和34・7・16家月11巻12号143頁）などがある。

(3) 相続・遺言

　相続も被相続人の本国法によるから，反致の成否が問題となる（肯定例として大阪高決昭和40・11・30家月18巻7号45頁，東京家調昭和38・11・18家月16巻4号165頁)。また，不動産相続につき，被相続人の本国法である中国法から不動産所在地法である日本法への反致の成立を肯定した最判平成6・3・8家月46巻8号59頁がある。

また遺言の成立および効力については，遺言者かつ被相続人の本国法であるソ連法から，住所地である日本法への反致を肯定した，東京地判昭和63・4・25家月40巻9号77頁がある。

(4) **婚姻の実質的成立要件**

婚姻の実質的成立要件は各当事者の本国法によるから，当事者の本国が挙行地法主義をとるときは反致の成否が問題となる（静岡家沼津支審昭和31・9・24家月8巻11号35頁）。

2 反致の排除

通則法41条ただし書は，反致の認められない場合として，「ただし，第25条（第26条第1項及び第27条において準用する場合を含む。）又は第32条の規定により当事者の本国法によるべき場合は，この限りでない。」と規定する。この明文の規定により，婚姻の効力，夫婦財産制，離婚，親子間の法律関係については，本国法からの反致が認められないことになった。

問題となるのは，通則法28条・29条・30条などの選択的連結の場合である。明文の規定によって排除されていないから，これらの選択的適用の場合には反致条項の適用はあると解する立場が有力である。しかし，たとえば，嫡出親子関係の成立について，いずれか一方の本国法によれば子は，嫡出子となるのに，日本法に反致する結果，日本法によれば嫡出子とされないような場合には，反致を肯定することは，通則法28条の親子関係の成立を容易にするために選択的適用主義を採用した立法の趣旨に反することになる。したがってこのような場合には反致の成立を否認する余地を認めるべきである。

3 「その国の法に従えば日本法によるべきとき」

通則法41条が適用されるためには，当事者の本国の国際私法によれば，日本法が適用される場合でなければならない。したがって再致が認められないことについては争いはない。間接反致や二重反致が認められるかについては学説は対立し，かつては消極説が一般であったが，最近では肯定説が有力になりつつある。

(1) 当事者の住所地法への反致

　反致が認められるのは，当事者の本国の国際私法が住所地法主義を採用し，その住所がわが国にあるとされる場合が最も多い。日本に住所があるかどうかは，本国の国際私法の立場から決定される。これまで本国国際私法上の住所が日本にあるとして反致の成立を肯定した事例は多い。しかし，日本に在住する米国人軍属につき，日本に居住するのはまったく自由意思をもって日本に生活の本拠を定め，ここを永久または不定期間永住地と定めたと目することはできないから，米国法上日本に「住所」ありと認定することはできない（前掲福岡地判昭和30・1・19）。また，在日宣教師の夫婦であるカナダ人の養親につき，日本に永住する意思を欠くから日本にドミサイルを有しないと認定し（前掲宮崎家審昭和42・4・4），反致の成立を否認するものもある。

(2) 当事者の在住地法または所在地法への反致

　当事者の住所地ではなく，在住地または所在地がわが国にあるとして，反致が成立することがある（横浜家審昭和34・6・24家月11巻12号42頁，東京地判昭和29・9・25下民集5巻9号1625頁）。

(3) 不動産所在地法，挙行地法への反致

　相続については不動産所在地法，婚姻の実質的成立要件については挙行地法への反致が問題となることについてはすでに述べた。

4　「日本法による」

　通則法41条の反致が成立すれば，結局，当事者の本国法ではなく，日本法が適用されることになる（ただし，二重反致を認める場合には当事者の本国法が原則どおり適用される。前掲東京高判昭和54・7・3）。そして，現にほとんどの判例は反致の成立を肯定した結果，日本法を適用する。

　ところが，いったん反致の成立を肯定しながらも，結果的にみれば日本法を適用したといえるか甚だ疑わしい場合がある。たとえば日本在住の米国人が配偶者の日本人子を養子とする場合において，養親について反致の成立を認め，日本法が準拠法となるとしながら，日本民法798条ただし書によれば自己または配偶者の直系卑属を養子とする場合に家庭裁判所の許可を要しないにもかかわらず，養親の本国法の趣旨を尊重して許可の審判をした裁判例がある（東京

家審昭和36・7・18家月13巻11号108頁）。これは結局のところ反致の成立を否認したものと解すべきである。

5　隠れた反致論

　離婚，親子関係，養子縁組などに関する英米の国際私法を単純に準拠法決定における住所地法主義として，「その国の法律に従えば日本法によるべきとき」と解してよいかは問題である。これらの国では，住所その他を裁判管轄権の基礎として承認するとともに，自国に裁判管轄権が存在する場合に法廷地法を適用するという構造をとっているからである。

　この点についてわが国の判例の多くは，住所を管轄権の基礎とする場合につき，これを準拠法決定における住所地法主義と理解する。たとえば離婚に関する米国国際私法について，「当事者の住所所在地の裁判所が離婚に関する裁判権を有し，法廷地の法律が準拠法となる……。……準拠法が法廷地法というのは裁判管轄権に関する右規定と総合して解釈するとき，結局，当事者の住所地法が準拠法となる」（福岡地判昭和30・1・19下民集6巻1号46頁）と解している。

　ここでは，法廷地法への反致は本国の法選択規則自体からではなく，裁判管轄規則の中に隠されている法選択規則を推知することによって認められている。この場合，反致は裁判管轄規則の中に隠されている規則を双方化することによって認められるところから，「隠れた反致」といわれる。

　学説上も「隠れた反致」の理論を肯定する立場が多いといえようが，最近では，この場合は「日本法によるべき場合」にあたらない，として「隠れた反致」の理論を否定する立場も有力になりつつある。また，米国諸州の国際私法の解釈上，養子縁組について，日本法への反致はその隠れた作用としてもありえないとして，「隠れた反致」を否認する判例もある（東京家審昭和43・8・6家月21巻1号128頁）。

　隠れた反致論の当否は一律に決するわけにはいかない。むしろ，具体的事案において，問題となっている争点との関連で，隠れた反致を認めて法廷地法を適用することによって，判決の承認をも含めた意味での判決の国際的調和が達成されるか，自国法適用の利便が大か，本国法の機械的適用の結果よりも，日本に住所を有する外国人について日本法を適用するのが妥当な場合であるかど

うかなどを総合的に考慮して決すべきではなかろうか。ただいずれにせよ平成元年法例改正により隠れた反致も成立する範囲は狭くなった。

6 通則法41条の特則

　通則法41条の反致条項は，手形法（88条1項），小切手法（76条1項），「扶養義務の準拠法に関する法律」，「遺言の方式の準拠法に関する法律」により，本国法を適用すべき場合には，適用されない。

第8章　先決問題・法律回避

第1節　先決問題

> **【設例8-1】** 日本人夫Aの妻で韓国在住の韓国人Bが死亡した。Aと別の日本人女性Cとの間に生まれ、その後Aが認知した（認知当時のAの国籍は韓国）日本人子Dは、Bとの間にB死亡時の韓国民法によれば嫡母庶子関係が成立し、相続人としての資格を有する。他方、日本法によればBD間にはいかなる親子関係も成立しない。
> 　Dは B の相続人としての資格を有するか。

1　先決問題とは

【設例8-1】で解決を求められている問題は、Bの遺産の相続の問題である。これについては、「相続は、被相続人の本国法による」（通則法36条）の規定により、被相続人Bの本国法である韓国法によるべきことについては問題はない。

　つぎに問題となるのは、Dが相続人としてBの遺産を相続できるかどうかを決定するためには、DがBの子であるかどうか、つまりBとDとの間に親子関係があるかどうかという点である。この親子関係の成否の問題は、相続とは別個の問題を構成するから、相続問題とは別に解決する必要がある。この場合、Bの遺産相続の問題を本問題とよび、BとDとの間の親子関係の成立の問題を先決問題という。

　同様に子が嫡出子であるかどうかが夫婦の婚姻の有効性にかかわっているときは、子の嫡出性の前提として、夫婦の婚姻の有効性が問題となる。この場合に、子の嫡出性の問題を本問題、婚姻の有効性の問題を先決問題という。

　上に述べた先決問題はどのように解決されるのか。

2 判例・学説の状況

先決問題の解決については，学説・判例は対立し，つぎのような立場がある。

(1) 法廷地の国際私法によるべきであるとする説

本問題であると先決問題であるとを問わず，すべての国際的私法生活関係は，法廷地で問題となる限り，国際私法の構造上，法廷地の国際私法によるべきであるとする立場であり，それによって同一の関係に対して，法廷地国内における裁判の国内的調和が得られるとする立場である。これを【設例8-1】に即していえば，法廷地の国際私法，すなわち日本の国際私法である通則法28条以下の規定によるべきことになる。

判例もほとんどは法廷地法説である（東京地判昭和41・1・13家月19巻1号43頁，大阪家審昭和47・10・5家月25巻7号73頁，東京地判昭和48・4・26判時721号66頁）。

* 最判平成12・1・27民集54巻1号1頁もこの立場を採用し，【設例8-1】類似の事案においてつぎのように判示する。
  「渉外的な法律関係において，ある一つの法律問題（本問題）を解決するためにまず決めなければならない不可欠の前提問題があり，その前提問題が国際私法上本問題とは別個の法律関係を構成している場合，その前提問題は，本問題の準拠法によるのでも，本問題の準拠法が所属する国の国際私法が指定する準拠法によるのでもなく，法廷地である我が国の国際私法により定まる準拠法によって解決すべきである。」

(2) 本問題準拠法所属国の国際私法によるとする説

先決問題は本問題の準拠法の適用の結果生じた準拠法上の問題であるから，それが国際的要素を有する場合には，当該準拠法所属国の国際私法の解決に委ねられるべきであり，このような解決をとる結果として，同一の問題に対し，法廷地国と本問題所属国との間で裁判の国際的調和の可能性があるとする立場である。裁判例としては，東京控判明治43・12・26法律新聞700号22頁，東京高判昭和54・7・3判時939号37頁がある。

【設例8-1】についていえば，先決問題である親子関係の成否の準拠法は，本問題である相続の準拠法の所属国の国際私法である韓国の国際私法規定によるべきこととなる。

(3) 折衷説

原則として法廷地国際私法によるとの立場をとりながら，事案の具体的事情

により本問題の準拠法所属国の国際私法による方がより望ましい結果を期待できる場合には例外的にそれによることができるとする立場である。

(4) 本問題の準拠法説

本問題の準拠法所属国において有効な法律関係とはその国の実質法に従った有効な法律関係であるという考えに基づく立場（前掲最判平成12・1・27の原審である大阪高判平成7・2・7民集54巻1号65頁は，この立場をとるものと解される）である。【設例8-1】では，相続の準拠法である韓国法によるべきこととなり，ＢＤ間には嫡母庶子関係が成立することになる。

3 先決問題の解決

(1) 原則としての法廷地国際私法説

思うに，国際私法は一連の国際的事件を単位法律関係に分解してそれぞれに準拠法を指定するから，すべての単位法律関係に法廷地国際私法が適用されるという一般ルールにより，先決問題についても原則として法廷地国際私法が適用されるのは当然というべきである。前掲最高裁判決の判旨もこのような理解を前提とするものと考えられる。そしてこの判旨は，法例下の事件における判断ではあるが，明文の規定のない先決問題については，通則法の下においても，そのまま妥当するものと解される。

準拠法所属国の国際私法説の根拠として主張される国際的判決の調和も，本問題の準拠法が両国間で一致しない場合には，確保されるとは限らない。またこの説によるときは同一の先決問題が，本問題が異なるに従って異なることになり，法廷地国内における判決の調和が失われる。すなわち，たとえば婚姻の有効性は，子の嫡出性だけではなく，婚姻の効力，夫婦財産制，離婚，相続など多くの法律問題に関係を有するから，先決問題である婚姻の有効性がそれぞれの本問題の準拠法の属する国の国際私法によるときは，本問題の準拠法いかんによって先決問題の準拠法の決定が左右され，婚姻の有効性が異なった結果を生ぜしめることとなり，内国における判決の調和が損なわれることになり，妥当ではない。

また，前掲最判平成12・1・27の事案においても，かりに親子関係の成否が本問題としてわが国の国際私法の規定によりすでにわが国の裁判所で解決され

ていたとすれば，準拠法所属国（韓国）の国際私法によることはできないと考えられる（原審がとる本問題の準拠法説についてもこの点の批判は当てはまるであろう）。

以上の理由により，先決問題の解決は，原則として法廷地国際私法によるべきである。

(2) 例外的措置

問題は，折衷説のいうように，例外的に本問題準拠法所属国の国際私法によるべき場合を認めるかどうかである。この説の課題は，具体的にどのような場合が準拠法所属国の国際私法によるべき場合であるかのガイドラインを明らかにすることである。

(3) 最判平成12・1・27

前掲最判平成12・1・27は，まず，いわゆる先決問題について，「本問題の準拠法によるのでも，本問題の準拠法が所属する国の国際私法が指定する準拠法によるのでもなく，法廷地である我が国の国際私法により定まる準拠法によって解決すべきである。」と判示し，法廷地国際私法説を採用することを明らかにした。

このように最高裁が明文の規定がなく，学説・判例上，対立する先決問題について，本問題の準拠法説と本問題の準拠法所属国の国際私法説を排除し，法廷地国際私法説を採用するとの立場を明確にした意義は評価したい。

もっとも学説上，対立の存在する点について，最高裁の立場を採用した根拠や理由はほとんど述べられていない。この点は，説明不足であり，前掲最高裁判決の判旨の射程距離を判断する上でも，不十分といわざるをえない。

前掲最高裁判決が原則としての準拠法説は否定したことはたしかである。しかし，折衷説は完全に排除されたとみるべきであろうか。本件は，先決問題である親子関係の成否の準拠法について，本問題の準拠法所属国である韓国の国際私法とわが国との間に相違がないと考えると，準拠法所属国の国際私法説との間に結果の差異が生じない事例であり，例外的に準拠法所属国国際私法によるとの折衷説が完全に否定されたとはいえないのではなかろうか。

つぎに判旨は，先決問題という言葉を使用せずに，「渉外的な法律関係において，ある一つの法律問題（本問題）を解決するためにまず決めなければなら

ない不可欠の前提問題があり，その前提問題が国際私法上本問題とは別個の法律関係を構成している場合，その前提問題は」，法廷地の国際私法によると判示する。この点をどう理解するかという問題がある。判旨が「先決問題」という用語をあえて用いていないのは，付随問題，後発問題とよばれることもあるなど，先決問題という用語法が必ずしも定着しているかに疑問があること，先決問題を狭く定義し，部分問題や先行問題と区別する見解などを考慮して，無用の用語論争を避けたといえるであろう。

第2節 法律回避

> 【設例8-2】 甲国法によれば，贈与契約が有効であるためには，公正証書によらなければならないのに対して，隣国の乙国法によれば単なる書面によればよいことになっている。そこで甲国に居住するXとYは，贈与を行うに際して，公正証書による手間と費用を省略するために乙国に赴き，単なる書面により贈与契約を締結した。
> わが国における訴訟において，通則法10条2項の適用上，この贈与契約は有効か。

1 法律回避とは

法律回避とは，国際私法上，ほんらいならば適用されるべき法律の適用を回避し，自己により有利な法律を適用しようとする行為をいう。

【設例8-2】では，ほんらいならばXとY間の契約は，甲国で締結され，その方式も甲国法に準拠すべきはずであった。ところがXとYは甲国法の適用を免れる意図で，つまり甲国法の適用を回避する目的で，行為地を甲国から乙国へと意図的に変更した。このような場合においても，乙国を通則法10条2項にいう行為地と認めて，行為地法上有効な方式を備えているとして贈与契約を有効と認めるべきであろうか。

婚姻の方式との関係では，グレトナ・グリーン結婚が有名である。イングランドに居住する男女が自己に不利な婚姻成立要件（親の同意，一定の宗教的儀

式）を回避するために，境界を越えてスコットランドのグレトナ・グリーン村に赴き，そこでスコットランド法に従って行った婚姻である。イギリスの国際私法では婚姻に対する親の同意も婚姻の方式の問題として挙行地法によるべきものとされていた。判例はこのような婚姻も挙行地法に従ったものとして有効との立場をとった。

　フランスでは離婚に関するボーフルマン事件がよく知られる。フランス人であるボーフルマン公爵夫人が，当時フランスでは離婚が認められていなかったので，ドイツに帰化して，ドイツの法律によって離婚し，ルーマニア人と再婚した。しかし後に，フランスの裁判では，この離婚とそれを前提とする再婚を，もっぱらフランス法による禁止を潜脱することを目的として国際私法を利用したという理由で無効とした。

2　法律回避の解決方法

　上にあげたような法律回避行為の効力に関しては，無効説と有効説とが対立する。

　無効説は，その根拠を権利濫用論や公序論や「詐欺はすべてを腐敗せしめること」などに求めるものなど多様であるが，抵触規定の本来の趣旨に沿って通常予定されている準拠法の適用が当事者の意図的な操作によって曲げられることを防止するところにその目的がみられる。

　有効説は，抵触規定による準拠法の決定という作用を当事者の動機にかかわらしめることは準拠法の決定を不明確かつ不安定ならしめるものであること，また法律回避行為を否認しようとすることはほんらい自国法が回避されるのを防止しようとするもので，内国法偏重という国際私法と相容れない思想を背景とするもので好ましくない，などを根拠とする。

　ボーフルマン事件判決によって古くから法律詐欺の理論を発展させたフランス，さらにベルギー，スペインなどが無効説をとるのに対して，ドイツ，イギリス，米国など多くの国は有効説をとる。わが国においても有効説が多数である。

　思うに，法律回避の類型は多様であり，問題となる法選択規則の内容や趣旨もそれぞれ異なるから，法律回避について一律にその有効無効を判断するより

も，個々の法選択規定の解釈問題としてそれぞれ個別的に判断することが妥当であると考えられる。

　たとえば，契約においては当事者自治の原則が認められ，当事者は原則として自由に契約の準拠法を決定することができる（通則法7条）。しかし消費者契約においては，かりに契約中にその消費者保護法の適用を避けるために消費者に不利な国の法律が選択されていたとしても，通則法11条1項はそのような法選択を無限定に有効とは認めない。つまり，この場合には消費者の常居所地の消費者保護法の適用を回避することは許されてはいない，と解される。

　また，【設例8-2】のような方式に関しては，旧法例10条は，法律行為の方式は行為地法によるべきものとしながらも，但書で「但故意ヲ以テ日本法律ヲ脱シタルトキハ其限ニ在ラス」として，とくに法律行為の方式について，法律回避を否定する明文の規定を有していた。この場合（さきの設例の甲国が日本とせよ）には日本法の回避は禁止されているといえよう。

　ところが通則法10条2項には，そのような明文の規定は存在しない。この場合は通則法42条の公序に反するなど行為地法の適用を排除する特段の事情のない限りは，行為地法がそのまま適用されることとなろう。もっとも公序の判断において故意に日本法の適用を回避しようとした事情は考慮されうるであろう。

第2編　国際財産法

第9章 自然人

第1節 権利能力

　権利能力とは私法上権利義務の主体となりうる資格をいう。現在では自然人は原則として権利能力を有するからこの点での抵触はほとんど存在しない。
　抵触が問題となるのは，人格の始期（権利能力の享有を出生の完了により直ちに認めるか，それとも生存能力あるいは一定時間の経過を必要とするか），死亡の推定（同時死亡とするか，年齢等の順序により死亡を推定するか）などの問題である。また胎児が相続，損害賠償請求，遺贈などについて生まれたものとみなされるかという点も問題となる。
　通則法には権利能力についての規定はない。通説は，これらの問題では，いずれも一般的な権利能力の有無自体は争われているのではなく，相続など個々の権利との関連で，その権利の享有能力が問題とされているのであるから，国際私法上，個々の権利の準拠法によるべきであると解している。したがって胎児が相続においてすでに生まれたものとみなされるかは相続の準拠法によるべきことになる。

第2節　外国人の私法上の地位

　外国人が内国においてどのような権利を認められるかという，外国人の地位を定める法を外国人法という。外国人法は国際的な生活関係を直接規律する法であり，間接的に規律する国際私法と性質を異にするものであるが，これと密接に関連するものであるから，国際私法の関連領域として扱われることがある。ここでは，外国人の私法上の地位について簡単に説明する。

第**2**編　国際財産法

日本においては外国人につき私法上，内外人平等主義が採用され，法令または条約で禁止される場合を除き，原則として日本人と同じく完全な権利能力をもつ（民法3条2項）。現在は条約で外国人の権利を禁止したものはなく，法律により，一定の国家的利益に直接重要な関係をもつ権利の享有について外国人の権利享有を禁止，制限しているにすぎない。外国人の権利享有を禁止する例としては，船舶所有権（船舶法1条），鉱業権（鉱業法17条），無線局開設（電波法5条）などがあり，また制限の例としては，土地所有権（外国人土地法1条），国または地方公共団体に対する損害賠償請求権（国賠法6条），特許権（特許法25条），意匠権（意匠法68条3項），商標権（商標法77条3項）などがある。

第3節　行為能力

> 【設例9-1】　日本に短期滞在中の18歳のフランス人Ｙが大阪のＸ百貨店で100万円の宝石を購入し，後になって日本法上未成年者であることを理由に，この売買契約の効力を否認した。このＹの主張は認められるか。なお，フランス法上Ｙは能力者であるとする。

1　年齢に基づく行為能力

行為能力とは私法上法律行為を単独でなしうる能力を指す。単に能力ともいう。人の行為能力につき，通則法4条は，つぎのように規定する。

「1　人の行為能力は，その本国法によって定める。

2　法律行為をした者がその本国法によれば行為能力の制限を受けた者となるときであっても行為地法によれば行為能力者となるべきときは，当該法律行為の当時そのすべての当事者が法を同じくする地に在った場合に限り，当該法律行為をした者は，前項の規定にかかわらず，行為能力者とみなす。

3　前項の規定は，親族法又は相続法の規定によるべき法律行為及び行為地と法を異にする地に在る不動産に関する法律行為については，適用しない。」

通則法4条でいう行為能力とは，年齢に基づく行為能力，つまり未成年者の行為能力を指し，精神の障害に基づく行為能力は通則法5条，妻の無能力は婚

姻の効力の問題として通則法25条によるべきものとするのが通説である。

また婚姻能力，認知能力など身分行為に関する能力については，通則法24条・29条などそれぞれの身分行為の準拠法を定めた規定により，不法行為能力についても不法行為の準拠法によるべきものとされる。

年齢に基づく行為能力に関する各国実質法の主要な抵触は，何歳をもって成年年齢とみるかという点にある。かつて欧米諸国の成年年齢は，コモン・ローも含めて21歳が通常であったが，近時は各国とも18歳に引き下げる傾向にある（ドイツ，フランス，イギリス，アメリカの各州など）。わが国は20歳である（民法4条）から，18歳を成年年齢とする国，および，依然として21歳とする国のいずれとの間にも法の抵触が生じる可能性がある。しかし，現実にこの点が国際私法上，問題になった事例はあまり多くはない。

2 行為能力における政策考慮

行為能力に関する法選択問題を解決するにあたって，検討すべき2つの，ときとして対立する政策考慮がある。その1つは，制限行為能力者の保護という要請であり，どこの国の法を適用するかを決定するにあたっては，できるかぎり，制限行為能力者の保護にかなう法を選択するよう努めなければならない，とする政策考慮である。もう1つは，国際取引の安全と円滑という要請である。

行為能力における法選択問題の解決は，この2つの政策考慮をともに充足する法の適用が可能であるかを問い，もしこれらの2つが対立する場合にはいずれを優先するべきかを探究することにあろう。この点の配慮は，年齢に基づく能力制限の問題だけでなく精神の障害に基づく能力制限の問題についても必要である（法選択における政策考慮一般については→第3章参照）。

3 本国法主義

通則法4条1項の本国法主義の根拠はつぎの点に求められる。①制限行為能力者制度は制限行為能力者の保護を目的とし，本国法の適用が本人の保護に最もよくかなう。②行為能力は身体，知識，判断能力の発育程度を基準とするものであり，その成熟の時期は，本国の人種，宗教，教育，気候と最も密接な関係にある。③行為能力は恒久的な法によって規律されるのが望ましい。行為地

や法廷地のいかんによって能力者とされたり，制限行為能力者とされたりするのは適切でない（本国法主義については→第4章第2節**2**参照）。

　上のような本国法主義の理由づけに対しては，属人法の決定基準として住所地法主義を採用する立場からの批判は別としても，つぎの点が問題とされるべきであろう。

　①本国法の適用が本当に制限行為能力者の保護にかなうといえるであろうか。本国法上能力者，行為地法上制限行為能力者の場合には，行為地法の適用がむしろ実質的意味における制限行為能力者の保護にかなうというべきではないか。②かりに本国法の適用が制限行為能力者の保護にかなうとされる場合においても，取引の相手方にとっては，本人の本国と本国法の内容を調査することは困難であり，本国法上制限行為能力者であればつねにその者を制限行為能力者とすることは，相手方の正当な期待を損ない，国際取引の安全と円滑の確保に欠けることになる。つまり制限行為能力者の保護はつねに国際取引の安全を犠牲にしてでも貫徹されねばならないのかどうかである。

　【設例9-1】の場合，通則法4条1項によれば，Yの本国法であるフランス法が適用され，Yは能力者とされるから，Yの主張は認められない。というのは，実質的にみても，制限行為能力者の保護に最大の利害関係を有する属人法所属国（フランス）がYを能力者としているのであるから，この者を能力者としてもその保護に欠けるところはない。他方，行為地であり，かつ相手方の営業所所在地たるわが国からみても，行為地法を適用するよりも，本国法を適用してYを能力者とした方が，契約が有効となり，取引の安全と相手方の正当な期待の保護にかなうことになるからである。すなわち，この場合には，制限行為能力者の保護と国際取引の安全と円滑という政策考慮の間に顕著な対立はない。両者はともにフランス法の適用を肯定するといってよい。

4　内国取引保護主義

ところが，上の論理はつぎの場合にも貫徹されるべきかは疑問である。

> **【設例9-2】【設例9-1】**におけるYが20歳のA国の住民であり，A国法によれば成年年齢は21歳と定められている場合はどうか。

本国法たるA国法によれば，Yは制限行為能力者（未成年者）であり，Yは契約の有効性を否認することができる。この場合は，**【設例9-1】**とは異なり，制限行為能力者の保護に最大の利害関係をもつA国がYを制限行為能力者として保護しているのであるから，この結果は制限行為能力者の保護という要請からは認められるかもしれない。しかし反面，この結果は明らかに相手方の保護に欠け，行為地における取引の安全を害することになる。

行為能力の準拠法を決定するにあたって考慮すべきは，制限行為能力者の保護の要請にとどまらない。国際取引の安全と円滑や当事者の正当な期待の保護も考慮すべき重要な要素である。さらに，制限行為能力者の側からみても，自ら積極的に自分を能力者と認める国へ来て法律行為をしたのであるから，そこでなした法律行為につき能力者とされてもやむをえない，ともいえるであろう。

そこで行為能力につき，本国法主義を採用する国においても，取引保護の見地から本国法主義に一定の制限を加える。その場合，本国法の適用を一般に行為地法によって制限する立法例がある（手形法88条2項，小切手法76条2項参照）。

この点につき，法例3条2項は，「外国人カ日本ニ於テ法律行為ヲ為シタル場合ニ於テ其外国人カ本国法ニ依レハ能力ノ制限ヲ受ケタル者タルヘキトキト雖モ日本ノ法律ニ依レハ能力者タルヘキトキハ前項ノ規定ニ拘ハラス之ヲ能力者ト看做ス」と規定し，内国における取引保護の見地から本国法の適用を制限していた。これがいわゆる内国取引保護主義である。

5　内国取引保護から行為地における取引保護へ

これに対し通則法4条2項は，この内国取引保護主義を変更し，取引保護を内国取引に限定しないとの立場を採用した。たとえばつぎの例を考えてみよう。

> **【設例9-3】**　**【設例9-2】**において，A国人Yが，パリの宝石店Xで宝石を購入し，本国法たるA国法上制限行為能力者であると主張した場合はどうであろうか。

> **【設例9-4】**　また，19歳の日本人Yが同じくパリの宝石店Xで宝石を購入したとき，日本法により，Yはこれを取り消しうるか。

法例3条2項の内国取引保護主義は，内国における取引の保護を目的とする

ものであるから，その適用があるのは，外国人が日本で法律行為をなす場合に限られ，外国人が本国以外の外国で法律行為をなす場合（【設例9-3】），または日本人が外国で法律行為をなす場合（【設例9-4】）には適用がないと解するのが通説であった。この見解によると，行為地たるフランス法上，Yが能力者であっても，本国法上制限行為能力者である限り，Yは制限行為能力者であり，売買契約の効力を否認しうることになる。つまり【設例9-3】のA国人Yが大阪で宝石を購入すれば，法例3条2項により能力者とされるが，パリの宝石店であれば，法例3条1項により制限行為能力者となる。

　このような区別は正当であろうか。行為地における取引の安全を重視するとすれば，行為地が内国である場合に限定する必要はない。そこで，日本人が外国で法律行為をなした場合，または外国人がその本国以外の外国で法律行為をなした場合に，行為地の抵触規則がわが国の法例3条2項と同じ原則を認めるとき（たとえば，フランスでは，1861年のリザルディ判決以降この原則が確立している），わが国においてもその規則の適用の結果を認めるべきである，という主張がなされていた。この見解は行為地における取引の安全を内国のそれに厳格に限定せず，解釈論によって可能な限り広く確保しようと試みるものであった。また，このように解することによって行為地との判決の国際調和も達成されることになる，と説明された。

　通則法4条2項は基本的にはこの考え方を採用した。したがって【設例9-3】，【設例9-4】の場合はともに，通則法4条2項によれば行為地法が適用され，Yは行為能力者とされ，Yの主張は認められない。

　つぎに通則法4条2項が適用されるのは，本国法上制限行為能力者で，行為地法上は能力者の場合である。逆の場合，つまり，本国法上能力者で，行為地法上制限行為能力者の場合には本項は適用されず，本則により能力者とされる。結局，本国法または行為地法のいずれかにより能力者であれば能力者となる。このことは，制限行為能力者の保護と取引の安全という2つの政策考慮が対立するとき，一定の範囲で後者に支配的重要性が与えられるといってよい。とはいえ，本国法，行為地法のいずれによっても制限行為能力者であるときは能力者とされることはない。取引保護の重視はそこまでは及ばない。しかし，この場合でも本国法の認める制限行為能力者保護の程度が行為地法のそれよりも高

いときは，その制限行為能力者の保護は行為地法の認める程度まで引き下げられる。

さらに本項の適用にあたっては相手方の国籍・善意悪意を問題にしないと解されている。善意悪意を問わないのは，制限行為能力者と知りながら法律行為をなすことは，およそ考えられないし，意思の善悪を立証することは困難だからである。

6 隔地的取引

通則法4条2項の適用に際して，さらに注意しなければならないのは，取引保護主義が適用されるのは，当該法律行為の当時そのすべての当事者が法を同じくする地に在った場合に限られるという点である。つまり本項が適用されるためには，【設例9-2】，【設例9-3】，【設例9-4】の場合のように，契約当時，当事者が法を同じくする地に在ったことが必要である。したがって，契約の申込みと承諾が国境を隔てて電話や電報，インターネット等の通信手段によりなされた，いわゆる隔地的取引の場合には，通則法4条2項でいう，当事者が法を同じくする地に在ったとはいえない。したがって通則法4条2項は適用されず，原則どおり本国法が適用される。

7 取引保護主義の例外

通則法4条3項は，取引保護主義に対する2つの例外を定める。まず4条2項の規定は親族法または相続法の規定には適用されないこと，第2に行為地と法を異にする地に在る不動産に関する法律行為についても適用されないことを定める。

8 附則3条1項

通則法附則3条1項は，「施行日前にされた法律行為の当事者の能力については，新法第4条の規定にかかわらず，なお従前の例による。」と規定する。

第4節　成年後見・保佐・補助開始の審判

　人の精神上の能力に障害があって，正常な財産上の行為をなす判断能力を欠く場合がある。そのような人の財産を保護し，かつその者の精神能力の障害を公示して取引社会に警告を与え，同時にその者の療養看護の保障を目的とする制度が，精神上の障害による制限行為能力者保護の制度である。

　この精神上の障害による制限行為能力者の制度については，平成11年の民法の一部改正により新たな成年後見制度が導入され，従来の禁治産・準禁治産宣告が成年後見・保佐に改められるとともに，認知症など判断能力が不十分であるが，軽度な人のために補助人を選任し，補助させるという補助の制度が新設された。この民法の改正にともなって，改正前法例においても禁治産・準禁治産の用語が削除されるなどの字句修正のための改正が行われた。

1　通則法5条

　通則法5条は，後見開始の審判等につき，つぎのように規定する。

　「裁判所は，成年被後見人，被保佐人又は被補助人となるべき者が日本に住所若しくは居所を有するとき又は日本の国籍を有するときは，日本法により，後見開始，保佐開始又は補助開始の審判（以下「後見開始の審判等」と総称する。）をすることができる。」

　本条は，後見開始，保佐開始，補助開始について，区別せずに同一に扱っているので，以下においても後見開始に絞って説明する。

2　後見開始の審判の管轄権

　成年被後見人，すなわち，精神上の障害による制限行為能力者の地位は，未成年者のように一定の年齢に達していないという法定要件を備えれば一律的に制限行為能力者とされるのではなく，特定の者について個別的に国家機関の後見開始の審判によって創設されるのであるから，国際私法上，まずどこの国の機関がその審判をなす管轄権を有するかが問題となる。

3　居住地国の管轄権

> **【設例9-5】** 在日韓国人Ｙが交通事故により頭部に傷害をうけ，意識不明となり，治療をうけたが，後遺症が残り，精神上の障害があり，つねに介助を必要とするとの診断をうけている。そこでＹが判断能力を欠く常況にあるとして，同じく在日韓国人でＹの母Ｘが後見開始の審判を求めた。
> 　この事件にわが国の裁判所は，国際裁判管轄権を有するか。また準拠法はどこの国の法か。

法例4条2項本文は，「日本ニ住所又ハ居所ヲ有スル外国人ニ付キ其本国法ニ依リ後見開始ノ審判ノ原因アルトキハ裁判所ハ其者ニ対シテ後見開始ノ審判ヲ為スコトヲ得」と規定し，わが国に居住する外国人につきわが国の裁判所の後見開始の審判の管轄権を認めていた。通則法5条もこれを踏襲し，居住地国の管轄を肯定する。

この居住地国の管轄が認められる根拠は，①居住地は人の精神の状況を最も適切に審査しうる，②後見開始の審判は，成年被後見人とその家族の利益を保護するとともに，第三者の損害を予防し取引の安全を図る制度であるから，本人の経済取引がそこで行われ，したがって本人の財産行為と密接な関係のある居住地の管轄権を認めるべきである，という点にある。

* 　長野家飯田支審昭和46・12・23家月24巻10号113頁は，【設例9-5】類似の事案において，申立人および事件本人ともに日本に住所を有するもので，日本に居住しているとして日本の管轄権を肯定した。

4　本国管轄

> **【設例9-6】** パリ在住の日本人Ｘは交通事故により記憶を喪失し，パリの病院で入院中である。パリ在住の日本人妻Ａは，Ｘの治療費にあてるため，Ｘの法定代理人となってＸが日本に所有する不動産を売却したいと考え，日本にいるＸの実父に日本の家庭裁判所にＸの後見開始の審判の申立てを依頼した。この場合，わが国の管轄は認められるか。

つぎに問題となるのは本国（国籍）管轄である。かつては，肯定説と否定説

が対立したが，通則法5条は明文で本国管轄を肯定した。

本国管轄を肯定する従来の多数説は，①後見開始の審判は当事者の能力を剝奪・制限するものであるから，その管轄権は当事者に対人主権を有する本国にある，②旧家事審判法7条により準用される（平成23年改正前）非訟事件手続法2条が，日本に住所も居所もない者についての管轄の定めをしているところから，日本に居住しない日本人に対する後見開始の審判の管轄権が推測される，③いわゆる非訟事件における並行理論の立場から，能力の問題は本国法によるべきであるから，その管轄権もまたこれに並行して当事者の本国に認められるべきである，などを理由に本国の管轄権を肯定し，これを後見開始の審判の原則的管轄権と理解していた。ただ本国に専属するとすると，内国で外国人に後見開始の審判をまったくなしえないことになり，内国に居住する外国人の保護に欠けることになるから，法例4条2項は例外的に居住地国の管轄を認めたと解していた。

これに対し近時の有力説は，本国の管轄権を否認し，もっぱら居住地国の管轄のみを認めれば十分である，と主張した。その理由としては，①【設例9-6】のように，外国に居住する自国民について本国がその心神の状況を十分に調査し，判断することはほとんど不可能である，②本国でなされた宣告は居住地国で第三者が知ることは容易ではないため取引の安全を害し，居住地国がその審判の効力を認めるかは疑わしい，したがって本国の管轄を認める実益がない，などが主張された。

たしかに【設例9-6】のように，パリの病院に入院中の日本人Xの心神の状況をわが国の裁判所が調査し，判断することは困難であるに違いない。しかし，パリ在住の医師の診断を通じて，調査・判断することは不可能でもない。またこの場合にわが国で後見開始の審判をする実益がないとはいえない。むしろ外国に居住する自国民に後見開始の審判をし，法定代理人により日本に所在する財産を処分させることが自国民たる制限行為能力者の保護にかなうのであるから，審判をする実際的必要がある場合である。

さらに，日本における後見開始の審判が居住地たるフランスで承認されることも必要ではないから，居住地たるフランスにおける第三者のための取引の安全を考慮する必要もない。日本にある財産について，日本人に対してなされた

後見開始の審判に基づいて，日本で法定代理人によってなされた行為が有効に行われれば，その目的は達せられるからである。したがって，【設例9-6】の日本に財産を有する日本人についてまで，わが国の管轄を否認することは妥当でないというべきであろう。

もっともわが国の国籍が形骸化し，実効性を喪失している場合には，当事者の便宜・公平と裁判の適正・迅速という観点からみて，管轄権を行使すべきでない「特段の事情」があるとして，管轄権を否認すべき場合もあろう。

5 後見開始審判の準拠法

① 後見開始審判の原因の準拠法　法例4条1項は，どのような原因がある場合に裁判所が後見開始の審判をなしうるかは，成年被後見人の本国法によると定めていた。本国法によるのは，成年後見開始の審判は，人の能力を制限するものであるから，その者が最も密接に結びついている本国の法によれば後見開始の原因が存在しないのに，その者の能力を制限するのは妥当ではないとの理由によるものであった。もっとも法例4条2項但書によりわが国の裁判所が日本に居住する外国人について後見開始の審判をなしうるためには，日本法によってもその原因があること，つまり，「精神上の障害により事理を弁識する能力を欠く常況にあること」（民法7条）が必要である。これは，本国法上，単なる浪費者等精神の障害が軽微な者に対しても後見開始の審判をなしうる場合には，わが国で本国法上の原因があるとして，後見開始の審判をすれば，わが国における取引の安全が害されるからである。

上の結果，本国法と日本法のいずれによっても，後見開始の審判の原因があるのでない限り後見開始の審判をなしえないことになり，成年被後見人および家族の利益の保護からいって妥当ではないとの批判があった。

そこで，立法論としては，居住地たる日本法上の原因があれば後見開始の審判をなしうるとすべきであり，日本に居住する外国人については，成年被後見人の利益の保護はもとより，取引保護の見地からいっても，それで十分である，と主張された。通則法5条は基本的にはこの立場を採用した。

日本人については，これまでと同じく日本法による。

② 後見開始審判の準拠法　後見開始の審判の効力は日本法による。この

点は変更がない。効力につき，本国法主義によらなかったのは等しくわが国でなされた後見開始の審判が，成年被後見人の国籍いかんによって，その効力が異なるとすれば，審判地の取引の安全を害するからである。したがって，わが国の裁判所が後見開始の審判をなす場合は，内外を問わずすべてその効力は審判地法たる日本民法によることになる。

ここに審判の効力とは，単に成年被後見人という人的地位の創設にとどまらず，能力の制限，制限行為能力者のなした法律行為の効力，能力補充の方法をも含むと解すべきである。しかしだれが後見人となるか，後見人の権利義務については，通則法35条の後見の準拠法による。

6 附則3条2項

通則法附則3条2項は，「施行日前にされた申立てに係る後見開始の審判等については，新法5条の規定にかかわらず，なお従前の例による」と定める。

7 外国成年後見開始審判の承認

外国でなされた成年後見開始の審判の効力をわが国で承認すべきかどうかについては，つぎの3つの場合に分けて考えられる。

① 審判地でなされた行為の効力　　外国で後見開始の審判をうけた者が審判地でなした行為をわが国において精神障害による制限行為能力者の行為として取り扱うべきか。この場合，審判地で有効な後見開始の審判をうけそこで行為したのであるから，この行為を制限行為能力者の行為として取り扱ったとしても審判地の取引の安全を害しない。また，後見開始の審判の効力を認めて制限行為能力者の行為と認めるのがその者の保護にかなうのであるから，一定の要件の下で，これを承認することに異論はない。

問題はその要件であるが，有力説は，わが国からみて管轄権のある国がわが国の国際私法の定める準拠法を適用したことを要すると解する。これに対し一部の学説は準拠法の要件は不要とする。

思うに，外国後見開始の審判がその原因につき，わが国の国際私法の定める準拠法を適用しないでなされた場合であっても，審判地でなされた行為につき審判地の国際私法によってなされた審判の効力を承認しても審判地の取引の安

全を害しないばかりでなく，制限行為能力者として取り扱うことがかえってその者の保護のために望ましいのであるから，後説が妥当である。

② 審判地以外の外国でなされた行為の効力　外国で後見開始の審判をうけた者が審判地以外の第三国たる外国に赴き，その国で行為した場合に，その行為を制限行為能力者の行為として取り扱うことは行為地の取引の安全を害するから，その効力を否認すべきであろう。審判地における取引の安全よりも行為地の取引の安全を重視すべきだからである。したがって，行為地がその効力を承認するときは，有効と認めてさしつかえない。

③ 外国で審判をうけた者がわが国に渡来してなした行為の効力　承認説と否認説が対立する。通説（否認説）は，外国でなされた行為能力制限の公告は審判地以外へは及ばないから，この公告を承認することは内国の取引の安全を害すると主張する。これに対して承認説は，審判の効力は公告によって生じるものではなく，公知によって生じるものであり（旧家審13条，旧家審規28条），また公告がなされても実際には世間一般に周知されるものでないから承認しても不都合はない，と反論する。

思うに，わが国では外国でなされた後見開始の審判についてなんらの公示方法もなく，その効力を承認することは行為地たる内国における取引の安全を害し，能力者と信じて取引した相手方の正当な期待を損なうことになるから，否認説が一般的には妥当であろう。

第5節　失踪宣告

> 【設例9-7】　日本に永年にわたって在住していた甲国人Yの生死が5年以上にわたって不明である。Yが日本に不動産を有していたとする。そこで日本人妻XがYの失踪宣告の申立てをした。
> わが国の裁判所は失踪宣告の管轄権を有するか。またその準拠法はどこの国の法か。

失踪宣告は，不在者の生死不明の状態が永続した場合に，不在者をめぐる財

産上，身分上の法律関係の不確定を除去するために，一定の要件の下にその者の死亡を推定ないし擬制し，またはこれと類似の効果を与える制度であり，国際私法上は死亡宣告や不在宣告を含む。

1 通則法6条

通則法6条は，失踪宣告につき，つぎのように規定する。

「1 裁判所は，不在者が生存していたと認められる最後の時点において，不在者が日本に住所を有していたとき又は日本の国籍を有していたときは，日本法により，失踪の宣告をすることができる。

2 前項に規定する場合に該当しないときであっても，裁判所は，不在者の財産が日本に在るときはその財産についてのみ，不在者に関する法律関係が日本法によるべきときその他法律関係の性質，当事者の住所又は国籍その他の事情に照らして日本に関係があるときはその法律関係についてのみ，日本法により，失踪の宣告をすることができる。」

なお，改正前法例6条は「外国人ノ生死カ分明ナラサル場合ニ於テハ裁判所ハ日本ニ在ル財産及ヒ日本ノ法律ニ依ルヘキ法律関係ニ付テノミ日本ノ法律ニ依リテ失踪ノ宣告ヲ為スコトヲ得」と規定していた。

2 失踪宣告の管轄権

失踪宣告についても，まず，どこの国が宣告をなす管轄権を有するかが問題となる。

通則法6条1項は，法例では明文の規定がなかった不在者の最後の住所地管轄と本国管轄を原則的管轄として肯定する。

3 不在者の最後の住所地管轄

不在者の最後の住所地は，不在者の生活の本拠地であり，利益関係人の多くもそこに居住しており，また不在者の生死不明の状況を最も適切に調査しうるから，その管轄を認めるべきは当然である。この点は，国際民事訴訟における被告住所地主義の原則に準じるという意味からも，説明できるであろう。法例には明文の規定がないから立法論としてはともかく解釈論としては無理である，

との批判もあったが，この点は明文の規定により解決された。

4 本国管轄

失踪宣告の管轄権について学説が最も鋭く対立したのは本国管轄を肯定するかどうかである。かつての通説は，本国の管轄を原則管轄と理解し，法例6条を例外管轄を定めたものと解していた。法例の起草者も，「失踪ノ宣告ハ失踪者ノ本国裁判所カ本国法ニ依リテ之宣告スルヲ以テ原則トス」（法例修正案参考書）るが，6条の「例外ヲ認ムルニ非ンハ失踪宣告ヲ設ケタル国ノ公益ヲ維持スルコト能ハサルヘシ」として，法例6条の定める管轄を認めたのである。ところが，近時は，改正前法例6条の定める管轄権のほかに，同条が明定していない不在者の本国管轄を原則管轄として認める必要と実益があるかは疑わしいとする見解が有力となりつつあった。

たしかに不在者たる日本人がわが国に居住したこともなく，わが国との関連が稀薄である場合に，わが国の裁判所が不在者の生死不明の事実を調査するのに困難をともなうから，単に国籍のみを根拠に管轄を肯定するのは妥当ではない。しかし，不在者たる日本人の利害関係人がわが国に存在し，外国が失踪宣告の制度を有しなかったり，管轄権を有しないなどの理由で，不在者たる日本人が外国で失踪宣告をうけられない場合もあるから，本国管轄を全面的に否認するのは妥当ではない。

もっともわが国の国籍が形骸化し，実効性を喪失している場合には，当事者間の便宜公平と裁判の適正迅速という観点からみて，管轄権を行使すべきでない「特段の事情」があるとして，管轄権を否認すべき場合もあろう。

5 不在者の財産が日本にあるとき

つぎに通則法6条2項は，2つの例外的管轄を認める。

まず不在者の財産が日本にあるときはその財産についてのみ日本の裁判所の管轄を認める。この点は，法例6条と変更はない。

この場合にわが国の管轄権が認められるのは，わが国にある財産をめぐって不確定な法律関係が存在し，これを除去するためにわが国の裁判所が失踪宣告をなす実際的必要性があるからである。不動産や有体動産については日本にあ

る財産かどうかにつき困難な問題は生じない。問題となるのは債権や無体財産権であるが，債権については債務者の住所地，無体財産権についてはその登録地を所在地とみなすべきであると解されている。

6　日本法によるべき法律関係等

さらに通則法6条2項は，「裁判所は……不在者に関する法律関係が日本法によるべきときその他法律関係の性質，当事者の住所又は国籍その他の事情に照らして日本に関係があるときはその法律関係についてのみ，日本法により，失踪の宣告をすることができる。」と規定する。

ここで，「日本法によるべき法律関係」とは，わが国の国際私法によれば日本法が準拠法となる法律関係を指す。たとえば，日本法を準拠法とする生命保険契約や，日本法を準拠法とする婚姻関係などがその例である。反致や公序等により日本法が適用される場合をも含むと解すべきである。いずれにせよ日本法が準拠法となる場合には，不在者をめぐる財産上・身分上の法律関係の本拠のあるわが国が不在者の発生による不安定状態の持続に悩み，失踪宣告の必要性を最も強く感じるのであるから，宣告の管轄権をもつことになる。

つぎに通則法で新たに追加された「その他法律関係の性質，当事者の住所又は国籍その他の事情に照らして日本に関係があるとき」とはどのような場合を意味するかが問題となる。

たとえば，外国に同一常居所を有していた日本人と外国人の夫婦の一方である外国人夫が不在者となり，その配偶者である日本人が日本に帰国後に婚姻関係の解消のために失踪の宣告を求めた場合などが考えられる。

7　失踪宣告の準拠法

通則法6条1項により日本の裁判所が不在者に失踪宣告をする場合であっても，また通則法6条2項による場合であっても，失踪宣告の原因については，その準拠法は日本法である。したがって日本の裁判所が失踪の宣告をなしうるのは，原則として不在者の生死が7年間明らかでないときである（民法30条1項。なお同条2項も参照）。

つぎに失踪宣告の効力も日本法によるから，民法31条により，不在者は死亡

したものとみなされる（死亡の擬制）。もっとも6条1項の原則的管轄に基づく場合には，失踪宣告の効力は，不在者の法律関係の全般に及ぶが，通則法6条2項の例外的管轄に基づき日本の裁判所が不在者に失踪宣告をなす場合には，管轄原因となる日本に在る財産または日本に関係する不在者の法律関係のみに限定される。

　このように例外的管轄に基づく失踪宣告の効力が原則的管轄の場合と比べて限定されるのは，例外的管轄の場合には，外国の裁判所も原則的管轄に基づき失踪宣告を行うことも予想されるから，国際協調の観点からそれとの抵触をできるかぎり避けるために，失踪宣告の効力を限定することが適切であるとの考慮に基づくものであろう。

　なお，法例6条の解釈としては，例外管轄に基づく場合には，失踪宣告の効果は，不在者の死亡の擬制という直接的効果のみならず，婚姻の解消や相続の開始という間接的効果にも及ぶと解釈されていた。ところが改正法では，婚姻の解消や相続の開始は，それぞれ婚姻や相続の準拠法によって判断されるべき事項であると整理され，例外的管轄に基づく場合であっても，失踪宣告の効果は，直接的効果にとどまることを前提にしている，との見解が有力である。

8　施行日以前の申立て

　通則法附則3条2項によれば，「施行日前にされた申立てに係る……失踪の宣告については，……新法6条の規定にかかわらず，なお従前の例による」こととなる。

9　外国失踪宣告の効力

　外国でなされた失踪宣告は，それがわが国の国際民事手続法上管轄権のある国でなされ，かつわが国の公序良俗に反しないときは，わが国でその効力を承認すべきである。かつての通説は，さらに外国失踪宣告がわが国の国際私法の定める準拠法に従って宣告されたものであることを要すると解したが，このような準拠法の要件は不要と解すべきである。

第6節　能力における本国法主義

　行為能力，後見開始の審判，失踪宣告の準拠法についての法例と通則法の規定を概観すると，本国法主義の後退という現象を明確に認めることができる。
　すなわち，まず，年齢に基づく行為能力については，通則法4条1項において本国法主義は基本原則として堅持されているとはいえ，取引保護主義の例外は，内国保護主義から行為地における取引保護へと拡大し，本国法の適用範囲の縮減という現象が生じている。
　つぎに後見開始の原因の準拠法についても，法例の外国人に対する本国法主義の原則が修正され，効力と同様に日本法が準拠法となった。ここでも外国人に対する本国法の適用範囲の縮減現象が認められる。
　最後に失踪宣告についても，最後の住所地管轄に基づく場合を含めて，失踪宣告の準拠法は，日本法となり，本国法主義は後退し，日本人に対する本国法主義以外の意味はなくなったといえるであろう。
　以上を総合すると，能力における本国法主義はきわめて限定された範囲において，部分的に妥当するにすぎないこととなった。能力に関する属人法主義，本国法主義が日本の国際私法上の基本原則といえるかは甚だ疑問であるといわざるをえないであろう。
　他方，管轄権に関してみると，後見開始の審判，失踪宣告に関しては，本国管轄を認めるべきかどうかについて学説上鋭い対立が存在したが，いずれも本国管轄を明文の規定により認める方向で決着がついた。
　結局のところ，管轄については，日本人についての本国管轄が明文で肯定され，準拠法については，外国人についての本国法主義が後退するという結果となった。

第10章 契　　　約

> **【設例10-1】**　日本会社Ｙの代表者は，ニューヨーク市の米国人弁護士Ｘに対し米国での米国会社との取引に関し，ＸがＹを代理して交渉，契約書の作成などの法律業務を行うことを委任する契約をニューヨークのＸの事務所で締結した。ＸはＹのため交渉にあたったが，不成功に終わった。Ｘがその報酬を求める訴訟をわが国の裁判所に提起したのに対し，Ｙは日本民法172条１項によれば弁護士報酬の請求権の消滅時効は２年であり，Ｘの債権はすでに消滅したと抗弁した。これに対しＸは契約の準拠法はニューヨーク州法であり，その期間は６年であると主張した。
>
> 　Ｘの請求は認められるか。なお，この契約中には「契約から生じるすべての問題は米国ニューヨーク州法による」との明示の準拠法約款があるとせよ（**【設例1-1】**と同じ）。

　上の設例のような日本会社と米国人弁護士との間に締結された契約が有効に成立したかどうか，あるいはまた弁護士による報酬請求が認められるかが問題になったとき，これらの問題はどこの国の法律を適用して解決されるべきかを決定しなければならない。これが契約準拠法の決定問題である。

　契約は通則法の制定の際，不法行為とともに最も大きな改正をうけた分野である。その主要な点は以下のとおりである。

　①当事者自治の原則は堅持された（通則法7条）。②当事者による準拠法の変更が明文で認められた（9条）。③消費者契約と労働契約に特則を設けた（11条・12条）。④当事者による選択がない場合の準拠法における法例7条2項の行為地法主義を改め，最密接関係地法主義を採用した（8条1項）。⑤特徴的給付の理論による推定規定を設けた（8条2項）。なお，法律行為の方式の準拠法も改められた（10条）。

第**2**編　国際財産法

第1節　当事者自治の原則

1　当事者自治の原則

　通則法7条は，「法律行為の成立及び効力は，当事者が当該法律行為の当時に選択した地の法による」と規定し，いわゆる当事者自治の原則を採用する。法例7条1項は，「法律行為ノ成立及ヒ効力ニ付テハ当事者ノ意思ニ従ヒ其何レノ国ノ法律ニ依ルヘキカヲ定ム」と規定していた。当事者が準拠法を選択する時点を「当該法律行為の当時」と限定した以外に主要な変更はない。

　ここにいう「法律行為」とは債権的法律行為，とりわけ契約を含むことについては異論がない（今回の改正に際し，「法律行為」に代えて，「契約」とすべきとの意見もあった）。したがって【設例10-1】におけるように，契約の当事者が自分たちの意思によって，特定の国の法律が適用されるべきことを明示に指定したときは，その契約の成立と効力はこの法によることになる。

2　当事者自治の原則の根拠

　当事者自治の原則の根拠はどのようなところに求められるか。まず【設例10-1】のように契約当事者が契約中にニューヨーク州法によるとの明示の合意をした場合には，この当事者の選択した法を適用することが当事者の予測可能性，正当な期待の保護という要請を達成することができる，という点がこの原則の根拠とされる。また，通常の商取引の場合にはとくに，あらかじめ当事者が選択した法を裁判所が適用してくれるとすれば，当事者は安心して取引に従事できるから，当事者自治の承認は国際取引の安全と円滑にもかなうであろう。

　裁判所にとっても当事者が選択したニューヨーク州法を適用すればよいわけだから，準拠法の決定が容易になり，これは同時に法的安定性の要請にもかなう。さらに国際契約において当事者の意思を尊重し当事者が選択した法を適用することは，実質法における契約自由の原則の国際私法への反映でもある。つまり，実質法において当事者の意思を尊重するのと同じように国際私法においても当事者の意思が尊重されるべきである，という点にも当事者自治の原則の

根拠を求めることができる。

3 当事者による準拠法の変更

通則法9条は，「当事者は，法律行為の成立及び効力について適用すべき法を変更することができる。ただし，第三者の権利を害することとなるときは，その変更をその第三者に対抗することができない。」と規定する。

通則法7条は当事者による法選択の時点を契約締結時に限定した。ところが契約準拠法を当事者が指定する必要があるのは，なにも契約締結時に限らない。たとえば契約締結後に準拠法の選択の有効性に疑問が生じた場合や，当初の準拠法の内容が当事者の意図した効果をもたらさないことが判明した場合のように，なんらかの事情で契約締結時の準拠法を当事者が変更しようと欲した場合はまさしくそのような必要のある場合といえるであろう。また契約締結時に準拠法を指定しなかったために，紛争が生じたときにどこの国の法律が適用されるかが明らかでないので，後になって準拠法を指定したいと欲する場合もあろう。

このような場合に，その当事者の意思を尊重し，準拠法の変更を承認することは，当事者の正当な期待の保護や国際取引の安全と円滑の確保という，当事者自治の原則を認める立法の趣旨に合致する。したがって準拠法の事後的変更を認めるべき合理的な根拠が十分に存在するというべきである。そこで通則法9条は明文で契約準拠法の変更を認めたのである。

なお，通則法9条にいう第三者の権利を害するときとは，たとえば売買契約の買主の保証人となった第三者が，契約締結当時の準拠法によれば一定の保護を受ける場合には，準拠法のその後の変更によってその保護を奪われることになるときなどをいう。この場合はその変更を買主の保証人に対抗することはできない。

4 当事者の意思による有効な準拠法の指定

当事者による法選択が認められるためには，当事者による準拠法の選択は真正で有効なものでなければならない。どのような場合に当事者による法選択が有効なものとされるか。

> **【設例10-2】** 契約当事者の一方であるYが相手方Xに提示した契約書には，以前に両者間で締結された契約書の合意条項のほかに新たに，YによってA国法によるとの準拠法約款が秘かに挿入されていたとする。
> 　Yは，Xが準拠法約款を読むことを嫌って，この契約書は前の契約書と同一であるから，読む必要がないといったために，Xがそれを信じて契約書を読まずに，署名したとしよう。このA国法を指定する準拠法約款は有効か。

　通則法7条はこの点についてはなんら明文の規定を設けていない。今回の改正の際には，欧州における1980年のローマ条約（契約債務の準拠法に関する条約。この条約は2008年にローマⅠ規則となり，いくらかの修正もある。ローマⅠ規則10条1項参照）8条のように，当事者による法選択が有効かどうかは当事者が選択した法律によるなどの意見が主張されたが，結局は採用されず，従来どおり解釈に委ねられることとなった。

　立法論としては，夫婦財産制における法選択の有効性について定めた通則法26条2項のように，その点を国際私法の立場からできるかぎり明文で直接に規定すべきであると考える。明文の規定のない通則法7条の解釈としても，国際私法独自の立場から妥当な解釈を追求すべきである。

　当事者による準拠法選択を認め，準拠法選択を尊重するのは，それが当事者双方の真実の意思を現しているからである。したがって，契約中に明示の準拠法約款が存在していても，それが【設例10-2】の場合のように，錯誤や詐欺，強迫などの不正・不当な手段で得られたときは，当事者の真実の意思による有効な準拠法の指定があったとはいえず，当事者自治の原則を認める趣旨からいっても，その法選択は有効とはいえない。

　この場合，その解決を約款中のA国法の指定を一応は有効と解して，A国法によらしめるのは適切ではない。ここで問題とすべきは，どのような場合に，当事者による法選択を有効と認めるべきでない事情があると判断すべきかどうかであって，その決定を特定の国の実質法に委ねる必要はない。要するに，【設例10-2】のように契約中の準拠法約款が詐欺などの理由により，当事者双方の真実の意思に基づく正当なものではないと判断されるなら，特別の事情のない限り，有効な法選択があったとは認められない。

第10章 契約

5 附合契約における準拠法約款の効力

　問題となるのは，保険契約や銀行取引にみられるような附合契約中の準拠法約款の効力である。附合契約では，経済的に優位にある企業が一方的に作成する標準約款を包括的に受けいれるか，拒否するかの選択しか顧客には存在しない。そこで附合契約中に準拠法約款が含まれていても，そこに両当事者の合意を擬制するのは虚構であるとの理由で，準拠法約款を有効とし当事者を拘束すると解することは不平等な交渉力しか有しない顧客にきわめて不利益な結果をもたらすから，附合契約には当事者自治の原則は妥当しない，との考えもある。

*　たとえば米国の第2巡回区控訴裁判所の Siegelman v. Cunard White Star, 221 F.2d 189 (1955) 事件で，反対意見を書いたフランク判事は，標準化された，大量的な合意において当事者の一方がなんらの現実の交渉力を有しない場合には，契約自由の原則に基づく通常の契約規則が適用されるとするのは，合理的ではない。一方当事者のみが契約の条項を決定し，他方の当事者はその条項の決定になんらの選択権も有しないとして附合契約（乗船切符）中の英国法を指定する準拠法約款は無効であると判示した。

　しかし，附合契約中の準拠法約款の効力を全面的に否認するのが適切とは思われない。まず附合契約には大量契約としての統一的処理の必要がある。保険，運送，銀行取引など多数の顧客を相手にする企業は統一的な計算と計画に基づいて事業を遂行しなければならない。標準約款の解釈と効力が，当事者の国籍や住所，契約の締結地，履行地，法廷地を異にするに従って異なった法によって規律されるとすれば，集団的取引の画一的処理という要請は確保されないことになろう。しかも，附合契約中の準拠法約款に指定された法の適用が弱者である一方当事者に不利な結果をもたらすとは限らない。その法の内容によってはかえって有利な場合もありうる。このように考えると附合契約における準拠法約款は原則として一応は有効とし，準拠法約款に指定された法の適用の結果が顧客にきわめて不利な結果をもたらし不当であるときは，その効力を否定すべきである。

6　量的制限

　つぎに問題となるのは，当事者による法選択を当事者と契約に実質的な関係

を有する地の法律に限定するかどうかである。夫婦財産制において当事者による法選択を認める通則法26条2項は、その法選択を一定の国の法律に限定（いわゆる量的制限）する。しかし通則法7条は法選択を実質的な関係を有する国に限定する規定を設けていない。解釈としてもそのような限定を課すべきではない。たとえば、ドイツ会社とフランス会社との契約において両者が中立的で、公平な法として、取引と当事者になんら関係のないスイス法の適用に合意する場合や海上保険その他の分野で英国法が詳細で高度に発達した規定を有し、かつ当事者が一般に慣れ親しんでいるという理由で、英国との間になんらの関係がなくとも、英国法を選択することには合理的な根拠があり、当事者による法選択を認めた立法の趣旨にもかなうというべきだからである。

7　分割指定

　当事者は、分割指定つまり、契約から生じる複数の争点を異なる法律によって規律することを認められるべきかという問題がある。改正に際しては、分割指定を明文で認めることも検討されたが、結局は採用されず、従来と同様に解釈に委ねられることとなった。伝統的な理論によれば、当事者によって指定された法は、契約の準拠法としてその成立と効力に関するすべての問題に原則として適用される。これを準拠法単一の原則という。

　しかしながら、たとえば当事者が不履行の損害賠償についてはA国法、その他の問題はB国法と指定したときは、このような分割指定を認める方が、当事者の正当な期待を保護し、国際取引の安全と円滑にかなうのであるから、むしろ分割指定を積極的に肯定すべきである。

　　＊　ローマ条約3条も「当事者はその選択により契約の全体又はその一部についてのみ準拠法を選択することができる」（ローマⅠ規則3条参照）と規定し、分割指定を認める。東京地判昭和52・5・30判時880号79頁は、「約款は、保険契約自体の有効性と航海事業の適法性については日本法に準拠するが、保険金請求に関する保険者の塡補責任の有無と保険者に塡補責任があるとするならばその決済については、英国の法と事実たる慣習に準拠する趣旨」と判示し、保険契約について日本法と英国法の分割指定を認めたと解される事例であるといえる。これに対して、東京地判平成13・5・28判タ1093号174頁は、「特段の事情がない限り、1つの国際海上運送契約の準拠法の分割は認めるべきでない」として原則的に分割指定を否定した。

第2節　当事者による準拠法選択がないとき──客観的連結

> **【設例10-3】**　さきの【設例10-1】において，日本会社とニューヨーク弁護士の契約中に，契約はニューヨーク州法によるとの明示の準拠法指定がなかったとすれば，契約の準拠法はどのように決定されるか。

上の設例のように，契約中にその契約に適用されるべき法について準拠法の選択がないとき，または当事者による準拠法選択があってもそれが有効でないときには，契約の準拠法はどのように決定されるであろうか。

1　法例7条2項（行為地法主義）

法例7条2項は，「当事者ノ意思カ分明ナラサルトキハ行為地法ニ依ル」と規定し，契約の成立と効力について，当事者の意思が明らかでないときは行為地法（契約締結地法）によるとしていた。かつての判例の多くはこの規定に従い，当事者による明示の準拠法指定のないときは直ちに行為地法を適用してきた（大判昭和9・12・27民集13巻24号2386頁，徳島地判昭和44・12・16判タ254号209頁）。申込みと承諾が異なった国でなされる隔地的契約については行為地の決定が問題となるが，この場合，申込みの発信地が行為地である（法例9条2項，札幌地判昭和49・3・29判時750号86頁）。

2　行為地法主義に対する批判と黙示意思探求の理論

これに対し，学説は一般に明示の準拠法指定のないときでも直ちに行為地法を適用すべきではなく，適用される法についての当事者の黙示の意思を探求すべきだとした。

その理由は，行為地の決定は隔地的取引にみられるように必ずしも容易ではなく，かりに法例9条2項のような決定をしたとしても，行為地が偶然的で契約に実質的関係をもたない場合があるからである。たとえば申込みに変更を加えた承諾につき，インドの売主と日本の買主との通信による売買契約に対し，

変更を加えた承諾は新たな申込みとみなされるとして、新たな申込地である日本を行為地とした事例がある（大阪地判大正10・3・11法律評論10巻諸法98頁）。ところが、そうすると貿易取引の通例である変更承諾がなされるたびに準拠法が変わることになり、不合理である。要するに行為地法主義は隔地的取引にとっては行為地の決定が困難であるばかりでなく、無理にどこかに行為地を一律的に定めるときはきわめて妥当でない結果を招来するものというべきである。

行為地法主義に対するもう1つの批判は、契約にはさまざまな種類の契約があり、そこから多様な争点が生じるにもかかわらず、契約の種類、争点のいかんを問わずにつねに一律的に行為地法を適用するのは妥当ではない、もっと契約の種類や争点のいかんを考慮してきめ細かく契約の準拠法を決定すべきである、という点にある。

明示の準拠法の指定のないときでも直ちに行為地法によるべきではなく、当事者の黙示意思を探求すべしとの理論の背後には、実はこのような行為地法主義への立法論的批判が前提とされているのである。判例も近時はこの立場によるものが多い。

* たとえば、最判昭和53・4・20民集32巻3号616頁は、タイ銀行日本支店と在日華僑との間に締結された円を対象とする定期預金契約の準拠法について、当事者の明示の意思が認められない場合には、預金契約が日本国内において日本支店が行う一般の銀行取引と同様に定型的画一的に行われる性質を有することに加えて、日本国内に設けられた外国銀行の営業所は主務大臣の免許をうけるべきこと、免許をうけた営業所は銀行とみなされること等を参酌し、タイ銀行の日本支店の所在地である日本法を黙示的に指定したものと解すべきであるとした。
** またドイツの航空会社と日本をホームベースとする日本人フライトアテンダントとの雇用契約について、東京地判平成9・10・1判タ979号144頁は、ドイツの労働組合等と会社との間のドイツ労働法に基づく労働協約に依拠するとされていること、この労働契約で争点となっている手当等に関する事項が定められていること、ドイツの本社が労務管理を行っていること、手当等はマルクにより算定されていること、ドイツで雇用契約書に署名していること等から、雇用契約の準拠法をドイツ法とする黙示の合意が成立していたものと推定できるとした。

上の判例にみられる黙示意思の探求の理論は、その現実的機能としては行為地法の適用を制限し、法例7条2項の行為地法主義を実質的には修正していたといえよう。

3 通則法8条

 上のような批判やローマ条約4条の例などを参考にして，通則法の制定がされた。通則法8条は，当事者による準拠法の選択のない場合における契約の準拠法について，つぎのように規定する。

「1　前条の規定による選択がないときは，法律行為の成立及び効力は，当該法律行為の当時において当該法律行為に最も密接な関係がある地の法による。

2　前項の場合において，法律行為において特徴的な給付を当事者の一方のみが行うものであるときは，その給付を行う当事者の常居所地法（その当事者が当該法律行為に関係する事業所を有する場合にあっては当該事業所の所在地の法，その当事者が当該法律行為に関係する2以上の事業所で法を異にする地に所在するものを有する場合にあってはその主たる事業所の所在地の法）を当該法律行為に最も密接な関係がある地の法と推定する。

3　第1項の場合において，不動産を目的物とする法律行為については，前項の規定にかかわらず，その不動産の所在地法を当該法律行為に最も密接な関係がある地の法と推定する。」

* ローマ条約4条1項は，有効な法選択がないときは契約は「最も密接な関係をもつ」国の法律による，と規定している（ローマⅠ規則4条3項・4項参照）。
　つぎに4条2項は，特徴的給付の理論を採用し，契約は，契約を特徴づける履行をなすべき当事者が契約当時，常居所を有する国，法人または法人格を有しない団体の場合は業務指揮の中心地国に最も密接な関係を有するものと推定する。ただし，契約が当事者の営業または職業の活動中に締結された場合には，その主たる営業所所在地国を最も密接な関係の国と推定し，また契約が主たる営業所以外の営業所で履行されるべきときは，当該営業所所在地国が最も密接な関係を有する国と推定される。
　この特徴的給付の理論を定める規定には，いくつかの特則がある。まず，4条3項は，契約の目的が不動産に関するときは，不動産の所在地が最も密接な関係をもつ国と推定されるとし，特徴的給付の理論は適用されないとする。また，物品運送契約についても運送人の主たる営業所所在地が最も密接な関係をもつ国と推定される（同4項）。さらにこの特徴的給付の理論の適用を定めた2項の規定は，契約の特徴となる履行を決定しえないとき，または契約について一切の事情を考慮して他の国に一層密接な関係が存するときにも，適用されない（同5項）。その場合はもとに戻って最も密接な関係の国の法を個別的に決定するしかないことになる。
　さらに消費者契約（5条2項）と雇用契約（6条2項）についても例外を定める。

4 「当事者による準拠法選択のないとき」とは

まず，当事者による準拠法選択のないときとはどのような場合を指すかが問題となる。逆にいうと選択のあるときを契約中に明示の準拠法指定約款がある場合に限定されるか，それとも法例7条の解釈としてこれまで学説・判例上広く認められていた黙示意思による指定をも含むものと解すべきであるか。

改正の過程では，当事者による選択を「明示的であるか又は法律行為その他これに関する事情から一義的に明らかなもの」に限定する案も検討されたが，「一義的に明らか」を認定することの困難，黙示意思に関するこれまでの実務を勘案し，通則法7条ではとくにこのような限定を設けないこととなった。その意味で黙示意思の指定は通則法7条においても依然として認められる。

もっとも学説・判例が黙示意思の探求を積極的に提唱した背景には，法例7条2項における行為地法の一律的適用を回避し，柔軟な契約準拠法の決定を確保しようとするところにあったとすれば，通則法8条が行為地法の一律的適用に代えて，柔軟な最密接関係地法の適用を採用した現状では，黙示意思の指定に依拠する必要性はほとんど消失したといってよい。通則法の下では黙示意思による指定の実際的意義は限定されたものとなろう。

5 最密接関係地法

通則法8条1項は，当事者による有効な法選択がないときは，契約の成立および効力は当該法律行為の当時において当該法律行為に最も密接な関係がある地の法によるとする。当事者による法選択のない場合に，契約の種類のいかんを問わずにすべての契約に一般的に適用される契約準拠法を定めるという点では，法例7条2項の行為地法主義と異ならない。しかし行為地という単一の，明確で固定的な連結点に代えて，最密接関係地法というきわめて柔軟なアプローチを採用したことに注目すべきである。ここでは法的安定性や予測可能性よりも具体的妥当性の確保が重視されているとみることができる。

問題はどのようにして最密接関係地法を決定するかである。その点では，学説・判例において最密接関係地法の探求と実質的には同様の機能を営んできたこれまでの黙示意思探求の方法が参考になる。つぎにはこれを3つの観点から説明する。

6　契約の類型化と連結点の集中

まず,契約の類型ごとに特定の連結点を強調し,原則としてはその法によるとの一般的推定を行うか,それとも契約の類型のほか,当事者の国籍,住所,契約の締結地,履行地,目的物の所在地などの個別的事情を考慮し,もっと個別的にケース・バイ・ケースに決定するかが問題となる。前者の立場に立つときは,たとえば銀行取引は銀行営業所所在地法によるとの推定が可能かが問題となる。いずれにしても契約と当事者に関する連結点が問題となっている国にどれだけ集中しているかが重要となる。その際,黙示意思の探求に関する前掲最判昭和53・4・20,前掲東京地判平成9・10・1などの裁判例は,最密接関係地法の決定にとっても参考となろう。一般論としては,可能な限り類型化を促進すべきであるが,これらはいずれも一応の推定であって,争点のいかんや具体的状況によって,より適切な他の法の適用を否定するものであってはならない。

7　最密接関係地法の決定と個々の争点

つぎに訴訟で問題となっている個々の争点ごとに契約を分割して最密接関係地を決定するか,それとも準拠法単一の原則に基づき成立と効力の問題につき1つの契約準拠法を決定し,これをすべての争点について適用するかが問題となる。

争点ごとに異なる準拠法を適用することは,複数の争点が同一の事件で争われているときは,複数の準拠法相互間の調整,適応が問題となり,準拠法の適用が複雑になることは否定できない。しかし,他方,いま現に訴訟で問題となっている争点について最も適切な法を適用すべしとする要請を無視することもできない。明示の指定において分割指定を認めたように,ある争点が特定の国ととくに密接な関係をもつときは,争点ごとの最密接関係地法の決定を認めてよい。この点はこれまで必ずしも十分に考慮されてきたとはいえない。

8　法の内容と適用の結果の考慮

さらに適用される法の内容とその結果を考慮することが必要である。たとえば契約の成立につき特定の契約条項の有効性が問題となる場合には,当事者は

ふつう契約条項が有効と期待して契約を締結したであろうと考えて，契約を有効視する法を優先的に適用することや，労働契約において労働者に有利な法を優先的に適用することを，1つの要素として最密接関係地法の探求にあたって考慮する必要があると考える。この点もこれまでは必ずしも十分に考慮されてきたとはいえない。

9　特徴的給付の理論

最密接関係地法の決定に際して，通則法8条2項はいわゆる特徴的給付の理論を採用し，契約において特徴的な給付を当事者の一方のみが行うものであるときは，その給付を行う当事者の常居所地法を最密接関係地法と推定する。また，その当事者が当該契約に関係する事業所を有する場合には，当該事業所の所在地の法，その当事者が当該法律行為に関係する2以上の事業所で法を異にする地に所在するものを有する場合にあってはその主たる事業所の所在地の法を当該契約に最も密接な関係がある地の法と推定する。

これがローマ条約4条2項などが採用する特徴的給付の理論である。この理論によれば，まずある契約を特徴づける給付または履行がなにであるかを探求する。たとえば典型的な商事の売買契約の場合を考えると，契約当事者の主要な履行義務としては，売主の商品の引渡義務と買主の代金支払義務があるが，代金の支払義務はすべての契約に共通する給付義務であるから，売買契約に特徴的な給付ではない。したがって売買契約を特徴づける給付または履行とは，売主の商品引渡義務であり，この特徴的給付をなす当事者である売主の常居所地法または営業所所在地法が最も密接な関係がある地の法と推定される。

このような推定規定を設けたのは，「最密接関係地法」の適用という準拠法決定方法があまりにアドホック的で柔軟にすぎ，法的安定性，予見可能性を欠き，その決定が裁判官の恣意に流れる危険性があるから，これをチェックする必要があると考えられたためであろう。その意味で法的安定性・予見可能性と具体的妥当性の確保との妥協と調和が図られている。

通則法は特徴的給付の理論についてのいくつかの例外を定める。まず，不動産を目的物とする契約については，その不動産の所在地法を最密接関係地法と推定する（8条3項）。また消費者契約（11条2項），労働契約（12条3項）にも

特徴的給付の理論は適用されない。このほか契約の類型により，その契約についての特徴的給付を決定できないときもこの理論にはよりえない。

このように考えると，通則法の下において特徴的給付の理論の有用性は限られており，その実際上の運用にあたって果たす役割も限定的なものにとどまり，基本原則である最密接関係地法に立ち返らざるをえない場合が多いであろう。

10 具体的適用

通則法8条の規定をたとえば，【設例10-3】の弁護士との法律業務委任契約に適用するとどうなるか。

弁護士業務については，おそらくその特徴的給付は委任された法律業務の履行義務であるから，8条2項によれば，ニューヨーク州法の適用が推定されることになろう。また，その主要な部分の履行が弁護士事務所の所在地でその地の法律を考慮して行われるから，通常は弁護士事務所の所在地が最も重要な意義を占めること，【設例10-3】では日本会社の代表者がニューヨークの弁護士事務所に出向いて契約を締結したこと，履行される法律業務がアメリカ国内で行われること等の事情を考えると，本件契約債権の消滅時効に日本民法172条よりも長期のニューヨーク州法を適用しても日本会社にとって予測可能であるから，不公正とはいえない。したがって最密接関係地法もおそらくニューヨーク州法であり，その債権は消滅していない。

＊徳島地判昭和44・12・16判タ254号209頁も，【設例10-3】と同様の事案において，ニューヨーク州法を契約準拠法と判示した（法例7条2項により行為地法として）。

つぎに売買契約への適用を考えてみよう。

> **【設例10-4】** A国に営業所を有する売主がB国にある買主の工場で複雑な機械を引き渡して備え付ける売買契約を締結したとする。売買契約には準拠法の指定はない。この契約の準拠法は，A国法かそれともB国法か。

上の設例のような売買契約については，まず，通則法8条2項の特徴的給付の理論によれば売主の営業所所在地法がA国法となる。それでは8条1項の最密接関係地法はどうか。売主が買主の営業所で履行することを引き受けた活動

第2編　国際財産法

の複雑さと重要性を考慮すると，売主の営業所所在地法によるとの推定が覆されて，買主の法であるＢ国法が最密接関係地法として適用されるのが相当とされる場合が十分にありうるであろう。

＊　1986年のハーグ国際動産売買準拠法条約第8条はつぎのように規定する。
「第8条　1　当事者が第7条の規定に従い売買契約の準拠法を選択しなかったときは，契約は売主が契約締結時に営業所を有する国の法律により規律する。
2　前項の規定にかかわらず，つぎのいずれかの場合には，契約は買主が契約締結時に営業所を有する国の法律により規律する。
　a　その国において，交渉がなされ，かつ，契約が当事者により，その面前で締結されたとき
　b　その国において，売主の動産引渡し義務が履行されるべきことを契約が明示しているとき
　c　契約が，主として買主によって決定された条件に基づき，かつ，入札の求めに応じた者に対して買主が示した誘引（入札申入れ）に応じたことにより，締結されたとき
3　前2項の規定にかかわらず，当事者間の取引関係などのすべての状況全体からみて，本条前2項の規定により契約に適用されるべき法律以外の法律と，契約が明らかにより密接な関係を有するときは，契約は例外的にその法律により規律する。（以下略）」

第3節　労働契約の特則

【設例10-5】　フランスの国際的な航空会社であるＹは日本人フライトアテンダントＸとの間に「雇用地は東京，配属先は東京支社」とする労働契約を締結した。この契約中には「この労働契約から生じるすべての問題はフランス法によるものとする。」との明示の準拠法指定約款がある。ＹがＸのパリ移籍を伝えたところ，Ｘはパリ移籍を拒否した。そこでＹはＸを解雇した。この解雇は有効か。なお，Ｙによる解雇は，フランス法上有効であるが，日本法によれば解雇権の濫用として無効であるとせよ。

1　当事者自治の原則と強行法規

国際私法上の当事者自治の原則は，実質法上，契約自由の原則が依然として

支配的な分野，たとえば対等の商人間の，国家の強行法規による規制のない売買契約などには最もよく妥当する。ところが【設例10-5】の労働契約，【設例10-6】の消費者契約，借地・借家契約など経済的弱者を保護するために国家が強行法規を制定し，契約自由の原則を修正・制限している場合においては，この国際私法上の当事者自治の原則がはたしてそのまま妥当するのかという点が問題となる。

当事者自治の原則が強行法規の分野でどの程度まで妥当するかという問題は，これまで【設例10-5】にみるような労働契約を中心に論じられてきた。さまざまな理論が提唱されているが，なんらかの形で当事者自治の原則を制限すべきだという認識では共通する。いずれにせよ問題の焦点は，たとえば【設例10-5】の日本のように，労務給付地，労働者の住所地など労働関係に密接な関連を有する国の労働者保護法の適用が，当事者の自由な法選択によって排除されるのをどのような場合にどのような形で，防止するかという点にある。

当事者自治の制限論としては，かつては量的制限論，法律回避論，質的制限論が問題とされたが，今日ではその支持者はほとんどない。比較的有力な理論としては，公法理論，公序論，特別連結理論が主張されているが，定説はなく，この点は労働契約についても同様の状況であった。

そこで以下には通則法制定以前の状況を説明する。

2　公法理論

この理論は，労働関係への強行法規による規制は公法的規制であり，ある契約が特定の国家の公法的統制法規によって規律されているときは，当事者自治は制限されると解する立場である。たとえば，わが国で労働の行われる労働契約については，たとえ当事者が外国人であり，また外国法の適用を合意していても，わが国の労働基準法や労働組合法の適用をまぬがれることはできない。

* 米国会社に米国で雇用された米国人パイロットの解雇について，労働契約に基づく現実の労務給付が継続して日本国内で行われる場合には，法例7条の適用は排除され，属地的に限定された公序としての日本の労働法が適用されるとする決定（東京地決昭和40・4・26労民集16巻2号308頁）はこの立場に立っていると解される。東京地判平成16・2・24判時1853号38頁は，雇用契約についていずれの準拠法選

択をした場合であっても，絶対的強行法規の性質を有する労働法規は適用されるとして，特許法の職務発明規定が日本を労務供給地とする労働者の発明に適用されることの理由の1つとして判示している。この立場（絶対的強行法規の理論）も公法の属地的適用の理論とほぼ同じ機能を有するといえよう。

上の立場からすれば，【設例10-5】の場合でも労務給付が継続して日本国内で行われているとすれば，当事者の選択したフランス法の適用は排除され，わが国の公法的法規である労働法が属地的に適用されることになる。

3　公序論

つぎに当事者自治の原則をそのまま承認し，外国法の適用が通則法42条の公序に反する場合に当事者の法選択を否定する立場がある。

> ＊　米国会社に米国で雇用された日本支社の米国人ゼネラル・マネージャーの解雇が日本法によれば無効である場合に，米国法を適用して解雇を有効とすることは公序に反しないとした判決がある（東京地判昭和44・5・14下民集20巻5・6号342頁，なお，東京地判昭和42・7・9判タ210号174頁）。
> 　裁判所はまず，継続的労務給付地が日本であり，日本に強行法規たる労働法規があるという理由で公序により法例7条の適用を排斥すべきではなく，個々の外国法の適用の結果が日本の労働法規の維持する社会秩序を破壊するかを判定しなければならない，とする。日本で解雇権濫用の法理により解雇が制限されるのは，[日本の労働市場は非流動的であり，長期雇用を前提とした年功序列賃金および多額の退職金制度が採用されている関係上，一旦解雇された労働者は，賃金その他の点で同等以上の労働条件で他に雇用されることは困難であって，解雇により著しい打撃をうける]などといった点に求め，本件のゼネラル・マネージャーは，このような日本労働者と無縁の存在であるとして，米国法の適用は公序に反しないとした。

この判決の論理によれば，【設例10-5】でも，Ｘがかりにフランスで雇用されたフランス人社員であるとすれば同じ結論になろう。しかし，Ｘが日本人フライトアテンダントであれば，フランス法の適用は公序に反すると結論されるものと思われる。

4　強行法規の特別連結理論

この理論は当事者の選択した法でも法廷地法でもない，契約関係に実質的な

第10章 契　　約

関係をもつ第三国の強行法規の適用を特別の連結を通じて確保しようとするものである。法廷地の強行法規の適用は公法理論，公序論でも可能だが，どちらの理論によっても契約の準拠法でも法廷地法でもない第三国の強行法規を適用することはできない。問題は，どこの国の強行法規が，どのような場合に，当事者の選択した法の適用を排してまで特別に連結されるべきかを具体的に確定することである。

*　強行法規の適用を一般に認めたものとしては，ローマ条約7条（強行法規）がその典型的な例である。
「1　この条約の適用においては，重要な関係をもつ国の強行法規が，準拠法のいずれであるかを問わず，契約につきその法規を適用すべきことを求める場合は，その強行法規の効力を認めることができる。強行法規の適用については，その強行法規の性質，目的及び適用の結果を考慮しなければならない。」

5　ローマ条約6条

労働契約の分野での立法例としては，ローマ条約6条（ローマI規則8条参照）の規定が注目される。これによると，当事者の法選択は，当事者の法選択がない場合に適用される法の強行法規によって与えられる保護を奪う結果をもたらすものであってはならない，とされている。そして法選択のない場合の準拠法は，他にいっそう密接な関係を有する国がない限りは，まず労働者の常時労務給付地国，労働者の常時労務給付地国がないときは労働者を雇い入れた営業所の所在地国の法である。

【設例10-5】に上の規定を適用すると，いずれにしても法選択のない場合の準拠法は日本法になり，日本法の強行法規が与える保護をXは奪われないことになろう。

6　通則法12条

上のような状況の下で，通則法12条は，労働契約の準拠法についてつぎのような明文の規定を設けた。
「1　労働契約の成立及び効力について第7条又は第9条の規定による選択又は変更により適用すべき法が当該労働契約に最も密接な関係がある地の法以外の法である場合であっても，労働者が当該労働契約に最も密接な関係がある

地の法中の特定の強行規定を適用すべき旨の意思を使用者に対し表示したときは，当該労働契約の成立及び効力に関しその強行規定の定める事項については，その強行規定をも適用する。

2　前項の規定の適用に当たっては，当該労働契約において労務を提供すべき地の法（その労務を提供すべき地を特定することができない場合にあっては，当該労働者を雇い入れた事業所の所在地の法。次項において同じ。）を当該労働契約に最も密接な関係がある地の法と推定する。

3　労働契約の成立及び効力について第7条の規定による選択がないときは，当該労働契約の成立及び効力については，第8条第2項の規定にかかわらず，当該労働契約において労務を提供すべき地の法を当該労働契約に最も密接な関係がある地の法と推定する。」

7　当事者自治の原則と最密接関係地法の強行法規の適用

まず，通則法12条1項によれば，労働契約にも当事者自治の原則が妥当する。したがって【設例10-5】では，当事者の選択したフランス法が原則的準拠法となる。たとえば，かりにフランス法が設例の場合とは異なり，労働者であるＸの保護によりかなう法であれば，Ｘが日本法の適用を主張することもないであろうから，当事者の選択したフランス法がそのまま適用されるであろう。

これに対し当事者が選択した法（【設例10-5】ではフランス法）が最密接関係地法以外の法であっても，労働者が最密接関係地法の特定の強行法規を適用すべき旨の意思を使用者に対して表示したときは，労働者保護のためにその強行規定も適用される。したがって結果的には当事者の選択した法か，最密接関係地法のうち，労働者保護により厚い法が適用されることになる。

その際，最密接関係地法は，労働契約において労務を提供すべき地，その地を特定できないときは，労働者を雇い入れた事業所の所在地であると推定される（12条2項）。

【設例10-5】では，国際線のフライトアテンダントＸについて労務提供地を特定できないとすれば，労働者を雇い入れた地の法である日本法が最密接関係地法と推定される。したがってＸが日本の強行法規である解雇権濫用の法理の適用を使用者に表示したときは，その強行法規が適用され解雇は無効となる。

もっともこのように労働者に特定の強行法規の主張責任を課し，関係する実質法の内容を的確に理解した上で，その強行法規中の具体的な法的主張を行うことを要求することは，労働者に過大な負担を課し，労働者保護の効果を空洞化する危険がある。使用者の利益保護に傾きすぎるのではなかろうか。その意味で立法論としては問題がある。

8 当事者による準拠法選択のないとき――客観的連結

労働契約中に当事者による法選択がないときは，労働契約の成立および効力については，特徴的給付の理論によらずに，労務を提供すべき地，労務提供地が特定できないとすれば，労働者を雇い入れた地が労働契約に最も密接な関係がある地と推定される（通則法12条3項）。

【設例10-5】においてフランス法の指定がなかったとすればどうか。国際線のフライトアテンダントXについて労務提供地を特定できないとすれば，労働者を雇い入れた地の法である日本法が最密接関係地法と推定される。問題はこの推定が覆されるかどうかである。Xが雇用されたのが日本，配属先は東京支社，Xの国籍，住所が日本，国際線とはいえ勤務も日本を基点に行われているとすれば，Yがフランス航空会社である点を除けば，主要な連結点が日本に集中していること，日本法の解雇権濫用の法理を適用することが日本人労働者の保護によりかなうことなどを考えると，やはり最密接関係地法は日本法であり，その推定は覆らないであろう。

第4節 消費者契約の特則

> 【設例10-6】 A国に常居所を有するXが，B国に営業所を有するY会社から，高級腕時計を購入した。売買の交渉が主としてA国で行われ，かつ消費者Xが契約書に署名したのもA国であった。この消費者契約書には，準拠法はB国法とする準拠法約款が存在する。A国の消費者保護法によれば，クーリング・オフの制度があり，これによれば，消費者は本件契約を解除できるものとする。これに対しB国法にはクーリング・オフの制度はなく，Xの契約解除は認められないとする。Xの契約解除は認められるか。

第2編 国際財産法

　消費者契約も労働契約と同じく，各国においてクーリング・オフなどの消費者保護のための強行法規が制定されている分野である。そのためここでも当事者自治の原則と強行法規の適用が問題となる。

　上の設例の場合に，Xによる契約解除が認められるかについて，当事者の選択したB国法がそのまま適用されるのか，それとも消費者の常居所地国法であるA国の消費者保護の強行法規による保護がXに与えられることになるのか。法例にはこの点についての明文の規定はなく，解釈は分かれていた。通則法においては，消費者契約についても労働契約と同様に，通則法11条で特則が設けられた。

1　消費者契約とは

　まず，通則法11条1項の対象となる消費者契約とは，個人としての消費者と事業者（法人その他の社団または財団および事業としてまたは事業のために契約の当事者となる個人）との間において締結される契約であって，労働契約以外のものをいう（この定義は消費者契約法2条に従っている）。このような消費者を国際私法上特則を設けて保護するのは，契約当事者間の情報と交渉力の格差が存在するからである。**【設例10-6】**のXは，この消費者の定義に当てはまるであろう。

2　当事者自治と消費者の常居所地の強行法規の適用

　それでは**【設例10-6】**のような消費者契約の準拠法はどのように決定されるのか。通則法11条1項によれば，まず消費者契約の成立および効力に当事者が選択した法による。したがって**【設例10-6】**では，契約中のB国法が適用される。たとえば，かりにB国法が設例の場合とは異なり，消費者であるXの保護によりかなう法であれば，XがA国法の適用を主張することもないであろうから，当事者の選択したB国法がそのまま適用されるであろう。

　これに対し当事者が選択した法（B国法）が消費者の常居所地法以外の法であっても，消費者が自己の常居所地法（A国法）の特定の強行法規を適用すべき旨の意思を事業者に表示したときは，その強行規定も適用される。すなわち，当事者による法選択（設例ではB国法）があっても，消費者がその常居所地法の強行規定に基づく特定の効果（A国の消費者保護法のクーリング・オフの規定に基

づく契約の解除)を主張したときは,その主張する法が適用され,Ｘの契約解除が認められる。したがって結果的には当事者の選択した法か,消費者の常居所地法のうち,消費者保護により厚い法が適用されることになる。

その際,ここでいう強行規定には,日本の実質法上の消費者契約法,割賦販売法,特定商取引に関する法律などが含まれる。また,消費者が常居所地法の強行法規によって保護されるためには,契約の解除や取消し,一部条項の無効など,その強行法規に基づく特定の法的効果の主張が消費者によりなされることが必要であるとされている。

しかしこのように消費者に特定の強行法規の主張責任を課し,関係する実質法の内容を的確に理解した上で,その強行法規中の具体的な法的主張を行うことを要求することは,消費者に過大な負担を課し,消費者保護の効果を空洞化させる危険がある。事業者の利益保護に傾きすぎており,立法論としては労働契約と同様,問題がある。

3　当事者による準拠法選択のないとき——客観的連結

当事者による準拠法選択がない場合に通則法11条2項は,「消費者契約の成立及び効力について第7条の規定による選択がないときは,第8条の規定にかかわらず,当該消費者契約の成立及び効力は,消費者の常居所地法による。」と定め,特徴的給付の理論によらず,客観的連結として消費者の常居所地法主義を採用する。これを【設例10-6】に適用すると,消費者の常居所地であるＡ国法が準拠法となる。

4　消費者契約における方式の特則

通則法11条3項～5項は,消費者契約の方式の準拠法について,通則法10条の特則を設けている。それによれば,消費者契約の成立について消費者の常居所地法以外の法が選択された場合であっても,消費者契約の方式について消費者がその常居所地法中の特定の強行規定を適用すべき旨の意思を事業者に対し表示したときは,もっぱらその強行規定が適用される(同11条3項)。

また,消費者の常居所地法が選択された場合において,その方式について消費者がもっぱらその常居所地法によるべき旨の意思を事業者に対し表示したと

き（同条 4 項），あるいは，当事者による選択がなく，客観的連結により消費者の常居所地法が適用される場合には（同条 5 項），消費者契約の方式は，もっぱら消費者の常居所地法による。

5 能動的消費者の適用除外

通則法11条は，すべての消費者がその保護の対象となるのではなく，その対象をいわゆる「受動的消費者」に限定している。**【設例10-6】**の消費者とは異なり，「能動的消費者」，すなわち，自分の意思で国境をこえて事業者の事業所において契約を締結する消費者は，保護の対象とはならない。というのは能動的消費者までがその常居所地法による保護をうけられるとすると，国内的にのみ活動している事業者の正当な期待の保護が損なわれるからである。

そこで通則法11条 6 項によれば，つぎのいずれかの場合には，通則法11条 1 項～5 項は適用されないとした。すなわち，事業者の事業所で消費者契約に関係するものが消費者の常居所地と異なる法域に所在する場合であって，①消費者が当該事業所の所在地と法を同じくする地に赴いて当該消費者契約を締結したとき（1 号），あるいは，②消費者が当該事業所の所在地と法を同じくする地において当該消費者契約に基づく債務の全部の履行をうけたとき，またはうけることとされていたとき（2 号）には，通則法11条 1 項～5 項は適用されない。

もっともいずれの場合においても，消費者が当該事業者から，当該事業所の所在地と法を同じくする地において債務の全部の履行をうけることについての「勧誘」をその常居所地においてうけていたときを除くとしている（同項 1・2 号ただし書）。

6 その他の適用除外

さらに，通則法11条 6 項は，①消費者契約の締結の当時，事業者が，消費者の常居所を知らず，かつ，知らなかったことについて相当の理由があるとき（3 号），あるいは，②消費者契約の締結の当時，事業者が，その相手方が消費者でないと誤認し，かつ，誤認したことについて相当の理由があるとき（4 号）にも，通則法11条 1 項～5 項は適用されないとしている。

第11章 法律行為の方式

> 【設例11-1】 甲国から1年間，日本に留学中の甲国人ＸＹが日本で10万円の金銭消費貸借契約を口頭で締結した。また，その際，「この契約の成立と効力は甲国法による」との合意が同時になされている。甲国法によれば金銭消費貸借契約は書面によるのでなければ有効に成立しないとした場合，この金銭消費貸借契約は有効か。

第1節　法律行為の方式の準拠法＝法律行為の成立の準拠法の適用

　通則法10条1項は，法律行為の方式は当該法律行為の成立について適用すべき法による，と規定する。金銭消費貸借契約が有効に成立するためには，書面の作成を要するかどうかはまさしく，ここにいう法律行為の方式の問題にほかならない。したがって通則法10条1項によれば，その成立の準拠法である甲国法によるべきことになり，この契約は有効ではない。
　このように通則法10条1項は契約のみならず，法律行為一般について，その方式は成立の準拠法によるべきことを定めている。
　まずここでいう法律行為の方式とはなにかが問題となる。一般的には，法律行為において当事者がその意思を表示すべき外部的形式をいう。【設例11-1】の場合のほか，たとえば贈与における書面の要否，契約における公証人による証書作成の要否，不動産に関する物権的法律行為における登記などがここにいう法律行為の方式に該当しよう。
　つぎに法律行為の方式だということになると，第1次的にはその法律行為の成立の準拠法が適用される。法律行為の成立の準拠法はそれぞれの法律行為ごとに，たとえば【設例11-1】の契約については当事者の選択した法（通則法7

条），物権的法律行為については目的物所在地法（通則法13条）によるべきことになる。

第2節　行為地法の選択的適用（連結）

【設例11-1】のように，その方式が成立の準拠法によらない場合には，法律行為は有効に成立しないのであろうか。この点について通則法10条2項は「前項の規定にかかわらず，行為地法に適合する方式は，有効とする」と規定する。したがって**【設例11-1】**についていえば，成立の準拠法である甲国法によれば口頭による契約は有効に成立しない場合であっても行為地法である日本法上（民法550条参照），口頭契約が有効であればこの契約は有効に成立する。

この結果，法律行為の方式は成立の準拠法かそれとも行為地法のいずれかに従っていれば有効に成立することになる。つまり，成立の準拠法と行為地法の選択的適用である。法律行為が方式上有効でないのは，成立の準拠法と行為地法のいずれによってもその方式が適式でない場合に限られる。

成立の準拠法によれば方式が有効でないのに行為地法上有効であればよいとしたのは，つぎの理由によるものであろう。まず，方式について厳格に成立の準拠法によるべきことを要求するとすれば，その準拠法所属国以外の国で法律行為をしようとすれば，たとえば公証人制度のない国で公正証書を作成しなければならない場合などのように，当事者はこれに従うことができないか，あるいはこれによることが実際上きわめて困難な場合が生じることは避けがたいからである。このようにまず当事者の実際上の便宜という理由があげられる。

また方式が行為地法上有効であれば当事者はその契約が有効であると期待しているであろうから，行為地法の適用は，当事者の正当な期待を保護し，国際取引の安全と円滑（より一般的には国際私法生活の安全）の確保という観点からいっても望ましい。さらに方式については，その成立をなるべく容易にすべしとの要請があり，この点からも行為地法上適式な法律行為は有効とすべきことになろう。

問題となっている争点が，通則法10条2項によって行為地法によるべき法律

行為の方式であるかどうかは，このような立法趣旨に照らして個別的に判断しなければならない。

> ＊　この点について最判昭和53・4・20民集32巻3号616頁は，質権の設定を第三者に対抗するには確定日付ある証書による通知・承諾を要するかは，債権質の効力の問題であって，法例8条（通則法10条）にいう法律行為の方式にあたらない，したがって債権質の準拠法である日本法による，と判示している。
> 　しかしながら，この事件においてタイ銀行香港支店が，香港において香港の会社に対する貸金債権の担保のために定期預金債権に質権を設定するにあたって，行為地法である香港法ではなく，債権質の準拠法である日本法（判旨によれば，債権質の準拠法は客体たる債権の準拠法であり，客体たる定期預金債権の準拠法は銀行の営業所所在地法たる日本法である）に従って，確定日付ある証書による通知・承諾を要するとするときは，当事者の便宜を損ない，国際取引の円滑な遂行を阻害するのみならず，方式についてはその成立を容易にすべしとの要請に反することになる。したがって質権の設定を第三者に対抗するには確定日付ある証書による通知・承諾を要するかは，法例8条2項（通則法10条2項）にいう法律行為の方式であって，行為地法である香港法上適式な方式によっていればそれでよいと解すべきであろう。

第3節　異法地域者間の法律行為の方式

　通則法10条2項により，行為地法が適用される場合，法律を異にする地に在る者の間の法律行為における行為地はどのように決定されるであろうか。

　通則法10条3項は，「法を異にする地に在る者に対してされた意思表示については，前項の規定の適用に当たっては，その通知を発した地を行為地とみなす」と規定する。その結果，成立の準拠法と通知発信地法のいずれかの方式を充足すれば，その意思表示は方式に関しては有効となる。

　さらに通則法10条4項は，「法を異にする地に在る者の間で締結された契約の方式については，前2項の規定は，適用しない。この場合においては，第1項の規定にかかわらず，申込みの通知を発した地の法又は承諾の通知を発した地の法のいずれかに適合する契約の方式は，有効とする。」と定める。その結果，契約の方式は，成立の準拠法か申込みまたは承諾の発信地法のいずれかの定める方式を充足すれば有効となる。

第4節　行為地法の適用に対する例外

　通則法10条5項は，「前3項の規定は，動産又は不動産に関する物権及びその他の登記をすべき権利を設定し又は処分する法律行為の方式については，適用しない。」と規定する。したがって物権その他の登記すべき権利を設定，処分する法律行為の方式については，通則法10条1項の原則どおりもっぱら目的物の所在地法（通則法13条）による。たとえば土地に対する抵当権設定の方式，家屋の所有権譲渡の方式などはいずれもその所在地法によることになる。
　このように物権的法律行為の方式について行為地法の選択的適用が排除されるのは，物権については目的物所在地がふつう最大の利害関係をもち，また登記等の公示方法も所在地でなされるから，取引の安全，第三者の利益保護からいってもその方式について所在地法を排他的に適用するのが適切である，と考えられたからであろう。

第5節　方式の特則

　消費者契約の方式（通則法11条3項・4項・5項），婚姻の方式（通則法24条2項・3項），通則法25条から33条までに規定される親族関係の法律行為の方式（通則法34条），遺言の方式（「遺言の方式の準拠法に関する法律」）および手形・小切手行為の方式（手形法89条，小切手法78条）については特別の規定があり，通則法10条の規定の適用はない。

第12章 不法行為・事務管理・不当利得

第1節 不法行為

不法行為の準拠法はどのように決定されるか。この問題を検討するにあたって，まず，つぎの例を考えてみよう。

> **【設例12-1】** 日本に居住する日本人ＸＹは，カナダのオンタリオ州へ3週間旅行した。そこでＹが借りたレンタカーにＸを同乗させて同州内を運転中，Ｙの過失により事故が発生し，Ｘが重傷を負った。
> 　帰国後，ＸがＹに対して不法行為に基づく損害賠償を請求した。これに対しＹはオンタリオ州法によれば，好意同乗者であるＸは運転者の過失による事故については損害賠償を請求しえないと抗弁した。日本法上Ｙが有責だとして，Ｘの請求は認められるか。

> **【設例12-2】** Ｘがオンタリオ州居住の住民で，カナダ旅行中に知り合ったガール・フレンドであるときはどうか。

1　法例11条1項

設例の自動車事故による不法行為事件において，カナダのオンタリオ州法か日本法のいずれが適用されるかという不法行為債権の準拠法決定について，法例11条1項は，「不法行為ニ因リテ生スル債権ノ成立及ヒ効力ハ其原因タル事実ノ発生シタル地ノ法律ニ依ル」と規定していた。これを不法行為準拠法決定における不法行為地法主義という。

2　不法行為地法主義

不法行為の準拠法決定において，各国の国際私法の多くが採用してきた伝統

的解決は，法例11条1項が規定する不法行為地法主義であった。

この不法行為地法主義の根拠はつぎの点に求められてきた。①不法行為における加害者と被害者は，行為地以外の法によってはその責任や危険を予測するのは困難である，②不法行為地は不法な侵害を防止し，侵害による損害を加害者に賠償させるのに最大の利害関係をもつ，③不法行為地の決定はふつう容易であり，また不法行為地法の適用は判決の国際的調和にかなう，などである。

しかしたとえば【設例12-1】の場合において，不法行為地法の適用が本当に上の要請を充足しているかは疑問であり，そのためもあって近時は不法行為地法主義が動揺しつつあることは後にみるとおりである。

3　不法行為地の決定

不法行為地法主義を採用する場合に問題となるのは不法行為地の決定である。【設例12-1】の自動車事故の場合には不法行為地の決定には困難はない。問題となるのは，後掲【設例12-3】の生産物責任のように不法行為の原因となる加害者の行動（欠陥生産品の生産）と，その結果である損害（被害者の身体への損傷）の発生とが異なった国で生じた場合である。

かつては，法例11条1項「其原因タル事実ノ発生シタル地」の規定をめぐり，加害者が損害を発生させる原因となる行動をした場所を不法行為地とする行動地法説と，加害行為の結果や損害が発生した地を不法行為地とする結果（損害）発生地法説とが対立した。行動地法説は，行為者が行動地法上適法とされる行為をしても結果発生地法によって不法とされるのは適切ではないとし，結果発生地法説は不法行為法の目的は損害の塡補にあると主張した。

その後，すべての不法行為につき画一的，一律的に不法行為地法を決定するのではなく，不法行為の種類，類型ごとに行動地または結果発生地を不法行為地と解すべきとの類型説が有力となっていた。この類型説によると，過失責任主義が支配する個人間の偶発的な日常の不法行為については行動地，無過失責任の支配する企業による不法行為については結果発生地を不法行為地とするか，あるいは，反倫理的行為による責任については行動地，損失塡補に重点が置かれる場合は結果発生地が不法行為地とされた。

4 通則法17条による不法行為地の決定

このような隔地的不法行為における不法行為地の決定をめぐる解釈上の争いは，つぎのように規定する通則法により明示的な解決が図られた。すなわち17条本文は，「不法行為によって生ずる債権の成立及び効力は，加害行為の結果が発生した地の法による」と規定し，原則として結果発生地法説を採用する。

「加害行為の結果が発生した地」とは，法益侵害の直接の結果が発生した地であり，**【設例12-1】**の交通事故でいえば負傷した地（オンタリオ州）をいう。その後日本で入院・通院したことによって医療費等の損害が日本で発生していたとしても，このような派生的・間接的な結果の発生地を含まないと解される。結局，人身・有体物に対する侵害については，通常，当該人・物の所在地が結果発生地となろう。知的財産権等の所在地が一義的に明らかでない権利に対する侵害の場合には，結果発生地の確定は困難である。各々の権利の性質等に照らして判断せざるをえないであろう。たとえば，特許権などの登録された知的財産権の侵害については，登録国が結果発生地となるのが通常であろう（最判平成14・9・26民集56巻7号1551頁）。

つぎに通則法17条ただし書は「ただし，その地における結果の発生が通常予見することのできないものであったときは，加害行為が行われた地の法による」と定め，例外として行動地法説を採用する。「通常予見することのできないもの」かどうかの判断は，加害者の主観ではなく，加害者と同一の立場にある一般人を基準に，加害者および加害行為の性質・態様，被害発生の状況等の諸事情に鑑み，客観的・類型的に判断されるべきである。主観的事情の考慮を認めると，事実上，恣意的な準拠法選択権を加害者に与える結果となり不都合であるだけでなく，加害者の主観的事情をめぐる争いが泥沼化して訴訟遅延を招くおそれがあるからである。一般人を基準とする客観的な判断を行う以上，加害者のみならず被害者にも「通常予見することのできないものであった」との主張・立証を認めるべきである。

5 不法行為地法主義の動揺

不法行為地法主義について注目しなければならないのは，近時，アメリカ国際私法を中心にこの原則に対する批判がとみに活発であるという点である。す

なわち，米国の学説や判例の多くは，伝統的な不法行為地法主義を破棄して新しい方法論に基づく解決策を提示する。

これらの方法論に共通する特徴は，①不法行為の種類・争点のいかんを問わず一律的に不法行為地法を適用するのは妥当ではなく，当事者の住所などをも含めて事件に関連を有する複数の連結点を考慮する必要がある，②法は一定の法目的を実現するためのものであるから，ある法が適用されるかどうかを決定するにあたっては，問題となっている争点に関する各国（州）の不法行為法の内容とその法目的を考慮しなければならない，という認識である。

6 バブコック判決

このような新しい方法論を最初に明確に採用した画期的な判決は，1963年のニューヨーク州最高裁判所のバブコック判決である。ニューヨークの住民である原告と被告がカナダへ週末旅行にでかけ，オンタリオ州で被告の過失により原告が負傷した。オンタリオ州法によれば，報酬をうけないでゲストを自動車に同乗させたときは，ホストは賠償責任を負わない。これに対してニューヨーク州法はホストの過失の場合にゲストに損害賠償請求の権利を認めている。裁判所はニューヨーク州法を適用して原告の請求を認容した。

裁判所は，オンタリオ州法の基礎にある法目的は，ゲストとホストが保険会社に対して共謀することを防止することにあり，したがって，ニューヨークの被告が責任を課せられるか，あるいは，ニューヨークの保険会社がニューヨークの原告から保険金を詐取されるかどうかはオンタリオ州の立法の関心とはほとんどなりえない。他方，過失によってゲストに損害を与えた者に賠償責任を負わせるというニューヨーク州法の目的はニューヨークの住民が州外で負傷した場合にも完全に適用されると判示した（Babcock v. Jackson, 12 N.Y.2d 473 (1963)）。

上の判決は，不法行為は不法行為地法によるという厳格で包括的な伝統的法選択規則を，それが不法行為地以外の州が特定の争点の決定に有する利害関係を無視しているとの理由で破棄して，事件に関連を有する州の実質法の目的と，事件の具体的関連を考慮して，準拠法を決定すべきであるとの革新的な理論を採用している。ただ判旨は，ニューヨーク州法の適用の根拠を，このような実

質法の目的と州の利益を重視する理論のみならず,「重心」または「連結点集中」の理論にも求め,ニューヨークへの連結点の集中を強調している点にも注意すべきである。

7　ハータドウ判決

また,カリフォルニア州最高裁判所は1974年のハータドウ判決でつぎのように判示する。

この事件ではメキシコの住民が,カリフォルニアを訪問し,そこに居住するいとこの車に同乗中事故により死亡した。そこで妻と子が不法行為による死亡に基づく訴訟を提起した。損害賠償額を制限するメキシコ法によれば原告は2000ドル足らずしか請求しえない。これに対しカリフォルニア州法はこのような制限を認めていない。

裁判所はカリフォルニア州法を適用した。判旨によれば,不法行為による死亡に基づく損害賠償額を制限する国(州)の利益は,その住民である被告を過剰な財産的負担から守ることである。ところが本件では被告はカリフォルニアの住民であるから,メキシコは自国法を適用する利益をもたない。これに対しカリフォルニア州法の目的の1つは,被告との関連でみれば人の生命を奪うような不法な行為が行われることを阻止することであるから,被告が同州の住民であり,不法行為がそこで行われる限り,カリフォルニア州は自州法を適用する利益を有する,としてカリフォルニア州法の適用が肯定された(Hurtado v. Superior Court, 522 P.2d 666 (1974))。

8　わが国における動向

わが国でもこれほど革新的ではないが,厳格な不法行為地法主義に修正を迫るいくつかの注目すべき動きが,通則法の制定前(法例の解釈論)においてもみられた。

まず,不法行為地の決定における類型化の理論は,不法行為地の決定をある程度まで柔軟に行うことによって厳格で一律的な不法行為地法主義を修正しようとするものであった。さらに,生産物責任についての通説は,法例11条の不法行為地法の適用を排して,条理により妥当な法選択規則を形成していこうと

試みていた。
　これらは原則としては伝統的な不法行為地法主義を維持しながら，不法行為地の決定に弾力性を認めたり，不法行為地法主義に適切な例外を設けることによって，この原則の機械的な適用から生じる妥当でない結果を回避しようとするものである。公序条項の積極的活用もまた，【設例12-1】のような場合におけるこのような結果を修正する1つの方法として有用であろう。
　判例上も，厳格な不法行為地法主義を実質上緩和ないし修正する注目すべき事例があった。
　まず，千葉地判平成9・7・24判時1639号86頁は，カナダへのスキーツアーに参加した日本に居住する日本人同士の滑走中の接触事故に基づく損害賠償請求事件において，事故はカナダのスキー場で起きたものであるが，原告の主張する損害（治療費・通院交通費・休業補償・慰謝料）はいずれも日本において生じた損害であること，当事者はいずれも準拠法に関する主張をすることなく，わが国の法律によることを当然の前提とした主張をしていること，法例11条2項・3項が不法行為の成立および効力について日本法による制限を認めていることの趣旨などをもあわせ考えると，日本法が適用されると解するのが相当であると判示した。本件では事故発生地のカナダは偶然的で，当事者と事件になんら実質的な関係を有しない場合であり，日本が当事者と事件に最も重要な関係を有する国であることが明らかな場合であった。加えて，当事者も「両者ともに日本法を準拠法として選択する意思であると認められる」場合であり，そのような点からいって，本件は厳格な不法行為地法主義を実質的に修正した典型的な判決といえるであろう。
　つぎに不法行為地が公海である場合には，不法行為地法を適用するわけにはいかない。そこで，仙台高判平成6・9・19判時1551号86頁は，公海上の船舶衝突の準拠法については，不法行為地法は存在しないので，法例11条によることはできず，加害船舶と被害船舶の双方の旗国法を重畳的に適用し，各旗国法がともに認める場合および効力の限度において船主の責任を認めるべきであるとする。
　また，東京地判平成9・7・16判時1619号17頁も公海への航空機の墜落による不法行為の準拠法については，「事案に応じて，一切の事情及び当事者間の

衡平を考慮し，条理に従って定めるほかない」とした上で，本件は被害者の本国法および法廷地法が日本法であり，かつ加害者（大韓航空）の本国法と被害者の本国法における不法行為の成立要件および効果がほぼ同じである場合には，日本法によることが不合理であるとの特段の事情のない限り，日本法によると判示し，厳格な不法行為地法の機械的適用を回避した。

9　通則法における不法行為地法主義の修正

このような厳格な不法行為地法主義に対する解釈による修正の努力は，通則法の規定にも反映されている。

第1に，生産物責任と名誉・信用毀損に関する特則が規定されている（通則法18条・19条）。その限りで通則法17条の不法行為地法主義に基づく規則の適用が制限されている。第2に，不法行為地よりも，明らかにより密接な関係がある地がある場合の例外条項が規定されている（通則法20条）。たとえば，当事者の常居所地が同一である場合や，当事者間の既存の契約に関連する不法行為の場合などである。第3に，不法行為の後に限られてはいるが，当事者自治が導入されている（通則法21条）。第4に，公序による法廷地法（日本法）の適用が規定されている（通則法22条）。これは従来どおりであるが，不法行為地法主義に対する修正であるといえよう。

以下，これらの不法行為地法主義を修正する規定について，順次みていこう。

第2節　生産物責任の特則

> **【設例12-3】**　甲国人Xは大阪のある大学に留学中，大阪に主たる営業所を有する日本法人Yの製造した電気カミソリを大阪で購入した。Xが甲国に帰国後そのカミソリを使用中製品の欠陥のため負傷した。XがY社に対して生産物責任に基づく損害賠償請求訴訟をわが国で提起した。Xの請求は認められるか。
> 　なお，生産物責任について，甲国は過失責任主義を採用し，Yの過失の立証はなく，したがって甲国法上はXの請求は認められないが，日本法（製造物責任法3条参照）によればXの請求は認められるものと仮定せよ。

第**2**編　国際財産法

1　学説の状況

　生産物責任に関し，かつては法例に明文規定がなかったことから，一般の不法行為と同様に法例11条が適用されて結果発生地法が準拠法となるとの見解や，法例11条の立法論的妥当性に対する否定的な評価の下で，立法者の予測しなかった法律関係であるとして条理によるとの見解が対立していた。条理説が優勢であったが，条理の具体的な内容については論者によって異なり，被害者はその常居所で与えられる救済をうけられれば十分であるとの考えから被害者の常居所地法説，生産者と消費者の双方に予測可能な法としての市場地法説（市場地とは生産物が生産者または商品供給者によって市場流通に置かれた地），被害者の実質的な保護を図るとの観点から被害者の常居所地法，市場地法，生産地法の中から被害者が準拠法を選択できるとの説などが主張されていた。

2　通則法18条

　通則法は，生産物責任に関する明文の特則を定め，法例時代の解釈上の争いに一応の終止符を打った。すなわち18条本文は，「生産物……で引渡しがされたものの瑕疵により他人の生命，身体又は財産を侵害する不法行為によって生ずる生産業者……に対する債権の成立及び効力は，被害者が生産物の引渡しを受けた地の法による」と定め，原則として市場地法説を採用する。生産物責任では結果発生地はしばしば偶然に左右されるため，17条の根拠が妥当しないと考えられたからである。【設例12-3】において，被害者が生産物の引渡しをうけた地は日本であるから，日本法が準拠法となり，Xの請求は認められる。

　本条でいう「生産物」とは「生産され又は加工された物」をいい，製造物だけでなく未加工の農水産物を含む。また，「引渡しを受けた地」の文言が示すとおり，生産物の引渡しをうけた取得者以外の者（いわゆるバイスタンダー）が被害者である場合には，原則として本条の適用はない（17条による）。バイスタンダーは「引渡しを受けた地」と関連性がないからである。

　18条ただし書は，「ただし，その地における生産物の引渡しが通常予見することのできないものであったときは，生産業者等の主たる事業所の所在地の法（生産業者等が事業所を有しない場合にあっては，その常居所地法）による」と規定する。この予見可能性も17条ただし書と同様に，生産業者等と同一の立

場にある一般人を基準にして客観的に判断されるべきである。この場合，生産地法を準拠法とすることも考えられえたが，被害者にとって予測できない偶発的な地となるおそれがあり，むしろ被害者にとって認識が容易な生産業者等の主たる事業所の所在地法が適切であるとされた。

　立法論としては，各国の生産物責任の実質法の基礎にある被害者の保護という観点を考慮し，生産物の市場地，被害者の常居所地，生産地の中から，原告が自己に有利な法を選択することを認める選択的適用主義が妥当である。ただし，原告が選択した法が生産者にとって予測不能であって，その法の適用が生産者に不公正であるときはこの限りでない，との立場が適切であろう。

　　＊　1973年の生産物責任の準拠法に関するハーグ条約は，被害者の常居所，生産者の主たる営業所所在地，生産物の取得地，損害発生地の連結点を組み合わせて段階的に準拠法を決定するとともに，一定の限られた範囲で原告の選択を認めている。

　　　①まず，直接の被害者の常居所地が，同時に責任を問われている者の主たる営業所所在地であるか，または直接の被害者が生産物を取得した地であれば，この被害者の常居所地法が適用される（5条）。

　　　②つぎに損害の発生地が同時に，直接の被害者の常居所地であるか，生産物の取得地であるか，または責任を問われている者の主たる営業所所在地であれば，その損害発生地法が適用される（4条）。

　　　③以上のような連結点の組み合せが存在しないときは，責任を問われている者の主たる営業所所在地法を適用する。ただし，責任を問う者が損害発生地法の適用を主張しているときは，この限りでない（6条）。責任を問われている者が，損害発生地法または被害者の常居所地法の適用を予見しえないときは，これらの法によってその者に責任を課することはできず，責任を問われている者の主たる営業所所在地法による（7条）。

　　　このハーグ条約の立場をわが国の国際私法の立法論として取り入れようとする立場もありうる。しかしこのような解決も被害者保護の見地からいってなお満足すべきものではない。上に述べたように，原告による選択の範囲をもう少し広げることを考慮すべきであろう。

第3節　名誉・信用毀損の特則

　一般に人の社会的評価を低下させる行為を名誉毀損といい，とくに経済的な

面における社会的評価を低下させる行為を信用毀損という。通則法19条は，「第17条の規定にかかわらず，他人の名誉又は信用を毀損する不法行為によって生ずる債権の成立及び効力は，被害者の常居所地法」によると規定する。

　名誉・信用毀損の特則が置かれた理由として，通常の不法行為とは異なり，名誉・信用は物理的な所在がないことから結果発生地が明確でないこと，インターネット等の情報技術の進展した現代社会においては同時に世界各国で名誉・信用を毀損する事態が生じ，その場合の結果発生地の決定は必ずしも容易ではないことなどがあげられる。被害者の常居所地法を準拠法とする理由としては，被害者の保護に資すること，加害者側も準拠法の予見が一定程度できること，複数の法域での名誉・信用毀損の場合においても，通常は被害者の常居所のある国において最も重大な社会的損害が発生していると考えられることなどがあげられる。このような理由に鑑み，被害者が法人である場合には，その主たる事業所の所在地法が準拠法とされる。

　なお，加害者が被害者の常居所地法を通常予見できないことは稀であることから，通則法19条については生産物責任とは異なり，予見可能性がない場合のただし書は置かれていない。

第4節　明らかにより密接な関係がある地がある場合の例外

　以上のようにして決定される不法行為（生産物責任および名誉・信用毀損を含む）の準拠法よりも，他の法が明らかにより密接な関係がある場合もありえる。

　たとえば【設例12-1】の場合は，被害者と加害者の双方が日本に居住する日本人であって，短期の旅行先であるオンタリオ州で事故が偶然に発生したにすぎないことを考えれば，結果発生地法であるオンタリオ州法よりも日本法の方がより密接な関係を有するといえよう。

　さきに説明したバブコック判決や前掲千葉地判平成9・7・24もおそらく同様であろう。

　そこで通則法20条は，「前3条の規定にかかわらず，不法行為によって生ずる債権の成立及び効力は，不法行為の当時において当事者が法を同じくする地

に常居所を有していたこと，当事者間の契約に基づく義務に違反して不法行為が行われたことその他の事情に照らして，明らかに前3条の規定により適用すべき法の属する地よりも密接な関係がある他の地があるときは，当該他の地の法による。」との例外規定を置いた。

「不法行為の当時において当事者が法を同じくする地に常居所を有していた」場合，原則として当該常居所地が「より密接な関係がある地」と判断される。なぜなら，当事者の社会生活の基礎となっている法である常居所地法は当事者にとって密接な関連性を有し，当事者の常居所地法の適用は当事者の予見可能性にもかない，また，当事者の同一常居所地法を適用することは当事者間の公平にもかなうからである。【設例12-1】の場合は，事故地のオンタリオ州ではなく，加害者・被害者双方の常居所地である日本の法が準拠法とされることになろう。

「当事者間の契約に基づく義務に違反して不法行為が行われた」場合，原則として当該契約の準拠法の属する地が「より密接な関係がある地」と判断される。いわゆる附従的連結を認めたものである。この理由として，当事者の予見可能性に資すること，契約と不法行為のいずれと法性決定すべきかという困難な問題や適応問題の発生を回避できることなどがあげられる。

以上の場合以外であっても，本則（通則法17条～19条）による連結では最密接関係地法の適用ができない例外的な事案の場合には，「その他の事情」に照らして最密接関係地法への連結が認められる。

第5節　当事者自治

以上の規定に基づき準拠法は客観的に決定されるが，当事者はこれと異なる法を準拠法とすることができる。通則法21条が「不法行為の当事者は，不法行為の後において，不法行為によって生じる債権の成立及び効力について適用すべき法を変更することができる」と定め，当事者による準拠法の変更を認めて，実質的に当事者自治を容認しているからである。当事者自治を認める根拠として，①諸国の実質法上，不法行為債権も当事者による任意処分が認められ公益

性が強くないこと，②当事者間で判断基準が明確となり紛争解決に資すること，③明確性・確実性にかなうことなどがあげられる。

ただし，この当事者による準拠法の変更（当事者自治）にはいくつかの制限が課されている。第1に，「第三者の権利を害することとなるときは，その変更をその第三者に対抗することができない」（21条ただし書）。したがって，被害者・加害者間での準拠法の変更は保険会社に対抗できない。第2に，準拠法の変更は，不法行為後に限定される。事実上の強者による濫用的な事前の準拠法指定を防止するためである。第3に，準拠法変更の方法は，明示的なものに限ると解すべきである。当事者自治を原則とする契約と異なり，客観的連結を原則とする不法行為では当事者の意思を徹底的に追求する必要はないからである。

第6節　法廷地法の累積的適用(1)

上のように不法行為の準拠法が決定されるが，通則法22条は，2つの点で法廷地法（日本法）の適用を認め不法行為地法の適用を制限している。

まず，「不法行為について外国法によるべき場合において，当該外国法を適用すべき事実が日本法によれば不法とならないときは，当該外国法に基づく損害賠償その他の処分の請求は，することができない」（通則法22条1項）。これは，法例11条2項と同様の規定である。この場合における法廷地法である日本法の適用の根拠は，「不法行為ニ関スル規定ハ素ト公ノ秩序ニ関スル規定ナルカ故ニ外国法律ニ依レハ不法行為ニテモ苟モ我国法律ニ於テ之ヲ不法行為ト認メサル限リハ其行為ニ対シテ何等ノ救正ヲモ付与ナキモノトス」（法例修正案参考書）という点に求められる。

もっとも法例11条2項により日本法が適用される範囲について学説は対立していた。通説は上の立法趣旨を重視し，不法行為の成立要件のすべてにわたって日本法が累積的に適用されるものと理解する。したがって不法行為地法と法廷地法の定めるすべての要件がみたされるのでない限りは，不法行為は成立しない。

しかしこのように解するときは、実質的に不法行為地法主義のもつ意味の多くが失われ、また結果の統一性が損なわれることにもなる。

そこで、ここにいう「不法」とは主観的違法性すなわち故意・過失のみを指すとか、あるいは客観的違法性のみを意味すると解することによって、日本法が累積的に適用される範囲を制限しようとする見解が主張された。とりわけ後者の立場が法例の文言からも無理がないとの理由で有力になりつつあった。

判例上、法例11条2項による法廷地法の制限が問題となった事例としては、最判平成14・9・26民集56巻7号1551頁が注目される。この事件では、まず特許権の侵害による損害賠償請求の問題は、不法行為と性質決定され、法例11条1項でいう原因事実発生地とは米国特許権の直接侵害行為が行われ、権利侵害の結果が生じた米国であるとし、ついで米国特許法によれば、米国外における侵害の積極的誘導行為も不法行為を構成しうると判示する。しかし、法例11条2項によれば、わが国の法律も累積的に適用されるところ、わが国は、特許権の効力を自国の領域外の積極的誘導行為に及ぼすことを可能とする法律の規定をもたないから、原告の損害賠償請求は認められないとした。

以上のような法例11条2項に関する議論は、引き続き通則法22条1項の解釈論においても妥当しよう。

第7節　法廷地法の累積的適用(2)

さらに通則法は、「不法行為について外国法によるべき場合において、当該外国法を適用すべき事実が当該外国法及び日本法により不法となるときであっても、被害者は、日本法により認められる損害賠償その他の処分でなければ請求することができない」（通則法22条2項）と規定する。これは、法例11条3項と同様の規定である。

この法例11条3項によって日本法が適用される範囲についても解釈は分かれた。通説は日本法の干渉を不法行為の効力について一般的に認めたものと理解し、損害賠償の方法だけでなく、損害賠償の額等についても日本法によって制限する趣旨であると解する。これに対し日本法の適用される範囲を解釈上でき

るかぎり制限しようとする立場からは，法廷地法の適用は損害賠償の方法のみに限定されるべきであると主張された。

たしかに，わが国との関連や法廷地法の内容とその適用の結果のいかんを問うことなく，不法行為地法に加えて，つねに法廷地法を累積的に適用することは，不法行為の成立と，その救済を困難ならしめ，被害者の保護という，近時における不法行為法の支配的な法目的を損なうことになる。

したがって法廷地法の累積的適用は，法廷地との関連やその法目的からみて妥当な結果をときにもたらすことがあるにしても一般論としては不当である。その意味でその適用範囲をあまりに広く解することは適切でない。

以上の法例11条3項に関する議論は，引き続き通則法22条2項の解釈論においても妥当する。

改正に際しては，削除論も有力に主張されたが，最終的には存置されることとなった。立法論としてはきわめて問題である。

第8節　事務管理・不当利得

事務管理・不当利得については，法例11条1項の原則が維持され，「事務管理又は不当利得によって生ずる債権の成立及び効力は，その原因となる事実が発生した地の法による」と規定する通則法14条となった。しかし不法行為と同様に，事務管理・不当利得についても，他に明らかにより密接な関係がある地が存在する場合には，その地の法によるとの例外条項（15条）および当事者による準拠法の事後的変更を認める規定（16条）が新設された。

1 事務管理

事務管理とは，法律上の義務なくして他人の事務を管理した場合に，これを適法とし，一方では管理者にその管理を遂行する義務を課するとともに，他方では本人にはその管理に要した費用の償還義務を負わせて，本人と管理人の利益の公平を図ろうとする制度である。事務管理は法律上の義務なくして他人の事務を管理する行為であるから，委任，親権，後見など法律上の義務に基づく

事務の管理行為は含まれない。

　事務管理から生じる債権については，その原因たる事実の発生した国の法律が適用される（通則法14条）。これを事務管理地法主義という。事務管理から生じる債権は，当事者間の契約に基づくものではないから，当事者自治の原則にはよりえない。事務管理地法が適用されるのは，事務管理が正義，衡平の見地から認められるものであり，事務管理地の公益が優先されるべきであるとの考えによるものであろう。

　事務管理地とは事務の管理が現実に行われている場所，換言すれば管理の客体の所在地である。したがって財産を管理する場合は財産所在地，営業の管理については営業所所在地，人の管理の場合は人の滞在地が事務管理地となる。そして，事務管理地法は事務管理から生じる債権の成立と効力に関するすべての問題に適用される。

2　不当利得

　不当利得とは，法律上の原因なしに他人の財産または労務によって利得を得て，そのために他人に損失を与えた場合に，利得者をして損失者にその利得を返還せしめる制度である。

　不当利得から生じる債権の成立と効力については，その原因たる事実の発生した地，すなわち不当利得地の法律が適用される（通則法14条）。不当利得地法主義である。その根拠は，不当利得が正義，衡平の観点から認められるものであり，不当利得地の公益の維持を重視すべしとの考慮によるものであろう。

3　明らかにより密接な関係がある地がある場合の例外

　通則法15条は，「前条の規定にかかわらず，事務管理又は不当利得によって生ずる債権の成立及び効力は，その原因となる事実が発生した当時において当事者が法を同じくする地に常居所を有していたこと，当事者間の契約に関連して事務管理が行われ又は不当利得が生じたことその他の事情に照らして，明らかに同条の規定により適用すべき法の属する地よりも密接な関係がある他の地があるときは，当該他の地の法による。」と規定し，不法行為と同様の例外規定を設けている。

4　当事者による準拠法の変更

もう1つの原因事実発生地法主義の原則に対する例外は，通則法16条である。同条は，「事務管理又は不当利得の当事者は，その原因となる事実が発生した後において，事務管理又は不当利得によって生ずる債権の成立及び効力について適用すべき法を変更することができる。ただし，第三者の権利を害することとなるときは，その変更をその第三者に対抗することができない。」と定める。

第13章　債権債務関係
——債権者代位権・債権の消滅時効・債権譲渡・債権質・金銭債権——

　契約や不法行為から生じる債権関係は，それらの債権の準拠法によるのが原則である。ところがある種の債権関係から生じる争点については，債権の準拠法以外の法の適用を考慮しなければならない場合がある。この章ではこのような問題を取り扱う。

　問題は，特定の争点について，債権の準拠法以外にどの法がどのような理由で適用されるかである。債権の対外的効力（債権者代位権，債権者取消権），債権の消滅（消滅時効），債権譲渡，債権質，金銭債権などについて問題となる。

　通則法に明文の規定があるのは，債権譲渡の第三者に対する効力（23条）のみである。

第1節　債権者代位権

> **【設例13-1】**　日本国内で発生した自動車事故の被害者である日本人Ｘが加害者である甲国人Ａの責任保険の保険者である甲国保険会社Ｙに対して，保険金請求権の代位行使を求める訴訟を提起した。
> 　日本民法423条によれば，Ｘの債権者代位権の行使は認められるが，保険契約の準拠法である甲国法（明示の法選択があると仮定せよ）によれば，代位権の行使は認められないとすれば，Ｘの請求が認められるかどうかは，どこの国の法によるか。

1　債権者代位権

　債権者が債権の効力として債務者以外の者に法律効果を及ぼすことを認める法制がある。たとえばわが国の民法423条はフランス民法にならって，「債権者

は，自己の債権を保全するため，債務者に属する権利を行使することができる」と規定し，債権者代位権を認めている。設例の甲国のように，これを認めていない法制もあり，またこれを認める法制においてもその要件効果について各国の法律が異なることがある。そこで債権者代位権の準拠法の決定が問題となる。

① 法廷地法説　この点については，まず，債権者代位権についてこれを訴訟法上の制度として，法廷地法によるべきとの立場がある。

*　たとえば，東京地判昭和37・7・20下民集13巻7号1482頁は，「債権者が，自己の名に於て，債務者に属する権利を，訴訟上追行し得る権限を付与する，訴訟法上の規定」として，法廷地法によるとして，日本国内で発生した自動車事故の被害者である日本人が加害者であるアメリカ人の責任保険の保険者であるアメリカの保険会社に対して，保険金請求権の代位行使を求めた訴えにおいて，法廷地法である日本法により債権者代位権の行使を認めた事例である。

② 法廷地法説への批判と実体法説　これに対して，学説は一般に，債権者代位権は実体法上の権利であり，法廷地法によるべきでないと考え，上の判決に批判的である。同判決は，「訴訟手続は法廷地法による」との原則に従い，裁判所は実体的な権利・義務に関しては外国法を適用するときでも，訴訟手続については自国の訴訟法を適用するとの立場に立つ。

この原則の根拠は，①訴え提起の方式，弁論の手続，審理の手続，判決の方式など典型的な訴訟手続の問題は，外国法によろうと法廷地法によろうと事件の最終的な結果に影響を及ぼさないのが通常であること，②それにもかかわらず，外国法を適用して訴訟を進めるのは，訴訟の画一的処理，訴訟経済の要請にも反し，不必要に裁判所に負担をかけ妥当ではない，という点にある（→第23章第1節参照）。

このような観点からいえば，債権者代位権の問題は，この原則の妥当する問題ではなく，実体の準拠法によるべきものと考えられる。

というのは，債権者代位権の問題は，**【設例13-1】**の場合にはまさしく法廷地法か実体の準拠法かのいずれを適用するかによって結果が異なる場合であり，訴え提起の方式，弁論の手続，審理の手続等の事項とは異なり，また外国法（甲国法）の適用が裁判所に過剰な負担を課するとは考えられないからである。

2　債権者代位権における累積的適用

　通説は，債権者代位権は実体法上の権利であるとした上で，それは債権の効力の問題であるから，これを行使するには債権の準拠法（設例では不法行為の準拠法である日本法）によって認められなければならないが，同時に代位権の行使の対象は，債務者に属する権利であり，それはそれ自体の準拠法をもつから，その準拠法（保険契約の準拠法である甲国法）によっても代位権が認められなければならないとする。【設例13-1】の場合は，甲国法が債権者代位権を認めていないから，その請求は認められない。

　通説のいう累積的適用説は妥当であろうか。2つの法律の累積的適用により，ともに債権者代位権を認めるのでない限り，【設例13-1】の場合のように，その行使は認められないことになる。これは，設例の場合の不法行為における被害者の保護という観点からいって問題であろう。もっともこの説に立っても，設例の状況下では，債権者代位権を認めない甲国法の適用は公序に反するとして，その適用を排除する余地はあろう。

　しかしむしろ原則として債権の準拠法（不法行為の準拠法）のみを適用するか，あるいは被害者の保護をより重視すれば，不法行為の準拠法か保険契約の準拠法の選択的適用が妥当であろう。【設例13-1】の場合は，いずれによろうとXの請求は認められる。

3　債権者取消権

　債権者取消権についても，通説は債権の準拠法と債権者の（詐害）行為の準拠法の累積的適用説である。この立場に対しても，債権者代位権と同様の点が問題になる。

第2節　債権の消滅時効

　債権の消滅時効も債権の効力の問題であり，債権自体の準拠法によるのが原則であると考えられる。たとえば契約の準拠法の際に掲げた設例により，この問題を考えてみよう。

第**2**編　国際財産法

> **【設例13-2】**　日本法人Yの代表者は，ニューヨーク市の米国人弁護士Xに対し米国での米国法人との取引に関し，XがYを代理して交渉，契約書の作成などの法律業務を行うことを委任する契約をニューヨークのXの事務所で締結した。XはYのため交渉にあたったが，不成功に終わった。Xがその報酬を求める訴訟をわが国の裁判所に提起した。
> 　これに対し，Yは日本民法172条1項によれば弁護士報酬の消滅時効は2年であり，Xの債権はすでに消滅したと抗弁した。これに対しXは契約の準拠法はニューヨーク州法であり，その期間は6年であると主張した。Xの請求は認められるか（**【設例10-1】**と同じ）。

1　債権の消滅時効——手続か実体か

　債権の消滅時効についても，債権者代位権の場合と同様に，訴訟手続に関するものとして法廷地法によるべきか，それとも実体に関するものとして債権準拠法によるべきかという法性決定の問題がある（上の設例でYが債権がいつ消滅するかは，訴訟手続の問題であるとして，日本法の適用を主張したとせよ）。

　コモン・ロー諸国においては，債権の消滅時効は一定の期間の経過による訴権の消滅ととらえられ，伝統的に「訴訟手続は法廷地法による」との原則により法廷地法主義が支配的であった。これに対して，わが国をも含めて大陸法諸国は，実体に関するものとして法性決定され，債権準拠法によるとの立場が有力である。

　思うに，消滅時効の問題については，外国法の適用は一般にそれほど裁判所に過剰の負担を課するとは思われず，また時効期間の長短は事件の最終的な結果，つまり当事者の権利義務が直接影響をうける問題であるから，訴訟手続に関する問題として法廷地法を適用すべき事項ではない。さらに法廷地法の適用は，法廷地のいかんによって訴訟の結果が異なり，判決の国際的調和を欠くばかりでなく，当事者の予測可能性を損なうから，妥当ではない。

　＊　設例の基礎となっている徳島地判昭和44・12・16判タ254号209頁も「消滅時効の問題はその債権関係において債権者がその債権を長期間行使しなかったときにいかになるかという債権の運命の問題にほかならないのであるから，……債権自体の準拠法によるべき」とし，法例7条2項により行為地法であるニューヨーク州法を適用した。

2　債権の消滅時効期間と公序

債権の消滅時効に関してもう1つ問題となるのは，債権の準拠法の消滅時効がわが国法のそれよりも長期であるときは，公序に反するとしてその適用が排除されるかである。

* 大判大正6・3・17民録23輯378頁は，これを肯定し，行為地法の消滅時効にしてわが国の消滅時効よりも長期なるときは法例30条［通則法42条］の規定のごとくわが国の時効を適用すべく行為地法を適用すべき限りにあらず，と判示した。

しかし学説上は，外国法の時効期間が法廷地法よりも長期であるという理由だけで公序条項を発動するのは妥当ではないとの批判が強い。

* これに対して，前掲徳島地判昭和44・12・16は，6年の出訴期間を定めるニューヨーク州法の適用は，弁護士報酬請求権を2年の短期消滅時効を定める日本民法172条1項の2年よりも長期であるからといって，公序に反するとはいえないと判示する。

第3節　債権譲渡

> 【設例13-3】　訴外A韓国会社は，Y韓国銀行東京支店に対する無記名定期預金債権をXに譲渡し，Yにその旨を通知した。そこでXがYに対してこの定期預金債権の支払いを求めてわが国の裁判所に訴えを提起した。Xの請求は認められるか。その準拠法はどこの国の法か。

債権譲渡とは，譲渡人と譲受人とが法律行為によって，債権を移転することをいう。

債権譲渡には，①当事者はどのような法律行為によって債権を譲渡することができるかという問題，あるいは債権移転行為の原因となる行為，たとえば債権売買契約が無効となった場合に債権移転そのものも無効となるのかという，債権譲渡の当事者間における問題と，②債権譲渡の効力を債務者に帰属させるためには，たとえば債務者に対する通知または承諾を必要とするか（民法467条2項参照），という債権譲渡の第三者に対する効力の問題があり，その両者につ

いて各国の法が異なる場合には，その準拠法の決定が必要となる。

1 債権譲渡の準拠法（譲渡者と譲受人との関係）

この点については，法例の下でも明文の規定は存在しなかった。

通則法の制定の際においても債権譲渡の成立および当事者間の効力について明文の規定を設けるべきかが検討された。しかし最終的には従来どおり解釈に委ねられることとなり，通則法の下でも従来の解釈論がそのまま引き継がれることとなった。

法例の下での学説は，①債権の準拠法説，つまり債権譲渡は，債権の運命の問題であり，債権自体の準拠法によるという立場と，②法例7条によるとの立場に大別された。前者が通説であった。

* 東京地判昭和42・7・11金融法務485号33頁は，**【設例13-3】**の基礎となった裁判例である。同判決は，債権譲渡行為の成立と効力については，それが「準物権行為とみなされるものであり，原因債権からは明確に区別されるべきものであることからして，譲渡債権の準拠法によるべきとするのが最も妥当である。けだし右の如く解することにより，譲渡人，譲受人，債務者の三当事者の相互関係がすべて同一の法によって判断されることとなり，法律関係の簡明が期され，更には，譲渡債権の債務者の利益保護という要請にも資するものであるからである」と判示し，通説の立場を支持する（なお債権の成立と効力については，「本件預金債権成立に当たっての当事者の意思は明らかでなく，また，当事者が共に韓国人であるという事実のみでは黙示意思により韓国法を準拠法とする旨の指定があったとみることはできないから，行為地法である日本法が準拠法である」とする）。

しかし，譲渡される債権の準拠法は，契約債権の場合は明示の指定がない限り，明確でない場合が多いこと，問題となるのは，債権の譲渡人と譲受人間の問題であること，国際的ファクタリングのように，将来の債権の譲渡が問題となる場合には，譲渡される債権がいまだ存在しないから，債権の準拠法を特定できないことを考えると，この見解は妥当でない。

むしろ当事者間では，当事者自治の原則により明示の準拠法指定を認めることが，債権の流通の円滑化という観点からも望ましいと考えられることから，法例の下では法例7条説，現行法の解釈としても通則法7条説が妥当である。また，明示の指定のない場合には通則法8条によるべきであろう。

2　債権譲渡の第三者に対する効力

法例12条には，「債権譲渡ノ第三者ニ対スル効力ハ債務者ノ住所地法ニ依ル」との明文の規定があった。債務者の住所地法による趣旨は，それが債務者の利益保護にかなうこと，債権の所在地は債務者の住所地にあると考えられることなどを理由とする。したがって，債務者に債権譲渡の効力を主張できるためには，通知または承諾を必要とするかどうか，債務者以外の第三者に対抗するためにはどのような要件が必要かどうかは，債務者の住所地法によるとされていた。

*　この点について，前掲東京地判昭和42・7・11は，「譲渡行為の第三者に対する効力については，法例12条により，……本件においては債務者の本店所在地は韓国であるが，右債務者は日本に支店（営業所）を設けているのであるから，債務者の住所地は本件の場合支店の所在地である日本というべきである。けだし債権譲渡の第三者に対する対抗という問題は，譲渡債権の債務者の利害関係を中心として考慮されるべきものであり，このような債務者の利益保護という要請が法例12条の立法趣旨とされていることにかんがみれば本件債権の支払地（義務履行地）が第1次的には支店所在地の日本である以上法例12条にいう住所地は日本とみるのが，同条の趣旨に最もよく合致するからである」と判示した。

3　法例12条に対する批判と通則法23条

ところが，上の法例12条の債務者の住所地法主義に対しては，債務者が住所を変更した場合，旧住所地法上の対抗要件を備えた譲受人と，新住所地法上の対抗要件を備えた譲受人の間の優劣をいかにして決定するかという困難な問題が生じること，また複数の債権を一括して譲渡する場合にそれぞれの債権ごとに債務者の住所地法上の対抗要件を備えなければならず，債権の流動化を阻害するなどの批判が強かった。

法例改正の議論においては，債権流動化の要請のために，準拠法の異なる複数の債権についての一括譲渡を容易にするために，譲渡人の常居所地法によるとの案もあったが，そのようなニーズはさほどないとして採用されなかった。結局，債権譲渡一般について譲渡の対象となる債権の準拠法によって債務者を含めた第三者に対する関係を統一的に処理する要請が強いと判断され，通則法23条では，「債権の譲渡の債務者その他の第三者に対する効力は，譲渡に係る

債権について適用すべき法律による」との規定が採用されることとなった。

第4節　債権質

　債権質は物権ではあるが，その客体である債権の準拠法の適用が問題となることがある。
　債権質については，学説上，①目的物の所在地法説，②債権譲渡説，③客体たる債権準拠法説，が対立するが，③の債権準拠法説が通説であり，この見解によるときは，債権質は物権であるにもかかわらず，通則法13条の目的物所在地法によるべきではなく，債権の効力の問題として債権の準拠法が適用されることになる。

*　最判昭和53・4・20民集32巻3号616頁も，この通説の立場を支持し，「債権質に適用されるべき法律について考えるに，わが法例10条1項［通則法13条1項］は，動産及び不動産に関する物権その他登記すべき権利はその目的物の所在地法によるものと定めているが，これは物権のように物の排他的な支配を目的とする権利においては，その権利関係が目的物の所在地の利害と密接な関係を有することによるものと解されるところ，権利質は物権に属するが，その目的物が財産権そのものであって有体物でないため，直接その目的物の所在を問うことが不可能であり，反面，権利質はその客体たる権利を支配し，その運命に直接影響を与えるものであるから，これに適用すべき法律は，客体たる債権自体の準拠法によるものと解するのが相当である」と判示する。

第5節　金銭債権

　金銭債権は，貨幣による弁済を目的とするものであるから，各国の貨幣制度，貨幣価値の変動に関連して特別の問題を生じさせることがある。

1　債権準拠法と貨幣準拠法
　金銭債権の内容・効力がその債権の準拠法によるべきことは当然であるが，

債権が債権の準拠法所属国の貨幣と異なる国の貨幣で表示されている場合には，その貨幣所属国の法（貨幣準拠法）の適用が問題となる。

たとえば日本法を準拠法とする金銭債権の債権額が米ドルで表示されている場合には，貨幣の単位に関する問題や貨幣単位に変更があった場合の新旧貨幣単位の換算の問題については貨幣の準拠法である，米国法が適用されることになる。

2 貨幣価値の変動

契約成立時と弁済時との間に貨幣価値の変動があった場合において，弁済時の価値の貨幣で弁済すればよいのかどうかは，どのように決定されるであろうか。その準拠法は債権の準拠法か，それとも貨幣の準拠法か。

* **東京市公債事件**　大判昭和9・12・27民集13巻24号2386頁は，東京市がフランスで発行した公債の準拠法について，公債証券に基づく法律関係については，法例7条の規定によりてこれを決すべきところ，当事者の意思が明らかとはいえないから，発行地の法律であるフランス法によると解するのが相当であるとした上で，フランス法によれば契約の成立の時と弁済時に貨幣価値の変動があっても（当時，フランスではフランの5分の1の平価切り下げが行われていた），債務者は弁済期当時の価値による貨幣をもって弁済することを要し，かつこれをもって足りると解釈すべきであると判示した。

3 代用給付権

債務額が外国貨幣単位で定められた外国金銭債務については，債務者がその債務を履行するにあたって，外国通貨の代わりに内国通貨で弁済することができるかが問題となる。これを代用給付権という。たとえばわが国の民法403条は「外国の通貨で債権額を指定したときは，債務者は，履行地における為替相場により，日本の通貨で弁済することができる」と規定し，債務者に内国通貨で弁済できる権能を与えている。

この代用給付権の準拠法については，見解は対立する。①債務準拠法説は，代用給付が許されるか，許されるとすればその選択権はいずれの当事者にあるか，換算時期はいつかなどの代用給付をめぐる問題は，債務の内容にかかわるので，債務準拠法によるべきであると主張し，②履行地法説は，履行の方法に

関する問題であるから，履行地法によると主張し，③折衷説は，代用貨幣を給付しうるかは履行の態様に関する問題であるから履行地法によるが，外国貨幣の換算の時期や為替相場については債務の実質に関する問題であり，債務準拠法によると主張する。

思うに，民法403条は，内国貨幣の内国における流通を保護する貨幣政策的性質を有する一方的抵触規定であると考えれば，債務準拠法のいかんを問わず日本で履行されるすべての外国金銭債務に適用されると解すべきであろう。

日本民法403条により，債務者が代用給付権を行使したときは，円貨が支払貨幣となり，円貨の支払いにより外国金銭債務は消滅する。その際，外貨と円貨との換算が必要となるが，換算は，換算率についての特約のない限り，履行地の為替相場によることについては明文の規定により問題はない。換算時点については，民法には規定がなく，履行期説と現実弁済時説とが対立するが，代用給付権の性格からみて後説が妥当であろう。

* 最判昭和50・7・15民集29巻6号1029頁も現実弁済時説に立ちながら。裁判上の請求については事実審の口頭弁論終結時の為替相場によるとする。また債権者が日本の通貨による請求をなしうるかについても民法には明文の規定がなく，学説は対立するが，本件判決は，債権者も内国通貨による請求をなしうると解釈する。

第14章 物　　権

第1節　物　　権

1　物権の準拠法

　物権とは，物に対する直接・排他的支配を内容とする権利をいう。物権の種類・成立・効果につき，法の抵触が存在するときは，その準拠法を決定しなければならない。

　物権関係の準拠法決定については同則主義と異則主義がある。同則主義は動産と不動産を区別することなく目的物の所在地法によらしめる主義であり，動産・不動産統一主義ともいう。かつて中世以降19世紀後半までは，不動産は所在地法に，動産は所有者の住所地法によるという異則主義が行われた。両主義の差異は動産について，所在地法によるか，所有者の住所地法によるかという点にある。

　同則主義によるときは，動産・不動産の区別が不要になること，物権は第三者の権利に重大な影響を及ぼす排他的な権利であり，第三者の利益保護，取引の安全からみれば所有者の住所地法よりも所在地法の適用が妥当であること，さらに物権は物の直接的利用に関する権利でありその権利の実効性からみても，所在地法の適用がこの目的を最も円滑かつ確実に達成せしめるなどの理由により，今日では通則法13条を含め同則主義が支配的である。

　通則法13条は，物権その他登記すべき権利の準拠法についてつぎのとおり定める。

　「1　動産又は不動産に関する物権及びその他の登記をすべき権利は，その目的物の所在地法による。

　2　前項の規定にかかわらず，同項に規定する権利の得喪は，その原因となる事実が完成した当時におけるその目的物の所在地法による。」

通則法13条の規定は，物権の準拠法に関する法例10条を実質的な内容を変更することなく，現代語化するにとどめている。改正の議論では，法例10条の規定に，移動中の物等についての特則を設けたり，物権の準拠法一般について柔軟な例外条項を設けることが検討された。しかし特則や例外条項によって物権関係の法的安定性や準拠法の予見可能性が損なわれる等の問題が発生することを懸念して，法例の規定を維持することとなった。

2　目的物所在地法主義の根拠と具体的妥当性

通則法の採用する同則主義については，不動産物権と動産その他の物権とをまったく同等に扱ってよいか，また現実に解釈論としても両者が同等に扱われているかについては検討の余地があろう。すなわち，①不動産については登記・登録制度があり，不動産は所在地で登記・登録されているから，所有者はだれか，抵当権が設定されているかという権原の調査は所在地で行われるであろう。したがって，所在地法の適用は当事者の正当な期待の保護，国際取引の安全と円滑にかなう。また権利の実効性という点からみても，登記地で認められない物権を実現することは実際上きわめて困難である。②不動産は動産とは異なり，通常，所在地が変更することはないから，所在地と永続的・実質的な関連を有する。このことと登記・登録制度の存在をもあわせ考えると，所在地国が物権問題について通常，最大の利害関係をもつ。③不動産については所在地の決定は明確であるから，所在地法の適用は容易であり，各国も所在地法主義を原則とするから，結果の統一性という要請にもかなう。以上の理由から不動産に関する物権関係について目的物所在地法によることにあまり異論はない。問題がありうるとすれば，日本人が外国に有していた不動産に対して不当な接収や国有化が行われたときのように限られた場合であろう。

ところが動産については事情が異なる。まず動産はその所在地を容易に変更するから，所在地と動産との関連は不動産におけるほど実質的・継続的ではなく，所在地法の適用は事件に対して偶然的な関係しかもたない法秩序の適用をもたらす場合がある。したがって，所在地法の適用は事件に関連を有する当事者の正当な期待ないしは予測可能性を損なうだけでなく，所在地以外に事件と当事者に実質的な関係を有する国（属人法所属国や行為地など）の正当な利益を

無視する結果となる（つまり所在地国が最も強い利益を有するとは限らない）場合がありえよう。また動産については登記・登録制度が原則として存在しないから，所在地法の適用が当事者の利益や取引の安全にかなうとも限らない。

このように動産については目的物所在地法主義の根拠は不動産ほどには当てはまらない。したがってつぎにみるように，移動中の物，船舶・航空機，債権質などについては必ずしも厳格な所在地法主義が貫かれてはいないことを注意しなければならない。

3　「目的物の所在地」の決定

物権における目的物所在地法主義においてまず問題となるのは目的物の所在地の決定である。目的物所在地とは有体物の物理的所在地を指し，不動産や有体動産については通常，その決定に困難は生じない。問題は，移動（運送）中の物や，船舶・航空機など転々と移転する物の物権関係の場合である。

運送中の物については，所在地を決定すること自体が困難であるし，かりに確定しえても偶然的に定まることが多く，公海など適用すべき法のないこともある。そこでこのように一時的な関係しか有しない国の法を適用するのは妥当でないとして，運送される物の現実の所在地ではなく，その究極的静止地である仕向地の法を適用すべきであると解せられている。

また船舶，航空機，自動車などの輸送機についても，その現実的所在地は，運送中の物と同じく転々と移動するものであるから，その物権関係をその時々の現実的所在地によらしめるのは適切ではない。これらの輸送機は動産ではあるが，その本拠地で登録のなされていることが多いから，むしろ旗国法または登録地法を適用すべきであると通説は解する（船舶上の担保物権につき，法例10条の適用はなく，条理として旗国法によるとした判決がある。山口地柳井支判昭和42・6・26下民集18巻5・6号711頁，なお，秋田地決昭和46・1・23下民集22巻1・2号52頁も参照）。

上の場合に仕向地，旗国等を所在地と擬制し，目的物所在地法主義の枠内でとらえる考え方もあるけれども，むしろ所在地を転々と移転する物については通則法13条の目的物所在地法主義が妥当しないものとして条理により仕向地法，旗国法等が適用されているものと理解すべきであろう。

第**2**編　国際財産法

> **【設例14-1】** ドイツ在住の訴外Aは，ドイツにおいて新規登録されたベンツ（本件自動車）を使用していた。ところがAは，イタリアで本件自動車の盗難被害に遭い，X保険会社に保険金の支払いを請求し，XはAに保険金全額を支払った。
> 他方訴外Bは，アラブ首長国連邦の中古車販売業者から本件自動車を購入し，わが国に本件自動車を輸入した。本件自動車はBから訴外C，訴外Dを経て，訴外Eに譲渡され，Eは本件自動車を新規登録した。その後本件自動車は，訴外F，訴外Gを経てYがそれを取得した。G，Yは本件自動車について移転登録を経由しているが，日本国内で本件自動車を購入した者らは，いずれも本件自動車の所有権を有していたことを確認しうる車両証書等の書面の提示をうけていない。
> 以上の事実関係の下で，XがYに対して所有権に基づく自動車の引渡等を請求した。Xの請求は認められるか。その準拠法はどこの国の法か。

　自動車については，上の設例に該当する最判平成14・10・29民集56巻8号1964頁が重要である。イタリアで盗まれた輸入自動車の所有権の取得が問題となった事案において最高裁は，①自動車が広範囲な運行の用に供されており，物理的な所在地が移動している場合には，利用の本拠地法を自動車の所在地法とするのが妥当である，②他方，運行の用に供しえない状態で取引の対象とされている自動車については，他国への輸送の途中であるなどの事情のない限り物理的な所在地法を準拠法とするのが妥当であると判示し，自動車の所有権の取得の準拠法について二分説を採用した。そして所在地法である日本法を適用し，即時取得を認めた（なお，控訴審は，所在地は自動車の登録地と解し，盗難車については即時取得の対象とならないとするドイツ法を適用し，保険会社の請求を認めていた）。

　さらに物理的所在地をもたない債権質についてはかつて第三債務者の住所地を債権の目的物所在地と擬制する立場もあった。また，債権質を債権譲渡とみて第三者に対する効力については第三債務者の住所地法によるとの見解もあるが，通説は債権質を物権ととらえながらも法例10条（通則法13条）は物理的所在地を問いうる有体物に関する規定であり，債権質には適用なく，その客体である債権の準拠法によるとする。この立場に立つ最高裁判決がある（最判昭和53・4・20民集32巻3号616頁）。

上の債権質の事件で最高裁は，在日華僑Ａがタイ銀行東京支店に預け入れた定期預金債権を担保として同銀行香港支店とＡが代表取締役である香港会社Ｂとの間で締結された質権設定契約につき，「権利質は物権に属するが，その目的物が財産権そのものであって有体物でないため，直接その目的物の所在を問うことが不可能であり，反面，権利質はその客体たる権利を支配し，その運命に直接影響を与えるものであるから，これに適用すべき法律は，客体たる債権自体の準拠法によるものと解する」とした。
　このようにみると通則法13条の目的物所在地主義はその適用範囲は実質的にかなり縮減され，修正されているといわざるをえない。

4　物権準拠法──目的物所在地法の適用範囲

　上にみた例外はあるけれども，通則法13条の目的物所在地は動産，不動産に関する物権の種類・内容・効力について原則的に適用される。また，不動産の買戻権や不動産賃借権は本来債権ではあるが，登記することによって物権的効力が認められるものについては所在地法が適用される（通則法13条1項）。物上請求権も物権の効力に関するものとして所在地法による。物上請求権に関連する損害賠償請求権，代金償還請求権，費用償還請求権については説が分かれ，物権準拠法説，法定債権の準拠法説等が対立するが，物上請求権の行使に代わる損害賠償請求権について，改正前法例11条によった判決がある（大阪地判昭和35・4・12下民集11巻4号817頁）。

5　物権変動と所在地の変更

　物権変動に関する問題も原則として目的物所在地法による。すなわち，物権変動が法律行為によって生じるときは，物権的法律行為の成立，効力は目的物の所在地法による。物権的法律行為の方式についてももっぱら目的物の所在地法による。ただし，物権行為の基礎となる債権的法律行為については債権の準拠法が適用される。物権変動が法律行為以外の，取得時効，無主物先占，遺失物拾得等によって生じるかどうかという問題も目的物所在地法による。
　動産は所在地を変更するから，物権変動につきどの時点の所在地法を適用すべきかが問題となる。

> **【設例14-2】** フランスに所在する動産が，その所有者であるXからYへ売却され，まだYへ引渡しが完了しないうちにドイツにその所在地が変更した。フランス法上は引渡しがなくとも所有権は移転するが，ドイツ法上は移転しない。この動産の所有者はだれか。

　通則法13条2項は，物権その他登記すべき権利の得喪はその原因たる事実完成当時の目的物所在地法によると規定し，原因事実完成当時を準拠時点とする。したがって，旧所在地法（設例の場合はフランス法）により物権変動の法律要件が完成した場合には，後に目的物が所在地を変更し，新所在地法（ドイツ法）によれば物権変動の要件が充足されていない場合であっても，すでに生じた物権変動の効果には影響はない。この場合，Yが所有権を取得しないとすれば，Yの既得権は保護されず，物権関係の法的安定性が損なわれ，国際取引の安全と円滑という政策考慮に反する結果になるからである。

　同様に，取得時効，遺失物拾得者の所有権も旧所在地で権利変動の効果が生じているときは，その取得は承認される。国有化につき，石油所有権の得喪は原因たる事実の完成した当時の目的物所在地法たるイラン法を適用した判決がある（東京高判昭和28・9・11下民集4巻9号1269頁）。

　もっともこのようにして発生した物権がどのような内容・効力を有するかは目的物の新所在地法による。

　これに対し，最初に動産がドイツにあり，後にフランスに所在地が変更したときのように，旧所在地法（ドイツ法）上，物権変動の要件を欠くために物権変動が発生しなかった場合には，たとえ後に目的物が所在地を変更し，新所在地法（フランス法）によればすでになされた行為が物権変動の要件を充足することになるときでも，これによって新所在地法上の物権変動の効果が発生するものではない。この場合には【設例14-2】の場合とは異なり，Yの既得権の保護という要請は存しないし，むしろ物権変動の効果が発生しないとする方が物権関係の法的安定性，取引の安全にかなうというべきだからである。

6 知的財産権

> 【設例14-3】日本に住所を有する日本人Xは，FM信号復調装置について米国の特許権を有するが，その装置の技術と重なる日本の特許権は，日本に本店を有する日本会社Yが有している。Yは本件装置を用いた機器を日本において製造し，Yの100％子会社のZ（米国A州に本店を有するA州会社）に輸出し，Zは米国内で本件機器を販売した。
> そこでXは，Yを被告としてわが国の裁判所に訴訟を提起し，Xの有する米国の特許権の侵害を理由として，米国への輸出を目的とするYによる本件機器の日本における製造およびYの米国への輸出行為の差止めならびにわが国において占有する製品の当該廃棄を求めるとともに，損害賠償を請求した。
> Xの請求についてどこの国の法が適用されるか。

通則法に明文の規定のない国際的な知的財産権の法適用関係については，学説・判例は対立し，定説をみない。大別すると，通則法の規定の適用を前提とするかどうかにかかわりなく，準拠法という手法によるとする見解と，公法的手法により，内国知的財産法の属地的適用を認める見解とに分かれる。また準拠法による解決を採用したとしても，物権類似の構成をとるか，条理によると解するかについても見解は一致しない。通則法の制定の際にも，知的財産については保護国法によるとの意見もあったが，結局は明文化は見送られ，従来どおり，解釈に委ねられることとなった。以下に知的財産権に関する注目すべきいくつかの判例を取り上げる。

7 特許権の効力

前掲【設例14-3】に該当する，日本人特許権者による米国特許権に基づく差止めおよび廃棄請求について，最判平成14・9・26民集56巻7号1551頁は，この問題を特許権の効力の問題と法性決定し，「特許権の効力の準拠法に関しては，法例等に直接の定めがないから，条理に基づいて，当該特許と最も密接な関係がある国である当該特許権が登録された国の法律による」として米国法が準拠法になるとする（ただし米国特許権の侵害を積極的に誘導するわが国での行為の差止めまたはわが国内にある侵害品の廃棄を命ずることは公序に反するとして米国特許法の適用を排除した。→損害賠償請求については第12章第6節参照）。

8　特許法上の職務発明

つぎに特許法上の職務発明について，東京高判平成16・1・29判時1848号25頁は，「職務発明により原始的に発生する日本及び外国の特許を受ける権利等の移転の対価については，……従業者と使用者間の雇用契約上の利害関係の調整を図り，発明を奨励するとの要素も考慮した上で，その国の産業政策に基づいて定められた法律により一元的に律せられるべき事柄であるから，従業者と使用者が属する国の法律により解決されるべきである」として日本法を適用した。

最判平成18・10・17民集60巻8号2853頁は，日本人従業員が日本会社に対して職務発明に対する相当の対価を求めた場合に，外国特許を受ける権利の対価請求の準拠法について，「外国の特許を受ける権利の譲渡……の対価に関する問題は，……譲渡当事者間における譲渡の原因関係である契約その他の債権的法律行為の効力の問題であると解せられるから，その準拠法は，法例7条1項の規定により，第1次的には当事者の意思に従って定められると解するのが相当である」と判示し，本件譲渡契約の成立および効力については，その準拠法をわが国の法律とする旨の黙示の合意が存在するとした。

9　著作権

著作権の譲渡については，東京高判平成13・5・30判時1797号111頁は，「著作権は，その権利の内容及び効力がこれを保護する国……の法令によって定められ，また，著作物の利用について第三者に対する排他的効力を有するから，物権の得喪について所在地法が適用されるのと同様の理由により，著作権という物権類似の支配関係の変動については，保護国の法令が準拠法となる」と判示する。同じく，東京高判平成15・5・28判時1831号135頁も著作権につき，保護国法主義を採用し，わが国を保護国とする著作権の移転およびその対抗要件の準拠法は日本法であると判示する。

第2節 担保物権

1 総説

担保物権は，債権を担保するために存在する物権であり，被担保債権の存在を前提とするのが原則である。したがって被担保債権が債権の準拠法によって有効に成立している場合に限って原則として担保物権の存在が問題となる（大判昭和11・9・15法律新聞4033号16頁）。かりに担保物権が物権の準拠法に従って成立しうるべき場合であっても，被担保債権がその準拠法によれば有効に成立していないときは，担保物権は存在しない。もっとも根抵当などの約定担保物権については，いわゆる附従性の原則は緩和されてきており，将来の債権のための担保物権の成立が認められるから，この場合には国際私法上も債権の存在が担保物権の成立の前提とはならない。

被担保債権が存在するものとして，つぎに国際私法上担保物権の準拠法が問題となる。この場合，約定担保物権と法定担保物権とを区別して論じるのが通常である。

2 約定担保物権の成立と効力の準拠法

質権，抵当権などの約定担保物権については，かつて被担保債権の準拠法と目的物所在地法の双方が，担保物権の成立を認める場合にのみ担保物権が成立しうるとの見解が主張された。しかし，被担保債権の準拠法が当該担保物権の成立を認めない場合であっても，当事者が約定により担保物権を設定し，物権準拠法である目的物所在地法がこれを認めるときは，その成立を認めても一般債権者を著しく害することはなく，また根抵当などの場合には現実に債権の準拠法によりえないなどの理由から，近時は，約定担保物権については，その成立および効力は物権問題としてもっぱら目的物の所在地法によるべしと解するのが一般である。もっともこの場合でも，船舶・航空機のように常時移動するものについては，その所在地の確定は困難であり，また確定できたとしても偶然的に所在する寄港地法等により物権関係を決定することは不適当であること，

さらに所在地が公海である場合もあるから，船舶・航空機に関する物権関係はその現実の所在地法ではなく，旗国法または登録地法によるべきであると解されている。

なお，このようにして決定された約定担保物権の準拠法が通則法42条にいう公序に反するかが問題となることがあるが，ロシア船舶につき同国で設定された抵当権に関し抵当権の設定を公示なくして第三者に対抗しうる旨を定めるロシア法は公序に反するとしてその適用を排除した決定（長崎控決明治41・12・28法律新聞550号12頁）がある。

3 法定担保物権の成立および効力の準拠法

先取特権，留置権のような法定担保物権は，特定の債権担保のために法がとくに認めた権利である。この点をいかに理解するかにより，その準拠法決定につき学説・判例は対立する。通説は，約定担保物権と異なり，法定担保物権は，一定の債権を担保するために法によりとくに認められた権利であるから，これを被担保債権の効力の1つにほかならないとみて，債権の準拠法が認めるのでない限りはその成立を肯定すべきでないと解する。つまり法定担保物権の内容，効力はもっぱら目的物所在地法によるけれども，その成立については，被担保債権の準拠法と，物権の準拠法（目的物の所在地ないし旗国法）の双方が成立を認める場合に法定担保物権が成立すると考えるのである（船舶先取特権につき，秋田地決昭和46・1・23下民集22巻1・2号52頁）。

これに対しては，①法定担保物権も物権と法性決定される以上，約定担保物権と，同様，もっぱら目的物の所在地法によるべきであり，かく解することによって成立と効力を単一の準拠法によらしめることができるとする立場（目的物の所在地である日本法によれば留置権の行使が認められるならば，被担保債権［傭船契約］の準拠法である英国法上留置権を行使しうるか否かを判断するを要しないとした判例として，前掲大判昭和11・9・15がある）と，②通説の立場を効力の問題にまで徹底させ，法定担保物権の成立と効力をともに（ただ，順位についてはもっぱら目的物所在地法による）被担保債権の準拠法と目的物所在地法の累積的適用によるとする立場などがある。

通説の立場からは，①説に対しては，被担保債権の準拠法上法定担保物権の

成立が認められていないにもかかわらず目的物所在地法によってその成立を認めることは債権者を不必要に保護することになり，また他方で債務者に予期しない負担を与える可能性があること，②説に対しては，担保物権の効力の問題につき複数の異なる法の累積的適用によることは法律関係を複雑にし，予測可能性を欠くこと，また順位の問題にだけ技術的に累積的適用が困難であるからといって目的物所在地法のみによるとするのは便宜的すぎるなどの反論がある。ただいずれにしても累積的適用を認めることは，担保物権の成立をそれだけ困難ならしめるという点が問題となるであろう。

わが国の判例には，船舶に関する債権につき優先弁済を担保する船舶先取特権をめぐる事例がかなりみられる。この船舶先取特権については登記，登録を要しない権利であり，これを債権とする国もあって，特殊の取扱いを要するかが問題となる。通説は，船舶先取特権についても法定担保物権の一般論がそのまま妥当すると解する（広島高決昭和62・3・9判時1233号83頁）。

これに対しては，①船舶先取特権者の保護の要請と，船舶先取特権が登記・登録を要しないから旗国法との結びつきはなく，むしろ債権発生地国と深い牽連を有するとの見地から，もっぱら被担保債権の準拠法によるべしとの立場や，②船舶先取特権のような特殊の先取特権については，被担保債権の準拠法と，船舶の現実の所在地法＝法廷地法の双方がともに認める場合においてのみ成立し，また効力は債権準拠法と船舶の現実の所在地法＝法廷地法との累積的適用またはもっぱら法廷地法によるとする見解などの少数説がある。

①説には，この立場が先取特権者以外の利害関係人についての配慮を欠き，法定担保権者の利益に偏しすぎること，準拠法を異にする種々の先取特権が発生し，その相互関係が複雑になる，との批判が，また②説に対しては，同じく法定担保権者の利益に偏しすぎることのほか，その権利関係が航行の偶然性に依存することになり，悪賢い債権者の法廷地漁りを可能にするなどの批判が加えられている。

第15章 法人・代理

本章では，ともに通則法に明文の規定のない法人と代理の問題を取り扱う。

第1節 法　人

> **【設例15-1】** 甲国に営業の本拠を置き甲国において営業をなすことを主たる目的とするX会社が米国のデラウエア州法に基づいてデラウエアで設立された。
> ① X会社が法人格を有するかどうかはどこの国の法によるか。
> ② X会社の取締役の選任・退任はどこの国の法によるか。
> ③ 契約の締結についてのX会社の代表者の権限の存否，範囲，その制限に関する問題はどこの国の法によるか。

1　序　説

　会社を始めとする法人の国際的私法問題としては，法人をめぐる法選択問題と外国人法の問題を区別して説明するのが普通である。前者は，法人が法人格を取得する要件はなにか，法人とその構成員との関係はどうなるか，法人の代表者はだれか，その代表権の範囲はどこまで及ぶかなどの問題を解決するにあたって，どこの国の法を適用するかという問題である。後者は外国法人が内国で法人として活動することが認められるか（民法35条1項），外国法人は内国でどのような権利を享有するか（民法35条2項），外国法人（会社）はどのような監督規定に服するか（民法36条・37条，会社法817条以下）など，外国法人が内国法上どのような地位を有するかという問題である。両者を峻別して別々に扱うのがこれまでの伝統的な立場である。

　しかしこの2つの問題は相互に緊密に関連し，全体として法人をめぐる国際的私法問題を構成し，その機能的，全体的理解という観点からは，事項ごとに関連づけて説明する方がむしろ適切と考えられるので，そのような記述の方法

第 15 章　法人・代理

をとることにした。

2　法人の従属法

　まず法人の従属法の問題から始める。法人が権利能力を取得する要件やその範囲について各国の法はまちまちである。そこで法人の権利能力はどこの国の法によるかが問題となる。この法人の権利能力の準拠法を法人の従属法または属人法という。

　法人の従属法については設立準拠法主義（英米など）と，本拠地または住所地法主義（ドイツ，フランスを始めとする大陸法諸国など）とが対立する。設立準拠法主義は，法人の権利能力は法人がその設立にあたって準拠した法によるべきであるとし，本拠地法主義は法人の本拠地法が適用されるべきことを主張する。設立準拠法主義は法人に一般的な権利能力を付与するのは一定の国家法であるから，設立にあたって準拠した法によるべきとし，本拠地法主義は法人と最も密接な関係に立つのはその現実的本拠地であるとして，本拠地すなわち，その経営・統括中心地の法を準拠法とする。

　前者は準拠法決定の単一性の点で優れ，後者は業務活動を主として設立された国以外で行う法人に対する実効的規制の点で優れている。わが国の国際私法上，明文の規定はないが，学説としては設立準拠法説が有力である。

　この両説に加えて，設立準拠法の適用を原則としながら，法人と設立国との間に事実上の関連が存在しないときは設立準拠法に代えて本拠地法を適用するとの制限的設立準拠法説のほか，最近ドイツの学者により主張される個別化説（法人に関する問題を法人の設立・権利能力，内部関係，外部関係などに分け，各単位法律関係ごとに設立準拠法によるべきか，本拠地法によるべきかを検討すべきことを提唱する）や重層化説（原則的な設立準拠法の適用に加えて，本拠地法を重ねて適用すべきことを説く）もある。

　法人の従属法に関するもう1つの論点は，従属法の適用範囲の問題である。法人の法人格を付与した法人の従属法が法人の設立から解散にいたるまでの法人に関する広い範囲の問題に適用されると解釈しつつ，内国取引保護などの観点から設立準拠法の適用に一定の制限を加えるというのが有力な見解である。

　それではどのように考えるべきか。法人の従属法については，原則としては

設立準拠法主義によるべきであろう。法人の能力はその設立にあたって準拠された法律によるのが適切であるばかりでなく，本拠地法主義によるときは，法人の本拠が移動するに従って，法人の能力の準拠法が変更することとなり妥当でないからである。もっとも設立準拠法によれば，取引の保護を損なうなどその適用が妥当でない場合には，別個の考慮を必要とするであろう。さらに，通則法は，法例と同様に，法人の準拠法については明文の規定を設けていないことはたしかとしても，後に述べるように，民法，会社法などの規定からすると，設立準拠法主義を一応の前提として，これに内国法の立場から一定の修正を加えていると解することができるのではないかと思われる。

このように設立準拠法の原則的適用を肯定した上で，さらに問題とすべきはつぎの3点である。

① まず問題となるのは，どのような事項について，取引保護その他の理由から設立準拠法の適用が排除され，本拠地法または行為地法など設立準拠法以外の法が適用されると解するかである。この点はすでに通説を始めわが国の多くの学説が一定の範囲で認めるところであり，ドイツの個別化説はその点を一層徹底させたものである。要するに，設立準拠法の適用を基本としながら，法人の外部関係を中心に個別的な問題ごとに設立準拠法の適用が妥当であるかの見直しが必要である。

② また，民法の外国法人や会社法の外国会社の規定が，実質的にみれば設立準拠法の適用にどのような修正を加えていることになるかを注意する必要があろう。たとえば後に述べるように，外国会社に関する会社法817条以下の規定は設立準拠法主義に対する重大な修正であるというべきである。この点を軽視し，抵触法と外国人法の理論的相違をいたずらに強調，峻別することによって，わが国法上，全体として設立準拠法主義に対して現に加えられている実質的修正を看過することのないよう注意しなければならない。

③ 最後に，「法人の従属法」という用語の使用が適切かという問題がある。設立準拠法主義であれ，本拠地法主義であれ，法人をめぐる法選択問題に原則的に適用される法律がなにかについての態度決定がなされた以上は，論者は，法人の設立準拠法または本拠地法という用語を使用して，個別的な問題の準拠法を論ずべきであり，「法人の従属法」という便宜的で曖昧な表現を避けるべ

きである。

以上の点に留意しながら、法人の具体的な国際的私法問題を検討することにする。

3 法人の権利能力の準拠法

法人の権利能力については通説の説くように設立準拠法が適用されると解すべきである。したがって法人格の取得の要件、その範囲は原則として設立準拠法による。

設立準拠法の適用が取引保護の観点から問題となるのは、設立準拠法が、たとえば英米法の能力外理論 (ultra vires doctrine) に基づき定款外の行為を厳格に無効とする場合のように、設立準拠法の認める法人格の範囲が行為地法の認める範囲よりも狭い場合である。このような場合には、異論はあるが、自然人の行為能力に関する通則法4条2項の規定を類推適用し、行為地における取引の保護を図るべきであろう。

4 外国法人の認許

設立準拠法である外国法によって法人格を付与された法人は内国で当然に法人として活動することを承認されるとは限らない。外国法人が法人として内国で活動する（たとえば法人の名において権利義務を取得し、その権利義務実現のために訴訟を提起し、法人登記や不動産登記をすることなど）ためには、内国において法人格が承認されることが必要であり、これを外国法人の認許という。

外国法人の認許につき民法35条1項は、「外国法人は、国、国の行政区画及び外国会社を除き、その成立を認許しない。ただし、法律又は条約の規定により認許された外国法人は、この限りでない」と定めており、したがって外国の公法人、公益法人、中間法人は認許されない。比較法的にみれば、認許の方法としては個々の外国法人の特別法による認許、一定の国に属する法人の概括的認許、行政行為を要件とする認許などがある。わが国の民法35条1項は、一定の種類の法人について外国法上有効に成立した法人をそのまま内国において自動的に認許する方法をとっている。しかし、立法例としてはその法文の形式上外国法人は認許しないことを原則としていること、および公益法人を認許しな

いなど（公益法人が排除されたのは，外国の公益法人は外国の公益を達成するためのものであるとの理由によるものであるが，国際的に活動する学問，芸術，宗教を目的とする法人の活動を認めることがわが国の公益を一般的に損なうとは考えられない），認許の範囲が狭いことの点で，今日の活発な国際交流の実情に合わないと批判されている。

特別法により認許される外国法人としては，「外国保険事業者に関する法律」により認められる外国相互保険会社がある。また日米通商航海条約において，相手国の会社の法人格を内国において承認し，広範な事業活動をすることを認めており，これが条約による認許の例と考えられる。

いずれにしても，設立準拠法によって法人格を付与された外国法人も民法35条1項の認めるものでなければ，法人としてわが国において活動することができないという点からすれば，この規定は設立準拠法の適用に対する内国法による修正とみるべきであろう。

国際法人についてもその認許が問題となる。国際法人とはここでは条約により成立した法人をいう。これには直接条約により設立されたもの，条約に従い本拠所属国の国内法により設立されたものに分類することができる。条約に直接準拠して設立された国際法人としては，国際連合やその専門機関などがある。これらの国際法人については，その設立にあたり準拠した条約にわが国が加盟している場合には当然認許されると解される。わが国の当事国となっていない条約により，設立された欧州投資銀行やアフリカ航空会社などの国際法人も，商事会社としての最小限の要件を充足する場合には認許してもよいであろう。条約に基づいて本拠所在地国の国内法に準拠して設立された国際法人の例としては，フランス法に準拠して設立された度量衡万国中央局や国際決済銀行に関する条約に基づきスイス法に準拠して設立された国際決済銀行などがある。

5 外国法人の権利享有

つぎに認許された外国法人が享有することのできる権利について，民法35条2項は「前項の規定により認許された外国法人は，日本において成立する同種の法人と同一の私権を有する。ただし，外国人が享有することができない権利及び法律又は条約中に特別の規定がある権利については，この限りでない。」

と規定し，まず本文において認許された外国法人は，原則として同種の内国法人と同一の権利を享有すると定め，ついでただし書において外国自然人が享有しえない権利および法律または条約に特別の規定ある場合はこれを享有しえないと定めている。ここでも外国法人の設立準拠法が享有することを認めている権利であっても，その享有が内国法により制限されるという意味で，民法35条2項は設立準拠法の適用に対する一種の制限とみることができよう。

民法35条2項の適用に関して問題となる内外法人の区別も設立準拠法のいかんによるべきである。しかし，個々の外国人法規の適用上，内外法人の区別が設立準拠法のみを基準としてつねに一律的になされるとは限らない。たとえば，外国人土地法のように，設立準拠法による内外法人の区別を前提としながらも，内国法人についてもその構成員，管理権，資本の帰属などからみて，その実体が外国的である場合には，権利享有について外国［自然］人と同様の制限を付しうる旨を定める場合がある（同法5条）。その実体が明らかに外国的である法人が，日本法により準拠して設立されたという理由だけで，外国人の権利享有を制限，禁止する外国人法規の適用をまぬがれうるとするのは妥当ではないからである。したがって立法上，明文の規定がなくとも，その立法の趣旨から考えて，内国法により設立された内国法人であっても，その実体が外国的であれば，権利享有の禁止または制限が認められると解すべきであろう。

6　法人の設立，内部組織の準拠法

法人の内部関係が問題となるときは，法人の設立準拠法が適用される。これには法人の設立，法人の内部組織（法人組織の種類，権限，選任・解任・退任など），法人の消滅などの問題が含まれる。

しかしながら，後に述べるように，日本に本店を設け，または日本において営業をなすことを主たる目的として外国において設立された会社（擬似外国会社）については，改正前商法482条は日本において設立する会社と同一の規定に従うことを要すると規定していた。ここでいう「同一の規定」を通説のように，設立から清算の終了までのすべての規定を含むと解するときは設立準拠法のいかんにかかわらず，擬似外国会社については日本商法の規定が全面的に適用されることとなり，その限りで本拠地法主義の立場から設立準拠法主義には

7　法人の代表権の準拠法

　法人の締結する国際契約などにおいては，いかなる自然人が法人を代表して契約を締結することができるかが問題となる。この点については，法人の権利能力の準拠法である法人の設立準拠法によるべきであるという多数説と，取引保護の観点からもっぱら行為地法によるべきとの説が対立する。原則として設立準拠法によると解しつつ，行為地における取引保護の観点から自然人の行為能力に関する通則法4条2項を類推適用し，設立準拠法の認める代表権の範囲が行為地法よりも狭い場合には，設立準拠法の適用が行為地法により制限されると解するのが妥当である。

　　＊　最判昭和50・7・15民集29巻6号1061頁は，会社の設立発起人が将来設立する会社の営業準備のために第三者と契約した場合において，設立後に当該会社がこの契約上の権利を取得しうるか，その要件いかん等は法が会社の株式引受人，債権者等の利益保護の見地に立って定めるものであるから，会社の行為能力の問題と解すべきであり，法例3条1項を類推適用して，会社の従属法によるべきものと判示する。なお，本判決は，会社の従属法については，会社は「ニューヨーク州法に準拠して設立され，かつ，本店を同州に設置しているのであるから，被上告人の従属法はニューヨーク州法というべきである」として，明言しなかった。
　　＊＊　また東京地判平成4・1・28判時1437号122頁は，契約の締結についての法人の代表者の権限の存否および範囲またはその制限に関する事項は，代表者の行為の効果が法人に帰属するか否かという法人の行為能力または権限の欠缺の問題であるから，原則として法人の従属法に服し，かつその従属法は，法人の設立準拠法であると解するのが相当であると判示する。

8　外国法人の登記

　外国法人が日本に事務所を設置した場合には，外国法人の設立の準拠法，目的，名称，事務所の所在場所，代表者の氏名・住所など一定の事項を登記しなければならず（民法37条1項），この登記をなすまでは日本にはじめて事務所を設けた外国法人について，第三者はその法人の成立を否認することができる（同条5項）。

第15章 法人・代理

9 外国会社に対する会社法の規制

外国法人の中でも，営利法人である外国会社（外国の法令に準拠して設立された法人その他の外国の団体であって，会社と同種のものまたは会社に類似するもの，会社法2条2号）については，会社法817条以下に規定がある。

① 外国会社が日本において継続して取引を行う場合には，日本における代表者（そのうち1名以上は日本に住所を有していなければならない）を置く必要がある（会社法817条1項）。代表者は，日本における業務に関するいっさいの行為をする権限を有し（同条2項），この権限に制限を加えてもこれを善意の第三者に対抗することはできない（同条3項）。

② また，外国会社がはじめて日本における代表者を定めたときは，日本における代表者の氏名および住所，設立準拠法等の事項を登記しなければならず（会社法933条），登記するまでは日本において継続して取引をすることが禁じられる（会社法818条1項）。これに違反して取引をした者は，外国会社と連帯して取引の相手方に対し当該取引によって生じた債務を弁済する責任を負う（同条2項）。

これらの規定はいずれも設立準拠法が外国法である外国法人に対する日本法の適用を指示する点で設立準拠法主義に対する一種の修正であるというべきであろう。

10 擬似外国会社

改正前商法482条は，日本に本店を設け，または日本において営業をなすことを主たる目的として外国において設立された会社（擬似外国会社という）について，日本において設立する会社と同一の規定に従うことを要すると規定していた。その立法の趣旨は，「外国ニ於テ設立スル会社ニシテ日本ニ本店ヲ設ケ又ハ日本ニ於テ商業ヲ営ムヲ以テ主タル目的トスルモノハ……事実上ニ於テハ内国会社ト毫モ異ナルトコロナキノミナラス若シ内国ニ於テ設立スル会社ト同一ノ規定ニ従フコトヲ要セストセハ我国法律ノ適用ヲ避クルカ為メ故ニ外国ニ於テ此種ノ会社ヲ設立スル者ヲ生スヘキコト必然ナリ」（理由書）という点，つまり詐欺的設立の防止にあった。

会社の設立にあたり，本来の営業活動地国の規制の厳格な会社法を回避して，

規制の緩やかな国で会社を設立する現象が各国で生じており(【設例15-1】の米国のデラウエア州がその典型である)、これに対処するためこのような規定が設けられたのである。米国でもたとえばカリフォルニア州会社法は、擬似外国会社に関して、取締役の選任・解任、累積投票権、会社再編成などの一定の事項につき、設立準拠法の適用を排除して同州法の適用を定めているが、この規定もわが国の改正前商法482条と同様、設立準拠法主義の修正と位置づけられるであろう。

この改正前商法482条の解釈上の問題としては、ここでいう「同一の規定」とは、設立から清算の終了までのすべての規定を含むものとみるか、設立の規定を除くと解釈すべきかという問題があった。学説は対立するが、通説・判例は前者の立場に立ち、擬似外国会社は改めて、日本法により再設立されない限り、その法人格は認められないとする立場が有力であった。

* たとえば、東京地判昭和29・6・4判夕40号73頁は、「日本に営業の本拠を置き、日本において営業をなすことを主たる目的とする会社」は「米国デラウエア州における設立の有効、無効の判断は別として商法482条の趣旨からすれば、日本における会社と同一の規定に従い設立手続その他の手続をなすべきであって」「同法479条により外国会社としての営業所の設置手続をなすことは許すことのできないもの」であり、「同営業所が法律上存在することを前提して日本において取引を継続してなすことはできない」と判示する。

これに対し、会社法821条では、このような擬似外国会社は日本において継続して取引を行うことができない(1項)とし、これに違反して取引をした者は、取引の相手方に対し会社と連帯して当該取引によって生じた債務を弁済する責任を負う(2項)と改正された。

擬似外国会社についてその法人格を否認し日本法による再設立を要求するとすれば、かえって内国の取引の安全が害されるおそれがあることから、擬似外国会社の法人格は肯定しながら、法律回避的な設立を防ぐために取引を行った者に擬似外国会社と連帯責任を負わせることとしたのである。

第2節　代　理

　代理とは代理人のなした法律行為の効果を本人に帰属せしめる制度をいう。代理については通則法はとくに規定を設けていない。しかし，ある法律行為について代理が許されるかという代理の許容性の問題はその法律行為の準拠法によるべきことについては争いはない。したがって債権契約について代理が認められるかは契約準拠法（通則法7条～9条・11条・12条）により，養子縁組について代理が許されるかは養子縁組の準拠法による（通則法31条1項）。

1　法定代理

　法定代理は一定の法律関係について法の規定により当然に発生するものであるから，代理権の存否，範囲の問題は当該法律関係の準拠法によるべきである。たとえば親の代理権は親権の準拠法（通則法32条），後見人の代理権は後見の準拠法（通則法35条）による。

2　任意代理

　任意代理は代理権の発生が本人の意思に基づく場合であり，その準拠法の決定については，本人と代理人の関係（内部関係）と，代理人と相手方，本人と相手方（外部関係）とに分けて論じられる。
　①　本人＝代理人間　　任意代理における本人と代理人の関係は，代理権を授与する授権行為によって発生するから，授権行為の準拠法による。任意代理権の授与は通常，委任，雇用契約のような基本関係に基づくものであるから，とくに授権行為自体の準拠法が指定されていないときは，通則法7条～9条・11条・12条によりこの基本関係の準拠法が授権行為の準拠法となる。
　もっとも代理権の存否，範囲が本人と代理人間で問題となる場合に，この授権行為の準拠法によるべきことについては争いはないけれども，第三者との関係でそれが問題となるときは，③でみるように学説は対立し，近時は代理行為地法によるべしとの見解が有力である。

② 代理人＝相手方間　代理権に基づく代理人の行為の成立と効力は，代理意思をともなうことのほかは一般の法律行為と異なるところはなく，行為の性質に応じてその準拠法が定められ，たとえば物権行為は目的物所在地法（通則法13条），債権契約は契約準拠法（通則法7条～9条・11条・12条）によるべきことについては異論はない。なお，代理人のなした法律行為の効果が本人に帰属しない場合の，無権，表見代理人と相手方の関係については後述する。

③ 本人＝相手方間　代理は代理人のなした法律行為の効果を直接本人に帰属せしめることであるから，その中心となるのはどのような要件の下で本人と相手方の間に直接の法律関係の成立を認めるかである。この点に関し，本人＝相手方間で代理権の存否，範囲が問題となる場合をめぐって学説は鋭く対立する。代理権は授権行為によって発生するのであるから，授権行為の準拠法によっては認められない，相手方に対する責任を本人に負わせるべきではないという本人の利益保護の見地から，従来の通説である授権行為準拠法説が主張された。

これに対し，代理行為地法説は，代理権の存否，範囲の問題を相手方の保護，取引の安全の観点から把握し，代理権の存否，範囲が本人＝相手方間で問題となる限りでは，代理行為地法を適用すべきであるとする。近時の通説である。

しかしながら，代理行為地法が本人の責任を認めていないときは，代理行為地法の適用が実質的な意味における取引の安全にかなうかは疑問である。このような観点からは，法例下の事例であるが，代理人または代理人と称する者の行為に基づく本人と相手方の関係は，法例7条により授権行為または表示行為の準拠法によるけれども，相手方保護のために法例3条2項を類推し，代理行為地法上，本人の責任が認められるときは代理行為地法によるとする裁判例（神戸地決昭和34・9・2下民集10巻9号1849頁）が注目される。

3　表見・無権代理

本人が他人に代理権を与えた旨を第三者に表示し，または代理人が代理権の範囲をこえて法律行為をなす表見・無権代理の場合における，本人と相手方の関係についても見解は対立する。従来の通説はこれを代理行為の効力の問題と考え，代理行為の準拠法によると解した。さらに，この説に依拠しながら，本

人保護の代理行為の準拠法が本人の責任を認めるだけでは十分ではなく，代理権（授権行為または表示行為）の準拠法もまた本人の責任を認める場合でなければならないという見解も提唱された。しかし近時はむしろ，法律行為の当事者，利害関係人等は，行為地法によって責任の帰属を予想するのが一般であるから，相手方の保護，取引の安全のため有権代理，無権代理を問わず代理行為地法によるべしとする見解が有力である（表見法理につき，東京地判昭和39・10・15下民集15巻10号2447頁）。この見解に対しては，さきにみたように，代理行為地法の内容と適用の結果を問うことなく，代理行為地法を一律的に適用することが実質的意味における取引の安全にかなうといえるのかが問われるであろう。

第3編　国際家族法

第16章 婚　　姻

第1節　婚姻の実質的成立要件

> **【設例16-1】**　日本人女性 W_2 はペンシルベニア州に滞在中，米国籍で同州の住民であるHと性的関係をもつようになり，その結果，姦通を理由にHは妻 W_1 から離婚請求され，ペンシルベニア州裁判所はこれを認めて2人は離婚した。ペンシルベニア州法は相姦者間の婚姻を禁止していたので，2人はこのような禁止を課していないわが国にやってきて婚姻を挙行し，婚姻届を出し，そのまま受理された。2人はすぐにペンシルベニア州にもどって生活したが，5年後日本に来て夫婦として一緒に暮らしている。
> 　夫Hが婚姻無効を主張したとすれば，この請求は認められるか。

1　婚姻の実質的成立要件と法の抵触

　各国の婚姻法上，婚姻の実質的成立要件については，種々の事項に関して法の抵触がある。たとえば，婚姻年齢については，日本法上は男18歳女16歳（民法731条）であるが，米国では州により異なり（13歳〜18歳），婚姻適齢の規則のない州もある。日本法では重婚は禁止されているが（民法732条），イスラム法は一夫多妻を認めている。また重婚の禁止に違反した婚姻の効果は日本法上は取消し（民法744条）であるが，朝鮮慣習では当然無効であった。再婚禁止期間は，日本法では女についてのみ定められているが（民法733条），カンザス州法では，男についても再婚禁止の立法がある（カンザス州法につき静岡家沼津支審昭和31・9・24家月8巻11号35頁）。近親婚の禁止については，ユダヤ教が3親等の婚姻を認めるのに対し，台湾（中華民国）法は6親等内の傍系血族間との婚姻も禁止する。さらに異人種間の婚姻を禁止する法（かつてのナチスの法律），異教徒間の婚姻を禁止する法（エジプト法につき東京地判平成3・3・29家月45巻3

号67頁），相姦者間の婚姻を禁止する法（ペンシルベニア州法），同姓同本の婚姻を禁止する法（韓国民法809条1項，現在は廃止）のほか，同性婚を認める立法（オランダ）もある。

2 婚姻の実質的成立要件の準拠法

上記のような抵触が存在するために，婚姻の実質的成立要件の準拠法を決定する必要がある。婚姻の実質的成立要件の準拠法については，諸国の立法上，基本的には婚姻挙行地法主義と当事者の属人法主義の対立がある。挙行地法主義を採用するのは，米国，中南米，フィリピンなどである。その根拠としては，婚姻を契約ととらえ，契約の準拠法は行為地法によるべきであること，婚姻の成立に関する公的機関が当事者の属人法の内容を調査するのは煩わしく，そのよく認識しない法によるのは適切でないこと，婚姻の成立の容易化の要請にかなうことなどがあげられる。これに対しては，挙行地法主義をとれば，婚姻の準拠法が偶然に左右されやすく，人の法的地位が不安定となる，法律の回避が行われやすい，などという批判がある。

属人法主義を採用するのは，本国法主義をとるドイツ，フランスなどの多数の大陸法諸国，および住所地法主義をとる国のうちイギリス，ノルワエーなどである。

3 各当事者の本国法の配分的適用

通則法24条1項は，「婚姻の成立は，各当事者につき，その本国法による。」と規定し，各当事者の本国法の配分的適用主義を採用する。【設例16-1】の相姦者間の婚姻禁止は，ここにいう婚姻成立の要件に該当するから，婚姻の実質的成立要件に関しては夫たるべき者については，婚姻締結当時のその者の本国法が，妻たるべき者についても婚姻締結当時のその者の本国法が適用されることになる。

(1) 本国法主義とその根拠

通則法24条1項が本国法主義を採用した根拠に関しては，身分，能力について一般的に本国法主義を採用したのと同じであると考えられる（→第4章第2節参照）。すなわち，以下の4点をあげることができる。

① 本国が自国民に対して自国法を適用する利益があること。この点は婚姻

については、「婚姻ハ人生ノ最大事件ノ一ニシテ婚姻禁止ノ原因ハ国家ノ公益ニ関スルモノナルカ故ニ各国ノ立法者ハ其国ノ婚姻法ノ規定ニ違反セル自国民ノ婚姻ハ無効トセサルハナシ」（法例修正案参考書）と指摘されている。

② 本国はその国民に最も密接な関係をもっており、その適用は当事者の利益や予測可能性にかなうこと。

③ 婚姻など身分、能力に関する事項については恒久的、固定的な関係をもつ法の適用が望ましいこと。

④ 法例制定当時、各国の立法が本国法主義に傾斜しており、その適用が判決の国際的調和にかなうこと

などである。また、通則法は直接に規定していないが、ここでいう本国法とは婚姻当時のそれを意味すると解すべきであろう。現在の本国法によるとすれば、婚姻当時の本国法によれば有効に成立した婚姻であっても、後になってその有効性を否認されるという事態も生じて身分関係の法的安定性を害するからである。

(2) 配分的適用と一方要件・双方要件

通則法24条1項が各当事者の本国法によるとしたのは、婚姻が有効に成立したかを決定するのにいずれかの当事者の本国法を優先することはできず、両当事者を平等に扱おうとの配慮に基づくものである。各当事者の本国法によるとは、夫たるべき者はその本国法の要求する成立要件を、妻たるべき者はその本国法の要求する成立要件を充足することが婚姻が有効に成立するためには必要である、という意味である。これを配分的または結合的適用という。

したがって、たとえば、婚姻年齢のように当事者の一方のみにかかわる要件（これを一方要件という）に関しては、夫たるべき者の婚姻年齢についてはその者の本国法により、妻たるべき者の婚姻年齢についてはその者の本国法によることになる。【設例16-1】では、婚姻能力、親の同意、婚姻年齢など、夫となる者については米国ペンシルベニア州法、妻となる者については日本法の定める要件をそれぞれ具備しなければならないということである。

ところが、近親婚の禁止や重婚の禁止の要件のように当事者の双方にかかわる要件（これを双方要件という）については、当事者双方の本国法がその成立を認めるのでない限り、婚姻は有効に成立しないことになる。そこである婚姻要

件が一方要件か，双方要件か，もし一方要件であるとすればいずれの側の一方要件であるか，また，双方要件であるときはその要件を欠くことの効果はいずれの法によるべきかが問題となる。

【設例16-1】の相姦婚の禁止は双方要件と考えられているから，いずれか一方の本国法上禁止されている場合には婚姻は有効に成立しないことになる。

(3) 要件を欠く場合の効果

つぎに双方要件であるときはその要件を欠くことの効果はいずれの法によるべきかが問題となる。この点についてわが国の実務上比較的よく問題になった重婚に関する1つの審判をみておこう。

* 日本民法744条によれば重婚は取消原因であるが，かつて朝鮮慣習では当然無効であった。この場合に日本人女と朝鮮人男の重婚について「婚姻の成立要件の準拠法は法例第13条により各当事者の本国法によるべきところ，重婚はYの本国たる朝鮮では，その婚姻届出当時慣習により当然無効……であったのに対し，Xの本国法たる日本国民法第744条では単に取消の原因としているに過ぎない。かかる場合には前者を採用し，重婚は当然無効であると解する」（東京家審昭和36・4・1家月13巻8号111頁）とした審判がある。

ここでは重婚禁止の要件は，双方要件と解され，その効果は婚姻の有効性をより厳しく否定する法によって決定されている。学説も一般にこの結果を肯定する。その根拠は，ある要件を双方的と解することは婚姻の成立をより慎重にすることを意味するからである，と説明される。どちらの国においても有効な婚姻のみを有効な婚姻として認めようという趣旨である。

(4) 立法論

このような通則法24条1項の規定に対する立法論的批判としてはどのようなことが考えられるか。各当事者の本国法の配分的適用主義は一見婚姻の両当事者の利益を公平に考慮するようにみえても，ある婚姻要件が一方要件であるか，それとも双方要件であるか，もし一方要件だとすればいずれの側の一方要件であるかがつねに問題となり，その適用関係が複雑とならざるをえない。さらにいっそう重要なことは双方要件については両当事者の本国法がその成立を認めるのでない限りは，婚姻は有効に成立しないことから，婚姻の成立を不当に制限する結果となり，婚姻の成立の容易化の要請からいって問題であろう。

また，当事者の本国のみが婚姻の成立の問題を規律するのに正当な利益をもつ国であるかも問題となる。当事者の住所地，婚姻住所地，挙行地が有する利益をも考慮する必要があるのではなかろうか。さらに，本国法の適用がつねに当事者の意思，予測可能性，利益の保護にかなうといえるかは疑わしい。とくに婚姻が本国法によれば有効でないが，挙行地，婚姻住所地法によれば有効で，しかも婚姻後長い期間の後にその有効性が争われたときには当事者は婚姻が有効なものとして生活してきたわけであるから，それを無効とするのは当事者の利益や，予測可能性に反するから妥当ではないと思われる。

平成元年改正においても，この法例13条1項の各当事者の本国法の配分的適用主義を堅持すべきかも問題となったが，結局，その改正は見送られ，通則法においても実質的な変更はなされなかった。

4　準拠法の具体的適用

各当事者の本国法は以下の事項についてその適用が問題となる。判例で問題となった点を中心に説明する。

(1)　重婚の禁止

わが国の実務において法例13条1項の適用が問題となったのが比較的多いのは，重婚の禁止に関する事例である（新潟地判昭和62・9・2判タ658号205頁，東京家審昭和36・4・1家月13巻8号111頁等）。

(2)　再婚禁止期間

カリフォルニア州法に定める1年の再婚禁止期間内にネバダ州で婚姻した，日本に居住する米国人につき，婚姻を無効とした事例がある（浦和家審昭和38・6・7家月15巻8号131頁）。また，カンザス州法では，男についても再婚禁止の立法がある（静岡家沼津支審昭和31・9・24家月8巻11号35頁）。

(3)　人格の錯誤に基づく婚姻

【設例16-2】　ドイツ人であるHとWは，同国で結婚した後，日本に来て生活している。夫Hは，第2次大戦に少年兵として出征し少年期に深く戦争の惨禍を体験したことなどから，結婚しても子供をもつことは避けるべきとの信念をもっていた。Wと知り会って結婚を申し込んだ際そのことをつげる機会を失ってしまったが，いまもその信念に変わりはない。他方，Wは結婚した以上子供を生みたい

> という気持ちを捨てることはできず，もし結婚する前にＨの信念を知っていたら結婚しなかった，という。そこでＷは，婚姻の締結に際して相手方の人柄に重大な錯誤があったとして，婚姻の取消しを主張した。ドイツ法上，Ｗの主張する事実が婚姻取消事由に該当するとして，通則法24条１項によれば，Ｗによる婚姻の取消しの主張は認められるか。

* 名古屋家審昭和40・4・21家月17巻9号99頁は，上記の【設例16-2】の事案において，つぎのように判示した。「婚姻は男女の結合による共同生活と子供を生み育てることを本質とするものであり自己の信念として，乃至は精神的な理由により一方的に子供を生むこと自体を拒否するのはその動機がたとえ真摯なものであってもこれに賛成しえない他方配偶者にとっては当該婚姻につきドイツ婚姻法第32条第1項に云う『配偶者が婚姻締結の際に他方配偶者の人柄について……婚姻の本質を合理的に評価するにおいてはこのものをして婚姻をするにいたらしめなかったであろうような錯誤を犯した』ものと云うことができる。」

(4) 婚姻の成立要件と反致

婚姻の実質的成立要件は，本国法によるべき場合であるから，通則法41条の反致の成否が問題となる（→反致については，第7章参照）。通則法41条本文は「当事者の本国法によるべき場合において，その国の法律に従えば日本法によるべきときは，日本法による」と規定する。とりわけ，婚姻の成立について挙行地法主義を採用する国が当事者の本国で，挙行地が日本である場合に反致が問題となる。

たとえば，米国カンザス州市民Ｈと日本人 W_2 との婚姻について反致が問題となった審判（静岡家沼津支審昭和31・9・24家月8巻11号35頁）がある。Ｈと W_2 とは昭和30年10月わが国で婚姻し，その届出は受理された。ところが，Ｈは本国で W_1 と婚姻しており，W_1 からカンザス州で離婚訴訟が提起され，昭和30年9月に婚姻を解消し，当事者は6か月間第三者と再婚を禁止するとの判決が出ていた。つまり，日本法によれば，男には再婚禁止期間はないから，婚姻は有効であるが，カンザス州法では無効とされるべき場合であった。

* 裁判所は，[婚姻の成立要件は各当事者の本国法によるものであり，Ｈについてはカンザス州法によるものであるが，カンザス州法によれば婚姻の要件は挙行地法によるものになっている。したがって反致によりカンザス州での再婚禁止の判

第16章 婚　　姻

決はHとW_2との婚姻に影響がないと考えられるが，カンザス州法によると6か月の再婚禁止の効力はカンザス州市民たる者についてカンザス州外にも及ぶと考えられるので，HとW_2との婚姻は無効である］（要旨）と判示した。

　この事件では結局，反致の成立が認められず，本国法を適用して婚姻が無効とされたわけであるが，ここで見逃してはならないのは，婚姻を無効とすることについて当事者間で合意のあったことである（前掲浦和家審昭和38・6・7も同様である。ただし，反致の成否は問題とされていない）。つまり，当事者はいったん婚姻無効の審判を得て，6か月の再婚禁止期間後に改めてカンザス州法上も有効な婚姻をしようとして婚姻無効の申立てをしている。したがって，当事者の本国法を適用して婚姻を無効とすることがむしろ当事者の利益にかなう。また，妻の本国であり，婚姻住所地であるわが国も日本法を適用して婚姻を有効とする利益をもたない場合だといえるであろう。ここでは婚姻を有効とすることが一般的には当事者の利益と正当な期待を保護するという要請が妥当しない例外的な場合である。

　つぎに，異人種間の婚姻に関する昭和22・8・14民事局長回答も反致に直接言及するわけではないが，反致的発想により，本国法の適用を排除した例であるといえよう。すなわち，「婚姻法が各州ごとに制定せられている或る外国の国籍を有する外国人が日本国内で日本人と婚姻しようとする場合において当該外国人の属する州の婚姻法によれば東洋人との婚姻を其州内において禁じているが他の州若しくは他国の領土内における婚姻の成立を認めている場合にはその婚姻は日本法上有効にこれをすることができると考える」としている。この立場は，反致という表現は用いてはいないが，挙行地法上，婚姻が有効であるならば婚姻は有効とするとの本国国際私法の規定を適用し，反致を実質的に肯定したものと解すべきであろう。

　【設例16-1】では，当事者の一方の本国法であるペンシルベニア州法によれば婚姻が有効ではないから，この婚姻は有効なものではないのではないかが問題となる。そこで反致の成否を検討する必要がある。

　米国の判例法をリステイトしたものといわれる1971年の抵触法第2リステイトメントの283条は，「1）婚姻の有効性は，個々の争点に関し第6条の原則の

181

下で夫婦と婚姻に対して最も重要な関係を有する邦（state の訳，国と州の双方を含む）の法により，これを定める。2）婚姻が締結された邦の要件を充足する婚姻は，どこにおいても有効なものとして承認される。ただし，婚姻締結時において夫婦と婚姻に対して最も重要な関係を有した他邦の強い公序に反するときはこの限りでない」としている。この規定を適用するとどうなるか。

【設例16-1】ではペンシルベニア州は，婚姻締結時において夫婦と婚姻に対して最も重要な関係を有した邦であり，相姦者間の婚姻を有効とすることはその強い公序に反するから，同州は自州法を適用するとみることもできる。しかし，HとW₂の住所が同州から日本へ移ったという事実から，同州は婚姻を禁止することに対して自州法を適用する強い利益をもはや有しないというべきであろう。

したがってペンシルベニア州の国際私法が第2リステイトメント283条と同じ立場を採用しているとすれば，同州の国際私法によれば，日本法によるべきときに該当し，結局同州法からの反致が成立するといえよう。

(5) 婚姻の成立要件と公序

婚姻の実質的成立要件について，本国法の適用が排除されるもう1つの場合は，通則法42条の公序条項が発動されるときである（→公序条項については，第6章参照）。通則法42条は「外国法によるべき場合において，その規定の適用が公の秩序又は善良の風俗に反するときは，これを適用しない」と規定する。

* 東京地判平成3・3・29家月45巻3号67頁は，エジプト法によれば，イスラム教徒である被告と仏教徒である原告との婚姻は，異教徒間の婚姻として禁止され，右婚姻は無効と解されるとした上で，しかしながら単に異教徒間の婚姻であるというだけの理由で，日本人である原告とエジプト人である被告の婚姻を無効とすることは，信教の自由，法の下の平等などを定め，保障するわが国の法体系の下においては，公序に反するとした。

また，【設例16-1】においてもかりに反致が成立しないとしても，妻が婚姻無効に同意していない限り，【設例16-1】のような状況下ではペンシルベニア州法を適用して婚姻の有効性を否認することは通則法42条の公序に反すると思われる。すなわち，同州法の目的が有責配偶者への制裁，離婚の容易化の阻止という点にあるとしても，婚姻住所が州内に存在しない現在では同州は自州法

を適用する正当な利益を有しない。また，Hは当初は有効な婚姻をしようと日本で婚姻を挙行し，しかも永年そのまま婚姻を継続してきたわけであるから，日本法を適用して婚姻を有効としてもHに対して不公正ではない。他方，婚姻はできるかぎり有効なものとして取り扱うべきという婚姻有効性，ないしは有効視の要請がある。とくに，婚姻が長期間継続し，しかも相続などの先決問題として夫婦間以外で婚姻の有効性が争われているときはそうである。

たしかに，【設例16-1】は，当事者の一方が婚姻の無効を主張している場合ではあるが，それでもなお，婚姻を有効とし妻の利益と正当な期待を保護すべきである，と考えられる。さらに，現在の婚姻住所地としての日本は自国法を適用して婚姻を有効とし妻の利益と正当な期待を保護する利益を有するというべきである。

第2節　婚姻の方式

> 【設例16-3】　日本に永年にわたって居住する，ともに中華民国（台湾）人であるHとWは，神戸のキリスト教会で2人以上の証人の下に公開の儀式を挙げて婚姻した。しかし，HとWは日本民法739条の婚姻の届出はしていない。したがって，この婚姻は，日本法上は有効に成立していないが，中華民国民法982条によれば，公開の儀式と2人以上の証人があれば，婚姻は方式上有効であり，その要件を充足しているものとして，有効であるとせよ（2007年に儀式婚から登記婚に改められた）。
> 　Hが後になって，この婚姻の無効確認をわが国の裁判所で求めた場合，このHの主張は認められるか。
> 　また，Wが日本人または韓国人の場合はどうか。

1　婚姻の方式に関する各国法の相違

婚姻の方式については，わが国の民法の定める届出婚主義（739条）のほか，一定の宗教上の儀式を要求する宗教婚主義（ギリシア正教），【設例16-3】にみられるような儀式婚主義（中華民国民法982条），コモンロー・マリッジのような事実婚主義などがあるから，その有効性を判断するためには，婚姻の方式の準

拠法を決定する必要がある。

2 平成元年法例改正の概要と通則法

平成元年改正前法例は，婚姻の方式については，外交婚・領事婚（民法741条）による場合を除き，絶対的な挙行地法主義を採用し，婚姻は挙行地の法律の定める方式に適合する場合にのみこれを有効としていた。

平成元年改正は，挙行地法の原則を堅持しつつ，当事者の一方の本国法の選択的適用を認めるとともに，日本人が日本において婚姻する場合には原則どおり挙行地法によるべきものとした。通則法の下でも変更はない。

3 挙行地法主義の原則

通則法24条2項は「婚姻の方式は，婚姻挙行地の法による」と規定し，原則として挙行地法主義を採用する。この点は改正前13条1項但書と同様であり，通則法の下でも変更はない。

挙行地法主義の根拠は「婚姻ノ方式ハ一般法律行為ノ方式ト異ニシテ公ノ秩序ニ関スルモノナルカ故ニ挙行地法主義ヲ採ルヲ以テ原則トスル」（法例修正案理由書）と説明されている。しかし，ここにいう挙行地の公益とはなにかについての具体的な説明はない。

挙行地法主義の根拠については，「婚姻の方式が一国の公序良俗と密接な関連に立つとされるのは，フランス革命を契機として，それまでもっぱら教会の管掌事項とされてきた婚姻が，あらたに国家の手にゆだねられるにいたって以来，かかる『婚姻の世俗化』が，近代国家において絶対的に遵守せらるべき基本的な要請とみられているためであろうといわれる」と説明されることがある。

挙行地法主義の根拠を上のように解すると，わが国のような非キリスト教国である場合は，挙行地が婚姻の方式についてその法の絶対的適用を正当化するほど強い利益を必ずしも有するものではないということになる。

このような事情もあって，すでに平成元年改正前法例においても，挙行地法主義は厳格には解釈適用されていなかった。つまり，挙行地法主義を厳格に貫くと，特定の宗教儀式を要求する国においては異なった信仰を有する外国人はその国で婚姻を挙行しえないか著しく困難な場合が生じる。

第 16 章 婚　　姻

そこで，挙行地法主義にどのような例外を設けるべきかが問題となる。

4　平成元年改正前法例における挙行地法主義の例外

このような不便を解消するための1つの方策として，外国にいる自国民がその国に駐在する自国の外交官または領事により自国の方式で婚姻を挙行することを認めることがある。これを外交婚または領事婚という。わが国も，平成元年改正前法例においても挙行地法主義の原則を緩和し，「外国に在る日本人間で婚姻をしようとするときは，その国に駐在する日本の大使，公使又は領事にその届出をすることができる」として，これを認めていた（民法741条，改正前法例13条2項）。これは挙行地法主義に対する重大な例外である。

さらに注目すべきは，民法741条の明文の規定は，外国にいる日本人の婚姻に限定されているが，通説および戸籍実務はこの規定を双方抵触規則化して，日本に在住する同国人たる外国人間の婚姻にもこの例外を拡大解釈して適用してきた。この点は解釈によって挙行地法主義を修正していこうとする努力の現れといえよう。つまり，実質的には共通本国を有する者については共通本国法が適用されていたとみるべきである。

もう1つの，挙行地法主義の実質的修正という観点からみて，注目すべき平成元年改正前法例下における解釈は，戸籍実務による婚姻挙行地の決定である。すなわち，戸籍実務は，外国在住の日本人が当事者である婚姻について，婚姻届が外国で作成されて，本籍地に直接送付されてきた場合には，この婚姻届を受理した地が，つまり日本が婚姻挙行地であるとみなしていた。かくして，婚姻が実質的には外国で挙行された場合であっても日本で婚姻届が受理される限り，日本法の定める婚姻の方式によるべきことが可能となる。これは挙行地という連結点の確定を通じて，婚姻挙行地法主義を修正し，実質的には本国法である日本法を適用しようとしたものというべきである。つまり，結果的には日本人については挙行地法主義と本国法主義の選択的適用となっていたことを意味しよう。このことが平成元年改正への素地を提供していたと考えられる。

5　当事者の一方の本国法の選択的適用

通則法24条3項本文は，「当事者の一方の本国法に適合する方式は，有効と

する」と規定し，挙行地法の方式に従って挙行された婚姻のほか，当事者の一方の本国法の方式に従った婚姻も有効とされる。この変更は，平成元年改正によって実現し，通則法はこれをそのまま引き継いだ。

この規定の基礎にある考え方は，婚姻はその方式に関してはできるかぎりその成立を容易ならしめようとする考慮である。つまり婚姻の成立の容易化という要請である。【設例16-3】はこれによって有効な婚姻となる。

この規定によりこれまで有効に成立しなかった婚姻が有効視されるようになった。たとえば，英国人とドイツ人が在日ドイツ大使館でする領事婚，中華民国人同士または中華民国人と外国人の日本における婚姻，日本にある教会が外国人同士について行う宗教婚（ギリシア正教またはイスラム教会がその教徒について行う宗教婚）などがそうである。

なお，さきに述べた外国在留の日本人が本籍地の市区町村長へ直接婚姻届を郵送した場合については，通則法24条3項にいう，当事者の一方の本国法による婚姻の方式として正当化することができよう。

6 日本人条項

問題は婚姻の成立の容易化という要請をどこまで貫くかである。この点がとくに「ただし，日本において婚姻が挙行された場合において，当事者の一方が日本人であるときは，この限りでない」と定める通則法24条3項ただし書について問題となる。ただし書の趣旨は以下のように説明される。

まず，24条3項本文をそのまま適用すると，日本人については，日本国内で他方当事者の本国法である外国法の定める方式によって婚姻した場合であっても，事後的に報告的届出をしなければならない。そのことは挙行地法である日本の方式である婚姻の届出を要求することと実際上差異はなく，これを要求しても当事者に格別の困難を強いることにはならないという理由である。

もう1つの理由は，日本人についても3項本文による取扱いを認めると，日本人が国内において日本人の身分関係を登録し，これを公証すべき戸籍に記載されないまま，婚姻の成立を認める結果となり，妥当でないという点にある。

しかし，報告的届出がなされれば，それで婚姻の存在が戸籍に記載されるのであるから，創設的届出を強制する必要のないこと，日本人が外国で婚姻を挙

行する場合には結局は同じ問題が生じることなどを考えるとその当否は疑問である。

いずれにしても，【設例16-3】においては，HとWの一方が日本人の場合は，ただし書の規定により，原則どおり挙行地法である日本法が適用され，婚姻は方式上有効に成立しないこととなる。

第3節　婚姻の効力

> 【設例16-4】　南米のA国人Yは貿易商として，同じくA国人である妻Zと一緒に3か月の予定でわが国に滞在している。日本での生活中，妻Zが購入した食料品，衣料品などの日常生活品の代金の支払いを，わが国のX商店が請求したところ，YはA国法によれば夫は日常家事債務については妻と連帯責任を負わないとして，その支払いを拒絶した。日本民法761条によれば夫の連帯責任は認められるとして，Xの請求は認められるか。

日常家事債務の連帯責任の問題は，婚姻の効力の問題として通則法25条によるべきか，それとも夫婦財産制の問題として26条によるべき問題であるか。

1　婚姻の効力

国際私法上，婚姻の効力とは，通説によれば夫婦の氏，同居の義務，成年擬制，妻の行為能力，日常家事債務の連帯責任（【設例16-4】），夫婦間の契約の効力の問題などを指す，と一般に解されている。

婚姻の効力の中でもとくに夫婦の氏については，日本民法750条のように夫婦が婚姻の際に夫または妻の氏を選択して称すると定める法制以外に，婚姻によって氏が変動しないとするもの（中国法），さらには妻は自動的に夫の氏を称するもの（かつてのスイス法）などがあり，わが国の裁判例においても問題となることが比較的多い。

2　平成元年改正前法例14条における夫の本国法主義

平成元年改正前法例14条は「婚姻ノ効力ハ夫ノ本国法ニ依ル」と規定していた。その趣旨は，「妻ハ婚姻ニ依リテ夫ノ国籍ヲ取得シ夫ノ国籍ノ変更ト共ニ其国籍ヲ変更スルヲ以テ原則トスルカ故ニ」（法例修正案理由書）という点にあった。

婚姻の効力や離婚（→第17章第1節2参照）における夫の本国法主義については，まず憲法の男女平等の理念に反するのではないかという点が問題となった。さらに，夫の本国が婚姻の効力に関するすべての問題に関して本当に最も強い利害関係を有する国であるのか，また，その法の適用が関連する当事者の利益や正当な期待を保護するのに最も適切な法であるのかという点も問題となる。

とりわけ問題なのは夫の本国法の機械的な適用が，たとえば夫婦の住所地法を適用した場合と比較して妻の利益を不当に侵害する場合が生じうることである。したがってその立法論的妥当性についてはこれを支持する見解は平成元年改正前にもほとんど存在しなかった。

3　通則法25条

平成元年改正により，これに大きな改正が加えられた。通則法はこれをそのまま踏襲する。

通則法25条は，「婚姻の効力は，夫婦の本国法が同一であるときはその法により，その法がない場合において夫婦の常居所地法が同一であるときはその法により，そのいずれの法もないときは，夫婦に最も密接な関係がある地の法による」と規定する。

この規定は，立法論として多くの批判があった夫の本国法主義を変更し，いわゆる段階的連結を採用する。すなわち，婚姻の効力は，まず夫婦の同一本国法により（第1段階），夫婦の同一本国法のないときは，その同一常居所地法により（第2段階），夫婦の同一常居所地法もないときは，夫婦が最も密接な関係を有する国の法による（第3段階），ものとする。

この規定は婚姻の効力だけでなく，夫婦財産制，離婚にも準用され，平成元年改正の最も重要な改正の1つであった。その特色は，両性平等の実現，段階的連結の採用，連結点としての常居所の採用，最も密接な関係という柔軟な準

第16章 婚　　姻

拠法の決定方法の採用などにみられ，平成元年改正の趣旨を最もよく反映しているものの1つといえる。この点について通則法の下でも実質的な変更はなんら加えられていない。

4　段階的連結の採用
(1)　段階的連結の根拠
　婚姻の効力について，上に説明したような段階的連結による準拠法の決定方法が採用されたのは，抵触法の分野で夫と妻を対等に扱うためには，両者に共通で中立的な要素を順次捜し出すのが適当であると考えたからである。
(2)　本国法の優先
　通則法25条では，属人法については第1に本国法を採用し，本国法の適用が相当でないときは常居所地法を適用するという立法政策をとっている。本国法優先の根拠としては，一般の本国法主義の根拠のほか，家族法の他の分野においても，本国法を基本としていることとの整合性も考慮された。
　まずここで同一本国法によるとは，夫と妻についてそれぞれ本国法を決定し，それらが同一ならばそれによるという意味である。重国籍者の場合には，通則法38条1項により重国籍者の本国法を決定した後に，夫婦の同一本国法を適用することになる。したがって夫婦が国籍を共通にする国の法によるという意味ではない。夫婦の一方または双方が地域的な不統一法国の国民であるときも，通則法38条3項により各人の本国法を決定し，それが同一であるかどうかによって同一本国法の有無を判断することになる。
(3)　同一常居所地法の適用
　同一本国法がなければ，第2段階として夫婦の同一常居所地法を適用する。常居所とは，人が常時居住する場所をいい，単なる居所と異なり，人が相当期間にわたって居住する場所である。その認定は居住期間，居住の目的，居住状況などを総合的に考慮して決定される。
(4)　最密接関係地法の適用
　夫婦の同一本国法も同一常居所地法も存在しないときは第3段階として夫婦に最も密接な関係のある地の法，すなわち最密接関係地法が適用される。夫婦の最密接関係地法の決定は，個別的，具体的事情を考慮してケース・バイ・

ケースになされざるをえないのであって、きわめて柔軟なアプローチを指向するものである。

しかもこの夫婦の最密接関係地法の適用は、婚姻の効力のみでなく、夫婦財産制、離婚においても採用されており、このような柔軟なアプローチが広い範囲にわたって採用されていることは、硬直的連結点を原則とした平成元年改正前法例からの重要な変更点の1つというべきである。

5 準拠法の適用範囲

本条にいう「婚姻の効力」とは、通則法26条に定める夫婦財産制を除く婚姻の効力、すなわち、婚姻の身分的効力を意味する。具体的にいかなる問題が婚姻の身分的効力の問題に入るかは法律関係性質決定の問題である（→第5章参照）。

これまでよく議論されてきたのは、夫婦の氏、夫婦の同居・扶養義務、婚姻による成年の擬制、妻の行為能力、夫婦間の契約の取消権、夫婦の日常家事債務の連帯責任などがある。

(1) 夫婦の氏（婚姻による妻の氏の変動）

従来から判例上比較的よく問題となったのは、夫婦の氏、とりわけ、婚姻による妻の氏の変動の問題である。通説は婚姻の効力の問題と考え、この見解を支持する裁判例（京都地判昭和31・12・28下民集7巻12号3911頁）もある。

他方、これを人の独立の人格権たる氏名権の問題であるとみて、本人の本国法によるべきとの審判（京都家審昭和55・2・28家月33巻5号90頁）もあり、学説・判例の対立が激しい（この点の詳細は、→第19章第3節参照）。

> **【設例16-5】** 日本人女性Xは、A国においてA国の国民であるYと婚姻した。XYは、その後しばらくして来日し、現在わが国に居住している。Yは、Xを悪意で遺棄し、生活費を渡さず、他の女性と同棲している。そのためXは、生活保護により生計を維持している。そこでXは生活費として毎月13万円を支払うべきことを求めてわが国の家庭裁判所に申立てをした。なお、Yの月収は40万円を下らない。日本法によればXの請求がそのまま、認められるのに対して、A国法によれば夫婦間の扶養義務は否定されている。
>
> Xの請求は認められるか。

第16章　婚　　姻

(2) 夫婦の扶養義務

かつての通説は夫婦の扶養義務を婚姻の効力の問題と法性決定したが（【設例16-5】の基礎となった事案につき，東京家審昭和49・1・29家月27巻2号95頁も同旨），わが国はハーグの「扶養義務の準拠法に関する条約」を批准し，「扶養義務の準拠法に関する法律」（昭和61年9月1日施行）を制定したので，以後この問題は，この法律によって規律されることになった（→第20章第2節**3**参照）。

なお，この法律で採用されている基本原則は扶養権利者の常居所地法主義であり（同法2条参照），通則法の身分，能力における本国法主義に対する重大な修正である点は十分に注意する必要があろう。

(3) 日常家事債務の連帯責任

日常家事債務の連帯責任の問題は夫婦共同体の円滑な運営の実現に資するものであることを理由に婚姻の身分的効力の問題であると法性決定するのが多数説である。しかし，【設例16-4】にみられるように，むしろこの問題は第三者との取引の安全が問題となることが多く，その点から内国取引保護の要請が強く働くものであること，さらに通則法26条3項・4項の内国取引保護の規定が整備されたことなどを考えると，むしろ夫婦財産制の問題として通則法26条によるべきものと考える。

(4) 内縁の効力・第三者による婚姻侵害

内縁の効力については，本条を準用する（佐賀地判昭和37・2・28下民集13巻2号317頁）。第三者による婚姻侵害については，婚姻の効力か不法行為かが問題となるが，これを不法行為とした裁判例がある（東京高判昭和51・5・27下民集27巻5-8合併号324頁）。

第4節　夫婦財産制

> 【設例16-6】　日本人Aは，S国人Bと日本で婚姻し，大阪市内のマンションで生活している。日本人Cは，Aに貸し付けた2000万円を取り立てるためにこのマンションを差し押さえた。これに対し，BはAとの間に夫婦財産関係は当事者間で合意したS国法によること，同法によればマンションは共有財産になり，Bは

2分の1の持ち分を有すると主張した。この主張は認められるか。

1 夫婦財産制における法の抵触

婚姻によって生ずる特別の財産関係を規律する制度を夫婦財産制という。夫婦が財産契約を締結することができるのか，できるとすればその内容はどうなるのかについて，各国の法制度は異なっている。そのため，夫婦財産契約の準拠法を決定する必要がある。また，法定夫婦財産制については，別産制をとる国と，共有制をとる国とがあり，これについても準拠法を決定する必要がある。

【設例16-6】では，夫婦の財産について，共有制をとるS国法が準拠法とされるのか，別産制をとる日本法（民法762条1項）が適用されるのかが問題となる。

2 夫婦財産制の準拠法

夫婦財産制の準拠法について，各国の立法例は，属人法主義と動産・不動産区別主義とに分けることができる。

平成元年改正前法例15条は，夫婦財産制は婚姻当時の「夫ノ本国法」によるとしており，属人法主義を採用していた。また，「婚姻当時ノ」夫の本国法によるとされており，婚姻後夫の本国法が変更されても，夫婦財産制の準拠法はそれにともなって変更されないとする，不変更主義がとられていた。不変更主義が採用されていた理由としては，第1に夫婦と財産制について法的安定性が要求されることであり，第2に夫が本国法を変更して自分に有利な国籍を選択し，妻に不利益が生じるのを防ぐ必要があるという点があげられていた。

3 通則法26条1項における夫婦財産制の準拠法──客観的連結

平成元年改正の重要な点は，①まず，法例15条本文で婚姻の効力に関する規定（法例14条）を準用したこと，それによって夫婦財産制についても，段階的連結と変更主義が採用されることとなったこと，②法例15条但書で当事者による準拠法の選択が認められたこと，③内国取引保護の規定を整備したことの3点である。

これらの点はいずれも通則法26条においてもそのまま引き継がれた。

第16章 婚　姻

4　段階的連結
(1)　通則法25条の準用
通則法26条1項は，「前条の規定は，夫婦財産制について準用する」と規定し，夫婦財産制の準拠法は婚姻の身分的効力の準拠法と基本的に一致させることとされた。夫婦財産制の準拠法について，婚姻の効力の準拠法が原則的な準拠法とされたのは，夫婦財産制は，広い意味での婚姻の効力に含まれるので，婚姻の効力の準拠法と夫婦財産制の準拠法とを同じにするのが望ましい，とされたためである。

通則法26条が25条を「適用する」とせず「準用する」としたのは，最密接関係地法の決定において考慮される要素が婚姻の効力と夫婦財産制とで異なることがあるからである。最密接関係地法の決定において，たとえば夫婦の財産の所在地が考慮されるなど，婚姻の効力の準拠法と異なることがある。

(2)　不変更主義から変更主義へ
平成元年改正前法例15条は不変更主義を採用していたが，平成元年の改正で，変更主義に改められた。この改正の理由として，①身分的効力の準拠法と夫婦財産制の準拠法とは，原則として，同じにすることが望ましいという点がある。もう1つのより積極的な根拠は，②現在の生活に影響を与える法律関係については，現在の当事者に密接な関係を有する法によらしめるのが適切である，という点に求められる。つまり，婚姻当時に当事者と最も密接な関係をもっていた国の法ではなく，現在の当事者の属人法によらしめることが必要である，というのが改正の立法趣旨である。

(3)　遡及効
当事者の属人法が変更された場合，変更前に取得した財産についても変更後の準拠法が適用されるのか，それとも新しい準拠法は将来の問題についてのみ適用されるのか。

立法趣旨の解説によると，変更主義といっても変更の効果は将来にむけてのみ生じる，と解されている。その時々に密接に関係する国の法によるというのが国際私法の一般的な考え方であること，客観的な連結点に変更があっても，それ以前に取得した財産については，取得当時の準拠法によって規律されるというのが当事者の通常の意思であること，財産取得時の準拠法に基づき特有財

193

産または共有財産と確定したものにつき，後になってその法的効果を覆すことは適切でないこと，などがその理由としてあげられている。

この点に関する明文の規定を設けていないのは，遡及効を認める趣旨の規定を置かなければ，解釈上，遡及的適用は否定されることになるからと説明される。しかし，このような解釈は条文から当然に導かれるものではなく，遡及効を否定するならば，その趣旨を明確にするために明文でその旨を規定すべきであった。

5 当事者による法選択

通則法26条2項は，「前項の規定にかかわらず，夫婦が，その署名した書面で日付を記載したものにより，次に掲げる法のうちいずれの法によるべきかを定めたときは，夫婦財産制は，その法による。この場合において，その定めは，将来に向かってのみその効力を生ずる。」と規定し，夫婦の一方が国籍を有する国の法，夫婦の一方の常居所地法，不動産に関する夫婦財産制については不動産の所在地法を，夫婦が選択しうる法としてあげている。

この規定によって，夫婦財産制にも当事者自治が採用されることとなった。もっとも当事者自治といっても，契約の準拠法を定めた通則法7条の規定の仕方とは，かなり異なっている。

通則法7条の下では，原則として契約の準拠法は当事者の意思によって決まるのであり，当事者の意思が明らかでない場合には，最密接関係地法が準拠法となる，と規定されている（通則法8条）。これに対して，通則法26条は，原則的な準拠法は婚姻の効力の準拠法であり，例外的に当事者自治を認めているのである。

このように通則法7条と26条とで規定の仕方が異なったのは，夫婦財産制の準拠法を婚姻の効力の準拠法と同一にすることが理論的に望ましいとの考慮が働いたからであろう。

しかし，結果的には，契約の準拠法においても夫婦財産制の準拠法においても，当事者の明示的意思が明らかであれば，それが優先的に適用されることになるのであり，むしろ通則法26条は，契約準拠法に関する7条・8条の規定ぶりと同じにした方が適当ではなかったかと考えられる。

第16章 婚　　姻

(1) 法選択の根拠

　当事者による準拠法の指定を認めた根拠の1つは，最近の有力な立法とりわけ1978年のハーグ条約（夫婦財産制の準拠法に関するハーグ条約3条）において，夫婦財産制の準拠法に当事者自治の原則を定めている点にある。わが国はこの条約を批准していないが，有力な立法例やハーグ条約と，わが国の法選択規則を同じにしておくことが，判決の国際的調和にとって望ましいからである。

　より実質的な理由としては，まず，夫婦財産制には，婚姻の効力に関する身分法的な側面と財産法的な側面があるが，そのうち財産法的な側面を強調すると，当事者自治が認められることとなる。なぜなら夫婦の財産関係を規律する重要なものは夫婦財産契約であり，これは一種の契約であるから，契約の準拠法についての原則である当事者自治の原則が適用されることになるのである。

　もう1つの理由は，原則としての婚姻の効力の準拠法が段階的連結を採用していることによる。改正前の婚姻当時の夫の本国法主義によれば，当事者にとって準拠法は明確であった。しかし，準拠法の指定に段階的連結を採用すれば準拠法が不明確となる場合が生じる。たとえば，重国籍の場合の本国法の決定や常居所の認定等にも困難は生じる。とりわけ問題となるのは最密接関係地法の認定である。

　たとえば，離婚の事例であるが，水戸家審平成3・3・4家月45巻12号57頁によれば，最密接関係地法はケース・バイ・ケースに決定されることになる。このため，当事者が，最密接関係地法をあらかじめ予測することは困難である。夫婦財産制の準拠法が当事者にとって不明確となることは不都合である。そのため当事者に自ら夫婦財産制に適用される法を決定することを認めることにより，その不明確さを回避することができる，とされたのである。

(2) 量的制限（限定的選択制）

　通則法26条は夫婦財産制の準拠法の決定に当事者自治を認めたが，同じく当事者自治を認める7条とは違いがある。第1は量的な制限が設けられていることである。26条2項によれば当事者は国籍を有する国の法，常居所地法，不動産所在地法のうちから準拠法を選択しなければならない。これに対して，7条によって規律される債権契約の準拠法においてはこのような制限は設けられていない。たとえば当事者は海上運送における保険契約の準拠法として当該保険

契約がイギリスとなんら関係がなくてもイギリス法がこの分野において先進的であり、当事者間によく知られた法であるという理由でイギリス法を適用することができるのである。

(3) 合意の方法・選択の方式

第2に通則法7条で規律される契約の準拠法の場合は当事者の意思は明示の意思である必要はない。黙示の意思による準拠法の指定でもよい。しかしこの点についても26条は制限的である。黙示の意思による準拠法の指定は認められないばかりでなく、準拠法の指定が明示の意思によるものであっても、署名と日付がなければ認められないのである（26条2項）。

しかし準拠法の指定に関してここまで厳格にする必要があるのだろうか。当事者の意思が明確であれば当事者自治を認めた立法の趣旨からして、当事者自治をもう少し広く認める必要があると考える。立法論としては問題がある。

(4) 指定の変更

当事者は後になって準拠法の指定を変更することが許されるであろうか。この点について明文の規定はないが、7条による契約の準拠法の場合と同様、変更が許されると解する。なぜなら、当事者が準拠法を変更をするのは最初に指定した準拠法が適当ではなかったことが後になって判明した場合であると考えられるため、このような場合に変更を認めることが当事者自治を認めた立法趣旨に合致すると考えられるからである。

(5) 分割指定の有効性

夫婦財産の一部について準拠法を指定できるかについても明文の規定がないため肯定説と否定説に分かれている。

肯定説は当事者自治の原則一般について分割指定が認められることを前提とした上で、夫婦財産制についても量的制限の範囲の中で分割指定が認められるとする。そして、その根拠としては、不動産については不動産の所在地法を別に指定することが認められていることをあげる。この規定の趣旨から、通則法26条2項の解釈として分割指定を認めているとするのである。

これに対して否定説は、不動産については、法は分割指定を例外的に明文で認めているのであり、明文の規定がないものについては分割指定は認められないとする。

思うに，夫婦財産制についても分割指定を肯定してよいと考える。なぜなら，量的制限の範囲内で当事者が分割指定を望ましいとした場合，その当事者の意思を尊重するのが，当事者自治の原則を認めた趣旨にかなうと考えられるからである。

6 内国取引の保護（26条3項・4項）

(1) 通則法26条3項

通則法26条3項は，「前2項の規定により外国法を適用すべき夫婦財産制は，日本においてされた法律行為及び日本に在る財産については，善意の第三者に対抗することができない。この場合において，その第三者との間の関係については，夫婦財産制は，日本法による」と規定する。

夫婦財産制は第三者との関係で問題となることが多いが（【設例16-6】），外国法が準拠法となった場合，日本にいる第三者は外国法について知ることが困難である。その結果，外国法による夫婦財産制を認めれば，内国の取引の安全が害されることとなる。そのため，①日本における法律行為と日本にある財産については，②外国法による夫婦財産制（法定財産制も含む）は善意の第三者に対抗できないとされた。

平成元年改正前は，善意の第三者に対抗できないのは，改正前民法757条（改正により削除）により，外国法による夫婦財産契約に限られていたのに対し，改正後は，夫婦財産契約に限らず，外国法による法定夫婦財産制も含めて広く一般的に善意の第三者には対抗することができないとされた。これは，改正前から，諸外国の法定財産制の内容は，容易に知りうるものではないという批判がなされていたこと，さらに，改正後は段階的連結が採用された上，準拠法の選択も認められたため，取引の相手方が準拠法を知ることが，さらに困難になったためである。

(2) 通則法26条4項

しかし，善意の第三者に外国法による夫婦財産制がまったく対抗できないとすると，夫婦財産制の準拠法を定めた立法の趣旨は損なわれてしまうことになる。そこで，4項は，「前項の規定にかかわらず，第1項又は第2項の規定により適用すべき外国法に基づいてされた夫婦財産契約は，日本においてこれを

登記したときは，第三者に対抗することができる」と規定し，外国法に基づいてその内容を夫婦財産契約として登記すれば善意の第三者にも対抗することができる，としたのである。しかし，準拠法の登記ではなく，準拠法の内容を盛り込んだ登記をしなければ対抗できないとするのは，内国法が適用される場合が不当に拡大されたのではないかという点が立法論として問題となる。

(3) **善意の第三者の解釈**

ここで「善意の」第三者とはなにかが問題となる。この点につき，外国法の内容を知らないことは善意といえるのか，それとも夫婦の国籍，常居所，選択の事実を知っていれば，善意とはいえないのではないか，という点が問題となる。後者の解釈が一般的である。

第17章 離　　婚

> **【設例17-1】** 日本人妻Xは，フィリピン人夫Yとわが国で婚姻を挙行し，婚姻生活を営んできたが，YはXを悪意で遺棄したばかりでなく，その後生死不明の状態が相当期間継続しているので，これらを理由として，わが国の裁判所に離婚を求める訴訟を提起した。夫の本国法であるフィリピン法は，宗教上の理由により，離婚を全面的に禁止しているのに対して，日本民法770条によればXの離婚請求は認められる。
> 　Xの離婚請求は認められるか（**【設例1-2】**と同じ）。またXがフィリピン人のときはどうか。

> **【設例17-2】** Xがフィリピンにでかけ，そこで婚姻を挙行し，婚姻生活を送ったのち，Yの悪意の遺棄により，離婚を請求した場合はどうか。

第1節　序　　説

1　各国離婚法の相違と法の抵触

　わが国の国際私法において，離婚は事件数も多く，公序，法性決定など総論上の問題をも含めて，判例法の形成に最も重要な役割を果たしてきた分野である。その理由の1つには，離婚についての各国法の内容が非常に異なることがあげられる。

　まず，「神が合わせたまいしもの，人これを離すべからず」として，かつてはカトリック教国はいっさい離婚を認めていなかった。20世紀の後半に入って多くの国で離婚が認められるようになった（スペイン，イタリア，アイルランド，ブラジル）が，フィリピンは依然として離婚を禁止している。そこで**【設例17-1】**のような場合に，フィリピン法が適用されるのか，日本法が適用されるの

かが問題となる。

　また，離婚を認めるとしても，どのような離婚原因があれば認めるのかについても各国の離婚法は異なる。たとえばニューヨーク州ではかつては，姦通だけが唯一の離婚原因であり，それ以外はいっさい離婚を認めなかった。さらに婚姻の破綻を原因として離婚を認める法制度の中でも，離婚原因としての婚姻生活の破綻を具体的にあげる立法例もある（日本民法770条）が，破綻という抽象的な事由で離婚を認める国もある。「婚姻が復元の見込みのないまでに破綻してしまっていること」（イギリス），「婚姻が破綻したときには，離婚することができる。夫婦の共同生活がもはや存在せず，夫婦がそれを回復させることを期待できないときは，婚姻は破綻したものとする」（ドイツ）などがそうである。

　離婚の方法についても各国の法制度に違いがみられる。たとえば，日本法では，協議離婚，調停離婚，審判離婚，裁判離婚の4つの離婚の方法が認められているのに対して，外国の立法例には，議会の特別法による離婚や，夫の一方的な意思表示で離婚が成立するイスラム法国におけるタラク離婚などがある。裁判離婚のみを認める国も多い。

　また，離婚の効果として，日本民法では，財産分与請求が認められているが（民法768条），後にみる【設例17-3】のように，改正前韓国法によれば妻は財産分与を請求することができないと解されていた（最判昭和59・7・20民集38巻8号1051頁）。

2　平成元年改正前法例16条における離婚の準拠法

　以上のように各国の離婚法は鋭く対立する。そこで離婚の準拠法を決定する必要がある。平成元年改正前法例16条は，「離婚ハ其原因タル事実ノ発生シタル時ニ於ケル夫ノ本国法ニ依ル但裁判所ハ其原因タル事実カ日本ノ法律ニ依ルモ離婚ノ原因タルトキニ非サレハ離婚ノ宣告ヲ為スコトヲ得ス」と規定していた。

　平成元年改正前法例16条の特徴は，①夫の本国法主義が採用されていること，②離婚原因発生当時の夫の本国法が準拠法とされていること，③但書における離婚原因に法廷地法の累積的適用が認められていたことである。

　夫の本国法主義に関しては，男女平等の見地から，両性の平等に反するとの

第17章 離　　婚

批判がなされていた。また準拠法の不変更主義に関しては，離婚の原因たる事実発生後の夫の国籍変更により，妻の予期しない結果の発生を避ける趣旨に基づくもの，と説明されていた。しかし，破綻主義によれば，離婚の時点において，婚姻が回復しがたいほど破綻しているかどうかが問題となるのであり，不変更主義は，離婚における有責主義の残滓であるとの批判がなされていた。

　さらに裁判離婚では，離婚原因については日本法が累積的適用され，夫の本国法と日本法の双方が認める離婚原因がなければ離婚は認められないこととなり，離婚の容易化の方向にむかっている各国離婚法の動向からみて妥当ではない。日本法を適用する必要があれば一般の公序条項によれば足りるのであり，つねに日本法を累積的に適用する必要はないとの批判が強かった。

第2節　離婚の準拠法

1 通則法25条の準用と段階的連結

　以上のような批判を考慮して，平成元年改正法例は，離婚準拠法の決定を両性平等に沿うものに改める一方，準拠法決定の基準時点も改正前の不変更主義を改め，離婚時とする変更主義を採用するとともに，離婚原因についての法廷地法の累積的適用を廃止した。通則法27条はこの立場を踏襲する。

　通則法27条本文は，「第25条の規定は，離婚について準用する。ただし，夫婦の一方が日本に常居所を有する日本人であるときは，離婚は，日本法による。」と規定する。

　すなわち，まず，通則法27条は，両性平等を考慮して，25条を準用し，段階的連結を基本的にうけ入れた。婚姻の効力におけると同様に，第1段階として夫婦に同一本国法があればそれが準拠法となる。夫婦に同一本国法がない場合には同一常居所地法が準拠法となり，それもない場合には夫婦の最密接関係地法が準拠法とされる。

　なお通則法27条が25条を準用する，としたのは，離婚の場合の最密接関係地法の探求は，婚姻の効力における最密接関係地法の探求と重点の置き方が異なるためである。たとえば離婚の場合に，離婚原因発生地が重要な意味をもつこ

とがありうる。その結果，最密接関係地法を適用する場合に婚姻の効力の準拠法と離婚の準拠法とが異なる場合がありうることになる。

2　変更主義

通則法27条は，平成元年改正前の不変更主義を改めて，変更主義を採用した。改正前の規定が離婚原因発生時という不変更主義を採用したのは，離婚原因発生後に夫が国籍を恣意的に変更し，妻に不利な法を準拠法にすることを防止するためであった。しかし，改正によってそのような配慮の必要がなくなり，変更主義が採用されたのである。その結果，離婚時点を基準にして連結される法が準拠法となる。裁判離婚では最終口頭弁論終結時がこれに該当する。

3　通則法27条ただし書における日本人条項

27条ただし書は，「ただし，夫婦の一方が日本に常居所を有する日本人であるときは，離婚は，日本法による。」と規定し，いわゆる日本人条項を採用する。25条との一番の違いはこのただし書の日本人条項である。これは夫婦の一方が日本に常居所を有する日本人である場合には，日本法を適用するというものである。たとえば日本人がフランス人とフランスで婚姻し，婚姻生活を営んでいたが日本人のみが日本に帰ってきて日本に常居所を有していた場合を考えてみよう。この場合にも日本法が適用される。ただし書の日本人条項がなければ最密接関係地法はフランス法となるであろうから，ただし書の有無で準拠法が異なる可能性がある。

ただし書を取り入れた理由は，1つは戸籍実務の要請である。協議離婚は戸籍吏に離婚届を提出し，これが受理されれば離婚が成立する。したがって協議離婚を認める国の法が準拠法となる場合には，戸籍吏に離婚届を提出すれば離婚が成立することとなる。戸籍吏は離婚届を受理するかどうかを決するため，離婚の準拠法を決定する必要があることになる。この場合，本国，常居所の認定は比較的容易である。しかし，最密接関係地法の認定は個別的になされなければならないので，形式的な審査権しか有しない戸籍吏が決定するのはきわめて困難である。そこで夫婦の一方が日本に常居所を有する日本人である場合には日本法による，としておくと最密接関係地法を認定しなければならない場合

が少なくなる。また，夫婦の一方が日本に常居所を有する日本人である場合には，最密接関係地法が日本法とされることが多いと考えられる。

しかし，先にあげた例のように，最密接関係地法が必ずしも日本法とならないことがあること，日本人条項が適用されない場合には最密接関係地法を決定しなければならないことを考えると，日本法の優先的適用は内外法平等の原則から立法論的には問題があるとの批判が強い。

第3節　離婚準拠法の具体的適用

各国の実質法上の立法例は離婚の自由化，容易化にむかっている。この実質法上の法目的を重視するとすれば，立法論としては離婚の許否や離婚原因については，選択的連結にするということも考えられる。しかし，平成元年改正法例は離婚の問題はすべて1つの法によって規律することにした。通則法も同様である。

離婚準拠法の適用が具体的に問題となるのは主としてつぎの事項である。

1　離婚の許否・離婚原因

離婚そのものが許されるかがまず問題となる。今日でもフィリピンのようにカトリックの教義に従い離婚を全面的に禁止している国がある。たとえば【設例17-1】のように，フィリピン人の夫が日本人妻を悪意で遺棄した場合，妻による離婚請求が認められるかどうかの問題が離婚準拠法によって判断されるべきことは改正の前後を問わず異論がない。

また離婚原因については，平成元年改正前は16条但書によって夫の本国法と日本法の累積的適用がなされていたが，改正によりこれは削除され，どのような離婚原因があれば離婚請求が認められるかは離婚準拠法によるべきことになる。

2　離婚禁止国法の適用と公序

【設例17-1】のような場合には，平成元年改正前の16条によれば夫の本国法

が適用され，離婚請求は認められないこととなるべき場合であった。しかし多くの判例は上のような場合において，夫の本国法であるフィリピン法の適用が改正前法例30条（通則法42条）にいう公序に反するとして，その適用を排除してきた。

* 大阪地堺支判昭和38・9・16家月16巻2号70頁は，「本件の場合は，妻である原告が婚姻前日本に居住し，かつ現に日本に住所並びに国籍を有し，前認定のとおり夫である被告から悪意で遺棄され，しかも夫の所在が不明の場合である。この場合なお法例第16条［平成元年改正前］により前記フィリピン共和国法を適用して離婚を許さないとすることは，国家として原告の自由を永久に拘束し，その権利保護を不当に拒絶する結果となり，日本の私法法規の根本理念に著しく反すると共に日本国民の道義の根本観念を著しく害するものといわなければならないから，かかる外国法規は日本の公序良俗に反するものとして法例第30条によりその適用は排除されなければならない」とした。

学説の多くは，一般に公序条項の濫用の危険を指摘するが，上のような具体的状況の下では判例の結果を容認する。しかし，内国との関連が稀薄で，悪意の遺棄や，相手方の行方不明などの事情が存在しない場合には，離婚を認めない夫の本国法の適用が公序に反するかについては，見解は対立していた。

判例は，①当事者の一方が日本人である場合（東京家調昭和37・9・17家月15巻1号164頁），②【設例17-2】のように，妻の本国，住所地が日本で，夫の住所，婚姻挙行地，婚姻住所が夫の本国たる離婚禁止国にあり，夫が妻を悪意で遺棄したとはみられない事例（横浜地判昭和48・1・18判タ297号315頁），③フィリピン人夫から朝鮮人妻に対する離婚請求において，婚姻届出地，婚姻住所地が日本で，妻が日本に永住する事例（神戸地判昭和54・11・5判時948号91頁）にそれぞれ，公序条項を積極的に発動し，離婚を禁止する夫の本国法の適用を排除し，日本法を適用してきた。これに対し，学説からは，とりわけ②の事例には公序条項の濫用であるとの強い批判があった。

平成元年改正により，夫の本国法主義に大幅な改正が加えられた。この改正により，これまで判例で公序条項の適用が問題となった事例の多くは（たとえば夫婦の一方が日本に常居所を有する日本人であるか，日本に同一常居所を有する異国籍の外国人夫婦の場合など），原則的準拠法が日本法となることで，公序条項の適用の必要がなくなり，一応の決着がついた。

しかし，たとえば，日本に永住するフィリピン人夫婦の離婚において，婚姻住所がわが国にあり，夫婦ともに今後も永住する意思を有し，日本民法上の離婚原因の存在する場合などにおいては，依然として公序条項の発動すべき余地は十分にあるというべきであろう。

離婚自体は禁止していないが，他方の配偶者が一定の犯罪を犯したときなど厳重な要件を具備しているほかは，裁判別居の判決，協議別居の認許等があった後，5年間の別居生活を継続しなければ離婚の判決をなすことができない旨を定めるイタリア離婚法の適用を公序により排除し，日本法により離婚請求を認めた事例もある（東京地判昭和50・11・17判タ334号331頁）。

3 離婚の方法──協議離婚

日本では協議離婚，調停離婚，審判離婚，裁判離婚の4つの離婚の方法が認められている。しかし比較法的にみれば日本のように協議離婚を認める国は少数であり，多くの国では裁判離婚が通常であると考えられる。

また，協議離婚を認めるとしても日本とは異なる要件を課すこともある。たとえば韓国法では協議離婚は認められるが，追い出し離婚を防止するため，「協議上の離婚は，家庭法院の確認を受け，戸籍法の定めるところにより申告をすることによって，その効力を生ずる」（韓国民法836条）とする。これについては日本で韓国法によって協議離婚をする場合には家庭法院の確認は不要であるというのが法務省の見解である。家庭法院の確認は方式の問題であるというのがその理由である（身分的法律行為の方式については→第19章第1節参照）。

* 昭和53・12・25法務省民事局第2課長依命通知は，韓国法上の「右の確認は，法例上，協議離婚の方式に属するものと解されるので，改正法施行後において，夫が韓国人である夫婦につき右確認を得ることなく協議離婚の届出がなされた場合，従来どおりこれを受理して差し支えない」と述べている。もっとも韓国では，上のようにしてなされた日本での韓国人間の協議離婚は有効と認めないと変更された。

4 調停・審判離婚

つぎに離婚の準拠法である外国法が裁判離婚しか認めていない場合において，わが国の家庭裁判所で調停離婚，審判離婚をなしうるか，また，調停前置主義

により裁判の前に調停の申立てをしなければならないかが問題となる。

大阪高判昭和35・12・20下民集11巻12号2702頁は，この問題は訴訟手続に関する問題として法廷地法を適用した。しかし，学説においては，[旧]家事審判法の調停離婚・審判離婚の規定は，実体法から独立した純粋の手続規定ではなく，実体法的要素を含むものであり，「手続は法廷地法による」という国際私法の原則の適用される手続規定とは認められないとの考え方もあり，この問題については，見解が対立している。

通説は離婚の準拠法が裁判離婚しか認めていない場合には日本の裁判所では調停・審判離婚はできない，とする。その理由は，日本の調停離婚，審判離婚は家庭裁判所の関与するものではあるが，両者とも当事者の合意を基礎としているため，協議離婚の性質を有し，一定の法律上の原因に基づいて離婚を成立させる裁判離婚とは性質が異なる。よって離婚の準拠法が裁判離婚しか認めていない場合においてわが国で調停離婚，審判離婚をすることは法の趣旨に反することとなり許されるべきではない，とする。

これに対して，裁判実務，有力な学説では一定の範囲において調停離婚および審判離婚を認める。

思うに，通則法27条により外国法が原則的準拠法であって，離婚準拠法が裁判離婚しか認めていないときは調停離婚をすることは適切ではない。しかし，審判離婚は一定の場合には許されて然るべきではなかろうか。ここでの問題は，離婚準拠法所属国でいう裁判離婚とはどのようなものか，離婚準拠法所属国からみて日本の審判離婚と同視できるか（日本の裁判離婚との異同は問題ではない），という点にある。たとえば，米国の裁判では一般に当事者間で離婚の意思の合致があるときは離婚判決はきわめて簡単かつ迅速に下される。そうだとすれば，①当事者間に離婚の合意があり，かつ，②離婚準拠法上の離婚原因のある場合にはその旨を審判中に明記して審判離婚をすれば，それは米国における裁判離婚と実質的には同視しうることになろう。

* 横浜家審平成3・5・14家月43巻10号48頁は，ハワイ州法が準拠法であり，同州法によれば裁判離婚しか認められていないにもかかわらず，[旧]家事審判法23条に基づく審判をなした。その理由は，準拠外国法の裁判離婚の実質をみれば，当事者が争っていない場合には日本の[旧]家事審判法23条の手続と同様の手続で離婚を認

めているため，23条を類推適用しても法の趣旨に反しないためである，とする。

5 離婚の際の慰謝料

離婚にともなう慰謝料請求権については，かつては離婚による慰謝料の問題を不法行為による損害賠償の問題とみる実質法上の通説的見解を反映して，不法行為の問題とみて，法例11条によるべきとの判例が多かった（京都地判昭和31・7・7下民集7巻7号1784頁，大阪地判昭和59・3・29判タ528号296頁など）。

しかし現在では，この問題は離婚の際における財産的給付の一環をなすものであるから，離婚の効果に関する問題として離婚の準拠法の適用をうけるものと解すべきであるとする見解（判例としては大阪地判昭和58・11・21判時1125号134頁など）が学説・判例上の通説である。その根拠は，財産分与も含めて，離婚にともなう財産給付を統一的に1つの離婚準拠法によらしめるべきであるという点にある。不法行為の準拠法によるときは，通則法22条により成立と効力について不法行為地法と法廷地法が累積的に適用されることになり，相手方配偶者の保護という観点からいっても妥当ではない。最判昭和59・7・20民集38巻8号1051頁もこの通説の立場を承認したものと解され，下級審判例もこれを踏襲する。

* 横浜地判平成3・10・31家月44巻12号105頁は，「離婚に伴う財産分与及び離婚そのものによる慰謝料請求については，いずれも離婚の際における財産的給付の一環を成すものであるから，離婚の効力に関する問題として，……法例16条本文（14条）によるべきものと解するのが相当」と判示する。

もっとも，離婚そのものに基づく慰謝料請求とは異なり，離婚にいたらしめた原因行為，たとえば暴行によって相手方に与えた特定の損害に対する賠償請求の問題については，離婚の効力の問題ではなく，それ自体として独立の不法行為に関する問題であるから，不法行為の準拠法によるべきとするのが学説の多数である。これに対して両者ともに離婚の準拠法によるべきとする少数説がある。離婚にいたらしめた原因行為に基づく慰謝料請求も夫婦の一方から他方に対して離婚時に請求されるものである限り，離婚そのものに基づく慰謝料請求と不可分の関係にあるから，この問題も離婚の準拠法によるべきであろう。

6　離婚の際の財産分与請求

　慰謝料と区別して財産分与という場合には，夫婦財産の清算請求と離婚後の扶養請求とが含まれるのが普通である。学説・判例上，これらについては，さらにこれに慰謝料請求をも含めて，①前掲横浜地判平成3・10・31と同様に包括的に離婚の問題として離婚準拠法によらしめるか，それともそれぞれの請求を区別しながらも，結局は離婚準拠法によるとの立場が有力である。②これに対し離婚後の扶養請求についてはともかく，夫婦財産関係の清算請求については，夫婦財産制の問題とみる少数説がある。とくに改正後は，当事者が法選択を行い，財産関係の処理を特定の法秩序に委ねた場合に，通則法27条ただし書の規定に基づきそれと異なる離婚準拠法を適用することは，当事者の予測に反する結果を招来すること，さらに戸籍の窓口とは無縁の問題まで日本人条項を適用することは避けるべきとの理由により，夫婦財産制の準拠法によるべきとの意見もある。

　思うに，財産分与を夫婦財産の清算に限ると解するにせよ，離婚後の扶養または離婚による慰謝料を含むと解するにせよ，国際私法上は，いずれも統一的に同一の準拠法によると解するのが妥当であろう。それらはいずれも離婚にともなう財産的給付の一環をなし，相互に補完的な関係に立つものであるから，互いに異なる準拠法によらしめることは不都合な結果を招くおそれがあるという点を重視すべきだからである。

7　財産分与請求を認めない外国法の適用と公序

> 【設例17-3】　大韓民国の国籍をもつＸＹ夫婦はともに日本で出生，成育し，40年以上わが国で生活している。ＸＹは昭和45年大阪市で婚姻したが，夫Ｙの不貞行為と虐待のために２人の婚姻生活は破綻した。そこで妻ＸはＹに対して離婚とともに慰謝料100万円と財産分与500万円（夫婦財産関係の清算と離婚後の扶養を含む）を請求する訴訟を提起した。500万円の財産分与請求は日本法によれば認容されるが，韓国法によれば認められないとする（韓国法は改正され，現行法の下ではこのような問題は生じない）。
> 　このＸの財産分与請求は認められるか（【設例6-2】と同じ）。

　離婚にともなう慰謝料請求・財産分与請求については，【設例17-3】にあげ

第17章 離　婚

たように，準拠法となるべき外国法がこれを認めないかまたは低額の財産的給付しか認めていない場合には，公序条項の適用が問題となる。1990年改正以前の韓国民法には財産分与に関する明文の規定を欠いていたので，この点が問題となった。

　従来の下級審の裁判例は，①韓国法が財産分与をまったく認めないものと解釈し，かかる韓国法の適用は公序に反するとして日本民法を適用し財産分与請求を認めるもの（大阪地判昭和59・3・29判タ528号296頁，名古屋高金沢支決昭和55・3・25判時970号163頁など）と，②韓国法による慰謝料算定の際に夫婦財産の清算，離婚後の扶養という財産分与的要素を考慮し，韓国法の適用は公序に反しないとするもの（大阪地判昭和58・11・21判時1125号134頁）があり，前者が多数を占めていた。

　＊　前掲最判昭59・7・20は，韓国民法の解釈上，有責配偶者が支払うべき慰謝料の額を算定するにあたっては，婚姻中に協力して得た財産の有無・内容を斟酌することができるとした上で，「離婚について同法に従い財産分与請求権を認めないことが，直ちにわが国の法例30条［改正前］にいう『公ノ秩序又ハ善良ノ風俗』に反することになると解すべきではなく，大韓民国民法のもとにおいて有責配偶者が支払うべきものとされる慰藉料の額が，……諸般の事情からみて，慰藉料及び財産分与を含むわが国の離婚給付についての社会通念に反して著しく低額と認められる場合に限り，離婚に伴う財産分与請求につき同法を適用することが」公序に反することになるとして，300万円が「わが国の離婚給付についての社会通念に反して著しく低額であるとは認められないものというべきであり，したがって，……大韓民国民法の適用を排除して，日本民法768条を適用すべき場合であるとはいえない」と判示した。

　上の判旨に対しては，公序条項の発動に消極的な通説的見解に従うものとして好意的評価が多い。しかし，「著しく低額」な場合に限るとしたのは，不当な限定であって，日本民法を適用した場合の離婚給付をしなければ公序に反する場合がありうるとの反対がある。

　思うに，本国法の機械的適用が，事件に関連を有する国と当事者の利益からみて最も適切な法を適用すべきだとする国際私法の基本理念ないしは正義に反するときは，公序条項を積極的に発動すべきだとする機能的公序論の立場からすれば（→第6章第3節参照），韓国法の適用の結果が日本法を適用した結果と

実質的な違いを生ぜしめる限り，外国人夫婦が永年にわたって日本に居住し，婚姻生活を送るなどわが国と密接な関連を有する場合には日本民法を適用して妻の利益を保護する余地があり，そしてそれは決して夫に対して不公正ではない，というべきである。

第18章 親　　子

第1節　親子関係の準拠法

1　親子関係序説

　国際私法上，親子関係の問題には親子関係の成立の問題と効果の問題とがある。親子関係の成立の問題は，さらに嫡出親子関係（28条），非嫡出親子関係（29条），準正（30条），養子縁組（31条）に分かれ，親子関係の効果については32条において規律されている。

2　国際私法における子の利益保護

（1）　平成元年改正前法例における子の利益保護

　国際私法上，親子関係については，子の利益保護の要請が準拠法を決定する重要な要因である。

　平成元年改正前の法例においては，準拠法の決定において子の利益保護という要請はほとんど考慮されていなかったといってよい。このような状況の下では，子の利益保護は，公序条項の発動や反致などの総論上の理論による救済に頼らざるをえなかった。なかでも重要な役割を果たしてきたのは，公序条項である。両性の平等や子の保護という観点からみて問題のあった改正前の法例の親子関係に関する規定が，曲がりなりにもそれほど不当な結果をもたらさなかったのは，法例の親子関係の規定の機械的な適用と形式論理の一貫性に固執することなく，個々の事案に適した結果の実現のために柔軟に対応しようとした実務の努力によるところが大きいというべきであろう。

　わが国の国際私法において子の利益保護の要請が，連結点の決定という形で最初に明確になったのは，昭和52年の「子に対する扶養義務の準拠法に関するハーグ条約」への批准によってである。この条約では，子の常居所地法主義を

原則としながら、法廷地の国際私法によって準拠法とされる法が扶養をうける権利を認めているのに、この条約が指定する子の常居所地の法律がそれを否定している場合には、この条約の締結により子はかえって不利になり子の利益保護という条約の目的に反するので、このような場合には法廷地の国際私法の指定する準拠法を適用することを定めた。ここでは子の保護という政策考慮が子の扶養義務の準拠法を決定する最も重要な要因として明確に意識されている。
（なお、扶養義務の準拠法については、→第20章第2節参照）

(2) 平成元年法例改正と子の利益保護

親子関係の分野における改正においては、子の利益保護をどこまで認めるかは重要な課題であった。昭和47年に公表された法例改正要綱試案においても、子の属人法の適用を認める規定がかなりの範囲にわたって採用されており、その際、子の属人法の適用の根拠は子の利益保護にかなうという点にあった。しかし子の属人法主義が実質的に子の利益保護にかなうかについては疑問である、との批判があった。

上のような立場からは、より実質的に子の利益の保護を実現するためには、法例の改正にあたっては、「親子法の全分野について、……子の利益の保護という実質法の基礎にある法目的を考慮するという発想をもっと積極的に取り入れるべきではないかと考える。……その際、選択的適用の積極的活用が1つの有力な手段となりうるであろう。ただ、問題は……子の福祉にかなう法の優先的適用に対する公正な限界をどこに見出すかであって、この点が選択的適用の範囲をどこまで認めるかを決定する重要な要因となろう」と主張された。

このようにみると、かつての法例改正の焦点の1つは、親子関係において子の利益保護という要請をどのような形で、どこまで認めるかという点にあった。

(3) 嫡出親子関係・認知・準正における選択的連結

平成元年法例改正においては、まず嫡出親子関係について、子の利益保護の観点から、できるかぎり子が嫡出子の身分を取得するようにするため、父または母の本国法の選択的連結の方法が採用された。また認知についても子の出生当時の認知者の本国法または認知当時の認知者もしくは子の本国法の選択的連結を採用したのも、認知をできるだけ容易に認め、親子関係の成立を容易にするためであった。法例19条（通則法30条）の準正における選択的連結の採用も

同様に，子の利益の保護のためである。また，養子縁組の要件については，法例20条（通則法31条）において，選択的連結は採用されなかったとはいえ，配分的連結が廃止されたのも，その限りで平成元年改正前よりも子の利益保護が実現したといえよう。

(4) 子の利益保護とセーフガード条項

親子関係における選択的連結とならんで，平成元年法例改正において注目すべきは，子の利益保護のためのセーフガード条項の採用であった。まず，認知に関しては，法例18条1項後段・2項後段において同意の要件について子の本国法を重複的に適用することにより子の利益の保護を図った。また，養子縁組については，法例20条1項後段において，同意，許可要件について養子の本国法も考慮すべきものとし，子の利益保護に欠ける点が生じることを避ける配慮がなされた。通則法においても，実質的変更がなされることなく29条1項後段・2項後段・31条1項後段において引き継がれている。

(5) 選択的連結と反致

子の利益保護という観点から，通則法41条の解釈論として親子関係における選択的連結について反致の成否が問題となる。すなわち，子の利益の保護のために親子関係の成立について選択的連結を認めた28条・29条・30条には，段階的連結とは異なり明文の規定によってその適用が排除されていないから，反致条項の適用があると解する立場が有力である。

しかしこれに対しては，日本法によれば親子関係の成立が認められない場合には，反致を肯定することは子の利益保護のために親子関係の成立を容易にするために選択的連結を採用した立法の趣旨に反することになるから，このような場合には反致の成立を否認する余地を認めるべきであるとの批判がある。

この対立は，反致の立法趣旨と子の利益保護という選択的連結の立法趣旨とのいずれを優先するかの対立といえよう。

(6) 親子間の法律関係と子の利益保護

平成元年改正法例21条（通則法32条）は，親子関係の準拠法を原則として子の本国法，例外的に子の常居所地法と定めている。子の属人法によるとしたのは，子の福祉の観点からであると説明される。

しかしながら子に最も強い実質的関連を有するのは子が現に常時居住する国

であり、その法の適用が子の利益の保護にかなうときには、その国が自国法を適用する最も強い利益を有するというべきである。子の常居所地法の適用が子の利益保護にかなうときには、その法を適用すべきであり、通則法32条（法例21条）は立法論的に問題があるといわざるをえない。

したがって、子の利益保護のために、原則的準拠法である子の本国法の適用を排し、法廷地法である子の常居所地法を適用する必要がある場合には、公序条項の適用が必要となり、平成元年改正後においても、この問題における公序条項の意義は小さくないと考えられる。

第2節　嫡出親子関係の成立

> 【設例18-1】　日本人X男とタイ人Z女は、平成6年2月14日に婚姻し、日本で婚姻生活を始めた。ZはXの知人であるA男と性交渉をもつようになり、平成8年4月10日にAとの子Yを出産した。XがYの出生を知ってから1年以内にYを相手にわが国の裁判所に嫡出否認の申立てをした。
> 　Xの申立ては認められるか。

1　嫡出親子関係の成立をめぐる法の抵触

嫡出であるとは、嫡出子として推定され、かつ嫡出の否認がなされないことをいう。この嫡出の推定、嫡出否認の方法等は、国によって異なる。たとえば日本の民法においては、妻が婚姻中に懐胎した子は夫の子と推定される（民法772条1項）。そして、婚姻成立の日から200日後または婚姻の解消もしくは取消しの日から300日以内に生まれた子は、夫の子と推定される（民法772条2項）。これに対して、たとえばかつてのドイツ法では婚姻成立から180日後、婚姻解消後320日以内に出生した子は嫡出推定をうけるとされていた。

また【設例18-1】のタイ法では、婚姻中または婚姻解消後310日以内の女性から生まれた子は、そのときの実情に従って、夫または前夫の嫡出子と推定される（タイ民商法1536条、水戸家審平成10・1・12家月50巻7号100頁参照）。

さらに日本法では嫡出の否認の訴えを提起することのできる者は夫に限定さ

れている（民法774条）。これに対して，カリフォルニア州法では子，子の実母または子の父と推定された者は，この推定を覆すことができるとされている。

また，日本法では，否認の訴えは夫が子の出生を知ったときから1年以内に提起しなければならないと定めている（民法777条）のに対して，コロンビア法によれば，否認権の行使は60日以内に制限される。また【設例18-1】のタイ国法では，子の出生から1年以内と定める。

そこで生まれた子が嫡出推定をうけるか，嫡出否認権者はだれか，嫡出否認の方法・期間などについて，いずれの国の法律が適用されるのかが問題となる。

2　平成元年改正前法例17条における母の夫の本国法主義

平成元年改正前法例17条は，「子ノ嫡出ナルヤ否ヤハ其出生ノ当時母ノ夫ノ属シタル国ノ法律ニ依リテ之ヲ定ム／若シ其夫カ子ノ出生前ニ死亡シタルトキハ其最後ニ属シタル国ノ法律ニ依リテ之ヲ定ム」と規定し，子の嫡出性につき子の出生当時の母の夫の本国法主義を採用していた。

その立法の趣旨は，否認訴権は父と推定される者のために設けられた規定であること，また子の国籍は否認訴権の結果，はじめて確定するものであるから子の本国法にはよりえず，父の本国法によるのが相当であるという点にあった。なお，ここで父の本国法とされなかったのは，子が嫡出であるかどうかは子の母の夫がその子の真正の父であるかの問題であり，それはまだ未定の問題であるから，未だ父の本国法によるとはいえず，そのために子の出生当時の母の夫の本国法によることにした，と説明された（法例修正案理由書）。

しかし改正前17条の夫の本国法主義に対しては，子が嫡出であるか否かは子の母にとっても重大な関心事であり，その立法論的妥当性については，婚姻の効力や離婚における夫の本国法主義と同様に両性の平等に反するとの批判がなされ，改正が問題となっていた。

3　平成元年改正法例17条（通則法28条）における選択的連結

改正法例17条は，「夫婦ノ一方ノ本国法ニシテ子ノ出生ノ当時ニ於ケルモノニ依リ子ガ嫡出ナルトキハ其子ハ嫡出子トス／夫ガ子ノ出生前ニ死亡シタルトキハ其死亡ノ当時ノ夫ノ本国法ヲ前項ノ夫ノ本国法ト看做ス」と定め，いわゆ

る選択的連結を規定する。

通則法28条においても，法例17条の内容を変更することはなく，「1　夫婦の一方の本国法で子の出生の当時におけるものにより子が嫡出となるべきときは，その子は，嫡出である子とする。2　夫が子の出生前に死亡したときは，その死亡の当時における夫の本国法を前項の夫の本国法とみなす。」と規定されている。

通則法28条によれば，子の出生当時の夫または妻の本国法の適用結果をみて，そのいずれかの法律で子が嫡出子とされていれば，その法が適用され，子は嫡出子とされることになる。これは，子が嫡出子と認められやすくすることを目的としたものである。

通則法28条（法例17条）で選択的適用が採用されたのは，一般に嫡出子は相続や扶養などで非嫡出子よりも有利であるから，「子の利益の保護」（親子関係の成立を容易にすべし）という実質法の基礎にある法目的の要請に基づいたものである。

選択的連結を採用する場合，いずれの国の法律から選択をするかが重要な問題となる。法例17条は夫と妻の本国法の中から選択をさせている。妻の本国法が取り入れられたのは，両性平等の観点からである。

問題は子の本国法が選択肢の1つとされなかったことである。子の本国法主義によらなかったのは，子が嫡出であるかどうかは父母が婚姻しているかどうかという親の側の事情で決められる事柄であるということ，また子の本国法主義は循環論に陥ること，がその理由とされる。

立法論的には，子の常居所地を選択肢の1つに入れるべきではなかったかと考える。なぜなら子が現に居住している国は子の福祉に最も重大な利益・関心を有しているのであり，子が常時居住している場所の法によって嫡出子とされるならば，夫婦の本国法によって嫡出子とされない場合であっても，嫡出親子関係を認めるべきであると考えられるからである。

4　嫡出の推定

本条の適用範囲に入る問題としては，まず子が嫡出子としての推定をうけるか否かは，どこの国の法によるかという問題がある。いくつかの裁判例を紹介

する。

①　名古屋家審平成7・5・19家月48巻2号153頁は，日本人父から，戸籍上嫡出子とされている子を相手方として申し立てられた嫡出否認事件において，法例17条により，申立人の本国法である日本法と相手方母の本国法であるコロンビア法の双方が準拠法になるとして，日本法，コロンビア法の双方によりそれぞれ嫡出の推定がなされるとした上で，夫による嫡出子の否認の申立てを認容した。

②　また，名古屋家審平成7・1・27家月47巻11号83頁は，フィリピン人の母をもつ申立人が母の夫である日本人に対して提起した親子関係不存在確認申立事件において，申立人の母が子である申立人を懐胎当時，相手方と申立人との間に嫡出親子関係が成立するかどうかの問題は，法例17条によるべきものとし，申立人の母と相手方のいずれの本国法によっても嫡出推定をうけないと判示されたと解すべき事例である。

③　同じく神戸家審昭和43・2・14家月20巻9号113頁は，英国法上嫡出の推定は夫の妻に対する不接近の証明により覆すことができ，それには特別の手続を要しないから，法廷地たるわが国の手続法上は親子関係不存在確認の手続で嫡出の推定を覆しうるとする。

なお，子による認知請求において，米国オクラホマ州法により子の嫡出性を覆し，認知の審判をしたものもある（名古屋家審昭和40・12・6家月18巻7号74頁）。

5　否認権

通則法28条の文言からは，否認権が同条の適用範囲に入るか必ずしも明確ではないが，これを肯定してよいと考える。なぜなら嫡出であるとは，嫡出の推定をうけ，否認されないことをいうからである。したがって嫡出否認の許否，否認権者，裁判手続によらねばならないかなどの嫡出否認の方法，否認権行使の期間などの問題は通則法28条による。

①　【設例18-1】類似の事案である，水戸家審平成10・1・12家月50巻7号100頁は，日本人夫がタイ人妻との婚姻中に生まれた子を相手方にして嫡出否認の申立てをした事案において，法例17条1項により日本法およびタイ国法を

適用して嫡出否認の審判をした。

② 父による嫡出否認の訴えについては，「嫡出子否認の問題は子の嫡出決定の問題として法例17条［平成元年改正前］を適用し，子の出生当時の母の夫の本国法が準拠法」となるとして，イタリア法によりイタリア人夫による否認の申立てを認容した審判がある（東京家審昭和48・5・8家月25巻12号63頁）。

③ また，福岡家審平成元・5・15家月42巻1号116頁においては，嫡出否認の問題は，子の嫡出性の問題として改正前法例17条によるとして，カリフォルニア州法を適用した。

なお夫婦の双方の本国法上，ともに嫡出推定が及ぶ場合には，いずれの法によっても否認権の行使が認められることを要するか，一方の法によって否認権の行使が認められれば否認権を行使しうるかが問題となる。

通説はいずれの法によっても否認権が認められるのでなければ有効に否認権を行使することはできないとしている。つまり，夫婦両方の法で嫡出の推定がなされる場合であれば，嫡出を否認するのにより厳格な法が適用されるとするのである。その理由としては選択的連結を認めた法の趣旨は子の利益の保護のため，なるべく親子関係を成立させるべきであるというものだからである，という。

一般論としては通説のいうとおりであるが，つねに親子関係を成立させることは，子の利益の保護にかなうとは限らない。少数説はその点をとらえて，嫡出親子関係を否定して，真実の父との間に親子関係を認めた方が子の利益にかなう場合があると主張する。とりわけ子自身が否認権の行使を求めている場合には，嫡出親子関係の成立が実質的な意味において子の利益保護にかなわないと考えられる。したがって一方の法によって子から嫡出否認の訴えをなすことができる場合には，他方の法がそれを認めていなくても，そうすることが子の利益保護にかなうときには，嫡出否認の訴えを認めるべきである，と考えられる。

第3節　非嫡出親子関係の成立

> **【設例18-2】** 永年にわたり日本に居住する日本人B女は，同じく日本に居住する韓国人Y男との間にX₁，X₂，X₃をもうけた。Yの死亡を知った日から2年後（死亡後の期間も同じく2年）になって，X₁，X₂，X₃（いずれも国籍は日本）は，検察官を相手方にして，認知請求の訴えを提起した。韓国法上，死後認知の出訴期間は死亡を知った日から1年以内に制限されているとせよ（現在は2年）。これに対して，日本民法787条によれば，死亡の日から3年以内である。
> この認知請求は認められるか。

> **【設例18-3】** また，B，X₁，X₂，X₃が大韓民国の国籍を有するときはどうか。

1　非嫡出親子関係の成立に関する法の抵触

非嫡出子とは，婚姻関係にない男女間から生まれた子のことである。嫡出親子関係とともに実親子関係の1つである。日本民法779条以下では認知主義がとられており，父母との間に出生により当然に法律上の親子関係が発生するわけではない（なお母子関係の成立については出生の事実によるものとされている〔東京家審昭和41・2・4家月18巻10号83頁〕）。親が子を認知することにより非嫡出親子関係が成立する。

これに対し事実主義によれば親子関係という事実があれば，法律上も親子関係が発生する。英米法では事実主義がとられていることが多い。

また，強制認知（東京高判昭和32・11・28下民集8巻11号2200頁）が認められるか，死後認知が認められるか（最判昭和50・6・27家月28巻4号83頁），死後認知を認めるとしてもどのくらいの期間を認知の出訴期間（東京地判平成4・9・25家月45巻5号90頁）として認めるか，撫育認知（中華民国法）を認知として認めるか（最判昭和44・10・21民集23巻10号1834頁）などが抵触法上問題となる。

一般に非嫡出親子関係においては，嫡出親子関係よりもいっそう各国の親子法は異なっており，準拠法の決定の重要性はより高い。

2　平成元年改正前法例18条

　平成元年改正前の法例は，認知の成立要件について婚姻の成立要件と同様，各当事者の配分的適用主義を採用していた。配分的適用主義は，子の本国法を父の本国法と同様に扱っており，一見すると子の保護に配慮しているようにもみえるのであるが，配分的適用によれば双方要件の場合には，双方の本国法が累積的に適用され，双方の要件を具備する場合でなければ親子関係は成立しない。このため結果的に親子関係の成立を困難にし，子の保護の要請にかなわないものと考えられる。この点についてはその立法論的妥当性，解釈論のいずれをめぐっても多くの議論があり，裁判所は，その適用が具体的妥当性を損なう場合には，積極的に公序条項を用いて子の保護を図ってきた。

　まず，法例18条が出生による非嫡出親子関係の成立，とりわけ非嫡出母子関係の問題にも適用されるかという問題があった。通説は非嫡出親子関係の成立に関し法例が認知のみを規定するのは，民法が認知主義を採用していることに対応するものであるから，出生による非嫡出親子関係の成立の問題についてもこの規定が類推適用されると解していた。この立場に立つ審判として東京家審昭和41・2・4家月18巻10号83頁がある。

　出生による非嫡出親子関係の成立については，父または母の本国法説，母子関係について母または子の属人法の選択的適用説などの少数説が主張されていた。これらの少数説，とくに選択的適用説の根拠の1つは，配分的適用主義が，一見すると両当事者の利益を公平に考慮するかにみえても，双方要件については双方の本国法の要件を充足するのでない限り，親子関係は成立しないことになり，結局，親子法の基礎にある基本的な法目的である子の福祉に反する結果を招来するという点で妥当ではなく，このような立法論的にみて妥当でない規定をほんらいその適用範囲に入るかどうか疑わしい問題にまで拡大して適用すべきでないという点にあった。ここでは立法論的にみて妥当でない規定を法性決定によって，その適用範囲を縮減しようとする1つの試みをみることができよう。

3　通則法29条

　非嫡出親子関係の成立については，通則法29条はつぎのように規定する。こ

の規定は平成元年の改正法例18条と実質的な変更はない。

「1　嫡出でない子の親子関係の成立は，父との間の親子関係については子の出生の当時における父の本国法により，母との間の親子関係についてはその当時における母の本国法による。この場合において，子の認知による親子関係の成立については，認知の当時における子の本国法によればその子又は第三者の承諾又は同意があることが認知の要件であるときは，その要件をも備えなければならない。

2　子の認知は，前項前段の規定により適用すべき法によるほか，認知の当時における認知する者又は子の本国法による。この場合において，認知する者の本国法によるときは，同項後段の規定を準用する。

3　父が子の出生前に死亡したときは，その死亡の当時における父の本国法を第1項の父の本国法とみなす。前項に規定する者が認知前に死亡したときは，その死亡の当時におけるその者の本国法を同項のその者の本国法とみなす。」

(1)　非嫡出親子関係一般の準拠法

上に引用した通則法29条（平成元年改正法例18条）は，認知だけでなく非嫡出親子関係の成立一般（事実主義を含む）について規定した。そしてそれを，父子関係と母子関係とに分けて，それぞれ父の本国法，母の本国法を適用することとした。子の本国法を考慮しなかったのは，嫡出親子関係と同様に，子の本国法の決定は，親子関係の存在を前提とするから，循環論になるとの批判（出生による父子関係の場合）のためである。また，親の本国法によるのは，嫡出親子関係の成立との一貫性を考慮したものである。

(2)　認知における追加的特則

認知の要件については，配分的適用を廃止し，追加的特則を規定することによって選択的適用を採用した。子の利益の保護のために親子関係の成立を容易にする趣旨である。すなわち，子の出生当時の認知すべき者の本国法のほか，認知当時の認知すべき者の本国法，認知当時の子の本国法の選択的適用となり，そのいずれかで親子関係が成立すれば親子関係が成立する。子の利益保護ということを考慮に入れ，できるかぎり親子関係の成立を容易にするためである。

しかし，立法論からは2つの点が問題となる。1つは，子の常居所地法も選択肢の1つとすべきであるとの見解が否定されたことである。【設例18-2】の

場合のように父の本国法たる韓国法が死後認知の期間を1年に限定しても，改正後は子の本国法が日本法であれば公序を発動するまでもなく死後認知は認められる。

これに対して，**【設例18-3】**のように，母も子も日本に居住する韓国人である場合には，日本法上認知請求が認められても，韓国法の適用によって認知が認められないこととなる。しかし，子の常居所地法上認知請求が認められる限り，認知を認めてもよいのではないかと考える。この場合には，公序の発動もやむをえないであろう。

もう1つは，事実主義による親子関係の成立の場合には，母の本国法または父の本国法の1つのみでなされることになり，選択的連結はなされない。しかし，非嫡出親子関係の成立を容易にして子の利益保護を図るという観点からは，認知主義の場合だけでなく，事実主義の場合においても選択的連結がなされるべきであったと考えられる。

(3) セーフガード条項

親子関係における選択的連結とならんで，平成元年改正において注目すべきは，子の利益保護のためのセーフガード条項の採用である。通則法29条（法例18条）は，認知の準拠法を複数にして認知が容易になったことから，子が認知されたくない場合（日本民法782条）に備え，認知する者の本国法によって認知する場合には，29条1項後段・2項後段において子の本国法上の子等の同意要件を具備しなければならないと定め，子の本国法を重複的に適用することにより，子の利益の保護を図ろうとしている。

(4) 認知の効力

認知の効力については，平成元年法例改正前は父または母の本国法によるとされていた。通則法29条は，認知の効力について改正前のような規定を置いていない。改正前は認知の成立について配分的適用を採用していたために認知の効力を成立の規定によらしめることが困難であったが，平成元年の改正後の法例では認知の成立に配分的適用主義をとっていないため，認知の効力を成立の準拠法と同じ準拠法によらしめることができる。よって認知の効力の準拠法として成立と同じ準拠法が適用されることとなった。通則法の下でも同様である。

(5) 認知の方式

認知の方式は，身分関係の方式を定めた通則法34条により，成立を定めた法もしくは行為地法のいずれかによる。

* 改正前の事例ではあるが，横浜地判平成元・3・24判時1332号109頁，判タ703号268頁では，認知の方式として（平成元年改正前）法例8条2項を適用し，日本法を準拠法として，出生届に認知の効力を認めている。

  通則法34条では，「1　第25条から前条までに規定する親族関係についての法律行為の方式は，当該法律行為の成立について適用すべき法による。2　前項の規定にかかわらず，行為地法に適合する方式は，有効とする。」と規定され，法例22条と同様である（→第19章第1節参照）。

4　準拠法の具体的適用

(1) 出生による非嫡出母子関係の成立

出生による非嫡出母子関係の成立について，母の本国法が事実主義を採用している場合には，出生による母子関係の成立が認められる（前掲東京家審昭和41・2・4）。また，養育（撫育）認知が認められるか否かについて，中華民国法上生父が非嫡出子を養育したときは認知したものとみなすという養育認知が認められている場合において，日本在住の中華民国人男と日本人女との間に出生した非嫡出子の生父に対する認知請求について，これを認容した前掲最判昭和44・10・21がある。

(2) 認知請求を認めない外国法の適用と公序

平成元年改正前法例18条の各当事者の本国法の配分的適用を制限する重要な手段として判例によって用いられてきたのは，公序条項である。

①たとえば，当事者の一方の本国法が強制認知の規定を欠くミズーリ州法（前掲東京高判昭和32・11・28），死後認知の規定がないリヒテンシュタイン法（東京地判昭和47・3・4判時675号71頁）の適用を公序により排除するものなどがある。これらはいずれも平成元年改正前の事例である。

②これに対し，認知の出訴期間を1年に制限する当事者の一方の本国法である韓国法の適用が公序に反するかについては，従来の下級審判例はこれを肯定するものが多かった（たとえば，熊本地判昭和44・2・20家月22巻5号88頁）。

③しかし，前掲最判昭和50・6・27は，【設例18-2】とほぼ同様の事例にお

いて，韓国法について，「出訴期間を……1年に限定したものであるからといって，これを日本民法787条の規定と対比してみても，その適用の結果がわが国の公序良俗に反するものとは認め難い」とした。

この最高裁の立場に対しては批判的見解も有力に主張され，活発な議論をよんだ。本件のような状況の下では，積極的に公序条項を発動し，当事者の住所地であり，子の本国法でもある日本法を適用して子の利益を保護すべき場合ではなかったかと思われる。

もっとも平成元年改正により，上記の多くの事例においては，原則的準拠法の1つが日本法となり，公序条項の適用が問題とならないケースが多くなった。とはいえ【設例18-3】のように，在日韓国人父子間においては依然として公序条項の発動の可能性は残されている。

* なお，認知請求事件である東京地判平成4・9・25家月45巻5号90頁は，子の出生当時の父の本国法，認知当時の父の本国法は大韓民国法，認知当時の子の本国法は日本法の場合であった。日韓いずれの民法によっても認知の出訴期間を徒過した後に訴えを提起した事例であり，裁判所は，子の認知請求を認めなかった。

第4節 準　　正

1 準　正

準正とは，嫡出でなく出生した子が，後に嫡出子たる身分を取得する制度である。日本民法では，認知による父子関係の確定と父母の婚姻を要件として，非嫡出子が嫡出子の身分を取得する（民法789条）。認知後父母が婚姻した場合を婚姻準正，婚姻後認知がなされた場合を認知準正という。

2 平成元年改正前法例における準正

改正前には，法例中に準正に関する規定は置かれていなかった。通説は準正の問題を嫡出子たる身分を非嫡出子が父母の婚姻によって取得するかどうかの問題ととらえ，嫡出親子関係の規定（17条）を類推適用するとしていた。よって，原因たる事実発生当時における父（母の夫）の本国法が適用されると解さ

れていた。

> * 静岡家審昭和62・5・27家月40巻5号164頁においても，「……父母双方と親子関係が認められた子が，父母の婚姻によりいかなる身分を取得するかの問題はいわゆる準正の問題の1つであるところ，子の嫡出性に関する法例17条に準じ，母の夫の本国法による……」として，母の夫の本国法たるメキシコ法により嫡出子の身分を取得したとした。

3　準正の準拠法の明文化

平成元年改正の法例においては，新たに準正についての規定が設けられ，これが通則法30条に引き継がれた。

通則法30条はつぎのように規定する。

「1　子は，準正の要件である事実が完成した当時における父若しくは母又は子の本国法により準正が成立するときは，嫡出子の身分を取得する。

2　前項に規定する者が準正の要件である事実の完成前に死亡したときは，その死亡の当時におけるその者の本国法を同項のその者の本国法とみなす。」

この規定が設けられていなければ，通則法28条の嫡出親子関係成立の規定が類推適用されるであろうと考えられる。両者の相違は，通則法30条が，父，母，又は子の本国法の選択的適用を採用したことである。つまり，通則法28条（法例17条）の類推適用では，夫婦の一方の本国法の適用となるが，子の本国法も準正の準拠法とし，より準正を認められやすくすることにより，子の利益の保護がより図られた点が重要である。また，従来，準正は嫡出の問題という通説の考え方のほか，認知の効力の問題とする解釈もあったので，明文の規定を置いてこの問題も解決したのである。

第5節　養子縁組

> 【設例18-4】　日本に永年にわたって居住するエジプト人夫婦ＡＢが，日本に居住する4歳の日本人Ｃを特別養子とする申立てを裁判所にした。エジプト法は養子縁組を禁止している。日本法上は，養子縁組の要件を充足しているとして，この養子縁組の申立ては認められるか。

> **【設例18-5】** また，養親の本国法が1人の子女しか養子となしえないと定める中国法であるときはどうか。

1　養子縁組をめぐる実質法の抵触

養親子関係はどのようにして発生するのか，養親子関係で子は嫡出子たる身分を取得するか，離縁はどのような場合に認められるか，という問題がある。

養子縁組そのものを認めない立法が今日でも存在する。また，日本では当事者の合意によって養子縁組が成立するとされていたが（契約型），裁判所の養子決定（adoption order）によって親子関係が創設されるとする法制度もある（決定型）。さらに，成年養子を認めるか，夫婦単独養子縁組を認めるかについても各国の法は違っている。

また，養子縁組によって実方との親族関係が終了するか否かも国により異なっている。日本では昭和62年に民法の規定で特別養子の制度が認められた。これにより，家庭裁判所は実方との親族関係を終了させる養子縁組を成立させることができるようになった。さらに養子縁組において離縁が認められるかについても国により制度が異なる。

2　準拠法の決定

平成元年改正前法例19条1項は養親子関係の成立について，非嫡出親子関係の成立と同様に各当事者の本国法の配分的適用主義を採用していた。なお，効力と離縁は養親の本国法によっていた。

養親子関係の成立についての配分的適用は両当事者の本国法をともに考慮して準拠法を決定するのであるから，当事者に対する公正さについての配慮はなされているが，いくつかの問題がある。

まず，ある要件が養子の側の要件か，養親の側の要件であるのかの判断が難しい。また，一方要件か，双方要件かも問題となり，双方要件であるとなれば両当事者の本国法を累積的に適用したのと同じことになる。そうすると，準拠法の適用関係が複雑となるし，また養子縁組の成立が困難となることになる。

3 養子縁組の準拠法

以上のような，立法論的な批判を考慮して，平成元年改正法例20条は，つぎのように規定した。

「1　養子縁組ハ縁組ノ当時ノ養親ノ本国法ニ依ル若シ養子ノ本国法ガ養子縁組ノ成立ニ付キ養子若クハ第三者ノ承諾若クハ同意又ハ公ノ機関ノ許可其他ノ処分アルコトヲ要件トスルトキハ其要件ヲモ備フルコトヲ要ス

2　養子ト其実方ノ血族トノ親族関係ノ終了及ビ離縁ハ前項前段ニ定ムル法律ニ依ル」

通則法31条においても，これを実質的に変更することなく，つぎのとおり規定されている。

「1　養子縁組は，縁組の当時における養親となるべき者の本国法による。この場合において，養子となるべき者の本国法によればその者若しくは第三者の承諾若しくは同意又は公的機関の許可その他の処分があることが養子縁組の成立の要件であるときは，その要件をも備えなければならない。

2　養子とその実方の血族との親族関係の終了及び離縁は，前項前段の規定により適用すべき法による。」

(1) 養親の本国法主義

平成元年改正により配分的適用は廃止され，法例20条（および通則法31条）は，養親子関係は，養親の本国法によるとされた。養親子関係は養親を中心にして営まれるため，配分的連結をとらず，いずれかを重視するとすれば養親の本国法が重視されるべきこと，嫡出親子関係，非嫡出親子関係の規定も基本的に親の本国法を重視していること，養子縁組の成立によって，養子は養親の家族の構成員となることなどから，養親の本国法を重視することなどがその根拠である。

この結果，配分的適用主義と比べると，養子縁組が成立しやすくなった。

(2) セーフガード条項

配分的適用を廃止した結果，子の本国法が適用されないこととなり，そのために子の利益保護に欠けることが生じるのを避けるために，部分的に子の本国法の累積的適用が認められた。すなわち養子の本国法が未成年者を養子にするについて，裁判所の許可，親の同意などを要求する場合には，養親の本国法上，

当事者の合意のみで養子縁組が成立する場合であっても，子の利益の保護のため子の本国法の要求する要件をみたさなければ養子縁組は成立しない。

4 準拠法の具体的適用
(1) 養子縁組の許否・成立要件

まず養子縁組の許否について通則法31条の規定が適用される。【設例18-4】【設例18-5】のような養子縁組の成立をめぐる問題についても本条は適用される。

イスラム教国では養子縁組が禁止されているので，【設例18-4】のように，養親がイスラム教徒である場合には，養子縁組が許されるかが問題となる。

東京家審平成7・11・20（ジュリ1140号150頁参照）は，イスラム教徒を養親とする特別養子縁組の申立てについて，養子縁組を禁止する養親の本国法の適用は公序に反するとして，エジプト法の適用を排除し，特別養子縁組を成立させるのが相当であると判示した（同旨宇都宮家審平成19・7・20家月59巻12号106頁）。

つぎに中華人民共和国法は，【設例18-5】のように，養子縁組についても1人っ子政策を採用し，養親は1名の子女のみと縁組をすることができると定めている。

神戸家審平成7・5・10家月47巻12号58頁は，日本人夫と中国人妻が共同で日本人未成年者2名と養子縁組の許可を求めた事案において，養親となる申立人夫については日本民法，中国人妻については中国法が準拠法となり，養子の保護要件については，日本民法によると判示する。養子縁組成立の準拠法の1つである中国養子縁組法の定める要件のうち，養親は1名の子女のみと縁組することができるとする中国法の適用は，子の福祉を目的とする養子縁組制度の趣旨を著しく損なうものであって，その適用は法例33条によって適用を排除されるとした。

本件も子の利益保護を理由に公序条項を積極的に発動した事例である。

(2) 養子縁組の効力

平成元年改正前は，養子縁組の効力と離縁については，養親の本国法が適用されると規定されていた。改正によって成立と効力・離縁は分けずに規定され

第18章 親　子

るようになった。その結果，改正後は効力および離縁についても成立と同じく通則法31条の規定によることになった。

(3)　離縁を認めない外国法の適用と公序

離縁は養親の本国法によるが，養親の本国法が離縁を認めないときは公序条項の発動が問題となる。米国法につきこれを肯定する裁判例がいくつか存在する。

那覇家審昭和56・7・31家月34巻11号54頁においては「本件離縁については……養親の本国法に準拠すべきところ，養親の本国法であるアメリカ合衆国テキサス州法においては離縁が認められておらず，同法に準拠する限り，XとYとは離縁することはできない」「しかしながら，本件において離縁を認めないとすれば……養親子としての実体を全く伴わない親子関係が単に形式的に継続するのみであって，離縁を強く希望しているX並びにYの意思にも反することになり，また，今後，真の親子関係が築かれることを期待することも困難であり，このようなことは養子であるXの福祉に添わず，また，養子縁組制度が養子の福祉をその本旨とすることに鑑みれば公序良俗に反するものと言わざるを得ず，かかる本件においては，［改正前］法例30条により外国法たる養親の本国法を適用せず，離縁を認める法廷地法である日本民法を適用するのが相当である。」とした。

本件のように，少なくとも離縁を認めない外国法の適用が日本に居住する養子の福祉に反する場合には，公序条項の発動は認められて然るべきであろう。

(4)　実方の親族との親子関係の切断

平成元年改正法例20条は，実方との親子関係の終了の問題が，20条前段の準拠法によることを明文の規定によって認めた。これは，学説上，平成元年改正前法例19条の解釈として，実方の親族との関係が切断されるかは，養子縁組の問題か否かについて争いがあったが，この点を明確にするため，もう1つは新たに民法が特別養子の制度を認めたことから解釈上問題が生じないようにするために明文の規定が設けられたのである。この法例20条は，通則法31条として引き継がれている。

横浜家横須賀支審平成7・10・11家月48巻12号66頁は，米国人（ワシントン州）夫婦と日本人未成年者との養子縁組において，養親の本国法であるワシン

トン州法が適用されると解されるところ、同州法の要件を充足し、また養子の本国法である日本法上の特別養子の要件も充足し、かつ同州法によれば、養子は養親の実子とされ、実父母の関係が切断することから、主文としては、わが国における特別養子の主文と同じにするのが相当であるとした。

(5) 養子縁組と家裁の許可

決定型の養子縁組の制度を採用している国の法が準拠法となる場合に、日本の裁判所で養子縁組を創設することができるかが問題となる。

ドイツ法の認許は、日本の裁判所の許可と英米の養子決定の中間に位置すると考えられる。東京家審昭和36・2・10家月13巻6号168頁では、嫡出の直系卑属を有しないこと、裁判所の認許を得ることが養子縁組の要件とされるドイツ法上の認許が、日本の家庭裁判所でできるかが問題となった。日本の家庭裁判所の許可もドイツ法上の認許もともに養子となる者の福祉を目的とするものであり、かついずれもその裁判によって養子縁組を成立させるものではなく、別に縁組契約を必要とすることについては同様であって、認許と許可は本質を同じくするものであるから、日本の裁判所の許可をもってドイツ法上の認許に代えることができるとされた。

米国法上の養子決定について、盛岡家審平成2・8・6家月43巻3号98頁は、養子の本国法であるイリノイ州法上、子の福祉の要件等を考慮する裁判所の決定が必要とされるのであるが、「……イリノイ州法において裁判所の決定を要するとしている趣旨と日本法において未成年者の養子縁組に家庭裁判所の許可を要している趣旨とは実質的に同一と解されるから、イリノイ州法による裁判所の決定に代わるものとして日本の家庭裁判所による右許可審判があれば、イリノイ州法による右要件が満たされるものと解すべきである」とした。

これはドイツ型の認許だけでなく、決定型の養子縁組における裁判所の関与についても日本の家庭裁判所の許可で代えることができるとしたものである。かつては学説上有力な反論があったが、特別養子の制度が導入されたことからも、決定型の養子縁組についても家庭裁判所の成立審判でもってこれに代えることができると解される。

(6) 養子縁組と反致

平成元年の法例改正により、法例32条の反致条項が離婚、親子関係に適用さ

れなくなったが，養子縁組について，米国国際私法からのいわゆる隠れた反致の成立を認めた裁判例は多い。

たとえば，東京家審昭和36・2・10家月13巻6号168頁は，申立人Aについてその本国法を米国ペンシルベニア州法とした上で，一般に米国の州では養子縁組につき当事者双方もしくは一方の住所のある法廷地法が適用されているとし，事件本人の住所が日本にあるから，改正前法例29条により，結局日本法が適用されるとした。

これに対し，東京家審昭和36・7・18家月13巻11号108頁は，日本在住の米国人が配偶者の日本人子を養子とする場合において，養親につき反致の成立を認め日本法が準拠法となるとしながら，日本民法798条ただし書によれば自己または配偶者の直系卑属を養子とするときは裁判所の許可を要しないにもかかわらず，養子縁組が本国でも承認されるよう養親の本国法の趣旨を尊重して許可の審判をした。

この事例は結果的には反致を否認したものと解すべきであるが，この場合，反致の成立を認めずに本国法を適用した方が本国での承認が容易になり，判決の国際的調和という反致条項の本来の趣旨にかなうのであるから，その結論は是認しうるものと考えられる。

第6節　親子間の法律関係

> 【設例18-6】　日本に永年にわたって居住する韓国人夫婦X女とY男には2人の未成年の韓国人の子がある。Xは，Yから不当な待遇をうけ，XY間の婚姻は破綻したと主張し，Yとの離婚を求める本訴を提起するとともに，未成年の2人の子の親権者をXに指定するよう申し立てた。当時の韓国法によれば，離婚の際の親権者は父と法定されており，親権者として適切であっても母を親権者として指定しえない。日本法によれば親権者として母を指定することも可能である。
> この場合，Xが親権者として適切であるとすれば，親権者指定に関するXの申立ては認められるか（【設例6-1】と同じ）。

1　各国法の抵触

親子間の法律関係については，とくに親権をめぐる問題について各国の親子法は抵触する。【設例18-6】のように，離婚の際の親権者をだれにするかについての相違のほか，離婚後も共同親権が継続するのか（後掲ミシガン州法，北朝鮮法の事例参照），面接交渉権をどの程度認めるのか，などについて各国の親子法が抵触し，準拠法の決定が必要となる。

2　平成元年改正前法例20条における父の本国法主義

平成元年改正前法例20条によれば，親子間の法律関係は，原則として，父の本国法主義がとられていた（父のないときは母の本国法）。その根拠は，それがわが国の倫理的思想に適合するためとされていた。しかし，これに対する立法論的批判として，母や子の属人法が考慮されていないことについて疑問が提起されていた。

判例は，とりわけ子の属人法の適用が子の利益保護にかなう場合には，反致，公序条項等の適用によって父の本国法の機械的な適用を回避し，妥当な解決を図ってきた。たとえば，【設例18-6】の事案においては，平成元年改正前法例では父の本国法が親子関係の準拠法とされるため韓国法が準拠法とされ，当時の韓国法によれば父が親権者と法定されていた。一方，子の住所地であり父母の住所地でもある日本法によれば協議が整わないときは裁判所が子の福祉を考慮して親権者を決めることになる（民法819条）。この場合の準拠法に日本法か韓国法かが問題となった。

最判昭和52・3・31民集31巻2号365頁は，【設例18-6】とほぼ同様の事案において，「本件離婚にともなう未成年者の子の親権者の指定に関する準拠法である大韓民国民法909条によると……母が親権者に指定される余地はないところ，本件の場合，大韓民国民法の右規定に準拠するときは，扶養能力のない父であるYに子を扶養する親権者としての地位を認め，現在実際に扶養能力のあることを示している母であるXから親権者の地位を奪うことになって，親権者の指定は子の福祉を中心に考慮決定すべきものとするわが国の社会通念に反する結果を来たし，ひいてはわが国の公の秩序又は善良の風俗に反するものと解するのが相当であ」るとして，改正前法例30条により日本民法を適用した原審

の判断を相当とした。

このように改正前においても，公序条項の適用により妥当な解決を図ることができることもあったが，より根本的に，父の本国法主義の原則そのものを改める必要があると考えられた。

3 親子間の法律関係の準拠法

親子間の法律関係の準拠法について，法例21条は，「親子間ノ法律関係ハ子ノ本国法ガ父又ハ母ノ本国法若シ父母ノ一方アラザルトキハ他ノ一方ノ本国法ト同一ナル場合ニ於テハ子ノ本国法ニ依リ其他ノ場合ニ於テハ子ノ常居所地法ニ依ル」と規定していた。

通則法32条においても同様にこの規定は引き継がれ，「親子間の法律関係は，子の本国法が父又は母の本国法（父母の一方が死亡し，又は知れない場合にあっては，他の一方の本国法）と同一である場合には子の本国法により，その他の場合には子の常居所地法による」と定める。

(1) 段階的連結

通則法32条は，親子間の法律関係について，段階的連結を採用し，まず第1段階として，子の本国法が父母のいずれか一方の本国法と同一である場合には，その法が適用され，同一本国法がない場合には，第2段階として，子の常居所地法を適用すべきことを定める。

この改正の趣旨としては，父の本国法主義が両性平等の観点から適切ではないこと，親子間という複数の当事者間の法律関係であるから両当事者にできるかぎり共通の属人法によることが適切であることに加えて，子の福祉の観点から子の属人法によらしめるのが適当であることが強調されている。

(2) 本国法の優先的適用

平成元年の法例改正にあたって，問題となった点の1つは，本国法と常居所地法のいずれを優先するかである。結果的には親子間の法律関係についても，本国法の優先が貫かれたのであるが，少なくとも親子間の法律関係については子の常居所地法を第1次的な準拠法とすべきであるとの意見も有力に主張された。その理由は，扶養義務の準拠法について，わが国はハーグ条約に批准しており，ここでは子の常居所地法が準拠法とされているため，親権についても子

の常居所地法主義にあわせるべきである。親子関係については，最も強い利害関係を有するのは子の常居所地法であり，とりわけ，子の常居所地法の適用が子の利益保護にかなう場合には子の常居所地法を適用すべきである，という点にあった。

(3) 親子間の法律関係における子の利益保護

また日本に居住する韓国人夫婦の離婚において，離婚の際の親権者を父と法定する韓国法の適用の結果，扶養能力のない父に親権者たる地位を認め，母から親権者の地位を奪うことは，親権者の指定は子の福祉を中心に考慮決定すべしとするわが国の公序に反するとした前掲最判昭和52・3・31の趣旨も，本国法の適用が子の常居所地法を適用した場合と比較して，子の福祉にかなわないときはその適用を排除すべきことを肯定したものと理解すべきである。要するに，子の常居所地法の適用が子の利益保護にかなうときには，その法を適用すべきであり，その意味で法例21条は立法論的にみて問題があろう。したがって通則法の下でも，【設例18-6】のように，子の利益保護のために原則的準拠法である本国法の適用を排除する，公序条項発動の可能性は依然として存在する。

* 平成元年法例改正後の事例として，東京地判平成2・11・28判時1384号71頁がある。改正法例21条により指定される韓国法によれば，離婚の際の親権者は自動的に父とされる（韓国民法909条）が，子の福祉を基準に考えるべき親権者の指定につき，母を親権者と指定しえない同規定は，わが国の公序に反するとして，日本法により日本人母を親権者に指定した。

4 準拠法の具体的適用

(1) 準拠法の適用範囲

通則法32条は，父母共同親権か単独親権かなどの親権の帰属の問題，子の身上の監護，財産の管理などの親権の内容の問題，親権の喪失・剥奪などの親権の消滅の問題について適用される（なお，親子間の扶養義務については，→第20章第2節参照）。

たとえば，那覇家審平成3・4・1家月43巻10号44頁は，日本人母が米国ミシガン州出身の父を相手方として，ミシガン州の裁判所で離婚の判決が確定し，この判決で未成年者は父母の共同親権に服するとされていたのを，母の単独親

権に変更することを申し立てた事案である。法例21条・28条3項により父と未成年者の同一本国法であるミシガン州法からの隠れた反致を認めて、日本法により母の単独親権に変更した。

子の監護に関する処分（子の引渡し）が問題となった事例である京都家審平成5・2・22家月46巻2号174頁は、別居して離婚訴訟が係属中の在日韓国人夫婦の夫から、現在子を監護中の妻を相手方として子の引渡しを求めた事例である。裁判所は法例21条により、韓国民法を適用して、申立てを却下した。

(2) 離婚の際の親権者指定の法性決定

離婚の際の親権者の指定は、離婚の効果の問題（通則法27条）か親子関係の問題（32条）かという法性決定が問題となる。学説は、かつては鋭く対立していたが、近時は離婚にともなう親権の問題は離婚の問題ではなく親子関係の問題であるというのが有力であり、判例の立場も同様である。

たとえば、横浜地判平成3・10・31家月44巻12号105頁は「親権者の指定については、子の福祉（利益保護）の観点から判断すべきもので、離婚を契機として生じる親子間の法律関係に関する問題であるから、法例21条によるべきものと解するのが相当である」と判示する。

(3) 親権者・監護権者の指定

親子間の法律関係の中では、親権者の指定、監護者の指定が問題となった事例が多い。法例21条を適用したものとしては、つぎのものがある。いずれも子の利益の保護という観点からみて相当な場合である。通則法の下でも同様の結論となろう。

東京家審平成3・12・6家月44巻10号47頁は、中国人の母からすでに離婚した中国人父に対する未成年者の親権者指定事件において、法例21条により、中華人民共和国法を適用し、「母が事件本人を引き取り養育できるならそれが望ましい」として、申立人である母を監護権者に指定した。

福岡家小倉支審平成4・5・14家月45巻9号54頁は、平成元年法例改正前に協議離婚した北朝鮮人の父と日本人母との日本人の子に関し、改正前の法例により父の本国法である北朝鮮法が適用され、父母の共同親権とされていた事例について、改正法例21条により、子の本国法である日本民法を適用し、「未成年者の福祉のためには、未成年者の親権者を申立人と定めるのが相当である」

として，母を親権者に指定した。

神戸家伊丹支審平成5・5・10家月46巻6号72頁は，別居中である日本人妻（日本在住）から，夫（米国イリノイ州在住）に対する2人の日本人未成年者の監護者指定事件である。法例21条により，日本法を適用し，「子の利益及び福祉の観点からすると，現在の段階においては未成年者らを申立人の監護養育に委ねるのが相当である」として，妻を監護者に指定した。

(4) 親権と公序

これに対して，つぎの事例は原則的準拠法の適用を公序に反するとしてその適用を排除した事例として注目される。

まず，子の監護教育居所の指定懲戒その他子の身上に関する親権の効力のごときは，公益に関する事項であるから，つねにわが国法によるべきであり，外国法に準拠すべき性質のものではなく，父の本国法である米国法を省みる必要はないとして，日本法によれば父の親権から監護養育権のみを分離しこれを停止することは認められない，とした大正5年の判決がある（東京控判大正5・11・4法律新聞1214号21頁）。この裁判例に対して，学説はこのような解釈は平成元年改正前法例20条の立法趣旨の大半を無用ならしめるものとの強い批判があった。

つぎに，前掲最判昭和52・3・31が離婚の際の親権者を父と法定する韓国民法の適用が公序に反するとしたことについては，さきに述べた。

同様に東京地判平成2・11・28判時1384号71頁も離婚の際の親権の帰属の問題は法例21条により，準拠法は父子の同一本国法である韓国法であるとした上で，韓国民法909条によれば，離婚の際の親権者は自動的に父となる。「しかし，子の福祉を基準に考えるべき親権者の指定につき，母が指定されない旨の右規定は，わが国の公序に反し，適用されない」として，日本法により日本人母を親権者に指定した。

(5) 子の引渡し

東京家審平成4・9・18家月45巻12号63頁は，別居中の英国人父（日本在住）から，日本人母（日本在住）に対して，子の引渡しを求めた事例である。母子の本国法である日本法を適用して，申立てを却下した。

前掲京都家審平成5・2・22家月46巻2号174頁も法例21条により，韓国民

法を適用して，子の引渡しの申立てを却下した事例である。

(6) 面接交渉

面接交渉申立事件としては，京都家審平成6・3・31判時1545号81頁（日本に住む子との面接交渉をフランス人の父から求める申立てにおいて，面接交渉はあくまで子の福祉を主眼として検討すべきものであるとした上で，日本国内における面接は認容し，フランス国内における面接については，子が中学に進学するまでは相当でないとした事例）がある。

子の監護に関する処分（面接交渉）申立事件としては，東京家審平成7・10・9家月48巻3号69頁（米国人父からの面接交渉の申立事件において，テキサス州法が準拠法になると判示し，同州の家族法によれば，親であっても一定の場合には子に対する面接交渉権が制限されることが定められており，本件において面接交渉権が制限される特別の事情があるとして，申立てを却下した）がある。

(7) 親子間の利益相反行為と特別代理人の選任

一般に米国の州法によれば，親は自然後見人であり，主として子の身上の監護権を有するが，子の財産管理については別に財産後見人が選任される場合が多い。そこで米国人の関連する事件においては，財産後見人の選任は，親子間の法律関係として通則法32条によるか，それとも後見の問題として通則法35条によるかが問題となる。

カリフォルニア州民である父母において，その子が保険会社に保険金を請求し，これを受領するために後見人の選任を求めたのに対し，平成元年改正前法例23条（通則法32条）により後見人を選任した事例がある（東京家審昭和48・10・3家月26巻4号95頁）。

他方，平成元年改正前法例20条により父の本国法であるミズーリ州法が準拠法になり，同州法によれば父母が子に代わって子の財産の処分行為をなす場合は，後見人を選任して行わせる場合にあたるけれども，わが国の裁判所はかかる後見人を選任する権限はないから，この場合は日本法上の特別代理人を選任する場合に類似するとして，特別代理人を選任した事例（東京家審昭和40・12・20家月18巻8号83頁）にみられるように，平成元年改正前法例20条によるものもあり，通説もこれを支持する。通則法の下でも同様の論理が妥当すると解される。

上に紹介した親子間の法律関係に関する事例は，外国法の適用が公序に反するとされた事例を除いて，法例21条（通則法32条）により定まる準拠法を適用し，子の利益の保護にかなう法をそれぞれ適用する。争点は，親権者の指定，子の引渡し，監護者の指定，面接交渉などいろいろであるが，結果的にはいずれの場合においても，子の利益の保護にかなう国の法が適用され，子の利益の保護が実現される結論が導かれている。

これに対し，原則的準拠法の適用が子の福祉に反するとして，公序により外国法の適用を排除し，日本法を適用し，子の利益保護に適切な親権者である者を親権者として指定した事例がある。いずれにせよ，結局は，子の福祉にかなう法を適用したことになる。

5 子の奪取
(1) 従来の扱い

夫婦間の国際的な子の奪取について，わが国の裁判所において子を奪取された親が人身保護請求を求めた場合において，子の引渡しのために人身保護法が適用されるときには，拘束の違法性の判断に，国際私法の原則が適用される。つまり，人身保護請求における拘束の違法性を判断するにあたっては，拘束者・請求者の親権・監護権の有無が影響するのであり，この問題は，通則法32条の親子間の法律関係の準拠法によって判断されることになる。

最判昭和60・2・26家月37巻6号25頁は，準拠法の問題には触れていないが，子の奪取を扱った事案である。イタリア人X女と日本人Y_1男とが離婚に際して子の奪い合いをし，Y_1が子Z_1Z_2を連れて帰国，トリノ裁判所はY_1を審尋することができないまま，2人の子をXの監護におく旨の緊急的・暫定的な命令を下した。Xは来日し，Y_1らを相手に東京高裁に人身保護請求を申し立てたが請求は棄却された。Xの上告に対し，最高裁は13歳10か月のZ_1は意思能力を有しており，Y_1らがZ_1を拘束しているとはいえないとした原審の判断を支持した。また，7歳6か月のZ_2については，Y_1等の監護が拘束にあたることを認めた上，XとY_1間の離婚にともなう親権者の指定等が最終的に決着するまでの間Y_1の監護下での現在の生活を継続させるのがZ_2の福祉によりかない，トリノ裁判所の緊急的・暫定的な命令の存在を考慮しても，右拘束

に人身保護法上違法性があるとはいえない，とした原審の判断を是認し，上告を棄却した。

上の判旨では準拠法の問題には触れられていない。法例21条（通則法32条）の規定によれば子の本国法が原則的な準拠法になる。そして，子がイタリアと日本の重国籍であったとしても，法例28条（通則法38条）により，日本法がその本国法とされることになることから，準拠法は日本法となり，日本法によって違法性等が判断されるものと解される。

(2) **国際的な子の奪取の民事上の側面に関するハーグ条約**（1980年）

1980年に採択された同条約では，締約国が指定した中央当局同士が，子の迅速な返還の確保と面接交渉権行使の確保のため，協力し合うこと，および，子の返還を命ずる裁判の準則を定めるものである。同条約は，まずは子を常居所地国に返還した上で，監護に関する争いについては子の常居所地国が最終的な判断を行うという考え方を基本とする。日本は同条約を批准し，「国際的な子の奪取の民事上の側面に関する条約の実施に関する法律」（実施法）を制定したため，締約国に常居所地を有する子の奪取については，同条約および実施法によって解決されることとなる。

条約・実施法の対象は，不法な連れ去りや留置の事案である。「連れ去り」とは，常居所地国から離脱させることを目的として子を他国に出国させることをいい，「留置」とは，他国から常居所地国に戻るための子の渡航を妨げることをいう。連れ去り・留置が「不法」なものとされるのは，子の常居所地国の法令によれば監護権を有する者の権利を侵害する場合であり，かつ，連れ去り・留置の時に監護権が現実に行使されていた場合または連れ去り・留置がなければ監護権が現実に行使されていたと認められる場合である（実施法2条）。

日本への不法な連れ去りや日本における不法な留置がある場合，監護権を侵害された者は，子を監護している者に対し，常居所地国に子を返還することを命ずるよう家庭裁判所に申し立てることができる（実施法26条）。裁判所は，①子が16歳未満であること，②子が日本国内に所在していること，③常居所地法によれば連れ去り・留置が申立人の監護権を侵害するものであること，④連れ去りの時または留置の開始の時に常居所地国が締約国であったことが認められる場合には，子の返還を命じなければならない（実施法27条）。もっとも，つぎ

の①～⑥のような例外的な事由がある場合には，裁判所は子の返還を命じてはならない（実施法28条1項）。すなわち，①連れ去り・留置から1年以上が経過し子が新たな環境に適応していること，②監護権者が，連れ去り・留置の時に現実に監護権を行使していなかったこと，③監護権者が，連れ去り・留置を事前同意または事後承諾したこと，④返還することによって子の心身に害悪を及ぼすことその他子を耐え難い状況に置くこととなる重大な危険があること，⑤子の年齢・発達の程度に照らして子の意見を考慮することが適当である場合において，子が常居所地国への返還を拒んでいること，⑥子の返還が，日本における人権および基本的自由の保護に関する基本原則により認められないものであることである。ただし，①～③および⑤に該当する場合であっても，一切の事情を考慮して常居所地に子を返還することが子の利益に資すると認めるときは，子の返還を命ずることができる（同条1項ただし書）。また，④の事由の有無を判断するにあたっては，①子が申立人から暴力その他の心身に有害な影響を及ぼす言動（暴力等）をうけるおそれの有無，②子に心理的外傷を与えることとなる暴力等を相手方が申立人からうけるおそれの有無，③子を監護することが困難な事情の有無など，一切の事情を考慮するものとされている（同条2項）。日本で子の監護に関する裁判があったことや，外国でされた子の監護に関する裁判が日本で効力を有する可能性があることのみを理由として，子の返還の申立てを却下してはならない（同条3項）。

第19章　身分的法律行為の方式・親族関係・氏

第1節　身分的法律行為の方式

　身分的法律行為の方式について，通則法34条は，つぎのように規定する。
「1　第25条から前条までに規定する親族関係についての法律行為の方式は，当該法律行為の成立について適用すべき法による。
　2　前項の規定にかかわらず，行為地法に適合する方式は，有効とする。」
　婚姻の方式については，すでに述べたように（→第16章第2節参照），特則があり，本条の適用はない。また遺言の方式についても「遺言の方式の準拠法に関する法律」がある（→第21章第2節 **2** 参照）。

1　身分的法律行為の方式の準拠法
(1)　実質的成立要件の準拠法
　親族関係についての法律行為の方式は，当該法律行為の成立について適用すべき法によるとするのが原則である（通則法34条1項）。
　法例8条は法律行為一般について，その行為の効力の準拠法によるのを原則としていたが，通則法では，本条と同じく法律行為の実質的成立要件の準拠法と行為地法の選択的適用に変更され（通則法10条1項・2項），その点での差異がなくなった。
　効力の準拠法ではなく，成立の準拠法によらしめたのは，もともと一般に法律行為の方式は，形式的成立要件といわれ，さらに認知や養子縁組のように，成立について登録機関の届出や許可などを要することが多く，効力よりも実質的成立要件と密接な関係があると考えられたからである。
(2)　行為地法の選択的適用
　成立の準拠法の定める方式を備えていない場合であっても，行為地法の方式

を充足していれば，親族関係についての法律行為の方式は有効である（通則法34条2項）。行為地法の選択的適用を認めた趣旨は，法律行為の方式についてはできるかぎりその成立を容易にし，身分的行為の有効性を肯定することが当事者の意思にかなうという点にある。

2　本条の適用範囲

法律行為の方式とは，一般に意思表示の外部的形式を指す。なにが実質であり，なにが方式であるかは，法性決定の問題である。その区別をなすに際しては，通則法10条におけると同様，問題の争点について，行為地法の選択的適用を認めるべきかどうかという点がポイントとなろう。一般論としては，身分的法律行為の方式について，その成立を容易にするという観点から選択的適用を認めた趣旨からすれば，方式の範囲をあまりに狭く限定的に解釈するのは問題であろう。

(1)　夫婦財産契約の方式・離婚の方式

夫婦財産契約の方式については，本条によると解するのが多数説である。

協議離婚の方式についても本条による。たとえば平成元年改正前において，中国人夫婦の日本における離婚について法例8条2項により行為地法である日本法による離婚を有効と認めた判決がある（高松高判平成5・10・18判タ834号215頁）。通則法の下でも同様の結論となろう。

韓国法は協議離婚について家庭法院の確認を要求しているが，これを方式とみる見解と実質的成立要件とみる見解とが対立している。戸籍実務は方式と解して，日本で協議離婚をする場合には，家庭法院の確認は必要としないとする（→第17章第3節3参照）。

日本人夫婦が外国から直接に本籍地の市町村長に戸籍法の定めるところにより離婚届を郵送した場合には，実質的成立要件の準拠法である日本法上，有効な離婚の方式であるから，その離婚は方式上有効となる。

(2)　任意認知の方式

任意認知の方式も本条によることについては異論がない。従来の裁判例においても，外国人が日本においてなした認知届について，法例8条2項により行為地法を適用したものが相当数ある（大阪家審昭和53・4・20家月32巻6号64頁な

ど)。通則法の下でも同様の結論となろう。

　非嫡出子の出生に際して，認知の届出がなされず，嫡出子としての出生届がなされた場合，その届出が認知の効力を有するかが問題となることがある。この点について，嫡出子としての出生届が認知の効力を有するか否かは法例上，認知の方式の問題であるから，法例8条2項により行為地法である日本法を適用して，出生届が認知の効力を有するとした判決がある（横浜地判平成元・3・24判タ703号268頁）。また，中華民国法は，血統上の父が非嫡出子を養育している場合には，認知の効果を発生させるという養育認知の制度を認めているが，これを方式とみる見解と実質的成立要件とみる見解とが対立している。

(3) 養子縁組の方式

　契約型の養子縁組の方式が本条によることについては争いがない。

　決定型の養子縁組の方式については，縁組手続を分解し，実質的成立要件の審査部分は家庭裁判所の許可審判によって代行させるが，縁組を成立させる方式の部分は戸籍の管掌者に対する届出によることができるとする，分解理論が有力である。

第2節　親族関係

　通則法33条は，「第24条から前条までに規定するもののほか，親族関係及びこれによって生ずる権利義務は，当事者の本国法によって定める」と規定する。

　本条は親族にかかわる身分関係およびそれに基づいて発生する権利義務に関する一般補充規定である。法例の平成元年改正にあたり，本条を残すかどうかが問題となった。これまで適用が論じられてきた事項，すなわち，別居，婚姻予約，内縁については，関係規定の適用，類推適用でも可能ではないか，準正についても新たに規定が設けられたことなどによって，この規定を残置する意義が少なくなった，との主張がなされた。

　しかし刑法の親族相盗（刑法244条1項），外国人登録法における親族の範囲（外人登15条2項4号）など，本条による親族の範囲の決定が必要な場合があるとの理由から残されることになった。

上のような立法の経過からすれば,本条は親族の身分的法律関係についての補充的,一般的原則としての地位を依然有しているというべきであろう。もっともその重要性は準正の規定の新設により平成元年の法例改正前に比して低くなった。

親族関係の準拠法決定の一般原則としての規定を改めて立法するとすれば,通則法33条の定める当事者の本国法主義の原則よりも,もっと柔軟な一般条項的な規定を設けるのが適切ではなかろうか。

第3節　氏

1　氏名の準拠法

>【設例19-1】　日本に永年にわたって居住する韓国人Aが,同じく日本に居住する韓国人Bと婚姻した。韓国の慣習法によれば,姓不変の原則により,妻の氏は婚姻によって変動しない。これに対し,日本民法では夫婦は婚姻の際に定めるところの夫または妻の氏を称することになる(民法750条)。Aは夫の氏「金」を称したいと考えており,その点についてAB間に合意があるとする。Aはわが国において夫の氏「金」を称することができるか。婚姻による妻の氏の変動の準拠法の決定は,婚姻の効力の問題として通則法25条によるべきか。

>【設例19-2】　Aが日本人のときはどうか。

氏は,名とともに個人の呼称として人の同一性を表示する機能をもつものである。このような氏名の取得や変更は,氏名権という一種の人格権に関するものであり,本人の本国法によって決定するのが原則である。この点については異論はない。

ところで,氏の変更は,本人の意思に基づいて生じる場合のほか,身分関係の発生や変動にともなって生じる場合があり,この場合にも本人の本国法の原則によることができるかどうかが問題となる。

わが国の民法上は,身分関係の発生や変動にともなう氏の取得や変更は,その身分関係の効力とされている。そこで国際私法上も身分関係の発生や変動にともなう氏の取得や変更は,一定の要件の下で法律上当然に生じるものであり,

その身分関係に付随する効果として、その身分関係の効力の準拠法によるべきものと解するのが多数説である。これは氏の身分的性格、家族法的性格を重視したものといえよう。

2 身分変動にともなう氏の準拠法
(1) 身分変動と氏

婚姻によって妻の氏はどう変動するか。各国の立法例は、婚姻によって妻の氏は変動しないとするものから、妻は自動的に夫の氏を称するとするもの、夫婦に夫または妻の氏の選択を認めるものなどさまざまである。そこで婚姻による妻の氏の変動の準拠法が問題となる。この点について従来より学説は鋭く対立してきた。

通説は、これは婚姻という身分変動の効果として生じる問題であるとして、婚姻の効力の準拠法によると解する。したがってまず、夫婦の同一本国法により、それがない場合には夫婦の同一常居所地法により、それもないときは、夫婦の最密接関係地法によることになる（→第16章第3節参照）。

離婚による夫婦の氏についても原則としてこれと同様であるが（通則法27条本文）、同一本国法も常居所地法もなく、夫婦の一方が日本に常居所を有する日本人であるときは日本法が準拠法になる（27条ただし書）。また子の氏については、認知や養子縁組にともなう場合を含めて、親子間の法律関係の準拠法に関する通則法32条による。したがって、子の本国法が父母のいずれか一方の本国法と一致するときは、子の本国法により、その他の場合には子の常居所地法によるべきことになろう。

(2) 人格権説・公法説

上のような通説的見解に対して、身分変動にともなう氏の変更についても氏の人格権的側面を重視して、当事者の本国法によるべきとする見解がある。

* たとえば、婚姻による妻の氏の変動について、「人の独立の人格権たる氏名権の問題として本人の属人法によるべきものと解すべきである」として、妻の本国法であるスイス法を適用して、妻は夫の氏を取得すると判示するものがある（京都家審昭和55・2・28家月33巻5号90頁）。

同じく妻の本国法適用という結論を氏の公法的性格から引き出そうとする見

解がある。すなわち、婚姻による妻の氏の変動をも含めて氏名の成立の問題を公法上の問題としてもっぱら本人（妻）の本国法によるとの主張である。

(3) 選択的適用説

近時のいくつかの判例が妻の本国法説を採用するのは、単なる人格権説的な配慮よりも、もっと現実的な利益考慮に立脚していると思われる。つまり妻の氏の変動につき、妻本人の本国法を適用するのは、妻の氏を決定しそれを戸籍やパスポートなどの公的書類の記載に反映させることに最も強い利害関係を有するのは、なによりも妻本人の本国であり、自国民の氏の決定を外国法に委ね、それを自国の公的書類に記載するわけにはいかないという配慮が存在すると考えられる。その意味で近時の判例における妻の本国法説の根拠は、氏名権が私法上の権利として人格権としての性質を有するという点よりも、むしろ自国民の氏の、戸籍やパスポートへの記載を管理する妻の本国の公益的側面にこそ求められるべきであろう。公法説の狙いも実はこのようなところにあると解せられる。したがって婚姻による妻の氏の変動の準拠法については原則として妻の本国法によるべきである。

しかしだからといって妻の本国の利益がつねに優先すべきとも思われない。とりわけ妻の本国法が夫婦の住所地と異なる規定を有するとき、たとえば【設例19-1】のように、日本に在住する韓国人夫婦につき妻の本国法たる韓国法によれば妻の氏は婚姻により変動しないが、婚姻住所地たる日本法によれば妻は選択により夫の氏を称しうるときは、当事者の便宜や住所地の取引秩序からすれば、住所地法により妻は夫の氏を称しうることを認めるのが妥当な場合が多いであろう。とりわけ妻自身がそれを望むときはそうである。したがって婚姻による妻の氏の変動の問題は第1次的には妻の本国法によるが、当事者の意思を尊重し、妻が住所地法を選択することも認めるべきであろう。

3 氏と戸籍

戸籍は身分関係の公簿であるだけでなく、日本国民の国籍台帳としての面もある。従来、後者の側面を重視して、外国人男と婚姻した日本人女については、新戸籍が編成されず、単に身分事項欄に婚姻の事実が記載されるにとどまった。したがって、戸籍上の氏についてもたとえ氏の準拠法上、婚姻により妻の氏が

変更する場合であっても当然には変更しないものとされてきた。

　　＊　たとえば昭和40・4・12民事甲838号民事局長通達は，日本人男と婚姻したドイツ人女の氏について，「日本民法第750条の規定は，日本人と外国人を当事者とする婚姻には適用されず，戸籍法においてもかかる夫婦の称すべき氏については規定されていない。したがって所問のドイツ人は日本人男と婚姻しても夫の氏を称することはできない」とされた。

　ここからドイツ法も日本法もともに協議によって夫の氏を選択できるのに，妻は夫の氏を称しえないという結論が導かれた。そして戸籍法107条1項の家庭裁判所の許可をうけることにより夫の氏に変更することが認められていたにすぎなかった。
　ところが，昭和59年に国籍法とともに戸籍法が改正され，外国人との婚姻届があった場合，その者について新戸籍が編成され，配偶者の氏に変更しようとするときは婚姻の日から6か月以内に限り，届出のみでできることになった（戸籍法107条2項）。この期間を徒過した者および父または母が外国人である者は，家庭裁判所の許可を得て氏を変更することができる（戸籍法107条1項・4項）。したがって【設例19-2】の場合のように，外国人と婚姻した日本人女やその子は，夫または父の氏に変更したいと考えるときは，このような要件をみたせば氏の変更が可能となった。
　裁判実務としては，戸籍法の改正の趣旨も考慮に入れて，外国人配偶者への氏の変更を「やむを得ない事由」ありとして，認める傾向がある。

　　＊　たとえば，東京家審平成2・6・20家月42巻12号56頁では，外国人と婚姻した日本人が，妻と夫の氏を併記した氏に戸籍を変更したい，とした。これに対し，裁判所は，戸籍法は夫婦の氏を併記した新たな氏への変更についてはなんら規定していないし，また，日本人間の婚姻の場合には，夫婦の氏を併記した氏を使用することは認めていない，としつつ，国際交流が盛んになり，国際結婚も増加している社会情勢の下においては，外国人と婚姻した日本人についても，妻の氏と夫の氏を併記した新しい氏を使用する必要性が高い場合が考えられること，また，これを認めてもわが国の氏の制度に特に支障はないことを理由に，「本件氏の変更については，前記認定の事実に照らし，戸籍法107条1項にいう『やむを得ない事由』があると認め，許可するのが相当である。」とした。
　　　この改正と裁判例によって日本人の氏の変更が当事者の意思によりかなうようになった。

第20章 後見・保佐・補助と扶養

第1節 後見・保佐・補助

　通則法35条は，後見，保佐，または補助についてつぎのように規定する。
　「1　後見，保佐又は補助（以下「後見等」と総称する。）は，被後見人，被保佐人又は被補助人（次項において「被後見人等」と総称する。）の本国法による。
　2　前項の規定にかかわらず，外国人が被後見人等である場合であって，次に掲げるときは，後見人，保佐人又は補助人の選任の審判その他の後見等に関する審判については，日本法による。
　一　当該外国人の本国法によればその者について後見等が開始する原因がある場合であって，日本における後見等の事務を行う者がないとき。
　二　日本において当該外国人について後見開始の審判等があったとき。」

1　法例24条と通則法35条

　後見とは，親権者のいない未成年者や精神上の障害により事理を弁識する能力を欠く常況にある成年者を保護するための制度をいい，保佐とは，精神上の障害により事理を弁識する能力が著しく不十分な者，補助とは精神上の障害により事理を弁識する能力が不十分な者についての同様の制度を指す。法例は，民法におけるこれら3つの区別を下に，後見（24条）と保佐・補助（25条）を区別して規定を設けていたが，通則法35条は後見と保佐・補助との間には本質的な差異はなく，区別の必要性もないとして，これらをまとめて規定している。
　さらに後見については，法例24条は，1項において原則として被後見人の本国法を準拠法とすることとし（「後見ハ被後見人ノ本国法ニ依ル」），2項において日本に住所または居所を有する外国人について例外的に日本法によるべき場合を定めていた（「日本ニ住所又ハ居所ヲ有スル外国人ノ後見ハ其本国法ニ依レハ後見開

始ノ原因アルモ後見ノ事務ヲ行フ者ナキトキ及ヒ日本ニ於テ後見開始ノ審判アリタルトキニ限リ日本ノ法律ニ依ル」)。

　通則法35条では，①本国法主義の原則を堅持しつつ，②例外としての外国人に対する日本法の適用される範囲を拡大し，「日本ニ住所又ハ居所ヲ有スル」との文言を削除するとともに，③その適用範囲を「後見」から，「後見人，保佐人又は補助人の選任の審判その他後見等に関する審判」に限定した。

　また，国際裁判管轄については，法例24条2項の解釈として，争いがあったが，この規定は，居住地国である日本の裁判所の管轄を直接的に定めたものではないとする通説に従い，改正に際しても管轄に関する規定を設けず，従来どおり解釈に委ねることとなった。

2　後見事件の国際裁判管轄

　わが国の裁判所はどのような場合に後見事件に対して国際裁判管轄権を有するか。この点について通則法に明文の規定はない。

(1)　本国管轄

　従来の通説は，被後見人の本国の原則管轄を認めていた。すなわち，被後見人の国籍主義をとり，後見の開始は本国法に準拠し，その管轄権も本国にあることを原則としている，と解していた。したがって日本人に対してはその住所，居所あるいは財産が外国にある場合でも，日本の裁判所が管轄権をもつこととなる。

　もっとも，国際裁判管轄に関する一般原則に従い，本国管轄を肯定することが，当事者間の公平，裁判の適正・迅速という国際裁判管轄の理念に反する特段の事情のあるときは，その管轄を認めるべきではないと解される（→第22章参照）。

(2)　居住地管轄

　通則法35条2項は国際裁判管轄を直接に定めたものではないとしても，制限能力者の保護は，生活の本拠のある居住地国において最も効果的に行われることはたしかであり，そのためには居住地国の管轄を認める実際的必要性は強い。したがって被後見人の居住地に管轄を認めることにおそらく異論はないであろう。

3 被後見人の本国法主義の原則

後見の準拠法について，通則法35条1項は，「後見，保佐又は補助は，被後見人，被保佐人又は被補助人の本国法による」として被後見人の本国法主義を採用する。

その根拠は，後見の制度は，被後見人の保護を目的とするものであり，それは被後見人にその者に最も密接な関係を有する本国の法を適用することによって最もよく達成することができること，また同一人に対する後見がその現在地や財産の所在地のいかんにかかわりなく統一的に処理しうるという点に求めることができるであろう。しかし後に説明するハーグ条約等の動向からすると，本国法主義の原則については再検討の必要があろう。

4 被後見人の本国法の具体的適用

(1) 本国法の適用

被後見人等の本国法は，どのような事項に適用されるか。後見等の準拠法である被後見人の本国法は，後見開始の原因，後見の機関（後見人を指定しうるか，選任の手続），後見監督人，後見の事務，後見の終了などの事項に適用される。

東京高判昭和33・7・9家月10巻7号29頁（マリアンヌちゃん事件）は，被後見人の本国である，スウェーデンの裁判所によって選任された後見人（スウェーデン駐日公使）は，日本においても後見人と認められ，本国法によって監護権を行使することができることを認めた。

(2) 後見の準拠法と親権の準拠法との関係

親権の準拠法と後見の準拠法との間で，適応問題が生じるといわれることがある。その例として，親権の準拠法上親権が消滅するのに後見の準拠法上親権が消滅しないとして後見が開始されない場合，および親権の準拠法上親権が消滅しないのに，後見の準拠法上親権が消滅するとして後見が開始される場合があげられる。

しかし，未成年者の保護は，まず親権の問題として親権の準拠法により，親権者がいない場合に後見の問題として，後見の準拠法によるべきであると思われる。というのは，後見は，元来，未成年者に対する親権の延長と考えられ，親権者のない場合にはじめて適用されるものだからである。したがって，親権

の問題が後見の準拠法の先決問題となり，親権の準拠法上，親権が消滅するとされれば，後見の準拠法上も親権が消滅したものとして，後見を開始すべきであると考える。また，親権の準拠法上親権が消滅しない場合であれば，国際私法上，後見の問題は生じないと解される。

5 外国人に対する日本法による後見
(1) 趣　旨
　外国人に対する後見について，①その本国法によれば，その者について後見等を開始する原因がある場合であって，日本における後見等の事務を行う者がいないときや，②日本で後見開始の審判等があったときは，後見人等の審判などの後見等に関する裁判所の措置については，日本法が準拠法になる（通則法35条2項1号・2号）。
　この場合には，外国人に対する裁判所による保護措置の実効性を確保するために，早急に日本において後見人等の選任などを行う必要があるから，後見等に関する裁判所による措置に限り，例外的に日本法を適用して対処することを認めたのである。
(2) 「当該外国人の本国法によればその者について後見等が開始する原因がある」
　後見等の開始の原因については，原則どおり本国法による。その根拠には，被後見人等の後見等の開始の原因については，その者に最も密接な関係のある本国の法が後見等の開始の原因として認めていないのに，日本法によって後見等の開始の原因があるとして，その能力を制限するのは妥当ではない，という点にあるものと考えられる。しかし立法論としては，とくに日本に居住する外国人に保護措置の必要性を最も強く感じているのは日本であり，後見開始の原因についても本国法ではなく，日本法によるべきではなかろうか。原因について本国法を適用することは，日本における取引の安全を害する結果を招来することもありえよう。
　後見開始の原因以外は日本法による。なお，日本法によるべき範囲は，後見人，保佐人，補助人の選任などの裁判所による保護措置に限定される。
(3) 「日本における後見の事務を行う者がないとき」

「後見の事務を行う者がないとき」はどのような場合を指すか。この点については，かつては学説は対立した。①わが国の国際私法上適法な後見人がいずれの国においても存在しないことを要するのか，②それとも適法な後見人によって現実に保護されていないことを意味するのか。法例24条2項は本国法だけでは未成年者の保護に十分ではないと考えられるため日本法による後見を開始させようとするものであるから，後見人が本国に存在するという理由で日本における後見が開始しないとすることは日本に居住する被後見人の保護の観点から適当ではない。よって②説が妥当であると考えられた。これを今回の改正において「日本における」と明文化した。

東京家審昭和49・3・28家月26巻8号99頁においても，日本在住の未成年者である被後見人の本国法（中華人民共和国法）上，後見開始の原因は認められるが，親権者が本国に居住しており，後見人としての権利の行使が著しく困難であることが明らかである場合，「後見ノ事務ヲ行フ者ナキトキ」にあたるとして，日本法により後見人を選任できるとした。

(4) 「日本において当該外国人について後見開始の審判等があったとき」

後見開始の審判等と被後見人に対する後見の設定とは不可分であるから，外国人につき，通則法5条により，居住地国である日本で後見開始の審判等があった場合には，その保護に任ずべき後見も居住地国法である日本法に従って設定されるべきである。

(5) 通則法35条1項による後見人の選任の可否

日本に居住する外国人について，日本の裁判所が，通則法35条2項以外の場合に本国法を適用して後見人の選任をすることが認められるかについては肯定説と否定説が対立している。

否定説は，日本で外国人について後見人を選任するのは，例外的に日本法によるべき35条2項の場合に限られる，とする。日本の裁判所が外国人について35条1項によってその本国法により後見人を選任することは考えられていないと解するのである。この説では準拠法所属国に後見人選任の管轄権があり，本国法に従って後見人を選任するのは，本国の裁判所のみであると考える。

肯定説は，後見人選任の管轄権と準拠法を切り離して考え，日本の裁判所が本国法により後見人を選任することは可能であると解する。

この2つの説の対立は、本国管轄と本国法の適用をどこまで原則として貫くかの問題である。従来の多数説は否定説であった。しかし、日本に居住する外国人未成年者の保護という観点からは、日本の裁判所が後見人を選任できる場合を35条2項の場合に限定する必要はないと解すべきであろう。

6　ボル事件とハーグ条約

最後に立法論の観点から、未成年後見についての国際司法裁判所のボル判決とそれに関連するハーグ条約について紹介しておきたい。

(1)　**未成年者の後見を規律するための条約**（1902年）

この条約は、未成年者の後見について本国管轄と本国法の適用を原則とするものである。未成年者に対する後見人は、原則として本国法に従って、本国の機関によって選任される者であり、その常居所のある国の法律に違反しなければ本国の外交官または領事によっても選任されるもの（1条・2条）とし、例外的に、本国によって選任された後見人がない場合には、常居所のある国の法律に従って、その国の機関によって選任されることができる（3条）。しかし前者はつねに後者に優先し（4条）、かつ後見の始期、終期、原因は本国法の定めるところによる（5条）。また本条約の定める後見は原則として未成年者の身体および全財産に及ぶ（6条）。急迫の場合には未成年者の身体および利益の保護に必要な処分は、本国以外の国にも及ぶ（7条）。

この条約の採用する本国法主義は、つぎのボル事件を契機としてその妥当性が疑問視されるにいたった。

(2)　**ボル事件**

国際司法裁判所の1958年のボル事件はつぎのようなものであった。

母とスウェーデンに居住していたオランダ人未成年者ボルにつき、母の死後、オランダ法に基づきオランダ人女性が後見人に選任された。他方、スウェーデン児童福祉局は同国の青少年保護に関する法律により、ボルを保護教育措置に付した。この措置はオランダ人後見人の監護権を制限するものであったので、オランダ政府は、スウェーデン側のこの措置は本国法主義を採用する1902年のハーグ条約に違反すると主張し、国際司法裁判所に提訴した。

裁判所は、スウェーデン法は属地的効力を有する、社会保護のための法であ

って，個人の保護を目的とする私法上の後見のみを対象とするハーグ条約の適用範囲に入らないから，スウェーデンに条約違反はないと判示して，スウェーデンを勝訴させた。

(3) 「未成年者保護条約」(1960年)

この判決をうけて，ハーグ国際私法会議の第9会期（1960年）において「未成年者の保護に関する官庁の管轄権及び準拠法に関する条約」が採択された。この条約では後見条約とは異なり，保護という言葉が使用され，後見という言葉は使用されていない。また，常居所地国がその国内法に基づいて保護措置を行うのが原則とされている。

この条約によると，未成年者に対する身上または財産上の措置は，未成年者の常居所地国の官庁によって，その国内法に従って行われるのを原則とするが（1条・2条)，未成年者の本国法上当然に生じる権限関係は外国でも承認され（4条)，またその本国の官庁は未成年者の利益のため必要な措置を本国法に従ってとることができ，それは常居所地国の官庁による措置に優先する（3条・4条)。以上の未成年者の保護措置は他のすべての締約国で承認される（7条)。

(4) 「成年者の国際的保護に関するハーグ条約」(2000年)

「成年者の国際的保護に関するハーグ条約」（2000年）は，要保護状態にある成年者について保護措置の管轄権，準拠法，外国保護措置の承認，執行を定めたものである。保護措置の管轄権は原則として要保護者の常居所地国，例外的にその現在地国などに認められ，準拠法は原則として法廷地法による。これは「親責任及び子の保護措置についての管轄権，準拠法，承認，執行及び協力に関するハーグ条約」（1996年）に準じた内容となっている。今後のわが国の立法論も常居所地管轄と常居所地法主義を原則とする方向で考えるべきではなかろうか。

第2節 扶　　養

1　国際私法上の扶養

　扶養とは自力で生活できないものを扶け養うことである。扶養には，私的扶養と公的扶養とがある。公的扶養は生活保護法や各種社会保険法に属するものであり，公法に属し，属地的に適用される。国際私法の対象となるのは私法上の扶養である。なかでも夫婦，親子その他の親族関係から生じる扶養に限られる。

　国際私法上の扶養については，平成元年改正前の法例21条は，扶養義務については義務者の本国法によると規定していた。昭和52年にわが国は，ハーグ国際私法会議の「子に対する扶養義務の準拠法に関する条約」(1956年)（以下子条約という）を批准し，ついで昭和61年には，同会議の「扶養義務の準拠法に関する条約」(1973年)（以下一般条約という）を批准するとともに，これを国内法化して，「扶養義務の準拠法に関する法律」を制定した。そして，法例34条1項において，「本法ハ夫婦，親子其ノ他ノ親族関係ニ因リテ生ズル扶養ノ義務ニ付テハ之ヲ適用セズ」として，法例の規定の適用を排除した。通則法43条1項もこれを引き継ぎ，「この章の規定は，夫婦，親子その他の親族関係から生ずる扶養の義務については，適用しない。ただし，第39条本文の規定の適用については，この限りでない」と定める。

2　子条約
(1)　条約の適用範囲

　子条約は，一般条約とは異なり，国内法化していない。その理由は，子条約6条が，相互主義を採用し，子が締約国に常居所を有する場合に限って，条約の規定が適用されることになっているためである。したがってこの条約しか批准していなかった段階では非加盟国との関係で平成元年改正前法例の規定が必要であった。現在では，子条約は子条約のみを締結した国（オーストリア，ギリシャ，ノルウエー，リヒテンシュタイン）との関係では効力を有するが，それ以外

の国との関係では，一般条約を国内法化した「扶養義務の準拠法に関する法律」による。

(2) 子に対する扶養義務の準拠法：子の常居所地法主義の原則

子条約1条は，「子が扶養を請求することができるかどうか，どの程度まで請求することができるか，および誰に対して請求することができるかは，子の常居所の法律によって定める」と規定する。そして，「……この条約の適用上，『子』とは，……婚姻していない21歳未満の者をいう」。

(3) 常居所地法の適用の例外

子条約2条・3条は，子の常居所地法の適用に対する例外を定める。まず2条は，扶養の請求が自国の当局に申し立てられていること，子および扶養を請求される者が自国の国籍を有すること，扶養を請求される者が自国に常居所を有することの要件をみたすときには，各締約国は自国の法律を適用することができることを定める。

つぎに，3条は子の常居所地の法律が子に対していかなる扶養をうける権利をも認めない場合には，法廷地の国際私法によって指定される法律を適用することを規定する。子条約が，このように，子の常居所地法を原則としながら，法廷地の国際私法の原則によって準拠法とされる法律が扶養をうける権利を認めているのに，この条約が指定する子の常居所地の法律がそれを否定している場合には，この条約を批准することによってかえって不利になり，子の利益保護という条約の目的に反するので，このような場合には，法廷地の国際私法の指定する準拠法を適用することを認めた。ここでは子の利益の保護という要請が扶養義務の準拠法を決定する重要な政策考慮であることが認識されている。

3 扶養義務の準拠法に関する法律

この法律は，扶養義務の準拠法に関するハーグ条約の批准にともなって，これを国内法化したものであり，夫婦，親子その他の親族関係から生じる扶養の義務の準拠法について定めている（1条）。

(1) 扶養義務の準拠法

扶養義務の準拠法は，扶養権利者の常居所地法である（2条1項）。扶養権利者の常居所地法によったのは，被扶養者の利益を第1に考え，しかも被扶養者

は現実に生活を営んでいる社会と最も密接な関連を有しているから，その地での実効的な保護をめざすという政策の現れである。これによって同一国内に居住する被扶養者を同一の基準で扱い，また扶養義務者が複数でも基準は同一となるという長所がある。さらに常居所地法主義は本国法主義と住所地法主義との対立を回避し，国際私法の統一に資するともいわれる。

扶養権利者の常居所地法によればその者が扶養義務者から扶養をうけることができないときは，当事者の共通本国法による（2条1項ただし書）。

さらに2条1項の規定により適用すべき法によれば扶養権利者が扶養をうけることができないときは，扶養義務は日本法による（2条2項）。

(2) 子の利益保護

このように，原則的準拠法である扶養権利者の常居所地法に始まり，当事者の共通本国法ついで日本法と順次準拠法を定め，要保護者が扶養をうけられるよう，その権利を保障しようとしているのは，扶養権利者の保護を可及的に図るための政策であり，これによって扶養権利者に有利な法の適用が確保されている。この扶養権利者に有利な法の適用は，直系血族間の扶養義務に限定されており，その意味で扶養権利者としての子の利益の保護が準拠法を決定する重要な要素となっている。

(3) 傍系親族間および姻族間の扶養義務の準拠法の特則

3条は，2条の原則に対する特則として，扶養義務者の異議申立権を認めた規定である。これにより扶養義務者の保護を図っている。これは扶養義務者に一定の要件の下で準拠法の変更権を認めたものと解することができる。なお，子条約が適用される場合にはこの特則は適用されない（3条2項）。

(4) 離婚をした当事者間の扶養義務の準拠法についての特則

離婚の場合には，その直接の効果である身分関係の解消自体と，その後の当事者間の扶養とは密接に関連しているので，両者を統一的に扱うという統一的処理の要請から，離婚当事者間の扶養義務に対しても，離婚について適用された法による（4条）。

(5) 公的機関の費用償還をうける権利の準拠法

公的機関が扶養権利者に対して行った給付について，扶養義務者にその償還をうける場合に，その償還をうける権利については，この法律の定める扶養義

務の準拠法ではなくて，その機関が従う法によるべきことになる（５条）。

(6) 扶養義務の準拠法の適用範囲

扶養義務の準拠法は，「扶養権利者のためにその者の扶養を受ける権利を行使することができる者の範囲及びその行使をすることができる機関並びに前条の扶養義務者の義務の程度」（6条）について適用される。条約10条の規定は扶養義務の準拠法の適用範囲を例示的に定めたものである。なお，条約10条1号は扶養請求の可否，範囲，相手方について規定しているが，わが国ではこれを当然のことと考えたため，本条においては規定しなかった。立法技術としてそれが妥当かは疑問である。むしろ，準拠法の適用範囲を明確にするため，条約10条の規定をそのまま取り入れるべきではなかったかと思われる。

(7) 扶養の程度

8条2項は，「扶養の程度については，適用すべき外国法に別段の定めがある場合においても，扶養権利者の需要及び扶養義務者の資力を考慮して定める」と規定する。扶養権利者の需要と扶養義務者の資力を考慮しなくてもよいとする準拠法の適用を排除する機能を有する。扶養の程度以外の問題については扶養義務の準拠法によるべきことはもちろんである。

第21章　相続・遺言

第1節　相　続

> **【設例21-1】** 日本に永年にわたって居住する韓国人Aが死亡し，韓国法上相続人が存在しない。この韓国人には多年事実上の夫婦として生活した日本人内縁の妻Bがいた。日本民法によれば，Bは，特別縁故者として，Aの遺産に対して，特別縁故者の分与請求をなしうる。当時の韓国法によれば，特別縁故者による分与請求は認められず，遺産は国庫に帰属するとせよ。
> 　Bの特別縁故者としての分与請求は認められるか。

1　各国の相続法の抵触

　各国の相続法は，【設例21-1】の特別縁故者による分与請求のほか，だれが相続人になるか，相続分がどの程度か，あるいは遺留分が認められるかどうかなどの点で異なっている。そこで，わが国をめぐる国際相続事件について，どこの国の法律を適用するか，という準拠法の決定が問題となる。

2　相続統一主義と相続分割主義

　各国の国際私法においては，相続の準拠法について2つの考え方がある。1つは相続統一主義であり，動産と不動産を区別することなく統一的に被相続人の属人法——本国法または住所地法——によって相続の問題を規律するという考え方である。もう1つは，分割主義であり，動産と不動産を区別して，不動産については個々の財産の所在地法を適用し，動産については被相続人の本国法または住所地法を適用するという考え方である。

　分割主義は不動産について，個々の不動産の所在地が異なるに従って相続関係が異なった法律によって規律されることになり，法律関係がきわめて複雑に

なる。これに対し統一主義は，財産の所在地のいかんにかかわらず統一的に1つの法律によることができ，その適用が容易である。

3 被相続人の本国法主義
(1) 統一主義としての本国法主義
通則法36条は，「相続は，被相続人の本国法による」として，相続統一主義を採用している。統一主義をとる場合に属人法として本国法を採用したのは，身分，能力，婚姻，親子関係における本国法主義に歩調をあわせたからである。
(2) 本国法主義の修正
通則法36条は，相続統一主義としての本国法主義を採用しているが，統一主義による場合には，本国が財産所在地や住所地と異なる場合には，本国法による相続がそのまま認められるかどうか，その実効性について問題が出てくるという欠点がある。そこで，通則法36条では相続統一主義がとられ，被相続人の本国法主義が採用されているが，この原則にはさまざまの形の修正が加えられており，結果的には財産所在地法とか，あるいは当事者の，とりわけ被相続人の住所地法が適用される場合がある。このような観点からは，被相続人の本国法主義の原則がどの程度，判例・学説において貫徹されているかという点が問題となる。

判例・学説とも，後にみるように，反致，公序，法性決定などのさまざまな理論構成を使って，被相続人の本国法の適用を排除している。その意味で被相続人の本国法主義は貫かれてはいない。したがって国際相続事件の準拠法問題を考える際のポイントの1つは，この被相続人の本国法主義の例外が，どのような事項にどのような法的操作，理論構成によって認められるか，そしてそのことによって外国人についての日本法適用の可能性がどの程度認められているかという点にあるといえるであろう。

4 相続準拠法の具体的適用
相続準拠法はどのような事項に適用されるか，その場合にどのような問題があるかを判例で現実に問題となった事項を中心に検討する。

(1) 相続人・相続分

だれが相続人になるか、あるいは相続分がどの程度か、この点は、各国の相続法が異なるところである。この問題について原則として相続準拠法である被相続人の本国法が適用されることについては異論はない。

神戸地判昭和55・3・31判時984号120頁は、日本で死亡した中華民国人の日本所在の遺産の相続について、平成元年改正前法例25条により被相続人の本国法として中華民国法を適用し、中華民国法によると妻と子は均等相続であり、子が9人いるときには、妻と9人の子の相続分は、各自10分の1になると判示した。

(2) 相続財産の構成と公序

どのような財産が相続財産に含まれるかという問題も相続の準拠法によって決まる。この点で、土地の私有を認めない外国法の適用が公序に反するかが問題となった事例がある。

名古屋地判昭和50・10・7下民集26巻9-12号910頁では、土地が相続の対象になるかが問題となった。裁判所はまず被相続人の本国法は朝鮮民主主義人民共和国法であると認定した上で、朝鮮民主主義人民共和国の法においては、土地の個人所有が禁じられているようであるが、比較的広大な不動産について、かりに本国法が個人所有を禁じ、それを相続の対象としていないと解されるとすれば、そのような朝鮮民主主義人民共和国法を適用して、わが国内に居住する同国国民の相続権を剥奪する結果になることは、わが国の公序に反するとして、結局は日本法によって土地の相続を認めた。

これは原則としてはあくまで相続の準拠法として被相続人の本国法が適用されるとしながらも、準拠法として指定された外国法の内容や日本との関連いかんによってはその適用が排除され、日本法によって相続の対象にどのような財産が含まれるかが決定される、ということを明らかにしたものである。

(3) 相続財産の構成と「個別準拠法は総括準拠法を破る」

相続財産の構成に関して問題となるのは、「個別準拠法は総括準拠法を破る」との原則が適用されるかどうかである。これは、相続の準拠法である被相続人の本国法（これを総括準拠法という）によれば、ある財産の相続による物権の移転が認められる場合であっても、相続財産を構成する個々の財産の準拠法

である，たとえば物権準拠法（これを個別準拠法という）によれば，それが認められない場合には，相続による物権の移転などは認められないという原則である。

大阪地判昭和62・2・27判時1263号32頁においては，カリフォルニア州で事故により重傷を負った日本人の同乗者が死亡した運転者の日本人父母に対して損害賠償請求訴訟を提起した。アメリカのカリフォルニア州法によると，不法行為債務は相続されない。ところが，被相続人の本国法たる日本法によれば不法行為債務は相続される。

裁判所は，損害賠償債務の相続につき準拠法として適用されるべき被相続人の本国法たる日本法が当該債務を相続の対象と認めていても，不法行為の準拠法として適用されるべき不法行為地たるカリフォルニア州法がこれを認めていない以上，債務の相続性は否定されるとして，この請求を棄却した。

すなわち，この法理によると相続の準拠法上相続財産と認められても，個々の権利・義務の準拠法である不法行為の準拠法がその相続性を認めていない場合には，これを請求できないことになる。

(4) 相続の承認・放棄

国際相続事件では相続放棄に関する事例が比較的多い。その例をつぎにあげる。

東京家審昭和52・7・19家月30巻7号82頁は，韓国で死亡した韓国人の相続につき，平成元年改正前法例25条により被相続人の本国法である韓国法を適用して，限定承認の申述を受理し，その相続財産の管理人をわが国で選任した。

(5) 相続の放棄と公序

日本民法915条によれば，相続の放棄は，自己のために相続の開始があったことを知ったときから3か月以内になされねばならないが，裁判所にその期間の伸長を申し出ることができる。ところが，ドイツ法によると，相続放棄の期間は原則として6週間であり，例外的に被相続人が外国にのみ最後の住所を有していたときには6か月としている。そして，日本民法のように，放棄の期間の伸長を家庭裁判所が認めるという制度にはなっていない。よって6か月経てば伸長はいっさい認められないこととなる。このように，事情のいかんを問わず，相続放棄の期間に伸長を認めない外国法の適用が公序に反するのではない

かが問題となることがある。

東京高決昭和62・10・29家月40巻2号190頁においては，6か月を過ぎてから相続放棄の申述をした日本人が，日本民法のような放棄の期間の伸長を認めないドイツ法の適用は，公序に反する，と主張した。裁判所は，この場合にはドイツ法の適用は公序に反しないとして，ドイツ法をそのまま適用して，6か月を過ぎた相続放棄の申述は認められない，とした。

この事例は，ドイツ法の適用は公序に反しないとして，相続の準拠法である，被相続人の本国法たるドイツ法が相続放棄の問題についてそのまま適用された事例である。

(6) 遺産分割

わが国の国際相続事件として比較的多いのは，遺産分割である。遺産分割ができるかどうか，できるとすれば，どういう方法によってできるか，協議による遺産分割は可能かどうか，という点も相続の準拠法によるべきことになる。

東京家審昭和63・8・31家月41巻5号65頁は，平成元年改正前法例25条により，被相続人の本国法である大韓民国民法を適用して，相続人および法定相続分を定めた上，遺産分割の方法として，共同相続人の1人に遺産全部を取得させ，同人に，他の共同相続人に対し，分割調整金の支払いを命じた。

長野家審昭和57・3・12家月35巻1号105頁は，被相続人の本国を朝鮮民主主義人民共和国とする遺産分割審判事件において，被相続人の本国法の詳細は不明であるが，同一民族の国家である大韓民国の民法は，戸主相続等不平等な相続制度を規定しているところから，これを適用することは社会主義国家である北朝鮮の法秩序に徴し適当でないとして日本民法を適用した。

この事例のように，外国法をいかに調査しても，わからないときは，学説・判例の主要な立場は，条理によるというのが一般的である。条理による場合，その条理の内容は，日本法と変わらないことが多く，結果的には，日本法を適用するのと違いがない（→第24章第4節参照）。

(7) 遺言の執行

遺言の執行も，遺言の準拠法ではなく，相続の準拠法による（→本章第2節 *1* 参照）。

神戸家審昭和35・12・6家月13巻3号156頁は，日本に最後の住所を有して

いたインド人の遺言の執行のために、平成元年改正前法例25条に基づいて、被相続人の本国法であるインド法を適用して遺言執行者を選任した事例である。
(8) 相続人の不分明・不存在、遺産管理の法性決定

相続の準拠法の適用範囲との関係で法性決定が問題となるのは、相続人が不分明の場合に財産の管理をどうするかという問題である。この問題に関してはかなりの裁判例がある。その多くは、相続の問題ではないとして、財産所在地法である日本法を適用する。

大阪地判昭和40・8・7判タ185号154頁は、日本で死亡した大韓民国人の日本にある遺産に関する法律関係は、相続の問題ではないとして、財産所在地法たる日本法によるとした。また、東京家審昭和41・9・26家月19巻5号112頁も、イラン人の遺産につき、相続人の不分明の場合に相続財産をいかに管理し、また相続人が不存在の場合に相続財産が何人に帰属するかの問題は、法例10条の規定の精神に従って、管理財産の所在地法たる日本法が準拠法であると判示する。

これらの判決に対して、大阪家審昭和54・3・26家月34巻2号160頁は、相続人のあることが明らかでない場合の相続財産の管理については、相続の準拠法である、被相続人の本国法によるべきものと解されるが、その内容が不明である以上、条理により、その準拠法を相続財産の所在地であり、かつ被相続人の最後の住所地でもあった日本法と解し、日本民法951条以下の規定を類推適用するのが相当であるとした。

学説上も遺産管理の問題は、相続の準拠法の適用範囲ではないとして、遺産管理地法もしくは財産所在地法の適用を主張する見解がある。これらの説によるときは、財産所在地または遺産管理地が日本にある場合には、日本法が適用されることになる。

(9) 特別縁故者による財産分与請求

日本民法によれば、【設例21-1】のように、相続人不存在の場合には、特別縁故者による財産分与請求が認められている。しかし、韓国法ではこの特別縁故者による財産分与請求は認められていないとする（現行1057条の2では認められるに至った）。そこで、特別縁故者による財産分与請求についても、相続の準拠法が適用されるか否かが問題となる。この点について、特別縁故者による財

産分与請求は，相続の問題ではないと法性決定して，被相続人の本国法の適用を排除し，財産所在地法である日本法によるという論理をとるものがある。

大阪家審昭和52・8・12家月30巻11号67頁は，朝鮮人である被相続人に相続人が存在しない場合，相続財産がどう帰属するかについては法例25条（被相続人の本国法）は適用されず，相続財産ないしはこれに代わるものとしてその所在地法によらしめるべきである，として，財産所在地法である日本民法958条の3を適用して，申立人である日本人の内縁の妻に対して被相続人の本国法である韓国民法が認めていない特別縁故者による財産分与請求を認めた。

これに対して，仙台家審昭和47・1・25家月25巻2号112頁は，特別縁故者による財産分与請求は，相続の問題であり，本国法たる大韓民国法が適用されるとした上で，被相続人の本国法たる大韓民国法により，多年事実上の夫婦として生活した内縁の妻によって取得し，その妻の住居の敷地の一部であるものまで，国庫に帰属すべきものとすれば，内縁が保護されている日本国内の公序に反するとし，法例30条（平成元年改正前法例）によりその適用が排除されるとした。

一般に，通説は，公序条項の濫用の危険性を指摘し，公序条項の積極的発動に消極的である。しかし，本件にみられるように，日本法を適用した結果と本国法たる外国法を適用した結果が異なり，かつ，日本が財産所在地や当事者の住所など密接な関連がある場合には，この公序条項は外国法の適用を排除する有力な手段として積極的に活用すべきであろう（→第6章第3節参照）。

5 相続と反致

> 【設例21-2】 日本に住所を有し，日本に不動産を有する英国人Aの相続が問題となった場合に，相続人はだれか，各自の相続分はどうなるかはどこの国の法によるか（【設例7-1】と同じ）。

相続準拠法である，被相続人の本国法の適用を排除する論理として，重要な役割を果たしているのは，通則法41条の反致条項の適用である（反致については，→第7章参照）。

当事者の本国法によるべき場合において，その当事者の本国の国際私法によ

れば，日本法が適用されるときには，原則的準拠法である被相続人の本国法である外国法を適用せずに日本法が適用される。相続については，相続統一主義と相続分割主義があることはすでに指摘した。相続分割主義は不動産については不動産所在地法，動産については被相続人の住所地法または本国法を適用する。その際，住所地法によるとする国が多く，この場合がとくに反致条項の適用について問題となる。わが国で反致を適用して日本法を適用した事例のほとんどは，本国が分割主義，しかも，動産について住所地法主義をとっている場合である。

典型的な例としてまず米国がある。東京家調昭和38・11・18家月16巻4号165頁がそうである。この事件では被相続人はオクラホマ州出身の米国人であり，その住所が日本にあって，また遺産である不動産も日本にあることが認められるケースであった。

米国の国際私法によると，オクラホマ州も同じように不動産は不動産所在地法，動産は住所地法による。そうすると米国の国際私法によると被相続人の住所が日本にあり，不動産は日本に所在しているから，結局，すべて日本法によることになるとして，日本法によって調停により遺産分割を行った事例である。

【設例21-2】のイギリス法についても同様である。東京家審昭和45・3・31家月22巻10号101頁は，イギリス法においては，相続に関する国際私法の原則として，不動産物権においては不動産所在地法による，人的財産すなわち不動産以外の権利については被相続人の住所地法によるとして，イギリス法からの反致を認めて，住所地法である日本民法によって遺言執行者を選任した。この事例のほか，イギリス法からの反致を肯定したものとして，東京高判昭和63・10・5判タ703号215頁，東京家審昭和48・4・20家月25巻10号113頁などがある。

オーストラリア法からの反致を認めたものとしては，神戸家審昭和56・9・21家月34巻7号89頁がある。

さらに，不動産登記実務においても，カナダ，あるいはフランスについても反致を認めて日本法による相続登記を認めている。そのほかベルギー，アイルランド，メキシコ，および中国（渉外民事関係法律適用法31条）も分割主義をとるということを明らかにしており（なお，中国継承法36条および同条を適用した東

京高判平成2・6・28判時1361号56頁参照），反致が成立することになる。そうすると，米国，イギリス，カナダ，オーストラリア，ベルギー，フランス，中国については，原則は被相続人の本国法によるが，結果的には日本法によるべき場合がかなり多い。

日本と同じ相続統一主義，しかも，本国法主義をとっている中華民国などについては，本国の国際私法によれば本国法が適用され，日本法によるべき場合に該当しないので，通則法41条を適用する余地がないことになる。

いずれにしても，相続については分割主義を採用する国との間には反致の成立の可能性をまず考える必要がある。

このようにみてくると，判例・学説とも，さまざまな理論構成を使って，被相続人の本国法の適用を排除してきたのであって，被相続人の本国法主義は厳格には貫かれてはいない。この点は相続の準拠法の立法論を考える場合においても重要な視点であるといわなければならない。

6 ハーグ相続の準拠法条約

近時の注目すべき立法例として，ハーグ国際私法会議における「死亡による相続の準拠法に関する条約」（1988年10月採択）を紹介，検討して，わが国の相続に関する国際私法改正の立法論として，どのような方向が望ましいかを考える1つの手がかりとしたい。

(1) 相続統一主義か分割主義か

相続準拠法を決定する場合の1つの重要な論点は，相続統一主義と分割主義の対立である。この点について条約は，相続分割主義への妥協をしているが，基本的には，相続統一主義を採用している。

(2) 準拠法決定における政策考慮

相続の準拠法を決定するにあたって，まず常居所地法主義と本国法主義との妥協を試みたということと，明確性と柔軟性とのバランスを巧みに考慮したという点が重要である。①まず被相続人の死亡時の常居所地が同時に本国であった場合には，その法が適用される。②被相続人が死亡時の常居所地国に死亡の直前5年以上居住していた場合には，原則として常居所地法が適用される。しかし被相続人が「本国と明らかにより密接な関係を有していたときは」本国法

によるとの柔軟な例外条項がある。③その他の場合には，原則として本国法が適用される。ただし，この本国法の適用には，被相続人が「他の国とより密接な関係を有していたときはこの限りでない」との柔軟な例外条項が設けられている。

常居所地法主義と本国法主義の妥協を試みたという点と，柔軟な例外条項を設けることによって法的安定性と具体的妥当性のバランスを考えたという点が注目されるところである。

(3) 当事者による準拠法の指定

夫婦財産制のハーグ条約にみられるように，身分関係でも，身分と財産とが錯綜する分野において，当事者による法選択を認める傾向がある。本条約はこれを相続についても取り入れた。当事者による法選択がなければ，常居所地法と本国法のいずれが適用されるか，とくに柔軟な例外条項の存在によって，当事者が準拠法を予測することが不可能または困難な場合がある。そこで，被相続人にあらかじめ相続について適用されるべき法について指定を許すことになった。契約について当事者による法選択を肯定することは，各国の国際私法上一般に認められた原則といえるが，これを相続についても承認した点が画期的なところである。ただ，被相続人はどんな法でも自由に選択することはできず，本国法と常居所地法のうちのいずれかを選択することができるにすぎない。

(4) 評価と展望

この条約は，本国法よりもむしろ常居所地法を重視したこと，柔軟な例外条項を設けることによって，法的安定性を考慮しつつ，具体的妥当性にも配慮したこと，当事者による相続準拠法の選択を認めた点などは，十分積極的に評価すべきであると考えられる。

その意味で，わが国としては，国際私法の相続に関する改正問題を考えていく場合には，この条約を批准して国内法化することを考えるのが1つの方法である。婚姻・親子の改正のように，国際私法規定の改正という方法を採用する場合においても，この条約に採用された考え方を積極的に取り入れるべきである。

第2節 遺　　言

1　遺言の成立・効力の準拠法

　遺言とは，自己の死後の法律関係，とくに財産関係を法の定める一定の方式に従って処分する法律行為をいう。遺言をすることができる事項は法定の行為に限られる。日本民法では，遺贈（964条），認知（781条2項）などである。

(1)　遺言者の本国法

　遺言については，通則法37条は，「遺言の成立及び効力は，その成立の当時における遺言者の本国法による」と規定し，遺言者の本国法主義を採用する。

(2)　遺言の準拠法と相続の準拠法

　問題はここでいう遺言の成立と効力とはなにかという問題，とりわけ相続とどのような関係になるのかという点である。

　判例・学説は一般に，ある意思表示が遺言として有効に成立したかどうか，成立したとすれば，その効力はいつ発生したか，という問題だけが通則法37条により遺言者の本国法によると解する。その意味で，遺言の準拠法が適用される範囲はきわめて狭く，限定的になる。

　これに対して，遺言の実質的内容となる法律行為の成立と効力は，それぞれの法律行為の準拠法，たとえば認知の場合には認知の準拠法（通則法29条），相続の場合には相続の準拠法（通則法36条）による。したがって遺言相続における遺言執行人の選任の問題は，その遺言の成立，効力の問題ではなくて相続の問題であり，相続の準拠法による，と解される。

　神戸家審昭和35・12・6家月13巻3号156頁も，日本に最後に住所を有したインド人の遺言の執行について遺言執行人を選任するのは，遺言の準拠法に関する平成元年改正前法例26条ではなくて，相続に関する同法例25条によると判示する。

　同じく大阪高決昭和62・3・20家月39巻7号43頁も，中華民国人の遺言については，遺言者は遺言能力者であり，また，遺言者に意思の欠缺もなかったから有効に成立しているとして，能力および意思表示において意思の欠缺がなか

ったかどうかについてだけ，平成元年改正前法例26条が適用され，それ以外の問題は相続の準拠法によって規律されるとしている。

　もっとも被相続人の本国法と遺言者の本国法とは一致するのが通常であり，死亡当時と遺言当時とで国籍が変わったときにだけ両者は異なることになるのであるから，法性決定の理論上の問題はともかくとして，実際問題としてはそれほど遺言の準拠法によるか，相続の準拠法によるかは重要ではない。

2　遺言の方式の準拠法

　遺言の方式については，ハーグの国際私法会議の第9会期（1960年）で採択された「遺言の方式に関する法律の抵触に関する条約」の批准にともなう国内立法措置として制定された「遺言の方式の準拠法に関する法律」がある。これにより，遺言の方式の準拠法については，原則として通則法の適用が排除され，この特別法による（通則法43条2項）。

　この法律の基本にある考えは，遺言はその方式に関してはできるかぎりその成立を容易にするという，いわゆる遺言優遇の原則を採用している点にある。

　すなわち，同法2条は，「遺言は，その方式が次に掲げる法のいずれかに適合するときは，方式に関し有効とする」として，行為地法，遺言者が遺言の成立または死亡の当時国籍を有した国の法，遺言者が遺言の成立または死亡の当時住所を有した地の法，遺言者が遺言の成立または死亡の当時常居所を有した地の法，不動産に関する遺言については，その不動産の所在地法と，全部で8つの連結点をあげ，この8つのどれか1つの法に方式がかなっていれば遺言は有効とする，と定める。これが遺言優遇の原則であり，遺言はその方式に関してはできるかぎり有効視されることになる。

　裁判例としては，フランス人の遺言の方式につき，フランス法上公証人としての権限を有するフランス総領事の関与の下に作成された日本在住のフランス人の遺言は，遺言の方式の準拠法に関する法律2条により遺言者の本国法たるフランス法に従って方式上有効であるとしたものがある（神戸家審昭和57・7・15家月35巻10号94頁）。

第4編　国際民事手続法

本編では，国際民事手続法の問題を取り上げる。

　国際的な民事事件が裁判所に提起された場合には，どこの国の法律を適用するかという法選択の問題のほかに，日本の裁判所がその国際的な事件を裁判する権限を有するかという国際裁判管轄の問題や，外国の判決が日本において有効に認められるか，認められるとしてその要件はなにかという外国判決の承認・執行の問題がある。国際民事手続法は，国際裁判管轄や外国判決の承認執行のような国際的な民事事件の手続的な問題を規律する法である。

　国際私法が実体的な側面についての準拠法を定める法であるのに対して，国際民事手続法は国際的な民事事件の手続的な側面を規律する法であり，両者は相互に密接に関連する。そこで国際民事手続法上の問題は，国際私法の一部に取り入れて相互に関連づけて検討するのが適切である。本書ではこれに1編を割り当てた。

　国際裁判管轄や外国判決の承認・執行のほかに国際民事手続法の対象となる事項としては，国際的な民事事件における当事者・送達・証拠調べ，外国法の適用，国際仲裁などの問題がある。

　国際民事事件の手続を規律する，世界的に統一された法は存在しない。特定の事項について条約が締結されている場合を除けば，国際民事事件の手続を規律するのは各国の国内法である。

　日本における国内法としては，外国等に対する我が国の民事裁判権に関する法律，民事訴訟法に一般財産関係事件の国際裁判管轄規定（3条の2～3条の12・146条），民事保全法に保全命令事件の国際裁判管轄規定（11条），通則法に後見開始の審判等および失踪宣告に関する国際裁判管轄規定（5・6条）があるほか，民事訴訟法（33条・75条・108条・118条・184条・228条など），民事執行法（22条・24条），外国裁判所ノ嘱託ニ因ル共助法，破産法（3条・4条），外国倒産処理手続の承認援助に関する法律，仲裁法などがある。外国判決の承認については，民事訴訟法118条に関連規定がある。明文の規定がない場合には，国内規定の類推解釈や条理が重要となる。とくに身分関係事件の国際裁判管轄については判例が法源的な役割を果たしている。

　国際民事手続法に関するハーグ条約としては，わが国は，①民事訴訟手続に関する条約（1954年），②外国公文書の認証を不要とする条約（1961年），③民事又は商事に関する裁判上及び裁判外の文書の外国における送達及び告知に関する条約（1965年）を1970年に批准した。そして①③の批准にともない，「民事訴訟手続に関する条約等の実施に伴う民事訴訟手続の特例等に関する法律」を制定した（なお，家事事件手続に関し，国際的な子の奪取の民事上の側面に関する条約（1980年）を2013年に批准し，その国内実施法を制定したことについては，第**18**章第**6**節**5**を参照）。

　国際連盟，国際連合関係の国際民事訴訟法に関する条約としては，①1923年の仲裁条項に関する議定書（ジュネーブ議定書），②1927年の外国仲裁判断の執行に関する条約（ジュネーブ条約），③1958年の外国仲裁判断の承認及び執行に関する条約（ニューヨーク条約），④1965年の国家と他の国家の国民との間の投資紛争の解決に関する条約（ICSID条約）がある。

　これ以外の国際条約にも国際民事手続に関する条項を含むものがある。たとえば，1999年の国際航空運送についてのある規則の統一に関する条約（モントリオール条約），1992年の油による汚染損害についての民事責任に関する国際条約がそうである。

第22章　国際裁判管轄

第1節　国際裁判管轄の意義

> **【設例22-1】** 日本人Aは，マレーシアに滞在中，マレーシア法によって設立され，同国に本店を有する国際的な航空会社であるY社の航空機に搭乗し，ペナンからクアラルンプールへむかう途中，墜落事故により死亡した。日本に居住するAの日本人妻Xは，Y社に対し3000万円の損害賠償を求める訴訟を提起した。
> 　Y社は日本に営業所を有し，わが国に周航する路線があり，航空切符の販売，予約，宣伝，広告活動など継続的，実質的な事業活動を営んでいるとした場合，わが国の裁判所はこの事件を審理する国際裁判管轄権を有するか（【設例1-3】と同じ）。

　ここで取り上げる国際裁判管轄の問題とは，【設例22-1】のような国際私法的生活関係をめぐって紛争が生じたとき，どこの国の裁判所が事件を審理する管轄権をもつかという問題である。
　わが国における国際裁判管轄の問題については，従来，これを一般的に規律する明文規定がなく，裁判所の判例が法源的な役割を果たしてきた。ところが，平成23年の民事訴訟法の改正（以下「平成23年立法」という）により，日本の裁判所の裁判権についての明文規定が設けられた。民訴法3条の2から12である（財産関係事件に関するこれらの規定のほか，後見開始の審判等や失踪宣告に関する国際裁判管轄が，通則法5条・6条に置かれている）。実務上は，これらの規定の文言の解釈が重要な問題となる。
　国際裁判管轄の問題は，【設例22-1】のように，わが国の裁判所に提起された事件についてわが国の裁判所が管轄権を有するかという形で生じる場合と，かりに【設例22-1】の事例でマレーシアで裁判が行われ，マレーシア判決の日

本における承認が問題になった場合のように，外国判決の承認・執行の要件として判決国の裁判所が管轄権を有していたか（民訴法118条1号を参照）という形で問題となる場合とがある。前者を直接管轄，後者を間接管轄という。

本章では直接管轄について述べる。間接管轄については，第25章第2節**2**参照。

第2節　国際裁判管轄決定における理念

国際裁判管轄決定の基本的立場としては，従来，国際裁判管轄を国家主権の作用として理解し，領土主権，対人主権の立場から説明しようとする立場もあった。しかし現在の通説は，わが国の国際民事訴訟法の基本理念である条理，つまりどこの国の裁判所で事件を審理するのが，この裁判を適正・公平かつ能率的に行うのに適切であるかを考慮して，国際裁判管轄の有無を決定すべきであるとしている。

平成23年立法前の最高裁の最判昭和56・10・16民集35巻7号1224頁（マレーシア航空事件）も，国際裁判管轄は，「当事者間の公平，裁判の適正・迅速を期するという理念により条理にしたがって決定するのが相当」との立場をとっていた。また，民訴法3条の9も，日本の裁判所の国際裁判管轄を否認すべき「特別の事情」の有無について，「事案の性質，応訴による被告の負担の程度，証拠の所在地その他の事情」を考慮して，「当事者間の衡平」を害するか，または「適正かつ迅速な審理の実現」を妨げるかを判断基準として規定する。

しかし「当事者間の衡平（公平）」，「適正かつ迅速な審理の実現（裁判の適正・迅速）」という基準・理念は，具体的事件に対する指針としては抽象的，一般的にすぎるばかりでなく，他の重要な要素を十分には斟酌していないという点でも問題がある。もとよりこれらが国際裁判管轄を決定する主要な考慮要素であるとしても，これらはあくまで国内の管轄配分の理念から類推されたものであって，国際裁判管轄を決定する政策考慮としては，これだけでは限定的にすぎるのではなかろうか，それ以外にも国際事件であることの特殊性や「国際的な調和と協調」という側面をもっと積極的に考慮する必要がある。

以下では，国際裁判管轄権の基礎として考慮すべき要素を掲げる。ここに私見として列挙する要素は，限定的なものではない。またその重要性も分野や管轄原因のいかんによっても異なるであろう。たとえば，管轄権の基礎として主張されている管轄が一般管轄か，特別管轄であるか，被告が自然人か法人かに注意しながら，総合的に管轄権の有無を判断すべきである。

(1) 当事者間の公平

　法廷地で裁判することが，当事者間の公平という観点からみて適切であるか。この点は最高裁も民訴法3条の9も指摘するとおりであるが，これを原告と被告に関するものとに分けた上で，さらにきめ細かく具体化することが望ましい。

　① 被告と法廷地との関連の程度　　被告が法廷地との間にどのような関連が存在するか。被告と法廷地との実質的な関連が強くなれば，管轄権を認めるべき方向に傾くであろう。その際，被告と法廷地との関連は，被告が意図的に法廷地に向けた関連であるかどうかも問題となるであろう。

　② 被告の負担の軽重　　そのような関連からみて法廷地における訴訟を被告に強制することによって被告が被る負担（費用，言語，適用される法の相違，距離，法廷地司法システムへの親近性など）がどの程度重いかどうか。被告の負担が大きければ，管轄を否認する要因として考慮されることになろう。民訴法3条の9でも明示されている考慮要素である。

　③ 被告の予測可能性と被告に対する公平さ　　被告は法廷地での訴訟をどの程度予測できたか（最判平成9・11・11民集51巻10号4055頁〔ファミリー事件判決〕を参照），被告に法廷地での応訴を強いるのは不公正か。

　④ 原告と法廷地との関連の程度　　原告が法廷地との間にどのような関連を有するか。

　⑤ 原告の利益　　そのような関連からみて，原告が法廷地における訴訟によって救済をうける利益・必要性はどの程度強いか。

　⑥ 代替的法廷地の有無　　原告にとって適切な代替的法廷地があるか（東京地判昭和61・6・20判時1196号87頁〔遠東航空事件〕を参照）。原告にとって法廷地以外に他に利用できる適切な法廷地がないとすれば，法廷地の管轄を肯定する方向に傾くであろう。

　⑦ 当事者間の訴訟遂行能力の格差　　原告と被告が法廷地での訴訟を遂行

できる能力の格差（個人か，国際的に事業活動を展開する大企業か）はどの程度か（被告が世界的規模で営業活動を行っている世界的航空運送会社であることを考慮するものとして，東京地中間判昭和57・9・27判時1075号137頁を参照）。

(2) 裁判の適正・迅速

　法廷地で裁判することが，裁判の適正・迅速という観点から適切であるか。つまり法廷地は，紛争の効率的解決という視点からみて適切な法廷地であるかどうか。最高裁もこれを肯定するが，さらにきめ細かく，具体化する作業が必要である。

　① 証拠調べ・証人尋問の容易さ　法廷地が証拠調べ・証人尋問などの観点からみて審理のために適切な法廷地であるか（民訴法3条の9および前掲最高裁ファミリー事件判決を参照）。適切でないとすれば，管轄を否認すべき要因として考慮すべきである。外国にある証人や証拠についてその外国との司法共助が可能かも問題となる（前掲遠東航空事件を参照）。

　② 法選択問題との関係　法選択の問題と国際裁判管轄の問題とは区別して論じるのが，一般的であると考えられる。しかし，ときとして法選択問題の決定が法廷地の管轄権の決定に影響を及ぼすことがある。たとえば法廷地が準拠法国であれば，法廷地は自国法を適用するのに最も適切な国であると考えられ，管轄を肯定する要因の1つとなる。また，法廷地の管轄が認められるかどうかによって，適用される手続法，国際私法，実体法が異なるから，一般論としてもその影響は無視できない。

　③ 裁判の実効性　法廷地で勝訴判決を得て執行できる財産があるかどうか（東京地判昭和34・6・11下民集10巻6号1204頁を参照），また外国で承認・執行されうるか。

　④ 法廷地が事件と当事者に対して有する関連と利益　法廷地が事件と全体として当事者に密接な関連を有している場合には，法廷地が有する利益は大きくなり，管轄権を肯定する方向に傾く。たとえば，原告が法廷地の住民であれば，原告の利益を保護するために管轄の行使を正当化する決定的ではないにしても1つの要因となろう。

(3) 国際的協調と調和

　管轄権の有無を判断するにあたっては，国内の管轄権の配分の場合とは異な

り，国際事件としての特殊性や国際的な協調と調和という要素をもっと積極的に考慮する必要がある（平成23年立法でも「事案の性質」を考慮することが明示されている）。この点はすでに(1)(2)で部分的には述べたところであるが，ここで改めて論じておく。

① 国際的な裁判管轄権の適切な配分　法廷地の管轄権の行使が過剰管轄として，国際的な見地からみて，他国や外国人の利益を不当に侵害することになるかどうか，それとも被告住所地原則のように各国の立法や判例または国際条約などにおいて一般的あるいは普遍的に認められているものであるかどうか。

② 国際的に共通する法目的の促進　法廷地の管轄を認めることが，国際社会に共通する実質的な法目的や利益を促進することにつながるであろうか。たとえば，消費者の保護，被害者の保護，労働者の保護などの国際的に広く認められる法政策を尊重するという見地から，原告住所地管轄を肯定することなどが考えられる。また国際取引の安全と円滑という観点も合意管轄約款の効力を認める根拠の1つとなるものと考えられる（最判昭和50・11・28民集29巻10号1554頁を参照）。

第3節　国際裁判管轄の決定と民事訴訟法の裁判籍

　国内の裁判所間の管轄権の配分を定めた民事訴訟法の裁判籍の規定と国際裁判管轄の決定との関連をどう理解すべきか。とくに平成23年立法前には財産関係事件の国際裁判管轄に関する明文規定がなかったため，国際裁判管轄ルールを導き出す際に民訴法の裁判籍を参酌できるか，できるとすれば，どのように参酌するかについて議論がなされていた。

1　民訴法の裁判籍

　裁判籍とは裁判が行われるべき場所をいう。
　裁判籍は普通裁判籍と特別裁判籍に分けるのが一般的である。被告の普通裁判籍とは契約や不法行為などの事件類型のいかんを問わず，その者を被告とする訴訟が一般に提起されうる場所をいい，特別裁判籍とは事件類型ごとに訴え

が提起されうる場所をいう。原告は、普通裁判籍、特別裁判籍のいずれかがある場所で訴えを提起することができる。

民事訴訟法が定める裁判籍のうち、普通裁判籍については4条、特別裁判籍については5条、併合請求については7条、合意管轄については11条、応訴管轄については12条に、それぞれ規定が置かれている。

平成23年立法前においては、明文規定がなかったため、条理に従って具体的な国際裁判管轄ルールをどのように決定するかにつき、これらの裁判籍との関係をめぐり、逆推知説と管轄配分説が対立していた。

2　平成23年立法前の学説：逆推知説と管轄配分説

裁判籍と国際裁判管轄との関係について、かつてわが国の学説上有力だったのは、民事訴訟法の裁判籍（たとえば、被告の住所、法人の事務所・営業所、不法行為地、財産所在地、義務履行地など）が、わが国にあれば、それはわが国に国際裁判管轄権のあることが前提されているとみて、ここからわが国の国際裁判管轄権を逆に推知すべきであるとの見解（逆推知説）であった。すなわち、わが国の民事訴訟法の規定する裁判籍がわが国にあれば、わが国の国際裁判管轄権の存在を肯定し、民事訴訟法の定めるいかなる裁判籍もわが国にないときは、これを否認するとの立場である。逆推知説は、とくに民事訴訟法学者を中心に支持されていた。

これに対し、とくに国際私法学者を中心に、管轄配分説が主張されていた。管轄配分説は、わが国の国際民事訴訟法の基本理念たる条理、つまり、どこの国の裁判所が事件を審理するのがこの裁判を適正・公平、かつ能率的に行うのに適しているかという観点から国際裁判管轄ルールを決すべきであると主張した。そして裁判所の管轄の配分という点から考えると、国内事件についての内国裁判所の裁判籍を定めた民事訴訟法の規定も、少なくとも管轄権の場所的な配分という意味では、国際裁判管轄の問題と相類似した側面があるから、民事訴訟法の国内の裁判籍に関する規定を勘案、参酌しつつ、これに国際的見地から必要な修正を加えて、国際裁判管轄の問題を決定していくべきであると、管轄配分説は説明していた。

両説は、民事訴訟法の定める裁判籍があれば直ちにわが国の国際裁判管轄を

肯定するか，それともこれに必要な修正を加えることを認めるかという点で鋭く対立していた。しかし，いずれの説に対しても，国際裁判管轄については，明示の規定が存しないのであるから，条理としてより自由に立法論的にみて妥当な管轄規則の定立を目指す余地があるにもかかわらず，民事訴訟法の規定に頼りすぎているのではないかという疑問が提示されていた。

この疑問はつぎの2点を含意していた。第1に，民事訴訟法の規定で認められていない管轄権の基礎（たとえば，契約締結地，事業活動地，場合によっては原告の住所など）を一定の場合には条理として認めうるのではないかということである。第2は，財産所在地など単一の連結点の所在を理由に一律的，機械的に管轄権の有無を決定するのではなく，法廷地と他の連結点との競合や組合せのほか，争点のいかんなど，もう少し具体的，個別的事情を考慮した，管轄権の決定をめざすべきではないかという点である。

なお，両説のほか，民事訴訟法の定める裁判籍に拘束されることなく，具体的な事案における個別的な利益考慮により，国際裁判管轄の問題を決定すべきと主張する個別的利益考慮説とでもいうべき立場も主張されていた（この立場に立つ裁判例としては，東京地中間判昭和54・3・20判時925号78頁がある）。

3　平成23年立法前の判例：マレーシア航空事件最高裁判決と特段の事情論

(1)　マレーシア航空事件最高裁判決

平成23年立法前の判例としては，前掲マレーシア航空事件判決（最判昭和56・10・16）が重要である。この事件は【設例22-1】のもととなった判決であり，国際裁判管轄に関する指導的先例であった。

最高裁は国際裁判管轄については，①「国際裁判管轄を直接規定する法規もなく，また，よるべき条約も一般に承認された明確な国際法上の原則もいまだ確立していない」とした上で，②「当事者間の公平，裁判の適正・迅速を期するという理念により条理にしたがって決定するのが相当であり，」（前段）とし，管轄配分説的な立場を明らかにしつつも，③それに続けて，「わが民訴法の国内の土地管轄に関する規定，たとえば，被告の居所（[旧]民訴法2条），法人その他の団体の事務所又は営業所（同4条）……その他民訴法の規定する裁判籍のいずれかがわが国内にあるときは，これらに関する訴訟事件につき，被告を

わが国の裁判権に服させるのが右条理に適うものというべきである」(後段)と判示し、④結論として被告は日本に営業所を有するから、被告をわが国の裁判権に服させるのが相当であるとした。

マレーシア航空事件最高裁判決は、判旨が日本に被告の営業所が存在することを理由に日本の管轄権を肯定したところからすれば、結果的には逆推知説を採用したと理解することができる。しかし、もう1つの理解は、本件の事実関係を考慮すれば、外国法人の営業所の所在を理由に管轄を認めても、「当事者間の公平、裁判の適正・迅速」という理念に反しないと考えたと解することである。

(2) 特段の事情論

マレーシア航空事件最高裁判決以降の下級審の裁判例は、同判決に従い、①国際裁判管轄は、当事者間の公平、裁判の適正・迅速を期するという理念により条理に従って決定すべきこと、②民訴法の規定する裁判籍のいずれかがわが国内にあるときは、被告をわが国の管轄に服させるのが条理にかなうとの立場を基本的には踏襲しつつも、上に述べた同判決の後者の理解に従い、③わが国の裁判所に管轄権を認めることが、当該訴訟における具体的事実関係に照らして、当事者間の公平、裁判の適正・迅速を期するという理念に反する結果となるような「特段の事情」が存在する場合には、管轄を否認するとの、いわゆる「特段の事情論」(修正逆推知説ということもある)の立場に立つものが有力となった(たとえば、東京地中間判昭和57・9・27判時1075号137頁、東京地判昭和61・6・20判時1196号87頁〔遠東航空事件〕などがその典型である)。

* **遠東航空事件** 東京地判昭和61・6・20判時1196号87頁(遠東航空事件)は、台湾で発生した事故に基づき、日本に営業所を有する米国航空会社に対する損害賠償事件において、日本の管轄を否認すべき特段の事情があるとして、日本の裁判所の管轄権を否認した事例である。判旨は、日本と台湾との間に正常な国交がなく、本件事故の原因を審理するために重要な証拠ないし証拠方法はいずれも台湾に存在するものと推認され、これらを利用することができないこと、本件で原告らが台湾で訴えを提起せざるをえないとしても当事者間の公平の理念に反することはないことなどを理由に、管轄を否認すべき特段の事情があるとした。しかし、本件被告のように日本を含めて世界的な規模で事業活動を行う被告に対して、一市民が日本の営業所所在地で提起した訴訟については、管轄を否認すべき特段の事情があるとの判断は首肯しがたい。

この「特段の事情論」を最高裁として承認したのが，最判平成9・11・11民集51巻10号4055頁（ファミリー事件）である。この事件は，自動車とその部品の輸入等を目的とする日本法人からドイツ在住の日本人に対する欧州各地からの自動車の買い付け等のための預託金返還請求につき日本の国際裁判管轄の有無が問題となった事例である。

裁判所は，「我が国の民訴法の規定する裁判籍のいずれかが我が国内にあるときは，原則として，……被告を我が国の裁判権に服させるのが相当であるが，我が国で裁判を行うことが当事者間の公平，裁判の適正・迅速を期するという理念に反する特段の事情があると認められる場合には，我が国の国際裁判管轄を否定すべきである」と判示する。

そしてこの一般論を本件に適用し，本件の事情を考慮すれば，わが国の裁判所において本件訴訟に被告を応訴させることを強いることは，当事者間の公平，裁判の適正・迅速を期するという理念に反する特段の事情があるとして，わが国の国際裁判管轄を否定した。その際，裁判所は，日本での訴訟は被告の予測の範囲をこえるものであること，被告の防御のための証拠方法がドイツにあること，原告にドイツでの訴訟を提起させることは原告に過大な負担を課すことになるともいえないことを理由に，日本の管轄を否認すべき特段の事情があると判示した。

このファミリー事件最高裁判決以降の裁判実務は，特段の事情論の立場を採用していた。

4　平成23年立法による国際裁判管轄の明文規定の新設

平成23年立法により，財産関係事件に関する国際裁判管轄規定が新設された。この明文規定は，基本的には従来の判例理論の立場（特段の事情論）を維持した上で，必要な改善を行ったものである。

第1に，民訴法3条の2から3条の8までに個別の国際裁判管轄ルールを定めた上で，3条の9で「特別の事情」による国際裁判管轄の否認が認められている。ただし，特段の事情論においては，裁判籍を類推して導き出された国際裁判管轄ルール自体が必ずしも国際的な事件において適切なものではなかったため，特段の事情ありと認定される余地が比較的広範に認められていたのに対

して，平成23年立法後の民訴法の下では国際的な考慮の上で個別の国際裁判管轄ルールが規定されているため，「特別の事情」ありと認定される余地は小さいと考えられる。

第2に，民訴法3条の2から3条の8までの個別の国際裁判管轄ルールは，基本的には民訴法の裁判籍と同様の事由を管轄の基礎としている。たとえば，被告住所や法人の主たる事務所・営業所の所在地が一般管轄の基礎（普通裁判籍）とされ，契約債務の履行地，被告の財産所在地，不法行為地などが特別管轄の基礎（特別裁判籍）とされている。もっとも，これらのルールについても，事案の国際性，当事者間の公平，裁判の適正・迅速などの観点から，土地管轄の規定する裁判籍とは相違する内容とされているものが多い。

第3に，一部の国際裁判管轄ルールは，裁判籍としては存在していない事由を，国際裁判管轄の基礎としている。たとえば，事業活動に基づく管轄（民訴法3条の3第5号）や，消費者契約や労働事件に関する消費者・労働者の保護のための消費者の住所や労務提供地に基づく管轄（民訴法3条の4）などである。

5　管轄問題の判断プロセス

民訴法3条の2以下の規定を前提として，具体的な事件についての国際裁判管轄の有無を判断するプロセスを考えると，以下のようになる。

① まず，民訴法3条の2から3条の8までに定める裁判籍のいずれかが日本国内に存在するかどうかを確認する。複数の管轄の基礎がありうると考えられるときは，そのいずれについてもその有無を考慮する。民訴法の定める管轄基礎のいずれかが日本国内に存在するときは，原則として，日本の裁判所の国際裁判管轄は肯定される。

② しかしながら，民訴法の定める管轄の基礎が日本国内に存在していても，当該事件の具体的事情を考慮すれば，日本の裁判所が裁判をすることが「当事者間の衡平を害し，又は適正かつ迅速な審理の実現を妨げる」こととなる「特別の事情」があると認められるときは，日本の裁判所は管轄権を有しない。したがって，この「特別の事情」の有無を当該事件の具体的事情を考慮して，総合的に判断することが必要となる。

③ 特別の事情の有無の判断にあたって，民訴法3条の9によれば，「事案

の性質，応訴による被告の負担の程度，証拠の所在地その他の事情」を考慮することが必要とされている。しかし，これだけではいまだ一般的，抽象的にすぎ，国際的な側面からの事情を含めて，考慮すべき要素をもっと具体的に明確化する努力が必要である（この点については，本章第2節**7**参照）。

また民訴法が定める国際裁判管轄の基礎の中でも，適格性の程度には濃淡があり，特別の事情による管轄権の否認がほとんど認められない基礎と，特別の事情の存在により管轄権が否認される可能性が高い基礎とを区別することが必要だと考えられる。

④　特別の事情の有無についての判断の結果，管轄権を否定すべき特別の事情が存しないときは，原則どおり日本の裁判所は国際裁判管轄権を有する。

これに対して，「特別の事情」が存するときは，民訴法の規定する管轄の基礎のいずれかが日本国内に存する場合であっても日本の裁判所は国際裁判管轄権を有しない。

⑤　民訴法3条の2から3条の8までに定める管轄の基礎が日本国内にあるかどうかを判断するまでもなく，当該事件の具体的事情に照らせば，「当事者間の衡平を害し，又は適正かつ迅速な審理の実現を妨げる」こととなる「特別の事情」が存在する場合には，日本の裁判所の管轄権は存しないと判断してよい。学説からの有力な批判はあるが，平成23年立法前の前掲最判平成9・11・11はこれを肯定する。

　＊　民訴法に規定のない管轄の基礎を認める余地——契約締結地の管轄
　　民訴法は契約締結地の管轄を認めていないが，契約の成立に関する問題，たとえば，契約が詐欺・強迫ゆえに有効に成立したかどうかが争われている場合には，契約締結地は問題となっている争点に密接な関連をもっており，契約締結地の管轄を認めても，当事者の予測可能性や公正さを損なうことはないし，また，証人尋問・証拠調べの点からいっても，契約締結地は審理のための適切な法廷地であるから，その管轄を認める余地があろう。
　　平成23年立法前の最判平成13・6・8民集55巻4号727頁（円谷プロダクション事件）では，原告が強く主張したのは，本件契約は偽造であり，真正に成立したものではないという点にあった。契約書が偽造であるかどうか，日本語による契約書の印鑑や署名が真正であるかどうかを審理するのに最も適切なのは，契約の交渉や締結が行われた法廷地である日本であるから，それを理由に管轄が認められる余地があったというべきであろう。

第4節　財産関係事件の国際裁判管轄

1　被告住所地主義の原則と営業所所在地管轄
(1)　被告住所地原則

　財産関係事件で，まず最初に問題とすべきは，被告がわが国に住所を有する場合に，わが国の管轄を認めるべきかどうか，という点である。契約や不法行為にとどまらず，すべての訴訟についてその請求のいかんを問わず，原則的に，被告住所地国の管轄を認めることに異論はない（民訴法3条の2）。

　その理由は，①相当の準備をして訴訟を起こす原告と，不意を打たれる被告の立場を考えるならば，ローマ法以来認められてきた「原告は被告の法廷に従う」という原則を国際財産関係事件にも認めるのが当事者の便宜，公平にかなう，②被告住所地にはその財産が所在する場合が多いから，原告が勝訴判決を得れば直ちに執行できるという意味で判決の実効性にかなう，③請求や訴訟原因のいかんを問わず，どこか1つ，必ず原告が被告を追求しうる場所が必要だとすればそれは被告の住所地しかない，といった点に求められよう。

(2)　自然人の普通裁判籍

　民訴法3条の2第1項は，「裁判所は，人に対する訴えについて，その住所が日本国内にあるとき，住所がない場合又は住所が知れない場合にはその居所が日本国内にあるとき，居所がない場合又は居所が知れない場合には訴えの提起前に日本国内に住所を有していたとき（日本国内に最後に住所を有していた後に外国に住所を有していたときを除く）は，管轄権を有する。」と規定する。これが自然人における被告住所地原則であり，訴訟原因のいかんを問わず，被告に対する国際裁判管轄が一般的に肯定されている。

　「住所がない場合又は住所が知れない場合」や「居所がない場合又は居所が知れない場合」とは，「日本国内」に「ない場合又は……知れない場合」ではなく，「世界中」に「ない場合又は……知れない場合」という意味である点に注意を要する。したがって，本条に基づいて日本の裁判所の国際裁判管轄が認められるのは，①日本に住所を有する者，②世界中に住所がなく，かつ，日本

に居所を有する者，③世界中に住所・居所がなく，最後の住所を日本国内に有しており，かつ，日本の住所の後にどの国にも住所を有していない者，に限られる。

(3) 法人の普通裁判籍

法人の普通裁判籍については，民訴法3条の2第3項は，「裁判所は，法人その他の社団又は財団に対する訴えについて，その主たる事務所又は営業所が日本国内にあるとき，事務所若しくは営業所がない場合又はその所在地が知れない場合には代表者その他の主たる業務担当者の住所が日本国内にあるときは，管轄権を有する。」と規定する。自然人の住所地管轄を認めたのと同様に，法人の主たる事務所または営業所の所在地管轄を肯定したものである。日本法人の主たる事務所または営業所は通常は日本国内にあるため，日本法人を被告とする訴訟一般については，日本の裁判所に国際裁判管轄が認められることになる。

被告が外国法人である場合には，その主たる事務所または営業所が当該外国にあり，日本国内には所在していないのが通常であるため，民訴法3条の2第3項に基づく管轄は日本に認められないことになろう。

この点，平成23年立法前の判例の立場からの変更であると評価することも可能であろう。すなわち，従来の判例では，「外国の社団又は財団の普通裁判籍は，前項の規定にかかわらず，日本における主たる事務所又は営業所により，日本国内に事務所又は営業所がないときは日本における代表者その他の主たる業務担当者の住所により定まる。」と規定する民訴法4条5項を国際裁判管轄に用いて，外国法人が日本に事務所・営業所をもつ場合には，その法人に対する訴訟一般について，事件類型のいかんにかかわらず，日本に国際裁判管轄を認めていた。最高裁も，マレーシア航空事件において，マレーシア法に基づいて設立され，同国に主たる事務所を有するマレーシア航空会社に対し，マレーシアで発生した事故について同国内間の旅客運送契約上の債務不履行を理由として，日本人旅客の遺族たる日本人から提起された損害賠償請求訴訟において，同航空会社の営業所が日本に存在することに基づいて，運送契約に在日営業所が関与せず，また事故がマレーシアで発生したにもかかわらず，わが国の管轄権を肯定した。

このようなマレーシア航空事件の最高裁判決に対して，外国法人が日本に営

業所を有する限り，在日営業所のなんら関与しない業務につき無制限にわが国の管轄を肯定するかのように読め，日本の過剰管轄を認めるものであると，学説からの強い批判もあった。

　しかし，国際的な航空会社が事故の死者の遺族である原告の住所地であるわが国に営業所を有し，実質的で継続的な事業活動を営んでいる限り，わが国の業務と関連のない請求についてわが国の管轄を認めても被告にとって必ずしも不公正でもない。というのは，内国における事業活動が実質的で継続的な場合においては，国際的な航空会社がその営業所所在地で訴訟追行をするのは，さほどの不便があるとは考えられないのに対し，個人たる原告に主たる営業所のある外国での訴訟を強制するのは実質的には救済を否定するに等しいからである。さらに本件における争点の1つが，損害賠償責任の有無というよりは，むしろ損害賠償額の算定にあるとすれば，証人尋問や証拠収集の便宜からいってもわが国が審理のために適切な法廷地であるといえなくもない。したがってその結論自体は妥当である。

　平成23年立法により，外国法人の事務所・営業所が日本国内にあることを理由として一般管轄を認める従来の判例の立場は変更された。しかし，マレーシア航空事件の事案については，営業所所在地管轄・事業活動地管轄，財産所在地管轄，消費者契約における消費者の住所地管轄などによって，現行法においても最高裁判決と同様の結論に達することも可能であろう。

(4)　**営業所所在地管轄・事業活動地管轄**

　民訴法3条の3第4号は，営業所の特別裁判籍について，「事務所又は営業所を有する者に対する訴えでその事務所又は営業所における業務に関するもの」について，「当該事務所又は営業所が日本国内にあるとき」に，日本の裁判所の国際裁判管轄を認める。日本にある営業所の業務に関連する訴えについては，日本の裁判所で応訴が強いられるとしても，被告にとって予測可能であるから，決して不公正ではない。またその業務に関する証人・証拠も日本に所在することも多いであろうから，日本は審理のために適切な法廷地でもある。

　さらに，日本国内に事務所・営業所を有していない場合であっても，日本において事業活動を行っている者を被告とし，その日本における業務に関する訴えであれば，同様に，被告にとって予測可能であるから被告にとって不公正な

ものではなく，また証人・証拠も日本に所在することも多いため，日本は審理のための適切な法廷地でもある。そこで民訴法3条の3第5号は，「日本において事業を行う者（日本において取引を継続してする外国会社（会社法……第2条第2号に規定する外国会社をいう。）を含む。）に対する訴え」についても，「当該訴えがその者の日本における業務に関するものであるとき」には，日本の裁判所の国際裁判管轄を肯定する。

* **外国会社の子会社の所在地**　外国法人が日本に子会社を設立し，営業所とほぼ同様の事業活動を行う場合がある。民訴法には子会社についての規定はないが，その実質的機能に着目して，「当事者間の公平と裁判の適正・迅速」の見地から，子会社の所在地を外国会社の営業所と解して管轄（民訴法3条の3第4号）を認める余地がありうるであろうし，また，子会社を通じた日本での事業活動を基礎として外国会社に対する訴えの管轄（民訴法3条の3第5号）を肯定する余地があろう。
** **米国法における事業活動地管轄**　事業活動（doing business）の管轄は，主として州内で事業活動を行う外国法人に対して管轄権を及ぼすための理論として発展してきたものである。この場合，事業活動とはどのような活動を指すかという点が問題となる。とりわけ，単一の，一回切りの行為でも十分か，それとも反復継続を要するかが問題となる。かつては，被告のdoing businessを理由に管轄権を行使しうるには，その活動が反復継続して行われることを要するかが問題とされたが，近時は，より広く，transact an actとして，単一の，一回限りの活動でもよいとされる場合が多い。抵触法第2リステイトメント35条および36条は，doing businessとdoing an actとをそれぞれ別個の管轄権の基礎として規定するとともに，前者については，「当該事業が継続的かつ実質的に行われ，そのためその邦（state）の裁判管轄権の行使が相当と認められる場合には，その邦における事業から生じたものでない訴訟原因についても管轄権を行使することができる」として，一般管轄権の基礎としても認めている。

2　財産所在地

> **【設例22-2】**　米国会社の極東方面のセールスマンが，雇用契約中契約違反がなく解雇された場合には，本人および家族の旅費等を支払う約束があったとして，米国までの運賃を請求する訴訟を提起した。被告会社は日本に営業所等を有しない。原告は日本に所在する被告所有の商品見本等を仮差押えして，わが国の国際裁判管轄を主張した。
> 　わが国の裁判所はこの事件に国際裁判管轄権を有するか。

民訴法3条の3第3号は、「財産権上の訴え」について、「請求の目的が日本国内にあるとき、又は当該訴えが金銭の支払を請求するものである場合には差し押さえることができる被告の財産が日本国内にあるとき（その財産の価額が著しく低いときを除く。）」に、日本の裁判所の国際裁判管轄を認める。

(1) 請求の目的物の所在地

原告の請求が日本に所在する物を目的とする訴訟である場合、たとえば日本にある土地の売買契約や賃貸借契約に関する訴訟につき、財産所在地の管轄を認めることに異論はない（なお、不動産につき民訴法3条の3第11号）。

特許権や著作権などの知的財産権についても、その所在地が日本にある場合には、当該知的財産権を目的とする訴えについては、日本に国際裁判管轄が肯定されよう。平成23年立法前の最判平成13・6・8民集55巻4号727頁（円谷プロダクション事件）は、日本会社がタイに居住するタイ人に対して提起した著作権の不存在確認請求について、請求の目的である財産（著作権）が日本にあるから、わが国の民訴法の規定する財産所在地の裁判籍（民訴法5条4号、旧民訴法8条）がわが国にあるとし、また、その管轄を否認すべき特段の事情も存在しないとした。

(2) 原告の請求と関連のない被告の財産の所在地

問題は、原告の請求とはなんら関連のない被告の財産がわが国にある場合に、この被告の財産の所在を理由にわが国の管轄を認めるべきかどうかである。民訴法3条の3第3号後段によれば、金銭の支払いを請求する訴えの場合には、これが肯定される（前掲最判昭和56・10・16も傍論ながら、これを認める）。ただし、このように解するときは、被告のハンカチ1枚でもわが国に所在すれば、これとなんら関係のない1億円の契約訴訟または生産物責任訴訟につきわが国は管轄権を有することになり、明らかに不当である。そのため、民訴法3条の3第3号は、「その財産の価額が著しく低いとき」は、日本の管轄を否認することにした。財産の価額が著しく低いか否かの判断については、絶対評価を前提とする一定額と解するか、原告の請求との間で相対評価を行うと解するか、争いがある。

平成23年立法前の東京地判昭和34・6・11下民集10巻6号1204頁は、【設例22-2】の事案であり、裁判所は、本件財産は商品見本その他であり、原告が極

東各地にセールスマンとして活動していたことからすれば,これらの財産が日本に所在していたのは,偶然の結果に近く,この程度の関連性では十分ではないとして,被告財産の所在を理由としたわが国の管轄を認めなかった。

このように少額の財産ではなく,原告の請求に見合う以上の相当の財産がわが国に所在する場合には,勝訴判決を得れば直ちに国内で執行可能であり,外国での判決の承認・執行の必要がないから,判決の実効性と原告の利便という要請からすれば,このような管轄を認める余地はありそうである。しかし他面,相当額の財産はあっても原告の請求とは直接関連のない単なる被告の財産所在地は,問題となっている争点の審理にとって証人尋問,証拠収集の点で適切な法廷地とはいえない。また被告に対する公正さという点でもやはり問題である。したがって被告との他のなんらの関連をも問うことなく,財産所在地の管轄を一般的に認めることは,たとえ相当の財産がわが国に継続的に所在する場合であっても立法論上は疑問である。したがって,解釈論上も,請求に関連のない被告の財産所在地の管轄については,「特別の事情」(民訴法3条の9)の有無に関して厳しいチェックが働くものというべきである。

3　合意管轄

> **【設例22-3】**　日本会社がブラジルから日本へ輸入した原糖をオランダの国際的海運業者の船舶で運送した際,海水濡れによって毀損が生じたため,この日本会社に対してオランダ海運業者Yが損害賠償義務を負うにいたった。このオランダ海運業者に対する損害賠償請求権を日本の損害保険会社Xが保険金の支払いにより代位取得したとして,オランダ海運業者Yを訴えた。「この運送契約による一切の訴えは,アムステルダムにおける裁判所に提起されるべきものとし,他のいかなる裁判所も管轄権を有しない」とする合意管轄約款がある。わが国の裁判所はこの事件に国際裁判管轄権を有するか。

たとえば,【設例22-3】におけるように,明示の約款があったとすれば,日本の裁判所は管轄権を行使しうるか。

契約関係事件における管轄権の行使について,当事者の合意の効力が問題となるには2つの場合がある。1つは,「この契約から生じる訴訟は日本国大阪地方裁判所に提起しうる」という管轄約款が契約中に存在しているときである。

この場合にわが国の管轄を肯定することに異論はない。当事者がわが国の裁判所が審理にとって好都合であるとか，あるいは公平で信頼できると考えてわが国の裁判所の管轄に服したとき，特段の事情のない限り，この合意の効力を否認すべき理由はないからである。

もう1つは，【設例22-3】のように，「この運送契約による一切の訴えは，アムステルダム裁判所に提起されるものとし，他のいかなる裁判所も管轄権を有しない」という外国裁判所専属管轄約款が契約中に含まれているとき，この合意により，ほんらいならわが国が有する管轄権が排除されるかという問題である。

平成23年立法前の最判昭和50・11・28民集29巻10号1554頁（チサダネ号事件）は，【設例22-3】の事案につき，わが国の裁判管轄権を排除し，特定の国の裁判所だけを指定する合意は，①その事件がわが国の専属管轄に服せず，②合意により指定された外国裁判所がその外国法上，当該事件につき管轄権を有する，との2つの要件を充足する場合には，③「合意がはなはだしく不合理で公序法に違反するとき等の場合は格別」，原則としては有効であるとした。

また同判決は，書面性の要件について，少なくとも当事者の一方が作成した書面に特定国の裁判所が明示的に指定されていて，当事者間における合意の存在と内容が明白であれば足りるとして，本件合意管轄を有効とした。

本件の原告は，各国に支店や代理店を有する国際的な日本の保険業者であり，オランダにおける訴訟を要求したとしても，原告に過剰な負担を強い，著しく不便であり，不公正であるとはいえない場合であった。かりに原告が消費者契約，旅客運送契約における消費者や乗客である場合には，これを有効として，日本の管轄権を否認することは妥当でないというべきであろう。このような場合に日本の管轄を否定することは，原告の実質的な救済を否定するに等しい。

民訴法3条の7も，1項で「当事者は，合意により，いずれの国の裁判所に訴えを提起することができるかについて定めることができる」として，合意による管轄を認めるとともに，2項で「前項の合意は，一定の法律関係に基づく訴えに関し，かつ，書面でしなければ，その効力を生じない」と書面性の要件を定める（3項で電磁的記録も書面と認める）。さらに4項では，「外国の裁判所にのみ訴えを提起することができる旨の合意は，その裁判所が法律上又は事実

上裁判権を行うことができないときは，これを援用することができない」と規定し，チサダネ号事件の最高裁判決とほぼ同様の立場を採用している。

なお，民訴法3条の7は，消費者・労働者を保護するため，消費者契約や個別労働関係については管轄合意を制限している（5項・6項）。この点につき，後出・本節 **8** を参照。

* **裁判所の選択合意に関する条約（ハーグ管轄合意条約）** 合意管轄に関する各国法の不統一を克服するために2005年6月，ハーグ国際私法会議で成立した条約である。条約6条によると，外国裁判所を専属管轄とする合意がなされている場合には，訴えの提起をうけた締約国裁判所は，以下の場合を除き，手続を停止または却下しなければならない。①選択された裁判所の所属国法により合意が無効である場合，②受訴裁判所所属国法により当事者が能力を欠く場合，③公序に反する場合，④例外的理由により合意が合理的に履行できない場合，⑤選択された裁判所が管轄権を行使しない場合。

  また条約9条によると，合意で指定された裁判所が下した判決は，以下の場合を除き，他の締約国で承認・執行されなければならない。①選択された裁判所の所属国法により合意が無効である場合，②承認・執行国法により当事者が能力を欠く場合，③手続開始に瑕疵がある場合，④判決が詐取された場合，⑤公序に反する場合，⑥承認・執行国において既判力の抵触を生じる場合。

4　契約債務の履行地

> 【設例22-4】　香港から横浜までの漬け物の運送契約に基づいて，商品が輸送されたが，横浜へ到着した際，瓶が破損し，漬け物が腐敗していた。そこで日本会社Xが運送契約の不履行に基づく損害賠償請求訴訟をデンマークの海運業者Yを被告として日本の裁判所に提起した。この事件にわが国の裁判所は国際裁判管轄権を有するか。

契約上の債務の履行をめぐる訴訟，たとえば【設例22-4】のように，運送人の債務不履行によって運送品に滅失または毀損があったことを理由に運送人に損害賠償を求める訴訟においては，債務履行地の管轄を認めてよいであろう（不法行為訴訟には，債務履行地の管轄は認められない）。というのは，契約の履行地は，債務不履行の存否，損害の程度について証拠収集や証人尋問の点で審理のために適切な法廷地であるばかりでなく，履行に関する問題についてそこで

の応訴を強要したとしても被告の予測可能性や公正さを損なうものではないからである。

民訴法3条の3第1号も、「契約上の債務の履行の請求を目的とする訴え又は……契約上の債務に関する請求を目的とする訴え」について、「契約において定められた当該債務の履行地が日本国内にあるとき、又は契約において選択された地の法によれば当該債務の履行地が日本国内にあるとき」に、日本の裁判所の国際裁判管轄を肯定する。

「契約上の債務の履行の請求を目的とする訴え」とは、たとえば、売買契約の買主が目的物の引渡しを請求する訴えとか売主が代金支払いを請求する訴えなどである。「契約上の債務に関する請求を目的とする訴え」とは、①契約上の債務の履行に関して行われた事務管理に関する請求、②契約上の債務の履行に関して生じた不当利得に関する請求、③契約上の債務の不履行による損害賠償の請求などを目的とする訴えである。

管轄の基礎となる「履行地」について、平成23年の立法前の判例に一般に、履行地を契約準拠法によって決定しようとしていたが（東京地判昭和42・10・17下民集18巻9・10号1002頁）、かく解するときは契約準拠法が日本法（民法484条参照）のように履行地は債権者の住所地であると定めるときは、原告の住所地が債務履行地となり、結局は原告の住所地のみを理由としてわが国の管轄を認めることになるとして、学説からの強い批判を浴びていた。

要はどこを債務履行地と定めることが、証拠収集、当事者の予測可能性・公正さなどの国際民事訴訟法の基本理念からいって妥当であるかを判断することである。そこで、民訴法3条の3第1号は、契約において定められた履行地に管轄の基礎としての資格を与えるとともに、契約準拠法上の履行地については管轄の基礎としての一般的な資格を否認した。もっとも、当事者が選択した準拠法（通則法7条参照）上の履行地については、当事者の予測可能性が及ぶことから、管轄の基礎と認めている。これに対して、契約と最も密接に関係する地の法（通則法8条参照）として準拠法とされた法上の履行地は、管轄の基礎とされない。

【設例22-4】の事案は、債務不履行による損害賠償請求事件であり、運送契約上の履行地（貨物の引渡地）が日本国内にあるから、特別の事情がある場合

を除き，日本の裁判所に国際裁判管轄が認められるであろう。

5　不法行為地

> **【設例22-5】** 原告日本会社Xは，その製作したプレス機械を日本会社Aに売却した。機械はAの在米子会社Yを経て，米国法人Bへ，さらに米国法人Cへ転売された。Cの従業員Dは，機械を使用中，右手指を切断し，これを原因として米国ワシントン州裁判所にB，YおよびXを共同被告として損害賠償を請求した（米国第1訴訟）。Yはこの訴訟と並行して同裁判所に，万一Yが先の米国訴訟で敗訴したときは，Xに27万5000ドル以上の損害賠償を請求する訴訟を提起した（米国第2訴訟）。そこでXが日本の裁判所において，Yから行使をうけるかも知れない9900万円の求償債務が存在しないことの確認を求める訴訟を提起した。
> 日本の裁判所はこの事件に国際裁判管轄権を有するか。

不法行為事件については，証拠収集の便宜，被害者の起訴の便宜，加害者の予測可能性，不法行為地の公序などを理由に，国際訴訟でも不法行為地の管轄が認められる。民訴法3条の3第8号は，「不法行為に関する訴え」について，「不法行為があった地が日本国内にあるとき（外国で行われた加害行為の結果が日本国内で発生した場合において，日本国内におけるその結果の発生が通常予見することのできないものであったときを除く。）」に，日本の裁判所の国際裁判管轄を認める。

もっとも不法行為地がきわめて偶然的な場合には，その管轄を否認すべき場合もありうると思われるが，とりわけ問題なのは，生産物責任などのように加害行為地と損害発生地とが異なるとき（隔地的不法行為）である。

(1)　加害行為地

まず，加害行為地を国際裁判管轄についても，管轄の基礎として認めるべきかどうかが問題となる。平成23年立法前の判決であるが，生産物責任につき，加害行為地の管轄を一般に肯定したものがある。大阪地中間判昭和48・10・9判時728号76頁は，**【設例22-5】**類似の事案において欠陥のあるプレス機械の設計製造という加害行為がなされた地は日本であるとして加害行為地管轄を肯定した。

たしかに，加害行為地，つまり生産物責任における製造地は，被害者から生

産者に対して損害賠償を請求する通常の不法行為訴訟においては，加害者の予測可能性，証人・証拠収集の便宜，被害者の保護の観点からいって，その管轄を肯定してよい。

しかし，生産者の側から被害者たる個人に対して損害賠償責任の不存在を求める，いわゆる消極的確認訴訟の場合に加害行為地の管轄を認めることは被害者たる被告に著しい不便と不公正をもたらすことになり妥当ではない。この点は「特別の事情」（民訴法3条の9）の有無の判断の中でとくに考慮する必要があろう。

(2) 損害（結果）発生地

つぎに結果発生地についても，無制限にその管轄を認めるときは，加害者の予測しない地での応訴を強制されることになるから一定の制限が必要な場合もあろう。民訴法3条の3第8号も「日本国内におけるその結果の発生が通常予見することのできないものであったとき」には，日本における結果発生を理由とする国際裁判管轄を認めない。

> 【設例22-6】 航空自衛隊所属のヘリコプターが日本で墜落し，死者の日本人Xの遺族らが，米国デラウェア州法人で，ワシントン州に本店を有する米国会社Yに対し，訴訟を提起した。ヘリコプターは，訴外A会社が製造し，米国空軍に引き渡されたものが後に航空自衛隊に譲渡されたものであった。原告らは事故の原因はヘリコプターの製造過程の欠陥に起因するものであると主張して，A社から営業譲渡をうけたY社に生産物責任に基づく損害賠償請求訴訟を提起した。わが国の裁判所はこの事件に国際裁判管轄権を有するか。

平成23年立法前の東京地中間判昭和59・3・27判時1113号26頁は，上の【設例22-6】の事案において，不法行為地には損害発生地が含まれるとした上で，管轄を否認すべき特段の事情があるかどうかを検討する。そして「被告は全世界を自由に航行しうる航空機の製造等を業とする大資本の会社であり，また，同じく航空機等の製造・販売を業とする被告の全額出資の子会社……が支店を日本に設置していること，原告らは不法行為地である日本国内に住所を有していること，本件事故発生後航空自衛隊の事故調査委員会により墜落原因の調査が行われていること」に照らせば，管轄を否認すべき特段の事情がないとして，

わが国の管轄を肯定した。現行法に照らせば、「日本国内におけるその結果の発生が通常予見することのできないものであった」かどうかが問題となろう。被告がヘリコプターを引き渡したのが米国空軍であって、自衛隊への譲渡が想定できなかったと考えれば、日本での墜落は通常予見できないと解されるし、他方で、ヘリコプターが世界中で飛ばされることや米国空軍から他国への転売が想定されうることを重視すれば、通常予見の要件はみたすとも考えられる。

(3) 不法行為事件における管轄原因事実の証明問題

不法行為訴訟においては、不法行為地管轄を肯定するためにはなにをどの程度証明すべきかという点が問題となる。この点については見解が分かれ、①原告が請求を理由づけるために主張した不法行為の事実が存在するものと仮定して、不法行為についての立証を不要とする立場、②不法行為の成立要件事実について一応の立証を必要とする立場、③不法行為の要件事実のうち、不法行為と評価されることにつながる客観的な事実関係の存在の立証を必要とする立場が対立する。

日本会社によるタイに居住するタイ人に対する不法行為に基づく損害賠償請求等の訴訟において、不法行為地管轄を肯定した最判平成13・6・8民集55巻4号727頁（円谷プロダクション事件）は、最近の有力説である③説をとり、不法行為地管轄を肯定するために証明すべき事項としては、「被告が我が国においてした行為により原告の法益について損害が生じたとの客観的事実関係が証明されれば足りる」と判示し、最高裁としてこの問題に一応の決着をつけた。

(4) 外国での侵害行為の差止請求

外国での侵害行為の差止請求に関する訴えについては、この訴えが「不法行為に関する訴え」に該当するか、とくに予防差止については管轄原因として「不法行為があった地」と過去形の文言であることから不法行為地管轄が認められないのではないかが問題となる。この点について、最判平成26・4・24民集68巻4号329頁は、「不法行為に関する訴え」には差止請求に関する訴えをも含むとし、「差止請求に関する訴えについては、違法行為により権利利益を侵害されるおそれがあるにすぎない者も提起することができる以上は、民訴法3条の3第8号の『不法行為があった地』は、違法行為が行われるおそれのある地や、権利利益を侵害されるおそれのある地をも含むものと解するのが相当で

ある」と判示した。

6 応訴管轄・関連請求の管轄

(1) 応訴管轄

本案訴訟に被告が応訴することは，被告の防御活動に支障がなく，被告が法廷地での審理に応じる意思を客観的に示しているともいえるであろう。本案に応訴した後になって，管轄を争えるとすれば，訴訟の無駄や遅延を招くことにもなる。民訴法3条の8も，「被告が日本の裁判所が管轄権を有しない旨の抗弁を提出しないで本案について弁論をし，又は弁論準備手続において申述をしたときは，裁判所は，管轄権を有する」として，応訴管轄を認めている。

(2) 関連請求の管轄

民訴法3条の6は，「1の訴えで数個の請求をする場合において，日本の裁判所が1の請求について管轄権を有し，他の請求について管轄権を有しないときは，当該1の請求と他の請求との間に密接な関連があるときに限り，日本の裁判所にその訴えを提起することができる」と規定する。1つの訴えで複数の請求をする場合としては，同一当事者間で複数の請求について併合審理がされる場合（請求の客観的併合）と，複数原告からまたは複数被告に対する訴えが，その関連性のために併合される場合（請求の主観的併合）とに区別される。いずれの場合においても，複数の請求をそれぞれ別個に解決するよりは，併合して審理した方が当事者や裁判所にとって好都合であり，また矛盾した判断を避けることができる場合が多いであろう。

① 請求の客観的併合　　原告が同一被告に対して複数の請求をする場合，被告としては1つの訴えについて応訴するなら，他の請求について同一裁判所に管轄を認めても不利益を被ることは比較的少ないとも考えられる。平成23年立法前の判例である円谷プロダクション事件において，最高裁も「併合請求の裁判籍の規定……に依拠して我が国の裁判所の国際裁判管轄を肯定するためには，両請求間に密接な関係が認められることを要する」との立場を採用していた。民訴法3条の6も，同様に，両請求間に密接な関連があることを要件とした。

② 請求の主観的併合　　民訴法3条の6ただし書は，「数人からの又は数

人に対する訴えについては，第38条前段に定める場合に限る」と規定する。すなわち，訴訟目的である権利義務が同一の事実上，法律上の原因に基づくなど，共同訴訟（38条前段）の要件がみたされることを条件に主観的併合の国際裁判管轄を肯定している。

7 専属管轄

前述のとおり，当事者は国際裁判管轄の合意をすることができる（民訴法3条の7）。当事者が日本の裁判所の専属管轄を合意（専属的合意管轄）し，当該合意が有効とされる場合，特別の事情による日本の管轄の否認はなされない（民訴法3条の9参照）。当事者の期待を尊重し，日本の裁判所で必ず審理を行うことになる。

当事者の専属的合意以外にも，民訴法3条の5は，一定の訴えについて，日本の裁判所の法定専属管轄を定める。この場合にも，特別の事情による訴えの却下は認められず，つねに日本の裁判所で審理が行われることになる（民訴法3条の10参照）。

民訴法3条の5は，つぎの3つの訴えについて日本の専属管轄を規定する。

第1に，「会社法第7編第2章に規定する訴え（同章第4節及び第6節に規定するものを除く。），一般社団法人及び一般財団法人に関する法律（平成18年法律第48号）第6章第2節に規定する訴えその他これらの法令以外の日本の法令により設立された社団又は財団に関する訴えでこれらに準ずるもの」である（1項）。たとえば，日本の会社の設立無効の訴えなどである。

第2に，登記または登録すべき地が日本国内にある「登記又は登録に関する訴え」である（2項）。たとえば，義務者に対して登記等の手続をすべきことの意思表示を求める訴えなどである。知的財産権の登記・登録に関する訴えも対象とされる。

なお，登記・登録に関する訴えではない，日本に所在する不動産に関する訴え自体については，日本の裁判所に国際裁判管轄は認められるが（民訴法3条の3第11号参照），専属管轄とはされていない。

第3に，「知的財産権（知的財産基本法（平成14年法律第122号）第2条第2項に規定する知的財産権をいう。）のうち設定の登録により発生するものの存

否又は効力に関する訴え」で「その登録が日本においてされたものであるとき」である（3項）。すなわち，日本で登録した特許権，実用新案権，育成者権，意匠権，商標権などに関する権利の存否・有効性に関する訴えについては，日本の裁判所の専属管轄とされる。他方，これらの権利の帰属や侵害に関する訴えについては，日本の専属管轄とはされていない。

　以上のような訴えについて日本の裁判所の専属管轄が認められる趣旨は，多数当事者間の画一的な処理の必要性・国際的な結果の統一性や日本の公益保護を図ることに求められる。

8　消費者契約・個別労働関係
(1)　消費者の住所地・労務提供地の管轄

　平成23年立法は，国際裁判管轄について消費者・労働者保護のための規定を新設した。消費者契約および労働関係に関する訴えの管轄権を定める民訴法3条の4と，合意管轄に関する同法3条の7第5項・第6項の規定である。

　消費者契約に関する訴えは，消費者が原告となって事業者を訴える場合と事業者が原告となって消費者を訴える場合とで，国際裁判管轄の基礎が異なる。消費者が原告となる場合には，訴え提起または契約締結の時点で消費者の住所地が日本にあれば，日本の国際裁判管轄が肯定される（民訴法3条の4第1項）。消費者が自ら外国に赴いて当該外国で事業者と契約を締結した場合（いわゆる能動的消費者の場合）も，同様である。また，事業者の本店が日本に所在する場合（民訴法3条の2第3項）や民訴法3条の3に規定する管轄原因が日本に所在する場合などにも，日本の国際裁判管轄が肯定される。

　これに対して，事業者が消費者を訴える場合には，民訴法3条の3の規定は適用されず，原則として消費者の住所地が日本にある場合（民訴法3条の2第1項）にのみ，日本の国際裁判管轄が肯定される（民訴法3条の4第3項）。

　「労働契約の存否その他の労働関係に関する事項について個々の労働者と事業主との間に生じた民事に関する紛争」（個別労働関係民事紛争）についても同様に，労働者からの事業主に対する訴えは，労務提供地が日本国内にある場合には日本の国際裁判管轄が肯定される（民訴法3条の4第2項）のに対して，事業主からの労働者に対する訴えは，原則として労働者の住所地が日本にある場

合にのみ日本の国際裁判管轄が肯定される（民訴法3条の4第3項）。
* **原告の住所**　原告の住所地国の一般管轄を肯定するにしても，原告の住所国の管轄をそれだけで他の関連がなんら存在しないにもかかわらず認めることはできない。原告はいくつかの利用可能な法廷地の中から訴訟手続や準拠法の点で自分に最も有利な法廷地を選んで訴訟を提起するわけであり，被告に対する便宜・公平の見地からいって原告の住所地国の管轄を認めるべきでないからである。また，原告の住所地国はそこで訴訟原因が発生したのでない限り，審理のために適切な法廷地ともいえない。しかし原告が被告の所につねに訴えねばならないとした場合に原告の被る不便と不利益もまた国内訴訟よりもはるかに深刻といわなければならないから，被告主義を厳格に貫くときは原告の救済を実質的に否定するに等しい結果となることがある。したがって原告の住所地国の管轄は単独に一般的な管轄権の基礎として認められるべきではないにしても，被告住所地国以外の管轄権の基礎を考えていく場合に，原告の被る不利益を考慮に入れる必要がある。とりわけ，消費者契約，労働契約，保険契約や旅客運送契約など個人が国際的規模で活動する大企業を相手に締結する契約の場合はそうである。この場合には原告の住所地管轄を認める余地がある。民訴法3条の4は，消費者契約および労働契約に関して，原告となる消費者の住所や労働者の労務提供地に管轄を認めている。

(2)　**合意管轄の制限**

　将来において生ずる消費者契約に関する紛争を対象とする国際裁判管轄合意については，次の場合に限って，その効力が認められる。第1に，消費者が，管轄合意に基づき合意された国の裁判所に訴えを提起したとき，または，事業者による訴えに対して管轄合意を援用した場合である（民訴法3条の7第5項2号）。第2に，消費者契約の締結時に消費者が住所を有していた国に訴えを提起できる旨の合意の場合である（同1号）。国内事業者と国内居住の消費者との契約について，契約締結後に消費者が外国に移住したときでも，事業者が元の国で訴えを提起できるようにするものである。

　将来において生ずる個別労働関係民事紛争を対象とする管轄合意についても同様である。第1に，労働者が管轄合意を援用する場合や合意に基づき訴えを提起する場合である。第2に，労働契約終了時の合意であって，その時の労務提供地国に訴えを提起できる旨の合意の場合である（同第6項1号・2号）。

　なお，いずれの場合にも，たとえ専属的管轄合意であったとしても，消費者・労働者の側が援用するときを除き，付加的管轄合意とみなされる。

第5節　身分関係事件の国際裁判管轄

1　離婚の国際裁判管轄権

> 【設例22-7】　戦前，上海で朝鮮人と婚姻し戦後単身帰国した日本に在住する朝鮮人妻（元日本人）Ｘが，日本に渡来したことのない所在不明の夫Ｙに対して離婚を求める訴訟を提起した。わが国の裁判所はこの事件に国際裁判管轄権を有するか。

(1)　被告住所地原則

わが国の裁判所に国際離婚訴訟が係属したとき，わが国はどのような場合に事件を審理する管轄権を有するであろうか。わが国にはこの点についての明文規定はなく，条理によって決定する。学説・判例上，被告の住所地国の管轄を認めることに異論はない。被告の住所がわが国にあるときは，被告にわが国での応訴を強制したとしても，被告の便宜をなんら損なうものでもないし，被告にとって不公正でもないからである。したがって，「原告は被告の法廷に従う」という被告住所地主義の一般原則は国際離婚訴訟にもそのまま妥当する。

(2)　原告の住所地管轄

問題は被告の住所がわが国にないときである。かつての多数説は，被告の住所がわが国になくとも原告の住所があれば，わが国の管轄を認めてきた。しかるに近時は相当の準備をして訴えを起こす原告と不意を打たれる被告との不公平を緩和し，原告の理由のない訴えの提起によって被告の被る損害を軽減するためには，被告主義を原則とし，原告の住所地管轄は例外的な場合に限ってのみ認めようとする見解が支配的となった。

(3)　最大判昭和39・3・25と最判昭和39・4・9

最高裁も，【設例22-7】の事案において，日本に在住する元日本人たる朝鮮人妻から，日本に渡来したことのない朝鮮人夫に対する離婚訴訟において，被告住所地主義が訴訟手続上の正義に合致し，不均衡な婚姻関係の発生を避けるとして，この立場を支持した（最大判昭和39・3・25民集18巻3号486頁）。

しかし，他面，原告が遺棄された場合，被告が行方不明の場合その他これに

準ずべき場合においても，この原則に膠着し，被告の住所がわが国になければ原告の住所がわが国に存していても，なおわが国に離婚の国際裁判管轄を認めないとすることは，わが国に住所を有する者に十分な保護を与えないことになり，国際私法上の正義公平の理念にもとる結果を招来するとして，この事件では最高裁は原告の住所地管轄を例外的に肯定した。

これに対し，陸軍軍属として単身日本に渡来し11年間居住する米国人夫から日本に渡来したことのない在米米国人妻に対する離婚訴訟において，最高裁は，さきの大法廷判決の立場を基本的には踏襲しつつも，今度は例外的に原告の住所地管轄を認める特別の事情がないとして，わが国の管轄を認めなかった（最判昭和39・4・9家月16巻8号78頁）。

このような立場からは残された問題はどのような事情のある場合に原告の住所地国の管轄が認められるべきかという点にあることになろう。有力説は，被告が，国外へ強制送還された場合，応訴した場合を，最高裁判決の立場につけ加える。さらに判決にいう「その他これに準ずる場合」を柔軟に解釈するとすれば，原告の住所地国の管轄を一般に肯定するかつての通説との実質的差違はそれほど大きくはない。しかし，いずれにしてもさきの米国人軍属や，わが国に20年以上も居住する中国人の提起した離婚訴訟につき被告の住所がわが国にないことを理由に管轄権を否認した判決などは原告の住所地管轄を不当に制限した判決というべきであろう。

(4) その後の展開——最判平成8・6・24

> 【設例22-8】 日本人男Xはドイツでドイツ人女Yと婚姻した後，ドイツで婚姻生活を営んでいたが，YがXとの同居を拒むにいたった。Xは旅行の目的で長女と来日し，その後日本で生活するようになった。Yはドイツの裁判所に離婚および親権に関する訴訟を提起し，Xへの訴状の送達は公示送達により行われ，Xが出頭することなく，離婚請求を認容し，親権者をYとする判決が確定した。一方，Xもほぼ同じ時期に日本の裁判所に離婚，親権者指定，慰藉料の支払いを求める訴訟をドイツに居住するYに対して提起した。日本の裁判所はこの離婚等請求事件に国際裁判管轄権を有するか。

(a) 最判平成8・6・24民集50巻7号1451頁　その後の判例の展開という観点からみると，裁判例としてはとくに最判平成8・6・24が重要である。

上の【設例22-8】の事案において，日本に居住する日本国籍の夫がドイツに居住するドイツ国籍の妻に対する離婚訴訟について，妻がドイツの裁判所に提起した離婚訴訟につき妻の請求を認容する旨の判決が確定し，同国では両名の婚姻はすでに終了したものとされているが，日本では，この判決は[旧]民訴法200条2号の要件を欠くため効力がなく，婚姻がいまだ終了しておらず，夫がドイツの裁判所に離婚請求訴訟を提起しても婚姻の終了を理由に訴えが不適法とされる可能性が高いときは，夫の提起した離婚訴訟につき日本の国際裁判管轄を肯定すべきであるとした。

本件において，最高裁が被告の住所が日本にある場合に管轄を認めるのは当然であるが，それ以外にどのような場合に管轄を認めるべきかは，条理に従って判断すべきであると判示し，それ以上の具体的判断基準を示さず，本件の具体的事情の下では日本の管轄を認めるのが条理にかなうものとした。

(b) 本判決と最大判昭和39・3・25ルールとの異同　① 両者は，被告の住所地の管轄を肯定する点は変わらない。しかし，本件の論理によれば，被告の住所が日本にない場合には，「原告が遺棄された場合，被告が行方不明である場合」であっても，当然には原告の住所地管轄が認められるとは限らない。「当事者間の公平や裁判の適正・迅速」の理念に従って，改めて条理によりわが国の管轄が認められるかどうかを具体的事情に照らして，個別的に判断される。大法廷判決の基準に従わず，具体的基準に即して条理に従って管轄を肯定したのは，諸外国の立法例もさまざまで，わが国の学説も混沌としている現状では，一般的な管轄の基準を示すよりは，個々の事案ごとの判断の積み重ねによって妥当な判断基準の形成を図るのが相当と考えたからであろう。

② 最大判昭和39・3・25のルールでは，被告住所地と原告の住所地以外の管轄は認められないのに対して，本件判旨においては，原告住所地以外でも離婚管轄が認められる可能性は決して否定されていない。この点は，当事者間の公平のうち，原告保護の必要性を強調するところとあわせ考えると，原告の利益保護のために離婚の管轄権の拡大を意図したと理解することができる。

③ 本件判旨は，訴訟手続上の正義要求と不均衡な婚姻関係の防止という最大判昭和39・3・25の理念とは異なり，管轄を決定する理念ないしは政策考慮として，財産関係事件におけるマレーシア航空事件で宣言された「当事者の

公平や裁判の適正・迅速の理念により条理に従って決定する」との立場を採用した。身分関係の国際裁判管轄権と財産関係事件とを統一した理念により，解決しようとした点で注目される。

(5) **今後の課題と展望——当事者の一方の住所地管轄と特段の事情論**
以上の展開を踏まえて，つぎのような解釈を提案したい。

すなわち，原告被告を問わず，「当事者の一方の住所が日本にあれば，原則として日本の裁判所は離婚の裁判管轄を有する。但し，管轄権を行使すべきでない特段の事情のある場合には，この限りでない」との立場である。

この立場は，まず被告住所地主義を原則とはしない。被告住所地のみが管轄権を有するとすることは，原告の利益保護に欠け，その便宜を不当に損なう場合があるからである。また，被告住所地は，たとえば婚姻住所地でないときは，証拠や証人が外国に所在するために離婚原因の有無についての審理のために適切な法廷地ではない場合もありうるであろうし，さらに準拠法が法廷地法でないときは外国法の調査適用という負担を裁判所に課することとなり，裁判の適正・迅速という要請に反する場合も考えられる。

このように考えると，被告住所地のみが管轄権を有し，被告住所地はつねに管轄権を有するという意味での厳格な被告住所地原則は妥当ではない。国内の離婚の管轄を定める人訴法4条も被告住所地原則に立脚していない。したがって被告住所地管轄を認める場合であっても，被告住所地以外に並列的に管轄の基礎を認める必要があるとともに，被告住所地の管轄を否認すべき特段の事情のあるときはその管轄を否認する余地を残すべきである。

つぎに最大判昭和39・3・25以降の裁判例では，結局のところ，原告の住所地管轄を否定した事例はそれほど多くはなく，むしろ結果的には原告の住所地は原則として判例上肯定されていると解される。原告の住所地管轄を特別の事情のある場合の例外管轄ととらえるのでなく，むしろ原則としてこれを肯定した上で，その管轄を認めるべきでない特段の事情が存在する場合に限って，その管轄を否認するとの立場が妥当である。

以上の理由から，離婚の国際裁判管轄は，原告，被告のいかんを問わず，当事者のいずれか一方の住所があれば，原則として管轄を肯定した上で，管轄を否認すべき特段の事情のあるときは，管轄を否認するとの立場を採用すべきで

ある。

また，本国管轄については，従来から肯定論と否認論とが対立するが，この点についても，国籍を独立した管轄の基礎としてその適格性を議論するよりも，むしろ特段の事情を考慮する際に，管轄を肯定する付加的要因の1つとして考慮するのが適切であろう。

2 婚姻無効の国際裁判管轄

婚姻無効または取消しの裁判管轄については離婚に準じて考えるのが通常である。ただ，婚姻挙行地は証人や婚姻に関与した官吏の所在により婚姻の有効性を審理するのに適切な法廷地であると考えられるから，婚姻挙行地の管轄を住所地とは別個に肯定するか，あるいは原告の住所地の管轄を肯定する付加的要因として考えるかという理論構成上の問題はあるにしても，離婚の場合とは別に挙行地を婚姻の無効，取消しの管轄決定について考慮する必要があろう。

3 親子関係の国際裁判管轄

親子関係についても住所地国の管轄を認めることについては異論はないが，当事者が異なる住所を有するときどちらの住所を管轄基礎とするかについては説が分かれる。しかし離婚に関する前掲最大判昭和39・3・25以後は，被告住所地主義の原則に従う立場が有力である。昭和47年の「法例改正要綱試案（親子の部）」も被告の常居所の管轄を原則とし，付加的に被告が行方不明の場合などに原告の常居所地の管轄を認め，基本的にはこの立場に立つ。

また，判例においてもたとえば大阪地判昭和39・10・9下民集15巻10号2419頁が，わが国に住所を有する韓国人原告が日本に住所を有しない所在不明の戸籍上のみの韓国人母を被告にして母子関係不存在確認を求めたのに対し，最高裁の被告主義を肯定しつつも原告が日本で生まれ育ったこと，重要な証人のほとんどが大阪に居住していることなどを理由に，原告の住所地管轄を認めるべき特別の事情があるとして，わが国の管轄を肯定したのは，その典型的な例である。さらに同じく所在不明のカナダ人男に対する日本人子による認知請求において，原則として被告の住所がわが国に所在することが必要と解しながら，被告の現在の住所が不明であり，原告の出生をめぐる状況はすべてわが国内で

展開し，重要な証人のほとんどすべてが日本に居住するとして，例外管轄を認める特別の事情があるとしたものもある（大阪地判昭和55・2・25家月33巻5号101頁）。

　これらの事例は，親子関係事件における子の利益保護と，わが国が審理のための適切な法廷地であるという理由で，かりに被告の所在が不明でなくとも日本の管轄が肯定されるべき場合ではなかったかと思われる。このような観点からすれば親子関係事件では，むしろ子の利益保護を重視し，被告主義の原則とは別に，子の住所地の管轄を並行的または付加的なものとして肯定すべきとの議論が出てくるのは当然である。

　そして現に近時の学説上ではこのような考えが有力に主張され，静岡家審昭和62・5・27家月40巻5号164頁や浦和地判昭和57・5・14判時1058号99頁などもこの立場を採用するのは注目すべきであろう。

　ここでも最大判昭39・3・25のルールからの離脱が認められるといえよう。また，国籍については肯定論と否認論とが対立するのも離婚の場合と同様である。この点についても，離婚と同様に，国籍を独立した管轄の基礎として肯定するよりは，むしろ管轄を肯定する付加的要因の1つとして考慮するのが適切ではなかろうか。

第6節　国際的二重訴訟

　国内事件では，二重訴訟については「裁判所に係属する事件については，当事者は，更に訴えを提起することができない」（民訴法142条）として禁止され，後の訴えは職権で不適法として却下される。二重訴訟が禁止されるのは，それを認めることは訴訟経済に反するばかりでなく，同じ事件に対して矛盾した2つの判決がなされるおそれがあるからである。国際事件でも同様の論理が妥当するのかどうか，これが国際的二重訴訟（国際訴訟競合ともいう）の問題である。

　これまで国際的二重訴訟を認めたものとしては，東京地判昭和40・5・27下民集16巻5号923頁，前掲大阪地中間判昭和48・10・9などがある。

　これに対して東京地判昭和59・2・15判時1135号70頁は，米国カリフォルニ

ア州の裁判所にすでに訴えが提起されている場合に，わが国でも管轄を認めるときは判決が矛盾，抵触するおそれもあり，また被告に二重に訴訟追行の負担を強いることになることを理由の1つとして，わが国の管轄権を否認している。

また，東京地中間判昭和62・6・23判時1240号27頁は，サハリン上空で撃墜された韓国航空機の乗客の遺族のうち，米国，カナダで訴訟を提起している遺族らが日本で韓国の航空会社に対して提起した損害賠償請求は不適法との被告の主張を，ワルソー条約が国際的二重訴訟を禁じていると解することはできないとして，認めなかった。

学説上は国際的二重訴訟については，つぎの見解があり，対立している。

① 外国での訴訟係属を無視すべきとの立場

② さきに係属した外国裁判所で将来下される判決がわが国で承認されうるときは，わが国での二重起訴を制限すべきとの立場

③ わが国と外国のいずれが適切な法廷地であるかなど諸般の事情を比較衡量してわが国が管轄権を有するかを決定すべきとする立場などである。

思うに，国際的二重訴訟は原則としてこれを禁止すべきでないと考える。というのは，①前訴係属国の判決がわが国で承認されるとは限らないこと，②そこでの判決の執行で十分な満足が得られないことのあることのほか，③前訴係属国が必ずしも適切な法廷地ではなく，むしろわが国が当事者の便宜・公平，訴訟の審理からみて適切な法廷地である場合があり，かかる場合にも移送の制度を欠くためにわが国で審理することができないのは不合理であり，そのためにも二重訴訟を認める必要があること，④また，前訴係属国で訴えを提起したものの，そこでの管轄が認められない場合のあること，⑤さらに二重訴訟の弊害は，外国での訴訟の進行をみるためにわが国での訴訟を一時停止するなどの措置をとることができればある程度までカバーできることなどを考えると，わが国での後訴を禁じることは，一般的には原告の権利保護の途を不当に閉ざすこととなり，妥当とは思われないからである。

とはいえ，国際的二重訴訟を全面的に容認し，いかなる場合でも外国での訴訟係属をまったく無視することはやはり内外判決の抵触の防止，不経済な訴訟の回避，被告の二重の応訴の負担などを考えると，決して望ましいとはいえない。とりわけ前訴係属国がわが国より明らかに訴訟の審理にとって適切な裁判

所であり，しかもその判決がわが国で承認されることが予想され，わが国での訴訟が被告に不当な二重の応訴の負担を負わせるときなどはそうである。したがって，このような諸般の事情からみてわが国における訴訟の提起を許すべきでない場合には，例外的に国際的二重訴訟を禁止する余地を留保しておくことが必要であろう。

第23章 国際訴訟における訴訟手続・当事者

第1節 国際訴訟における訴訟手続

1 「手続は法廷地法による」との原則

　裁判所は，実体的な権利・義務に関して外国法を適用するときでも，訴訟手続については自国の訴訟法を通常は適用する。これが中世以来広く各国の国際私法で認められてきた，「手続は法廷地法による」という原則である。

　この原則の根拠は，①訴訟手続が法廷地法によるのは，訴え提起の方式，弁論の手続，審理の手続，判決の方式など典型的な訴訟手続の問題は，外国法によろうと，内国法によろうと，事件の最終的な結果（当事者の実体的な権利・義務の帰属）に影響を及ぼさないのが普通である，②それにもかかわらず訴訟手続について外国法を適用して訴訟をすすめるのは訴訟の画一的処理，訴訟経済の要請に反し，不必要に裁判所に過剰な負担を課すことになり適切ではない，③訴訟手続に関する問題については，当事者は行為当時特定の国の法が適用されることを考えていないから，法廷地法を適用しても当事者の正当な期待を損なうとは思われない，といった点に求められるであろう。

2 法廷地法が適用される手続事項

　どのような問題が国際私法上，訴訟手続に属し，法廷地法によるかという性質決定の問題は，上の趣旨に照らして判断されなければならない。このような観点からすれば，国内裁判所間の管轄の配分，訴え提起の方式，期日および期間，送達，弁論の手続，判決の形式，上訴要件など民事訴訟法に規定する多くの事項は原則的に法廷地法によることになろう。特定の訴訟類型について陪審をうけうるかという問題も，結果的には当事者の権利・義務の最終的帰属に影響を及ぼすことがありうるにしても，訴訟経済，訴訟の画一的処理という要請

から裁判所の負担を考えれば法廷地法によるべきものであろう。

これに対して，債権の消滅時効，とりわけ時効期間の長短の問題は，いずれの国の法が適用されるかによって事件の最終的結果，つまり当事者の権利・義務の帰属が直接影響をうけるばかりでなく，かりに法廷地法よりも長期の消滅時効を定める外国法であっても，その適用は裁判所にそれほど過剰な負担を課するとは思われないから，訴訟手続の問題としてつねに法廷地法によらしめるべき問題ではない（同旨徳島地判昭和44・12・16判タ254号209頁）。

また挙証責任の分配や推定，一応の証拠に関する規定も当事者の権利・義務の帰属にかかわるものであり，法廷地法によらしめるべきではない。責任保険契約におけるノー・アクション・クローズ（保険会社に対する訴えは被保険者の支払義務が最終的に確定された後でないと提起できないとする，被害者の出訴権を制限する条項）につき，訴訟手続に関するものとして法廷地法を適用した判決（東京地判昭和37・7・20下民集13巻7号1482頁）があるが，その当否は疑問である。

3　司法共助

国際社会においては，各国家の裁判権はその領土主権の及ぶ範囲に限られ，外国において裁判に関連する行為をなすことは，他国の主権侵害となり，許されないものとされている。ところが現実にはわが国の訴訟において外国に在住する被告に訴状を送達したり，あるいは証人や証拠物が外国にあるため，外国で証拠調べを行ったり，外国で証拠を収集することが必要な場合が生じる。このような事態に対処するために訴訟手続について各国の司法機関が相互に協力することを司法共助という。

司法共助については，とくに外国における送達と証拠調べが問題となる。

この点については，まず民事訴訟法は，外国における送達については，「外国においてすべき送達は，裁判長がその国の管轄官庁又はその国に駐在する日本の大使，公使若しくは領事に嘱託してする」（民訴法108条）ものとし，つぎに外国における証拠調べについては，「外国においてすべき証拠調べは，その国の管轄官庁又はその国に駐在する日本の大使，公使若しくは領事に嘱託してしなければならない」，「外国においてした証拠調べは，その国の法律に違反する場合であっても，この法律に違反しないときは，その効力を有する」（民訴

法184条1項・2項）と定めている。なお，外国における送達について108条の規定による送達ができないときは，公示送達による（民訴法110条1項2号）。

　つぎに，わが国の裁判所が外国の裁判所から送達や証拠調べの嘱託をうけた場合のために「外国裁判所ノ嘱託ニ因ル共助法」（明治38年法律63号）が制定されている。この法律は，外国からの送達と証拠調べについて，司法共助の嘱託をうける条件を規定している。それによると，嘱託が外交経路を経てなされていること，関係書類に翻訳文が添付されていること，費用について嘱託国が保証していること，嘱託国が日本の裁判所の司法共助に応じるという保証がなされていることなどが条件とされている（1条の2）。

　司法共助は，わが国の裁判所の嘱託に基づいて，外国の当局またはその国に駐在する日本の外交官または領事官によって実施される場合であると，外国裁判所の嘱託に基づいてわが国の裁判所によって実施される場合であるとを問わず，日本とその外国との国際協力を前提とするものであるが，この目的を達成するための最も効果的な方法は，司法共助に関する国際条約を締結することである。

　わが国は，昭和45年にハーグ国際私法会議で採択された，①「民事訴訟手続に関する条約」（1954年）および②「民事又は商事に関する裁判上及び裁判外の文書の外国における送達及び告知に関する条約」（1965年）を批准し，それにともない，「民事訴訟手続に関する条約等の実施に伴う民事訴訟手続の特例等に関する法律」（昭和45年法律115号）および「民事訴訟手続に関する条約等の実施に伴う民事訴訟手続の特例等に関する規則」（昭和45年最高裁判所規則第6号）を制定した。わが国とこれらの条約の締約国との間では，それぞれの条約の定めるところによるが，両条約の締約国との間では②の送達条約の定めるところによる（②条約22条）。

　以上のほか，わが国はスイス連邦などとの間に送達または証拠調べの共助に関する二国間取極を結んでいる。また日英領事条約25条および日米領事条約17条(1)(e)には，領事官が接受国において文書の送達または証拠調べを行うことを許容した規定がある。

　わが国はまだ批准していないが，司法共助に関する多数国間条約としてはハーグ国際私法会議の「民事又は商事に関する証拠の外国における収集に関す

る条約」(1970年) が重要である。

第2節　国際訴訟における当事者

1　国際訴訟における外国人の地位

わが国での訴訟法において外国人はどのような地位を有するであろうか。かつては外国人に対し訴訟費用につき保証を立つべきことを要求したり (旧民訴法88条), 外国人が訴訟救助を求める場合には相互の保証を要求した (旧民訴法88条) ことがある。

しかし現在では, 外国人はわが国で内国人と同様の訴訟上の権利を享受する。もっとも訴訟費用の担保については, 原告が日本に生活上・事業上の本拠を有しないときは, 訴訟費用の担保の提供が命ぜられることがあるが (民訴法75条1項・2項), この場合も国籍による取扱いの差異ではない。(なお, 民事訴訟手続に関する条約等の実施に伴う民事訴訟手続の特例等に関する法律10条参照)。

2　訴訟能力・当事者能力

民訴法33条は「外国人は, その本国法によれば訴訟能力を有しない場合であっても, 日本法によれば訴訟能力を有すべきときは, 訴訟能力者とみなす」と規定する。この規定をどう理解し位置づけるかについて学説は対立する。法廷地法説は, 外国人の訴訟能力も日本の裁判所で問題となる限り法廷地法たる日本の民事訴訟法によると解する。そして民訴法28条によれば, 訴訟能力は別段の定めがない限り実体法である民法その他の法令によることになるが, ここでいう「その他の法令」にはかつての法例 (現在では通則法) が含まれるとする。外国人の行為能力は法例3条 (通則法4条) によりその本国法によるを原則とするから, 本国の実体法上行為能力を有する者は日本でも訴訟能力者と認められ, 反対に本国実体法上行為能力を有しない者は原則として訴訟能力を有しない。ただこの本則に対する特則としてさきの民訴法33条の規定があるから, 外国人が本国法上能力の制限をうけたとしても日本法上訴訟能力を有すべきときは訴訟能力者として扱われることになる。

これに対し近時は、外国人の訴訟能力は原則として本国の訴訟法によると解する属人法説が有力となりつつある。この見解によれば、民訴法28条は、日本人の訴訟能力について日本の実体法が民事訴訟法を補充することを定めた規定にすぎず、外国人の訴訟能力についてはまさしく民訴法33条が本則として適用されることになる。そして同条は外国人の訴訟能力について本国訴訟法の適用を前提として、例外的に日本の民訴法によるべき場合を定めたものと理解する。

いずれの見解を採用しようとも民訴法33条により、外国人は日本法上訴訟能力を有する場合には訴訟能力者となる点で争いはない。両説の実質的差異は、その結果からみれば、外国人の訴訟能力の有無は本国の実体法によるのか、それとも本国の訴訟法によるのかという点に帰することになろう。学説上は、本国の実体法による（法廷地法説）場合には、①本国訴訟法上訴訟能力を有する者が、本国実体法上制限能力者であり日本法上も訴訟制限能力者であるときは、訴訟制限能力者となるのは妥当でない、②本国実体法上行為能力を有する者は、たとえ本国訴訟法上も日本法上も訴訟制限能力者とされる場合でも訴訟能力者とされることになり不当である等の理由で属人法説（本国訴訟法説）が有力である。

外国人の当事者能力については民訴法に訴訟能力に関する33条に該当する規定は存在しない。学説・判例上、法廷地法説（ケニア法上のパートナーシップにつき旧民訴法46条によりその当事者能力を肯定した東京高判昭和43・6・28高民集21巻4号353頁）と属人法説（東京地判昭和43・12・20労民集19巻6号1610頁は本国の訴訟法によると解する）とが対立しているが、学説上は属人法説が有力である。

第24章　外国法の適用と裁判所

　国際民事事件において準拠法として適用される外国法を内国の裁判所はどのように扱うべきか。これが「外国法の適用と裁判所」の問題である。具体的にいえば，国際事件において特定の外国法が適用されるかどうかは，裁判所が決定すべき問題なのか，当事者による主張・立証をまたなければならないのか（外国法の選定），外国法の内容の確定はどのようにして行うか，裁判所の職権によるのか，当事者の責任か（外国法の内容の確定），外国法の内容が不明の場合にはどのような措置をとるべきか（外国法の内容の不明），外国法の解釈適用に誤りがあった場合，最高裁判所に上告できるか（外国法の適用違背と上告理由），といった問題がこれに該当する。

　裁判所において外国法をどのように取り扱うかについて，わが国の通則法，民事訴訟法に明文の規定は存在しない。もっとも，後に説明するように，外国法の証明について，旧民訴法219条は，「地方慣習法，商慣習及ヒ規約又ハ外国ノ現行法ハ之ヲ証ス可シ裁判所ハ当事者カ其証明ヲ為スト否トニ拘ハラス職権ヲ以テ必要ナル取調ヲ為スコトヲ得」と規定していたが，大正15年改正で削除された。そこで国際事件において外国法をどのように取り扱うかは，全面的に学説・判例によるべきことにならざるをえないが，理想的には立法による解決が望ましいことはいうをまたない。

第1節　外国法の性質

　上のような問題を論じるにあたって，まず内国の裁判所で準拠法として適用される外国法の性質を問題とし，それを事実とみるか，法とみるかに応じて，内国裁判所における扱いを決定しようとする議論がある。

　外国法事実説は，外国法は単なる事実にすぎず，したがって当事者が援用証明しなければ，裁判所はこれを適用しえないとする説である。これに対して外

国法法規説は、外国法はほんらい内国において法としての効力は有しないが、国際私法の指定によって法としての効力を認められるとする説である。

わが国では、外国法も国際私法の指定により、裁判における準則とされるものであるから、事実と同じではなく、外国法も法であるとする、外国法法規説が有力である。これに対して「裁判官は法を知る」との原則は外国法には妥当しないことなどを理由に、外国法事実説を再評価し、規範＝事実中間説を提唱する見解も主張されている。

外国法の性質を法とみるか、事実とみるかによって、外国法をどのように取り扱うかという問題の解決が影響をうけることはたしかである。しかし、そこから裁判所における外国法の適用から生じるすべての問題の解決を演繹的に導き出すことは妥当ではない。外国法も法であるといったところで、それが内国法とまったく同じ取扱いをせよということにはならないであろう。問題は、外国法の選択・適用が適正かつ能率的に行われるためには、裁判所と当事者にどのような役割を果たさせるべきかという点にあるというべきであろう。

第2節　外国法の選定

国際事件において特定の外国法が準拠法として選択・適用されるためには、法廷地の法選択規則によって、そう定められているだけではなく、当事者の主張をまたなければならないのか、それとも裁判所は、当事者の主張にかかわらず、職権をもって法選択規則の定めるところに従い、特定の外国法を適用すべき権能または義務があるのかが問題となる。

主としてコモン・ロー諸国では、伝統的に外国法は事実と同様の取扱いをうけ、当事者の主張立証をまって適用されるのが通常である。他方、ドイツなどの大陸法国では外国法も原則として内国法と同様に裁判所が職権によって適用しなければならないとされている。この中間にフランスのように、裁判所は職権をもって外国法を適用すべき義務を負わないが、自らの裁量によって当事者の主張にとらわれないで、外国法を適用できるとするところもある。

わが国の通説的見解によれば、国際私法は、それぞれの渉外的法律関係の性

質に応じて，それを規律するのに最も適切な法秩序を選んで準拠法を定めており，このような国際私法の目的からすれば，法廷地の法選択規則によって準拠法として指定されている限り，当事者の援用のいかんにかかわらず，外国法であっても適用されなければならないのは当然である，とされる。また，外国法の適用を当事者の援用にかかわらしめるとすれば，弁護士強制主義がとられていない制度の下においては，不当な結果を招くことが多いこともその理由としてあげられている。したがって当事者の主張がない限り，ほんらい適用されるべき外国法の代わりに内国法を適用したり，当事者の請求自体を棄却する解決方法は許されないものというべきであるとされる。

　このような観点からすると，「準拠法が如何なる国の法律であるかは，……当事者間の紛争の内容そのものであるから，……その法規の適用により自己に有利な法律効果の発生（請求権の存在）を主張する当事者において，特定の国の法律の適用があることを訴訟上主張，立証する必要がある」（大阪地判昭和35・4・12下民集11巻4号817頁）とし，そのような主張，立証を欠いているとの理由で請求を棄却するのは，妥当でないというべきことになろう。

第3節　外国法の内容の確定

　準拠法として指定された外国法の内容はどのようにして確かめられるか。外国法に基づいて主張している当事者によって証明されなければならないのか，それともその内容を証明するのは裁判所の職権に属するのか。

　この問題の解決も，伝統的にコモン・ロー諸国では外国法は事実と同様に扱われ，それに基づいて主張する当事者がその内容を証明する義務を負うとの建前が採用され，ドイツを始め大陸法諸国では，外国法は内国法と原則として同様の扱いをうけ，その内容の調査は裁判所の職権・職務に属するとの建前が採用されている。

　わが国の通説は，外国法も法選択規則によって準拠法として指定されている限り，準拠法としての資格において，内国法と差異がなく，それを正確に適用しなければ，国際私法の趣旨に反することになる。したがって，外国法の内容

を確かめて，正しく解釈，適用することは，内国の裁判所にとって当然の職務というべきであると解する。当事者に外国法の内容の証明を委ねるならば，当事者に過大の負担を課するだけでなく，不当な結果を招くおそれがあるとするのである。

ところが，わが国の判例の中には，たとえば，満20歳未満の韓国人から不動産を買いうけたとして所有権を主張する者は，売主の行為能力およびその父母の法定代理権に関する韓国の法規が裁判所において顕著でないから，その点について自ら主張立証する責任があるとしたものがある（福岡地小倉支判昭和37・1・22下民集13巻1号64頁）。このような立場に対しては，その論旨は，準拠法の適用が裁判所の職務であり，裁判所は当事者の主張・立証がなくとも職権で準拠法を探知し，その内容を正しく把握して適用するよう努めなければならないとする趣旨に反するものというべきであるとの批判が強い。

外国法の内容の調査確定が裁判所の職務であるとすれば，そのために裁判所は自ら適当と考える資料を使用し，職権で必要な措置をとることができる。外国法の調査方法としては，裁判所が直接外国法に関する文献により調査するほか，内外の官庁公署・大学・商業会議所等の団体に嘱託してその調査や鑑定を求めることもでき，また職権で鑑定人に鑑定させる方法も可能である。実際問題として，裁判所が外国法に通じていることは期待しえないし，外国法の調査に困難をともなうことも否定できないから，訴訟の円滑な進行を図るという実際的要請から，外国法についてはその内容の調査について内国法と取扱いを異にし，当事者にこれを証明させることもできると解すべきである。この点について旧民訴法219条は，「地方慣習法，商慣習及ヒ規約又ハ外国ノ現行法ハ之ヲ証ス可シ裁判所ハ当事者カ其証明ヲ為スト否トニ拘ハラス職権ヲ以テ必要ナル取調ヲ為スコトヲ得」と定め，外国法の調査について，当事者に裁判所の職務を容易ならしめるための補助的役割を行わせることを認めていた。同旨の規定を欠く現行法の下においても同様に解することができるというべきであろう。

このようにみてくると，外国法の内容の確定は，現実には内国法と異なった取扱いがなされているのであって，その点からいえばもはや実際には純粋な外国法法規説はとられていないというべきであろう。

裁判所が職権で外国法を調査すべきものとすると，ヨーロッパ評議会加盟国

で発効している1968年の「外国法についての情報に関する欧州協定」のような条約があることが望ましい。この協定によると，締約国が他の締約国からの条約上の情報要請があった場合に回答義務を負う処理機関を1つ設置または指定すべきものとされている。わが国も加盟することのできるようなこの種の普遍的または地域的な条約の採択が期待される。

第4節　外国法の内容の不明

　準拠法として選択された特定の外国法の内容を裁判所が調査しても判明しない場合にはどのような措置をとるべきか。もっともここで外国法の内容が不明である場合とは，単に成文法規が欠けている場合を指すものではないことはいうまでもない。

　その点で，夫婦財産制について英国法を準拠法とすべきものとしながら，「英国法上この点について成文法はなく判例法に委ねられているのであるが，現行英国判例法をにわかに確定しがたいので，外国法不明の場合に該当するものとして，結局条理に従って判断しなければならないことになる」（神戸地判昭和34・10・6下民集10巻10号2099頁）としたのは，十分な調査を尽くさなかったというべきである。

　問題は，十分な調査を尽くしてもなお，内容が不明の場合である。この点については，学説上，見解が対立し，①外国法に基づく請求または抗弁を棄却する（請求棄却説），②内国法を適用する（法廷地法説），③外国法と最も近似しているとみられる法律を適用する（近似法説），④条理による（条理説，なお③を条理説の1つとみる立場もある）などのほか，⑤補充的準拠法を探求してその法を適用すべきとの見解（補充的連結説）もある。

　①説に対しては，外国法の証明は裁判所の職責であり，当事者に挙証責任を負わせるべきでなく，それを理由に請求を棄却することは不当な裁判拒否となる，②説には，内外法平等の原則に反し，安易に外国法の適用を回避する手段となる，③説には，近似法が本来の外国法と一致する保証はない，④説には，条理を適用するのは，具体的客観的判断基準を求めるのが困難であり，判断が

恣意的になるおそれがある。⑤説には，ほんらいの準拠法がある場合に，それとまったく異質の準拠法によるべきでないなどの批判がある。以上のうち，かつては④の条理説が通説であったが，近時は③の近似法説（あるいは，条理説のうちの近似法説）も有力である。

　外国法の内容が不明であるとした裁判例はかなりの数に上る。そのうち，①請求棄却説に立つものとしては，離婚にともなう財産分与請求について，準拠法である朝鮮民主主義人民共和国（北朝鮮）法の内容が明らかでないので，申立てを棄却したもの（静岡地判昭和46・2・12下民集22巻1-2号160頁），②内国法説に立つものとしては，相続について，被相続人の本国法である北朝鮮の法律を知りえないから，法廷地法である日本法を適用したもの（京都地判昭和62・9・30判時1275号107頁）がある。

　また，③近似法説を採用するとみられるものとしては，養子縁組につき，準拠法として指定された外国法の内容が不明の場合には結局法例の準拠法の指定の趣旨に沿ってその内容を探求すべく，それにはまず準拠法国の全法律秩序からその内容を推認すべく，もしそれが不可能ならば従前に施行されていた法令とか政治的あるいは民族的に近似する国家の法秩序から準拠法の内容を推認すべきであるとして，養親の本国法である北朝鮮法が不明であるから，近似する国家の法を参照して裁判したとみられるもの（東京家審昭和38・6・13家月15巻10号153頁）があるが，これは条理として近似法を適用したものと解することもできよう。④条理説に立つものとしては，死後認知について，亡父の本国法である中華人民共和国法に認知制度が存することはいまだ明らかではないが，これを認めることが条理にかなう措置であり，中華人民共和国法においても否定されないものと解すべきであるとしたもの（東京高判昭和56・7・13家月34巻9号72頁）がある。

　以上のほか，注目すべき事例としては，まず，「準拠法として指定された外国法が不明の場合には，法令の準拠法指定の趣旨に則り，準拠法国の法秩序を考慮し，また民族的習俗をも参考にし，具体的妥当性を持ち，条理にかなつた規範を適用するべきである」とした事例（長野家審昭和57・3・12家月35巻1号105頁）や，ラオス難民夫婦の妻から夫との離婚および子の親権者を妻と定める旨の判決を求めた事案につき，法例16条（通則法27条）により準拠法となる

べきラオス法が同国の政変後未整備であるから準拠法の内容が不明な場合に準ずべきであるとした上,条理によって判断するにあたって政変前のラオス旧民法を補充的に適用して請求を認容した事例(広島地判昭和61・1・30家月38巻6号43頁),さらには,原告ジンバブエ国人夫と被告日本人妻との離婚請求事件において,夫の本国法であるジンバブエ国法の内容が断片的にしか判明せず,その正確な全体像は明らかではないが,判明している同国法の内容を手掛りとして不明な部分を条理によって補って判断すると,夫婦の婚姻関係が回復の見込みがない程度までに破綻している場合には,配偶者の一方からの離婚請求を認めるが,その破綻につき有責事由のある者からの離婚請求は許さないものとするのが条理にかなうとした上,有責者である夫からの離婚請求を棄却して,妻からの反訴請求を認容した事例(札幌地判昭和59・6・26家月37巻7号65頁),最後に,日本人である子からマレーシア国籍を有する父に対してなされた認知請求について,マレーシア国法において認知の制度が認められているか否かは不明であるが,適用すべき準拠法の内容が不明である場合には,条理によって当該外国法秩序において妥当する法を発見すべきであると解し,本件請求は,条理上マレーシア国法においても許されるとして,認知を認めた事例(札幌家審昭和49・7・23家月27巻5号146頁)をあげることができよう。

　これらはいずれも条理に言及しているが,普遍的な法の一般原則としての条理を適用しているわけでは決してない。これが近時における裁判例の1つの有力な傾向ということができる。

　つぎに重要なのは,裁判例として,ストレートに法廷地法を適用した事例は少ないにせよ,これらの事例にみられるように,最終的には法廷地法である日本法を適用した結果と異ならない事例がほとんどではないかとみられることである。さらに,国際裁判管轄のルールを考えれば,わが国の裁判所に提起される事件においては,わが国に実質的な関連を有する場合が多いと考えられること,条理や近似法といっても,ほんらいの外国法の内容とどこまで本当に一致しているかは甚だ心許ないこと,法廷地法によるのが現実的で簡明な解決方法であること,最終的にはいずれにしても法廷地法によるべき場合を認めざるをえないこと,各国の立法例は以上のような事情を考慮して,外国法不明の場合に法廷地法によるべき解決の多いことなどを考えると,法廷地法説を再評価す

る必要があるのではなかろうか。

第5節　外国法の適用違背と上告理由

　下級裁判所が準拠法として指定された外国法の解釈・適用を誤った場合に、最高裁判所に対する上告理由になるかどうかが問題となる。ドイツ、フランスなどの判例が消極説をとるが、学説の多くは批判的である。消極説の根拠としては、外国法事実説のほか、上告審裁判所は内国法の解釈の統一のみを任務とすべきであり、外国法の解釈の適用を任務とすべきでないことなどがあげられる。
　わが国では、「外国法の内容を誤ることは結局において外国法の適用を命じる内国法たる国際私法の適用を誤ったこととなるから、法律の適用を誤ったものとして、上告の理由となる」と解するのが通説である。
　この点に関する判例としては、日本在住の大韓民国人の死亡により開始した相続の準拠法として、原審が改正後の同国民法を適用して、相続人および相続分を決定したのに対し、右改正付則5項により改正法施行前に開始した相続については、旧法を適用すべきであり、これは判決に影響を及ぼすこと明らかな法令違背にあたる旨の上告を認容し、原判決を変更した最高裁判決（最判昭和56・7・2民集35巻5号881頁）が重要である。この判決は、外国法の適用が、判決に影響を及ぼすこと明らかな法令違背となるときは、上告理由となることを認めたものといえるであろう。
　もっとも、民訴法の改正により、上告理由が従来よりも厳しく制限され、外国法の適用の誤りが判決に理由を付さない結果となるか、判決の理由に食い違いを生ぜしめる場合に限られることとなった（312条2項6号参照）ことに注意する必要がある。

第25章　外国判決の承認と執行

第1節　序　　説

> **【設例25-1】**　米国会社Xは，1970年11月に日本在住のYほか2名を被告として，米国コロンビア特別行政区連邦裁判所に売掛代金請求の訴訟を提起し，同裁判所は1972年4月，Yに対し5万4000ドル余をXに支払うことを命ずる判決を下し，この判決はまもなく確定した。そこでXが，日本在住のYを被告として，この判決に基づく執行判決を求めた（**【設例1-4】**と同じ）。

1　問題の所在

　上の**【設例25-1】**のような外国判決は，わが国では当然にその効力を認められることはない。というのは，外国判決は，内国判決と異なり，訴訟の審理に適切な国の裁判所で裁判されたとは限らないし，また被告に防禦のための適切な方法が講じられ，公正な訴訟手続の下で法の適用，事実認定が厳正に行われたかどうかも必ずしも明らかでないからである。

　しかし他方，同一当事者間で同一訴訟原因についてなされた判決が存在しているのに，それが外国判決であるという理由だけで，つねに内国で裁判のやり直しをしなければならないとすることは，紛争解決の終局性の要請に反するばかりでなく，訴訟当事者とりわけ勝訴当事者や裁判所に不必要な負担をかけ訴訟経済の観点からみて望ましくない。また，もう一度日本で訴訟を提起しようとしても，日本に国際裁判管轄権がなかったり，時効期間が経過しているために，実質的に裁判をうけられないこともありうる。さらにかりにそれが可能であるとしても日本での裁判のやり直しは内外判決が異なる結果を生ぜしめることにもなり，国際的私法生活の安全が害されることになる。

　そこで多くの国では，条約または国内立法により，一定の要件の下で外国判

決の効力を内国において承認し，これを執行することを認めている。わが国も民訴法118条で外国判決を承認する要件を定め，また民執法24条で外国判決を執行する手続について規定を設けている。

2　各国法制の対立点

外国判決の効力を内国でどの程度認めるかという点について各国の法制は，比較的寛容な態度をとる国から，厳格な立場を採用する国までさまざまである。

(1)　個別的承認制か自動的承認制か

まず外国判決を内国の裁判所で有効と認めるまでは承認しないという立場，つまり個別的に問題となっている外国判決を裁判所でその有効性を判断した上で，その判決の効力を承認するという個別的承認制を採用する法制がある。

これに対して日本やドイツは法律で定められている一定の要件を備えた外国判決は裁判所が個別的にチェックするのではなく，自動的にその効力を承認するという立場をとっている。

(2)　実質審査主義

つぎに各国法制の対立点として問題になるのは，承認するにあたって外国判決の内容，実質についての審査をもう一度行うかどうかという点である。フランスは，外国判決が法と事実のどこかの点で誤っていると考えたときは外国判決を承認しない，という実質的審査主義を採用していた。このように，外国判決の中味をもう一度審査し直すということは，実際的な効果という点からみると，外国判決の承認・執行を拒否するのと等しい効果をもつ。

(3)　準拠法の要件

これほど極端ではないが，それでもなお，部分的に外国判決の内容についての審査を行うことがある。これが準拠法の要件といわれているものである。つまり，外国判決が承認国の国際私法からみて適用されるべき法以外の法を適用して判決した場合には，この外国判決は承認しないとの立場がこれである。

(4)　相互の保証

もう1つの各国法制の対立点は，相互の保証，つまり，外国判決を承認するにあたっては問題となっている外国が，日本の判決を同じような条件で承認する場合に限って外国判決を承認することを承認要件とするか，という点である。

この要件は，日本の民訴法118条4号に掲げられている。これに対して，イギリス，フランスやアメリカの多くの州ではこの相互の保証を要件とはしない立場をとっている。現在の趨勢はむしろこの要件を不要とする方向にむかっている。

(5) その他の要件

外国判決の承認・執行の要件として，判決国の裁判所が国際裁判管轄権を有していたこと，適切な手続による送達など手続上のデュー・プロセスの要請がみたされていたこと，外国判決が承認・執行を求められている国の公序に反しないことが必要であることについては，基本的には対立は存在しないようである。もっとも具体的にどのような場合に判決国が国際裁判管轄権を有していたといえるのか，適切な手続とはなにか，外国判決が公序に反しないこととはどんな場合かといった点については各国の法制は一致しない。

3　正当性の原則と終局性の原則

このような各国の法制が多様で対立している原因はどこに求めることができるであろうか。外国判決の承認・執行の問題とは，ある法秩序が他の法秩序の決定をどのようにうけ入れるかという問題であり，この問題を解決するにあたってはときとして鋭く対立する2つの原則あるいは要請があるということを認識する必要がある。そして各国の法制度がどのような立場を採用するかは，この2つの原則のうちいずれを優先し，その対立をどのように調整するかによって決定されるのである。そして，この点の不一致が各国法制の多様性をもたらしている有力な要因であるといえよう。

(1) 正当性の原則

第1に正当性の原則とでもいわれるべきものがある。これは，裁判は正当で，公正な結果をもたらすものでなくてはならないという要請，つまり訴訟では手続的にも実質的にも正義が行われなくてはならず，したがって正しくない判決はいつでもこれを取り消さなければならないという要請である。

(2) 終局性の原則

第2は，これに相対する原則として終局性の原則とでもいわれるべきものがある。さきの原則が理念的，理想的な正義の要請であるのに対して，この原則

はむしろ実際的な正義の要求といえるであろう。この原則は，紛争の解決においても長期的にみて法的安定性の利益が重要であり，訴訟はかりにその解決が不完全であっても，終局的，確定的に１回で解決されなければならない，つまり何度もむしかえすことは許されないという要請から生じるものである。

4 正当性の原則と終局性の原則の対立と調整

外国判決についてはこの２つの原則の対立と調整はどのような形をとるのだろうか。

(1) 正当性の原則からの要請

正当性の原則からみると，外国判決には裁判の正当性に対する保証が内国判決と同一程度には存在しない。まず，外国判決は内国からみれば事件と当事者の関係からみて審理のために必ずしも適切でない国で裁判されたかもしれない。もし審理のために適切でない国の裁判所で判決されたとすれば，その外国判決は手続的にも実体的にもはたして正当な判決であったかどうかについての疑問が当然に生じるであろう。したがって正当性の原則からすると，その外国判決が適切な国の裁判所で裁判されたかどうかをどうしてももう一度再審理する必要があるということになる。

つぎに，外国判決は内国の訴訟手続とは異なった手続で行われたかもしれない。そして手続は間接的ではあるが訴訟の結果に影響を及ぼしうるから，適切でない手続の下で行われた外国判決は，内国でその効力を承認すべきではない。とりわけ，外国裁判所が不公平で，内国の国民を不当に取り扱ったときはそうである。したがって外国判決がどのような手続の下で行われたか，それははたして正当で公平な手続であったかどうかということを改めてチェックする必要があることになる。

また，外国判決はその本案について適用されるべき法律が内国判決とは異なっているかもしれない。適用される法が異なっていれば外国判決の結果と内国でもう一度裁判をやり直した場合の結果が異なってくる可能性がでてくる。そうすると内国で裁判した場合と違った法を適用した外国判決の結果は，内国においてはこれを容認することができないことがあるかもしれない。このことは，とりわけ，適用された外国法の内容が承認を求められている国からみて不当で

あると考えられるときはそうである。

このように，もし正当性の原則を強調していくとすれば外国判決の承認・執行はいっさい許されない。あるいはかりに認めるにしても，外国判決をその手続的にも実体的にもあらゆる範囲にわたってもう一度チェックする必要がでてくるということにならざるをえない。

(2) 終局性の原則からの要請

これに対して終局性の原則という観点からすると，たとえ外国判決であってもそれがいったん裁判された以上は，その効力を承認してなるべく訴訟のむしかえしを許すべきではない，訴訟には終わりがなければならないという要請はやはり，外国判決においても依然として妥当することになる。これは外国判決の少なくとも最小限の効力は承認しようとする方向に働くであろう。

まず当事者の側からみると国際的な関係を有する事件においては，もう一度，外国判決があるのに内国で訴訟のやり直しを要求することはおそらく当事者に対して内国における場合と比べてより多くの出費と負担をかけることになる。裁判のやり直しを強要することは，国際訴訟事件では内国事件よりも多大の出費と負担を当事者に与える。したがってむしかえしは許されるべきではない。とりわけ，外国の訴訟での敗訴当事者の戦略から，勝訴当事者を保護する必要性という観点からいってそうである。

つぎに裁判所の訴訟経済という観点からいっても，外国判決が存在しているのに同一訴訟原因について同一当事者間でもう一度裁判をやり直したり，あるいは承認のために過重な要件を課し，その再審査を要求することは裁判所にむだで過剰な負担をかけることになる。とりわけ，国際化時代をむかえ，国際訴訟が増加し，外国判決の承認・執行が求められるケースが増えれば増えるほど，多くの事件を内国でやり直さなくてはならないことになる。したがって裁判所の負担という訴訟経済の観点からいってもそれは許されるべきではないということになる。

さらに，外国判決は，たとえ手続や適用される法が異なるという理由でその承認・執行をしないということになるとすれば，その十分な審査自体がきわめて実行困難で外国判決の承認・執行の障碍となるばかりでなく，その結果として多くの外国判決は承認されず，必然的に内国で外国判決のやり直しをしなけ

ればならないことになる。そうすると外国判決と内国判決とが異なった結果を招来し、判決の国際的調和と国際関係における安定性の要請が損なわれることになる。かりに結果が異ならないにしても、外国判決の効力を否認したり、厳格に再審査を要求すること自体すでに国際社会における安定性と統一性を損なうことになるであろう。

このような観点からすると、できるかぎり外国判決に対しては寛容で緩やかな条件でその効力を認めるべきだということになる。

外国判決の承認の要件をどうするか、執行の手続をどうするかという問題は、この対立する2つの原則の要請をどのように調整するかということになる。もとより、この点についての普遍的に妥当する解決策は存在していない。それが各国の法制の多様性と、その対立の主要な原因であったといえるであろう。最近の一般的な傾向は従来と比べて終局性の原則をより重視し、なるべく外国判決の承認・執行を容易にするという方向にむかっているということは否定できない。それは国際交流の緊密化と国際取引の活溌化がますます盛んな今日の時代的要請を反映するものであろう。

第2節　外国判決承認の要件（民訴法118条）

民訴法118条で定める外国判決承認制の比較法上の特徴は、外国判決は一定の要件を備えれば自動的に承認されること（もっとも後述するように執行するためには執行判決が必要である）、判決の正当性について再審査しないこと、相互の保証を要件としていることなどである。

1　外国裁判所の確定判決

外国裁判所の判決がわが国で承認されるためには、まずその判決が確定していなければならない。「判決が確定した」とは判決国の手続において、通常の不服申立の方法では、不服申立ができなくなった状態をいう。判決が確定したかどうかは、わが国の裁判所には不明であるから、承認を求める当事者が判決国の当局が作成した証明書等を提出しなければならないであろう。

第 25 章　外国判決の承認と執行

ここで外国裁判所の判決とは外国の司法機関のなした裁判をいい，必ずしも判決という名称が付されているかは問わない（決定に準用した例として東京地判昭和42・11・13下民集18巻11・12号1093頁）。また私法上の法律関係に関する争訟に関する判決のみを指し，刑事判決や行政事件の判決は含まれないが，民事上の判決であれば，給付判決はもちろん，確認判決，形成判決も含まれる。

* 最判平成10・4・28民集52巻3号853頁は，「民事執行法24条所定の『外国裁判所の判決』とは，外国の裁判所が，その裁判の名称，手続，形式のいかんを問わず，私法上の法律関係について当事者双方の手続的保障の下に終局的にした裁判をいうものであり，決定，命令等と称されるものであっても，右の性質を有するものは，同条にいう『外国裁判所の判決』に当たるものと解するのが相当である」と判示し，訴訟費用負担命令が判決に含まれるとした。

2　国際裁判管轄（民訴法118条1号）

> **【設例25-2】** 米国ミネソタ会社Ｘは，日本会社Ｙに対し，アメリカ合衆国ミネソタ地裁にＸＹ間のナイロン皮膜の売買契約の目的物に瑕疵があったとして，損害賠償請求訴訟を提起した。ミネソタ地裁は，原告勝訴の判決を言い渡し，同判決は確定した。
> 　そこでＸが同判決に基づいて日本で強制執行を求める訴訟を提起した。Ｙは，同判決は民訴法118条の管轄権を欠いていると主張した。Ｘの執行請求は認められるか。

外国裁判所の判決が日本で有効なものとして承認されるためには，原判決国が当該判決につき国際裁判管轄権を有していたことが必要である（民訴法118条1号）。

(1)　国際裁判管轄の判断基準

ここでいう外国判決承認の要件としての国際裁判管轄権の有無は，当該判決国法から判断されるのか，それともわが国の国際民事訴訟法の管轄基準から判断されるべきか。

外国判決の承認を容易にし，紛争解決の終局性の要請を重視するならば，判決国法上管轄権があれば承認してよいということになろう。しかしこの立場は実質的に管轄権の要件を不要と解するのと同一であり，被告の一時的所在（コモン・ローの原則），原告の国籍（フランス民法14条），請求とはなんら関連のない

被告の財産の所在（ドイツ民訴法23条）などの典型的な過剰管轄や，一方当事者の6週間の滞在で得られるネバダ離婚，かつてのメキシコの郵便注文離婚等も判決国法上管轄権があるから，その承認を拒否しえないことになり妥当ではない。

(2) **直接管轄と間接管轄**

またわが国法上承認の要件としての管轄（間接管轄）の基準は，直接管轄の基準と同一であるかについては学説・判例は対立する。

通説は一般に，「両者は本来同一の事柄を異なる角度から見たものに過ぎず，同一の原則によって規律さるべきはずのものである」と解する。東京地判昭和47・5・2下民集23巻5-8号224頁も，両者を同一と解し，契約関係事件において義務履行地の管轄を否認しフランス判決の承認を拒否した。

離婚事件においても，直接管轄に関する前掲最大判昭和39・3・25（→第22章第7節参照）に従い，原告の住所地管轄を否認し，カリフォルニア離婚判決の承認を拒否した東京地判昭和48・11・30家月26巻10号83頁がある。

これに対して，最判平成26・4・24民集68巻4号329頁は，「人事に関する訴え以外の訴えにおける間接管轄の有無については，基本的に我が国の民訴法の定める国際裁判管轄に関する規定に準拠しつつ，個々の事案における具体的事情に即して，外国裁判所の判決を我が国が承認するのが適当か否かという観点から，条理に照らして判断すべきものと解するのが相当である」と判示し，基本的には民訴法3条の2以下の規定に準拠するものの，両者を完全に同一とは解さない立場を示した。

しかしながら，重要なのは，両者の基準が同一であるかどうかを一般的，抽象的に論じることにあるのではなく，たとえば契約事件において義務履行地の管轄はどのような場合に外国判決承認の基礎として認められるべきであるか，あるいは離婚事件において原告の住所地や本国はどうか，ということを個別的に検討することにあろう。

離婚事件についていえば，被告住所地原則に立脚する前掲最大判昭和39・3・25の立場を厳格に貫き，これを間接管轄の基準としてもそのまま適用するならば，原告の住所地管轄を認める米国各州の離婚判決は移住離婚でなくとも多くは承認されないことになり，不均衡な婚姻関係の防止と婚姻関係の同一性

の要請を損なうことになろう。また本国管轄を否認することも，いまなお大陸法系諸国において国籍が離婚の管轄の基礎である現状では，妥当でないというべきである。

大阪地判平成3・3・25判時1408号100頁をモデルとする【設例25-2】の事案でもミネソタ裁判所が日本からみて国際裁判管轄権を有していたかが問題となった。判旨は，つぎのように判示する。

「民事渉外事件につき，いずれの国が（間接的）国際裁判管轄権を有するかについては，……当事者間の公平，裁判の適正・迅速を期するというわが国際民事訴訟法の基本理念（条理）によって決するのが相当である。

具体的には，わが国の民事訴訟法の国内の土地管轄に関する規定は，国際裁判管轄を定めたものではないが，民事事件における管轄の適正な配分を図り，当事者間の公平，裁判の適正・迅速を期することを理念として定められたものであるから，この規定を類推し同一の法則によって決定するのが相当である。したがって本件損害賠償請求事件の場合，同法の規定する土地管轄の裁判籍のいずれかがミネソタ州にあるときは，ミネソタ州の裁判管轄権を肯定することによりかえって条理に反する結果を生ずることになるような特段の事情のない限り，ミネソタ州の国際裁判管轄権に服させるのが右条理に適うものというべきである」。

ついで判旨は，① 契約の本来の債務が転化した損害賠償義務の履行地に国際裁判管轄は認められない，② 本来の債務履行地でみるにしても，本件ではその履行地は日本であるから，原判決国の義務履行地の管轄は認められない，③ 商品所在地の管轄は認められないとして，アメリカ合衆国ミネソタ判決の執行請求を棄却した。

　＊　前掲最判平成10・4・28は，「民訴法118条1号所定の『法令又は条約により外国裁判所の裁判権が認められること』とは，我が国の国際民訴法の原則から見て，当該外国裁判所の属する国（以下『判決国』という。）がその事件につき国際裁判管轄（間接的一般管轄）を有すると積極的に認められることをいうものと解される。そして，どのような場合に判決国が国際裁判管轄を有するかについては，これを直接に規定した法令がなく，よるべき条約や明確な国際法上の原則もいまだ確立されていないことからすれば，当事者間の公平，裁判の適正・迅速という理念により，条理に従って決定するのが相当である。具体的には，基本的に我が国の民訴法の定

3 送達（民訴法118条2号）

> **【設例25-3】** 日本人夫Ｙは，日本人妻Ｘと婚姻したが，その後Ｘのもとを去り，他の女性と同棲した。その後，ＸＹ間にはほとんど音信がない。その間，ＹからＸに対し離婚調停の申立てがなされたがＸは応じなかった。
>
> 　その後，Ｙはアメリカに渡り，住居地をはなれたメキシコ共和国チワワ州ブラボス裁判所において離婚訴訟を提起した。同裁判所はＸに対し公示送達による呼出手続を経てＸ不出頭のまま夫の主張する離婚判決をした。
>
> 　Ｙはメキシコ判決が確定した旨の証明書をニューヨーク日本総領事に提出し，戸籍上もＸと離婚した旨の記載を得た。そしてＹはメキシコ判決の日に米国人女性と婚姻した。そこでＸは，メキシコ離婚判決は少なくとも旧民訴法200条2号（現118条2号相当）の要件を欠いているから，無効であることの確認を求める訴訟を提起した。この訴えは認められるか。

　民訴法118条2号は，「敗訴の被告が訴訟の開始に必要な呼出し若しくは命令の送達（公示送達その他これに類する送達を除く。）を受けたこと又はこれを受けなかったが応訴したこと」を要求する。外国判決は内国とは異なった手続に基づくことがあり，手続は訴訟の結果に間接的に影響を及ぼしうるにしても，これを理由にその承認を拒否するとすれば外国判決の多くは承認されないことになろう。したがって判決がどのような手続でなされたかは原則としては問うべきではない。しかし被告が訴訟の開始にあたって必要な通知または送達をうけ，応訴するに相当な機会が与えられねばならないという，最低限の適正手続（デュー・プロセス）の要請は充足されねばならない。

　本号の要件は，このような趣旨から被告が実際上防禦の機会が与えられなかったために不利益を被ることを避けようとして設けられたものである。なお旧民訴法200条2号は被告が日本人の場合に限定していたが，被告が訴訟手続の開始にあたって適切な送達をうけ，かつ審理のための相当な機会が与えられねばならないというデュー・プロセスの要請は外国人にも妥当するとの批判が強く，改正された。

判例上，本号の要件が問題となったものとしては，【設例25-3】の事案（東京地判昭和46・12・17判時665号72頁，メキシコ離婚判決を旧民訴法200条2号の要件を欠くとしてその効力を認めなかった）のほか，日本に居住する米国人夫が日本人妻に連絡することなく米国ネバダ州で得た離婚判決において，被告が応訴せず，また訴状の写し，期日呼出状が被告に送達された証拠はないとしてその承認を拒否した横浜地判昭和46・9・7下民集22巻9・10号937頁などがある。

ここでいう「訴訟の開始に必要な呼出し若しくは命令の送達」とは，単に公示送達によらないのみならず，訴訟の開始を確知せしめるに足るものでなければならず，必ずしもわが民訴法に規定する送達と同一なることを要しないにしても，被告が現実に訴訟が提起されたことを理解できなければならないから，日本語訳なしに送付されたフランス語の訴状に基づきフランス裁判所が下した日本人敗訴の判決は本号の要件を充足しない（東京地判昭和51・12・21下民集27巻9～12号801頁）。

＊　前掲最判平成10・4・28は，「民訴法118条2号所定の被告に対する『訴訟の開始に必要な呼出し若しくは命令の送達』は，我が国の民事訴訟手続に関する法令の規定に従ったものであることを要しないが，被告が現実に訴訟手続の開始を了知することができ，かつ，その防御権の行使に支障のないものでなければならない。のみならず，訴訟手続の明確と安定を図る見地からすれば，裁判上の文書の送達につき，判決国と我が国との間に司法共助に関する条約が締結されていて，訴訟手続の開始に必要な文書の送達がその条約の定める方法によるべきものとされている場合には，条約に定められた方法を遵守しない送達は，同号所定の要件を満たす送達に当たるものではないと解するのが相当である」と判示する。

4　公序（民訴法118条3号）

【設例25-4】　日本法人Y₁とその社長Y₂に対して，補償的損害賠償として42万余ドルの支払いを，またY₁に対してはこれに付加して懲罰的損害賠償として112万余ドルの支払いを命じた米国カリフォルニア州裁判所の判決に基づいて，米国オレゴン州のパートナーシップであるXが執行判決を求める訴訟を日本の裁判所に提起した。Xの請求は認められるか。

民訴法118条3号は，「判決の内容及び訴訟手続が日本における公の秩序又は

善良の風俗に反しないこと」を外国判決が日本において効力を有することの要件として規定する。

　もとより，外国判決がわが国の公序良俗に反するときは承認されないことにも異論はない。問題は公序の概念をどのように理解し，具体的にどんな場合に公序条項が発動されるかである。

　まず，外国判決が公序に反するかどうかは，外国判決の主文のみによって審査すべきか，それとも主文のみならずその基礎となる認定事実をも考慮すべきか，という問題がある。外国判決の承認は裁判の当否を審査するものではないから，その審査は主文のみによってなし，理由には立ち入るべきでないとする見解がある。しかし，主文のみで審査するとすれば，たとえば離婚判決についてみると，離婚を認めること自体はわが国の公序に反するものではないから，外国離婚判決がたとえば日本人間のイスラム・タラク離婚のようにいかに一方的で相手方配偶者の保護に欠けるものであり，しかも当事者がわが国とどれほど密接な関係があっても公序を理由に承認を拒否しえないことになろう。このような一方的で相手方配偶者に著しく不利益になされた外国判決に対する防禦線はやはり必要であって，この機能は公序条項が担わざるをえない。

　しかしながら，外国離婚判決がわが国の民法の定める離婚原因とは異なった原因により下された場合は，つねに公序条項違反であるとはいえない。そう解することは，各国離婚実質法の不統一の現状では不当に外国離婚判決の承認を困難ならしめるからである。したがって，外国判決の内容が公序に反するかどうかの判断は，わが国と事件との関連の強さや，内国法に現れた法目的の強さなどを考慮して個別的になされざるをえない。

　わが国の判例で外国判決の内容が公序に反するかが問題となったのは，子供の州外移転禁止条項の下に扶養料の支払いを命じたカリフォルニア判決，わが国の外為法に違反する契約に基づく外貨の支払いを命ずるカリフォルニア判決，横領された販売代金の損害金の支払いを命ずる判決などであるが，いずれも公序に反しないとされている。これに対し同一当事者間で同一訴訟原因についてわが国ですでに確定した判決がある場合において，内国判決と矛盾抵触する外国判決を承認することは，訴えの提起，判決の言渡し，確定の前後に関係なく，日本裁判所の秩序に反し，公序に反するとした判決がある（大阪地判昭和52・

12・22判タ361号127頁)。

　最判平成9・7・11民集51巻6号2573をモデルとする【設例25-4】の事案において，最高裁は，外国裁判所の判決のうち，補償的損害賠償に加えて，見せしめと制裁のため懲罰的損害賠償としてその金員の支払いを命じる部分は，わが国の公の秩序に反し，その効力を有しないものとしなければならず，その部分については執行判決をすることができないとした。

　外国判決に詐欺・強迫など，成立手続に瑕疵があった場合には，その外国判決は承認されるかという問題がある。最判昭和58・6・7民集37巻5号611頁は，本号の規定は，外国裁判所の判決の内容のほかその成立もわが国の公序良俗に反しないことを要するものとしたと解すべきであると判示する。

5　相互の保証（民訴法118条4号）

　「相互の保証があること」とは，外国判決が承認されるためには，当該判決国においてもわが国の判決が承認される場合であることを要する，という意味である。

　それでは，当該判決国の定める外国判決の承認の要件とわが国との間にどの程度の一致があれば相互の保証があると認められるであろうか。この点につきわが国の学説・判例は対立する。

　すなわち，「相互ノ保証アルコト」とは「［旧］第200条ノ規定ト等シキカ又ハ之ヨリ寛ナル条件ノ下ニ我国ノ判決ノ効力ヲ認ムルコトナリ居ル場合ヲ謂フ」と解する立場（大判昭和8・12・5法律新聞3670号16頁）と，当該判決をした外国裁判所の属する国において，わが国の裁判所がしたと同種類の判決が［旧］200条（現118条相当）各号所定の条件と重要な点で異ならない条件の下に効力を有するものとされていることをいうものとする見解である。

　後説がつぎの理由から妥当である。①なるべく外国判決の効力を認めることが，二重訴訟や相反する判決の出現を防止し，訴訟経済にも役立つ，②外国政府の態度のいかんによって個人のうける救済が左右されるのは，外国政府の立場により個人を恣意的に罰するものであって，公平でない。また，厳格に同一の要件を要求し，これを欠く外国判決の承認を拒否することは，逆に外国からの報復によりわが国の判決が承認されない可能性を生ぜしめる，③内国と外国

の要件を厳格に比較することは困難であるばかりでなく，あらゆる事項にわたって外国の基準がわが国のそれと対比し，つねに同一または寛大であることを要求するのは，いたずらに外国判決の承認の道を狭めるものであって，国際化時代ともいうべき今日の国際社会の実状からみて妥当とはいえない，④相互の保証を要求することに立法論的批判も多く，近時はこれを採用する国でも緩やかに解する傾向にあるからである。

実際に判例上相互の保証が問題となり，これが肯定されたのは，米国のカリフォルニア州，ニューヨーク州，ハワイ州，コロンビア特別区の判決やスイスのチューリッヒ判決などである。これに対し，相互の保証がないとされたのは，中国（大阪高判平成15・4・9判時1841号111頁）と，当該判決の内容自体をも外国判決の承認にあたって再審査する，いわゆる実質的審査主義を採用するベルギーの場合である（東京地判昭和35・7・20下民集11巻7号1522頁）。

最判昭和58・6・7民集37巻5号611頁をモデルとする【設例25-1】の事例において，最高裁は，「[旧]民訴法200条4号に定める『相互ノ保証アルコト』とは，当該判決をした外国裁判所の属する国（以下『判決国』という。）において，我が国の裁判所がしたこれと同種類の判決が同条各号所定の条件と重要な点で異ならない条件のもとに効力を有するものとされていることをいうものと解するのが相当である」との立場を採用した。

もう1つの学説・判例の対立は，離婚判決などの形成判決についても，相互の保証の要件を必要と解するかである。かつての有力説は，相互の保証を要件とするのは財産権上の請求に関する外国判決であって，主として執行を予想しない身上の関係に関する外国判決についてはこの要件を必要としないと解した。

しかるに近時の有力説は，①相互の保証の要件は現在の国際間の信頼の度合からいって不当とはいえない，②相互主義の導入については離婚判決のみならず，外国判決一般に相互の保証を要求すること自体批判さるべきであり，かつその不都合は反証ない限り，相互の保証ありと弾力的に解釈することによって克服される。③民訴法118条のうち，4号のみが排除されるのは不自然である，などの理由から，離婚判決についても本号の要件が必要であると解する。

しかしながら，離婚判決については，相互の保証の要件を必要と解するときは，わが国と比べて厳格な条件を定める国の離婚判決は移住離婚でなくとも，

いっさい承認されないことになる。これは跛行婚の防止，婚姻関係の同一性という点から是認しがたいのみならず，外国人夫婦が本国で得た離婚判決がたまたまわが国との間で相互の保証を欠くという理由だけで承認されない場合などを考えると，夫婦の本国の態度いかんにより個人のうける救済が左右されることになり妥当でない。相互主義の根拠が自国と外国との利害の均衡の維持にあるとすれば，財産権上の外国判決については，内国の財産的利害に関するから相互の保証がない限り，外国判決を承認しない根拠はないわけではないにしても身分判決にまでこれを要求する実質的根拠はない。

6 外国離婚判決の承認と準拠法の要件

> 【設例25-5】　日本人夫が米国のネバダ州に6週間滞在して日本人妻から得た離婚判決はわが国において有効なものとして承認されるかどうか，承認されるとすればその要件はなにか。なお，本件ネバダ離婚は，ネバダ州法を適用したものとせよ。

外国離婚判決については，さらに，それが承認されるためにはわが国の国際私法の定める準拠法に従って判決されたことを要するかが問題となる。かつての有力説はこれを肯定した。しかるに近時は，①離婚に関するわが国の国際私法の規定はわが国の裁判所が渉外事件を裁判する場合の準則にすぎず外国判決の承認にまで適用されるべきでない，②外国判決の承認に準拠法の要件を加重し，わが国の国際私法の定める準拠法によってなされたかどうかを判断するとすれば，これは実質的な再審にほかならず，外国判決の効力をその実体にふれないで尊重するという外国判決承認制度の趣旨に反し不当である，などの理由により不要説が有力である。

思うに，離婚準拠法決定における各国国際私法の不統一の現状と，わが国の国際私法の採用する離婚準拠法の決定方法がそれほど普遍的なものでないことを考えると，準拠法の要件を加重することはその現実的機能としては承認されるべき外国離婚判決を不当に制限することになろう。その結果外国離婚判決の承認制度において最も重要な政策考慮である，外国離婚判決の承認をできるかぎり容易にし，跛行婚の発生を防止するという要請が達成されなくなる。婚姻

関係はどこにおいても同一でなければならないという要請は外国離婚判決の承認にあまり厳格な要件を課するときは実現されない。とくに離婚の場合は再婚がともない，再婚から子が生まれたときは外国離婚判決を有効とし，不均衡な婚姻関係の発生を防止する必要はいっそう強くなるであろう。

第3節　外国判決の執行

　わが国は民訴法118条の要件を具備する限り外国判決はなんらの手続を要することなく自動的にその効力を承認する立場をとっていることはすでに述べたとおりである。しかし外国判決に基づいて強制執行しようとするときは判決正本を裁判所書記官に提出しただけでは執行文が付与されない。まず執行判決を得て，これに基づいて裁判所書記官から執行文をうけなければならない。その意味で外国判決はそのままでは執行力が認められていない（これに対し，イギリスのように外国判決を内国の裁判所に登録すればそれに基づき直接に執行を請求しうるところもある）。これは執行を要する判決については債務者に対する影響が直接的であるから，118条の要件の審査を書記官にまかせるのは適当ではなく裁判所が個別的に判断すべきであると考えられたからであろう。したがって外国判決を執行するためには裁判所に外国判決の執行を求める訴を提起し（民執法24条1項），外国判決の強制執行を許可する旨の執行判決を得なければならない。裁判所は執行判決を付与するにあたっては，裁判の当否を調査してはならず（同条2項），この請求が却下されるのは，外国裁判所の判決が確定したことが立証されないときまたは民訴法118条各号に掲げる要件を具備しないときに限られる（同条3項）。

　これに対し確認判決や形成判決では執行ということがないから，たとえば離婚判決に基づいて戸籍の記載をするときも執行判決の必要はなく，直接，戸籍吏へ届け出ればよい。

第26章 国際商事仲裁

第1節 国際取引と仲裁

> **【設例26-1】** A国会社Xと日本会社Yが，Yが生産する自動車に関して締結した国際販売契約中に，「この契約からまたはこの契約に関連して当事者の間に生じるすべての紛争または意見の相違は，B国の商事仲裁協会の商事仲裁規則に従って，B国のC市において仲裁により最終的に解決されるものとする」との条項が含まれていた。
> 　Xが仲裁合意の無効を主張して日本の裁判所で訴訟を提起したのに対し，Yが妨訴抗弁を提出した場合，裁判所は仲裁合意の効力をどこの法で判断すべきか。

1　国際商事仲裁と訴訟

　国際商事仲裁とは，国際取引の当事者が取引から生じる紛争を国家の裁判所によって解決するのではなく，私人のなす仲裁判断に服することによって解決することをいう。その特質は，①当事者の合意に基づく，②国家の裁判所による裁判をうける権利を放棄する，③私人である仲裁人の判断に服することであり，当事者の自主的な解決法としての，一種の私的裁判である。

　国際取引において仲裁がとくに重要なのは，訴訟と比較してつぎのような利点を有するからであろう。①国際社会に統一的な裁判制度がないため，訴訟は各国の裁判所で解決されざるをえないが，各国の国際私法，実質法の不統一のために国際取引に適用される法についての予測可能性を欠くきらいがある。②仲裁はジュネーブ条約，ニューヨーク条約などにより，外国判決よりも執行が容易である。③仲裁人の知識を利用した専門的で，現実的な解決が得られる。④仲裁手続が非公開で企業の秘密保持ができる。⑤仲裁手続の費用が比較的低廉でありうる。⑥仲裁は一審限りであり，手続期間が短いことが期待される。

　反面，仲裁にはつぎのような欠点がある。①判断基準があいまいで主観的，

恣意的であったり，両当事者の主張を単に折半する折衷主義的裁定になる危険性がある。②当事者によって選任される仲裁人は代理意識が働き，公平な裁定が期待できないきらいがある。③訴訟手続に比べると仲裁手続は充分に整備されているとはいえない。④上訴制度がないために誤った判断が下されると取り返しがつかない。

　国際取引の当事者は上のような利害得失を考慮して，仲裁によるか，訴訟によるかを決定する。いずれが適切かは紛争の性質とか，法の統一が達成されているか，または適用される法が明確であるかなどの事情により異なり，一律にはいえないであろう。いずれにしても，国際商事仲裁も国際取引において全面的に訴訟に代替しうるものではなく，仲裁制度は訴訟制度の補完を果たし，両者相まって国際取引における紛争解決の役割を担うものであろう。

2　個別的仲裁と制度的仲裁

　仲裁の原型は当事者が必要に応じて個別的に仲裁契約を結んで紛争の解決を自己の選任する仲裁人に委ねる，個別的仲裁にあった。この場合は仲裁手続についても当事者が定めるが，国際取引ではモデル仲裁規則を利用することも行われている。その代表的なものに国際連合の国際商取引法委員会（UNCITRAL）の仲裁規則がある。このUNCITRAL規則は，個別的仲裁のためのモデルルールとして1976年に制定されたものである（なお，2010年に改正されている）。さらにUNCITRALは，1985年，「国際商事仲裁に関するUNCITRALモデル法」（モデル法）を公表した（2006年に改正されている）。このモデル法は，各国に国内立法のモデルを提唱するものであり，条約とは異なりこれを採用する国は立法に際し，適宜，追加・修正・削除することができる。ルールの合理性だけでなく，このような柔軟性が，わが国の仲裁法を始め，仲裁法の近代化のための立法や改正をめざす国々に広くうけいれられることとなっている。

　制度的仲裁は，常設仲裁機関による仲裁であり，常設の仲裁機関と独自規則をもつ点が特色であり，国際取引ではとくによく利用される。常設仲裁機関の代表的なものとしては，パリに本部を置く国際商業会議所（ICC），ニューヨークのアメリカ仲裁協会（AAA），ロンドン国際仲裁裁判所（LCIA）などが

あり，わが国でも日本商事仲裁協会（JCAA）がある。

3　法　源
(1)　国内法
　わが国の旧民訴法は，第8編に仲裁に関する規定を置いていた。これらの規定は平成8年の民訴法の改正の対象外とされたが，国際仲裁に関する規定を欠くなど多くの問題点が指摘されていた。そこで司法制度改革推進本部に設けられた仲裁検討会を中心に検討が進められ，2003年，UNCITRALモデル仲裁法を基礎とした「仲裁法」が成立した。

　仲裁法は，「仲裁地が日本国内にある仲裁手続及び仲裁手続に関して裁判所が行う手続については，……この法律の定めるところによる」と定め，仲裁地が日本である限り国内仲裁と国際仲裁の区別なく適用される。

(2)　条　約
　仲裁に関する最初の多国間条約としては，1923年に採択された「仲裁条項ニ関スル議定書」（ジュネーブ議定書）がある。この条約は仲裁合意の効力を国際的に承認することを目的とするものであるが，仲裁判断の承認・執行に関する規定を欠いていた。そこで1927年に採択されたのが「外国仲裁判断の執行に関する条約」（ジュネーブ条約）である。第2次大戦後，国際連合主導の下で新たな条約を作成することとなり，1958年，「外国仲裁判断の承認及び執行に関する条約」（ニューヨーク条約）が採択された。この条約は，外国仲裁判断の承認・執行のほか，仲裁合意の承認についても規定する（→本章第4節 *1* 参照）。

　先進国から発展途上国への民間投資に関する紛争解決を目的とする仲裁手続を定めた多国間条約として，世界銀行の主導により1965年にワシントンで採択された「国家と他の国家の国民との間の投資紛争の解決に関する条約」（投資紛争解決条約）がある。

第4編　国際民事手続法

第2節　仲裁合意

1　仲裁合意の効力

　国際商事仲裁が行われるためには，まずなによりも有効な仲裁合意が存在していなければならない。たとえば国際契約中に，「本契約から生じる紛争はUNCITRALの仲裁規則に従って仲裁により解決されるものとする」との仲裁条項が含まれているとき，この合意が有効かどうかがまず問われねばならない。

　かつて仲裁条項は国家の裁判権を排除するものとして有効と認めない国があったが，今日ではそのように一般的にその効力を否認する国はほとんどないようである。ただ，どの程度仲裁に好意的な態度をとるかは必ずしも国によって一致しない。

　たとえば，仲裁法2条は，仲裁合意とはすでに生じた民事上の紛争だけでなく，将来において生ずる一定の法律関係に関する民事上の紛争を仲裁人に委ねる合意をいうとするが，将来の争いについての仲裁条項を無効とする法制もある。

　仲裁法13条1項は，仲裁合意の効力について，仲裁合意は別段の定めがある場合を除き，当事者間で和解することができる民事上の紛争を対象とする場合に限りその効力を有するとする。これに対して，独占禁止法・証券取引法に関連する事項や，商標，特許の有効性に関する問題を仲裁に付することを認める法制もある。また，仲裁に付しうるのは商事に限るとする国もある（かつてフランスは商事に限定していた）。

　　＊　アメリカ連邦最高裁は，証券取引法に関して，国際事件であるSherk v. Alberto-Culver Co., 17 U.S. 506 (1974) において，米国会社によるドイツ人に対する証券取引法に基づく損害賠償請求について，パリの国際商業会議所の仲裁によるとの仲裁条項に基づいて，国際事件であることを理由の1つとして，その仲裁適格性を肯定した。

　　　また，Mitsubishi Motors Corporation v. Soler Crysler-Plymouth, Inc., 473 U.S. 614 (1985) においても，連邦最高裁は，独占禁止法上の請求についてもその

仲裁適格性を肯定した。なお，日本会社とプエルトリコ会社との間に締結された本件国際販売契約中には，この契約から生じるまたはそれに関連してまたはその違反のために生じる両者間の「すべての紛争，争い又は相違は，日本国際商事仲裁協会の規則及び規制に従って日本において仲裁により最終的に決定される」との仲裁条項があった。

仲裁合意の方式については，一般に書面によることが要求されるのが普通であるが（仲裁法13条2項～5項参照），かつてわが国では口頭でもよいと解する見解も有力であった。

2 仲裁合意の準拠法

特定の仲裁合意の効力をめぐって法の抵触があるときは，その準拠法を決定しなければならない。

(1) 当事者自治の原則と最密接関係地法の適用

仲裁契約の法的性質については，訴訟契約説と私法契約説とが対立してきた。前者の見解によれば，「手続は法廷地法による」との原則により仲裁契約の成立と効力の問題は法廷地法によることになる。しかし，各国の学説，判例上は私法契約説が有力である。

この立場によると，仲裁契約の成立と効力について当事者自治の原則が認められることとなる。この点は法例と通則法とで変わりはない。

当事者による明示の法選択のないときは，法例7条の下では，仲裁契約の有効性の準拠法につき契約当事者の黙示の意思を探求することになるが，一般的には仲裁地（常設仲裁機関を指定するときはその所在地）が仲裁における黙示意思の探求にとって最も重要であると考えられる。

裁判例として，法例7条の下で当事者による明示の法選択がなかった場合において黙示の意思を探求したリングリングサーカス事件（最判平成9・9・4民集51巻8号3657頁）が重要である。

* **リングリングサーカス事件** 日本法人X社は，米国法人A社との契約に基づいてA社のサーカス団を日本に招いて興業を行ったが，不成功に終わった。そこでX社はA社の代表者Yの詐欺行為により損害を被ったと主張して，日本の裁判所に不法行為に基づく損害賠償の訴えを提起した。これに対して，Yは，本件興業契約に

は契約の解釈・適用を含むいっさいの紛争を仲裁が申し立てられた側の所在地の仲裁機関による仲裁で解決する旨の条項があるので，Xが仲裁申立人となるべき本件紛争は，ニューヨークの仲裁機関に付託されるべきだと主張した。ニューヨーク州法によれば，XA間の仲裁契約の効力はAの代表者であるYに対する不法行為請求にも及ぶが，日本法上はこのような解釈がとられていなかったため，仲裁合意の効力が及ぶ範囲についてどこの国の法によって判断すべきかが問題となった。

裁判所は，つぎのように判示してYの妨訴抗弁を認め，Xの訴えを却下した。「仲裁契約の成立及び効力については，法例7条1項により，第1次的には当事者の意思に従ってその準拠法が定められる」が，明示の合意がない場合には，「仲裁地に関する合意の有無やその内容，主たる契約の内容その他諸般の事情に照らし」黙示の意思を探求すべきである。本件では，「Xが申し立てる仲裁に関しては，その仲裁地であるニューヨーク市において適用される法律をもって仲裁契約の準拠法とする旨の黙示の合意がされたものと認めるのが相当」であるから，「XのYに対する本件損害賠償請求についても本件仲裁契約の効力が及ぶ」とした。

通則法の下では，当事者による選択のないときは，仲裁合意の成立と効力は，契約に最も密接な関係を有する地の法によるべきこととなる（8条1項）。もっとも通則法8条1項の「最も密接な関係」の理論と，法例7条の黙示意思探求の理論とは，その機能と適用のプロセスは，実質的には異ならないものとすれば，最も重要な連結点は仲裁地であるという点を含めて，その結論におそらく通則法の下でもほとんど変わらないであろう。

仲裁合意の有効性の準拠法を決定するにあたって問題となる点の1つは，仲裁契約は基本となる取引に付随しその1条項として挿入されるのが普通であるから，その基本となる契約の準拠法との関係をどう解するかである。通説は，この場合に仲裁契約の基本契約からの分離可能性を認める。したがって，基本契約が無効でも仲裁条項は有効とされる場合がある。

仲裁条項が存在するにもかかわらず，訴えが提起された場合，仲裁条項が妨訴抗弁となりうるかの問題は，仲裁条項の訴訟法上の効力の問題であるから，法廷地法によるべきものと解されている。したがってわが国の裁判所は，仲裁条項の対象となる紛争についての訴えが提起されたときは，被告の申立てにより，訴えを却下しなければならない（仲裁法14条1項。ただし1項1号ないし3号に掲げる事由のある場合はこの限りでない）。ニューヨーク条約2条3項も当事者

が仲裁の合意をした事項について訴えが提起されたときは，締約国の裁判所は，仲裁に付託すべきことを当事者に命じなければならない，と定める。

　口頭による仲裁契約が許されるか，それとも書面によることを要するかという仲裁合意の方式の準拠法はどうか。契約の一般原則である通則法10条によるとすれば，仲裁合意の準拠法と行為地法の選択的適用ということになろう。もっとも仲裁法13条2項ないし5項の規定は，日本が仲裁地となる場合に適用されるから，これら規定の適用があるときには書面によることを要する。

(2) **仲裁法における仲裁合意の準拠法**

　以上は，別段の定めがない限り，仲裁合意の成立と効力とに適用される一般原則である。仲裁法に別段の定めがあるときはその定めによる。

　仲裁法44条1項は，当事者が裁判所に仲裁判断の取消しを申立てすることができる事由の1つとして，「仲裁合意が，当事者が合意により仲裁合意に適用すべきものとして指定した法令（当該指定がないときは，日本の法令）によれば，当事者の行為能力の制限以外の事由により，その効力を有しないこと」（2号）を掲げている。

　また仲裁法45条2項は，外国仲裁判断の承認を拒否しうる事由の1つとして，「仲裁合意が，当事者が合意により仲裁合意に適用すべきものとして指定した法令（当該指定がないときは，仲裁地が属する国の法令）によれば，当事者の行為能力の制限以外の事由により，その効力を有しないこと」（2号）を掲げている。

　これはニューヨーク条約およびモデル法に従い，第1次的に当事者が合意した法，それがないときは仲裁地法によるとしたものである。

第3節　仲裁手続

　現在の国際商事仲裁の多くは常設仲裁機関によって行われており，これらの機関は独自の仲裁手続規則を定めている。そして，仲裁条項中にこれらの仲裁規則によるべきことを指定するのが普通である。この場合，これらの仲裁規則は仲裁手続の準拠法の強行規定に反しない限り適用される。

第**4**編　国際民事手続法

　仲裁法の仲裁手続に関する規定は，モデル法を基礎に定められたものであり，仲裁地が日本である仲裁については，国内仲裁であろうと，国際仲裁であろうと適用される。以下にはその概要を説明する。

1 仲裁廷と仲裁人

　仲裁廷とは，仲裁合意に基づき，その対象となる民事上の紛争について審理し，仲裁判断を行う1人または2人以上の仲裁人の合議体をいう（2条2項）。

　仲裁人の数は当事者が合意により定めるところによる（16条1項）。当事者の数が2人で合意がないときは仲裁人の数は3人とし（同条2項），当事者の数が3人以上で，合意がないときは当事者の申立てにより，裁判所が仲裁人の数を定める（同条3項）。

　仲裁人の選任手続は当事者が合意により定めるところによる（17条1項）。3人の仲裁人を選定する場合には，各当事者はそれぞれ1人の仲裁人を選任し，選任された2人の仲裁人がその余の仲裁人を選任する（17条2項）。当事者は，仲裁人の公正性または独立性を疑うに足りる相当な理由等があるときには，仲裁人を忌避することができる（18条）。

2 仲裁手続

(1) 仲裁手続の準則

　仲裁廷が従うべき仲裁手続の準則は，当事者が定めるところによる（26条1項）。当事者による定めがない場合には，仲裁廷が相当と認める方法で仲裁手続を実施することができる（同条2項）。

(2) 仲裁地

　仲裁地は，当事者が定めるところによる（28条1項）。当事者の合意がないときは，仲裁廷が当事者の利便その他の紛争に関する事情を考慮して，仲裁地を定める（同条2項）。仲裁廷は，当事者間に別段の合意がない限り，仲裁地以外に適当と認める場所において，仲裁廷の評議，当事者等の陳述の聴取，物または文書の見分を行うことができる（同条3項）。

(3) 言語

　国際商事仲裁では当事者の国籍が異なることが多いから，仲裁において用い

る言語が問題となる。

仲裁廷において使用する言語およびその言語を使用して行うべき手続は，当事者の合意により定めるところによる（30条1項）。当事者の合意がないときは，仲裁廷が使用する言語およびその言語を使用して行う手続を定める（同条2項）。

3　仲裁手続の準拠法

仲裁人の選任や忌避，仲裁手続の開始や終了など仲裁手続に関する問題はどこの法律によるべきか。わが国の学説上は，従来，合意に基づく紛争の解決手段であるという仲裁の特質から，当事者に仲裁手続の準拠法を選択することを認める（当事者自治）との立場が有力であった。他方，当事者が仲裁地の強行法の規定を潜脱できるのは適切でないこと，仲裁地で外国法に基づく手続を実行するには困難をともなうこと，実務上も仲裁地以外の法を当事者が選択することも考えがたいことなどを理由に，仲裁地法の適用を主張する見解も有力であった。

モデル法が仲裁地が国内にある場合の適用を定めたため，仲裁地法説を採用する立法が多くなり，わが国の仲裁法3条も，仲裁法の規定は一部の例外を除き，「仲裁地が日本国内にある場合について適用」されるとの立場を採用した。

もっとも常設仲裁機関による仲裁が行われるときは，これらの機関がかなり詳細な仲裁規則を有しているために仲裁手続の準拠法を適用する余地は実際にはあまり多くはない。

4　仲裁判断

(1)　仲裁判断において準拠すべき法

仲裁廷が仲裁判断において準拠すべき法は，当事者が合意により定めるところによる（36条1項）。当事者の合意がないときは，仲裁廷は，仲裁手続に付せられた民事上の紛争に最も密接な関係がある国の法による（同条2項）。いずれの場合にも反致は否定される。

つぎに仲裁判断の基準の問題として，友誼的仲裁（フランス民訴法の認める仲裁であり，手続，仲裁判断の基準につき法を適用することを要しない）や衡平と善による仲裁を認めるかについては，各国の法制は必ずしも一致しない。この点に

ついて仲裁法36条3項は,「仲裁廷は,当事者双方の明示された求めがあるときは,……衡平と善により判断するものとする」と規定し,これを肯定する。

(2) 仲裁廷の議事

仲裁廷の仲裁判断その他の決定は,仲裁人が3人の場合は原則として仲裁人の過半数の意見による(37条2項)。

仲裁判断に理由を付すべきかは国によって異なり,一般に英米法系では理由をつけることを要求されないが,仲裁法では,別段の合意がない限り,理由を付さなければならない(39条2項)。

第4節　外国仲裁判断の承認・執行

1　序　説

> 【設例26-2】　A国会社XとB日本会社Yが締結した国際販売契約中に,この契約から生じるすべての紛争は,B国での仲裁によって解決されるとの条項が含まれていた。
> 　B国で仲裁が行われ,Xの申立てを認容する仲裁判断が下され,Xがその仲裁判断の執行を日本で求めることができるか。その要件はなにか。

【設例26-2】のような外国仲裁判断が内国でその効力を承認されるかどうか,承認されるとしてその承認・執行の要件と手続はなにか。

わが国は,外国仲裁判断の承認・執行について,ニューヨーク条約を始め複数の多数国間条約を締結し,いくつかの国と二国間条約を締結している。さらに仲裁判断の承認・執行については,仲裁地が外国にある仲裁判断についても仲裁法が適用されるから(仲裁法3条3項),これらの条約と仲裁法の適用関係が問題となる。

まず仲裁に関する最初の多数国間条約は,1923年のジュネーブ議定書である。この条約は,仲裁合意の効力を国際的に承認し,自国内で行われた仲裁判断を執行する義務を当事者に負わせるにとどまり,外国仲裁判断の効力を保障する点については,なんらの規定をも設けなかった。そこで一定の場合に外国で行

われた仲裁判断を執行する義務を当事国に負わせることによって仲裁判断の国際的効力を保障しようとしたのが，1927年の「外国仲裁判断の執行に関する条約」（ジュネーブ条約）であった。

しかしながら，ジュネーブ条約は，締約国が執行の義務を負う外国仲裁判断の範囲が限定されていたこと，条約の定める仲裁判断の承認・執行の要件が複雑で不明確であったことのために，十分な実効性をあげることができなかった。そこで，これに代わるものとして1958年に作成されたのが「外国仲裁判断の承認及び執行に関する条約」（ニューヨーク条約）である。ニューヨーク条約はジュネーブ条約よりも，国際的な執行を認められる外国仲裁判断の範囲を拡張するとともに，承認・執行の要件を簡明にすることによって外国仲裁判断の承認・執行を容易にし，国際取引の要求に応えようとした。加盟国はわが国を含め153カ国（2015年1月現在）に達しており，仲裁に関する条約中最も重要な条約である。

ニューヨーク条約の適用については，わが国は相互主義の宣言をしているから，他の締約国でなされた仲裁だけが適用の対象となる（1条3項）。またジュネーブ条約との関係ではニューヨーク条約が優先する（7条2項）。その他の二国間条約との関係では，ニューヨーク条約は外国仲裁判断の承認・執行に関する制限の最大限を定めたものであり，この条約よりも厳格な承認・執行条件を定めた条約に対しては優先して適用されるとの見解が有力である（7条2項）。

仲裁法45条はモデル法を基礎とし，外国仲裁判断の承認・執行の要件についてはニューヨーク条約にならっている。以下にはニューヨーク条約と仲裁法についてその概要を説明する。

2 ニューヨーク条約における外国仲裁判断の承認・執行

(1) 外国仲裁判断の範囲（1条）

条約は承認・執行が求められる国以外の国（以下「執行国」という）でなされたか，あるいは，執行国での内国判断とは認められない判断について適用される（1条1項）。

内外仲裁判断の区別の基準としては，仲裁判断のなされた地を基準とする立場と，仲裁判断の準拠法を基準とする準拠法主義とがある。条約は原則的立場

として前者を採用し，これに条約の適用範囲を拡張する方向で準拠法主義を加味している（たとえば，準拠法主義をとるドイツなどでは，この条約はドイツ以外でなされた仲裁判断に適用されるだけでなく，ドイツ国内でなされた仲裁判断であっても，外国法たとえばイギリス法に準拠した仲裁判断であればイギリス仲裁判断であり，内国仲裁判断ではないから，本条約が適用される）。

さらに，ジュネーブ条約では，当事者双方ともが同一の国の裁判権に服する場合，および判断が非締約国でなされた場合には条約が適用されなかったのに対し，ニューヨーク条約では，これらのジュネーブ条約の制限を取り除いた。ただ締約国の領域でなされた仲裁判断，または商事に関する紛争に条約の適用を限定する留保を認めている。わが国は前者について留保宣言をした。

(2) 承認・執行の積極的要件（4条）

最も重要な問題は外国仲裁判断の承認・執行の要件である。条約は，承認・執行を求める者（執行債権者）に主張・立証責任を負わせる積極的要件と，執行債務者に負わせる消極的要件（拒否要件）とに分けて規定する。

積極的要件としては，執行債権者は仲裁判断の承認・執行を得るためには，①正当に認証された判断の原本または正当に証明されたその謄本，②仲裁合意の原本または正当に証明された謄本を提出すれば足りるとした（4条）。ジュネーブ条約と異なり，積極的要件としては実体的なものを含ましめず，形式的なもののみでよいとすることによって，条約は執行債権者の負担を軽減したのである。

(3) 承認・執行の拒否要件（5条）

外国仲裁判断の承認・執行を容易にするためには，承認・執行を拒否しうる事由を最小限にするとともに，その事由を明確にする必要がある。ニューヨーク条約の規定はこの点でも注目される。

条約は，承認・執行の拒否要件を，不当に不利益をうけた私人の利益保護のために認められる要件（私的拒否要件）と，執行国の公的利益を維持するための要件（公益的拒否要件）とに分けて定めている。

第1に，仲裁判断の承認・執行が拒否できるのは，判断が不利益に援用される当事者がつぎの証拠を執行国の裁判所に提出することができる場合に限られる（私益的拒否要件〔5条1項〕）。①仲裁合意の当事者が，その者に適用される

法令により無能力であったこと，または仲裁の合意が，当事者がその準拠法として指定した法もしくは，その指定がなかったときは判断がされた国の法令により有効でないこと。②判断が不利益に援用される当事者が，仲裁人の選定もしくは，仲裁手続について適当な通告をうけなかったこと，またはその他の理由により防禦することが不可能であったこと。③判断が仲裁付託の範囲をこえていること。④仲裁機関の構成または仲裁手続が当事者の合意に従っていないこと，または，そのような合意のなかったときは，仲裁の行われた国の法令に従っていなかったこと。⑤判断がいまだ当事者を拘束するものとなっていないこと，または取り消されたか停止されたこと。

　第2に，仲裁判断の承認・執行は執行国の裁判所がつぎのことを認める場合にも拒否することができる（公益的拒否要件〔5条2項〕）。①紛争の対象であった事項が執行国の法令により仲裁によって解決することが不可能であること。②判断の承認・執行が執行国の公序に反するものであること。

3　仲裁法における仲裁判断の承認・執行

　仲裁法45条は，仲裁判断（仲裁地が日本国内にあるかどうかを問わない）の承認について以下の事由があるときは承認・執行を拒否できるとする。

　①　仲裁合意が，当事者の行為能力の制限により，その効力を有しないこと。行為能力の有無は法廷地の国際私法によって指定された法による。

　②　仲裁合意が，当事者が準拠法として指定した法（指定がないときは仲裁地国法）によれば，①以外の理由で，その効力を有しないこと。

　③　当事者が，仲裁人の選任手続または仲裁手続において，仲裁地国法により必要な通知をうけなかったこと。

　④　当事者が，仲裁手続において防御することが不可能であったこと。

　⑤　仲裁判断が，仲裁付託の範囲を逸脱していること。

　⑥　仲裁廷の構成または仲裁手続が仲裁地国法に違反していたこと，または当事者の合意に反していたこと。

　⑦　仲裁判断が未確定であること，または仲裁地国の裁判所によって取り消されたか，もしくは効力を停止されたこと。

　⑧　仲裁手続における申立てが，日本法によれば仲裁可能性がない紛争に関

するものであること。

⑨　仲裁判断の内容がわが国の公序良俗に反すること。

以上のうち、①ないし⑦については、当事者がその存在を証明することが必要である（仲裁法45条2項）。

仲裁判断の執行については、執行手続を簡易・容易化するために、執行判決を必要とせず、執行決定によることとしている（仲裁法46条）。

第5編　国際取引法

国際取引法について確立した定義があるわけではない。本書では、国際取引法とは、国境を越えた物品・資金・技術の移転や役務の提供（＝国際取引）から生じる法律問題を規律する法と定義しておく。
　国際取引法には、「民法」「商法」「民事訴訟法」などの制定法と異なり、「国際取引法」という単一の法典は存在していない。国際取引法は、国際取引から生じる複数の法分野にまたがる法律問題を総合的に考察・研究することを目的とする。
　本編では、最も典型的な国際取引である国際物品売買と、これに付随する国際運送および国際支払いに限定して検討する。

第27章 国際売買と法

第1節　古典的な国際物品売買の仕組み

　国際物品売買においては，国内取引と異なる事情が存在する。たとえば，法制度の相違，国境による規制，遠距離の運送による物品の滅失・毀損，通貨の相違，言語・文化・慣習などの相違である。これらの事情から，国際物品売買についてのリスクが生じ，実務的にはそのリスクに対応する必要がある。
　第1に，法制度が異なることから，適用法（準拠法）や利用できる紛争解決の方法について特殊な考慮が必要となるため，国際私法や国際民事手続法に関する理解が必要となる（第1編から第4編を参照）。第2に，各国の輸出入規制などについての理解が必要となる。第3に，遠距離運送によるリスクに対応するために貨物保険の利用がなされる。第4に，通貨が異なることから銀行の国際的なネットワークを利用して支払いがなされるとともに，為替予約などのリスクを軽減する金融商品についての理解が必要となる。第5に，言語などの相違から相手方の正確な信用情報などが入手困難となったり，契約作成時や紛争解決交渉の際に誤解が生じたりする。このような相手方の信用リスクを軽減する方法として信用状や，誤解のリスクを避ける方法として業界団体による統一規則（たとえば「インコタームズ」）などの利用がなされる。
　このようなリスク対処方法を利用しつつ，従来の典型的な国際物品売買取引は，つぎのように行われる。
　①　A国所在の売主とB国所在の買主は売買契約を締結する。その際，「インコタームズ」を利用して物品引渡しの方法や運送契約を締結する者（売主か買主か）を決めるとともに，代金支払いの方法（たとえば，図の場合には信用状での支払い）などについても約定する。
　②　信用状による支払いを約定した場合，買主は銀行に対して信用状（L/C

第5編 国際取引法

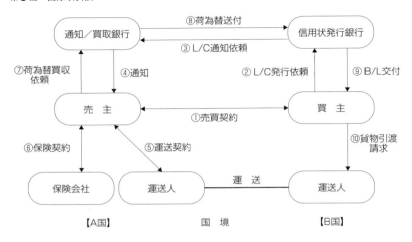

：letter of credit）の発行を依頼する。

③ 銀行（信用状発行銀行）は，売主を受益者とする信用状を発行し，売主の所在地の銀行（通知銀行）に通知を依頼する。

④ 通知銀行は，信用状を売主に通知する。

⑤ CIF（インコタームズ）条件の場合，売主は，船積港で船に物品を船積みし，運送人から船荷証券（B/L：bill of lading）の引渡しをうける。

⑥ CIF（インコタームズ）条件の場合，売主は，海上運送中の物品の滅失・損傷等の危険に備えて，保険会社との間で貨物保険契約を締結する。

⑦ 売主は，為替手形を振り出し，この為替手形に船積書類（船荷証券・貨物海上保険証券・送り状など）を添付したもの（荷為替手形）について，信用状で指定された銀行（買取銀行）に買取を依頼する。

⑧ 買取銀行は，荷為替手形が信用状条件と一致している場合には買取をし，売主に金銭支払いを行い，荷為替手形を信用状発行銀行に送付する。

⑨ 発行銀行は，買取銀行に金銭支払い（補償）を行い，船荷証券等を買主に交付する。

⑩ 買主は，陸揚港で運送人に対して船荷証券を呈示し，物品の引渡しをうける。

第 27 章　国際売買と法

第 2 節　民間統一規則とインコタームズ

　国際取引を頻繁に行っている企業にとって，個々の契約ごとに個別交渉を行うことはコスト要因となる。そこで，取引類型ごとに，あらかじめ自社に有利な内容の契約書式を整えることになる。他方で，相手方も同様の書式を整えている場合には，交渉力が対等であれば，結局のところ双方の契約書式が異なることから，個別交渉が必要となってくる。このような事情を背景にして，各業界において中立的な標準契約書式や統一規則が作成されている。これらが，民間統一規則とか援用可能統一規則などと呼ばれるものである。

　物品売買については，国際商業会議所（ICC）が「インコタームズ（Incoterms）」と呼ばれる統一規則を制定している。これは，各国の貿易従事者が従来から商慣習として使用していた FOB などの取引条件を，世界的に統一したものである。インコタームズは，運送・通信などの科学技術の進展や商慣習の発展に応じて定期的に改訂されており，最新版は2010年版である（インコタームズ2010）。

　インコタームズ2010では，いかなる輸送手段にも適した 7 つの条件（EXW, FCA, CPT, CIP, DAT, DAP および DDP）と，海上輸送にのみ適した 4 つの条件（FAS, FOB, CFR および CIF）に関する規則を定めている。

　FOB は，船積港で本船上に物品を置くことで，売主の義務は履行され，危険も買主に移転するという条件である。物品引渡しの義務履行地は船積港ということになるため，国際裁判管轄などにも影響を与えるものと解される（民訴法 3 条の 3 第 1 号を参照）。また，海上運送中に物品が減失・損傷する危険については，原則として買主が負担することになる。FOB の場合，買主が船積港から陸揚港までの海上運送や海上保険の手配を行うことになる。FOB と同様の条件であるが，運送を売主が手配する場合は CFR，運送も海上保険も売主が手配する場合は CIF の条件を使用することになる。

　FCA は，指定地で物品を運送人に引き渡すことで売主の義務は履行され，危険も買主に移転するという条件である。コンテナー輸送，航空運送，複合運

送などのすべての輸送手段に対応することができる。FCAでは，FOBと同様，指定地から仕向地までの運送費用が売買代金に含まれておらず，買主が運送契約を手配する必要がある。FCAと同様の条件であるが，仕向地までの運送を売主が手配する場合はCPT，運送も貨物保険も売主が手配する場合はCIPの条件を使用することになる。

インコタームズは民間の規則であって，法令ではない。したがって，当事者は契約においてインコタームズを利用したい場合には，契約中に取り込むこと（組入）をしなければならない。組入により，各国法が認める契約自由の原則の下で契約内容となることから，法的効力が認められることになる。

第3節　ウィーン売買条約（CISG）

1　CISGとその適用範囲

> 【設例27-1】　日本会社Xと中国会社Yは，機械の売買契約を締結した。本件売買契約に適用されるのは，どの法か。また，本件売買契約中に「本契約は日本法によって規律される」との条項が置かれていた場合はどうか。

国際物品売買に関する法については，1980年「国際物品売買契約に関する国際連合条約」（ウィーン売買条約，CISG）に多数の諸国（日本も含む）が加盟していることから，世界的な統一が進んでいる。そこで，日本の裁判所や日本を仲裁地とする仲裁廷において国際売買の事案が問題となった場合には，CISGの適用があるかどうかが問題となる。

CISGが適用されるのは，①国際的な，②CISGと一定の関連性がある，③一定の物品売買契約に関する，④一定の問題に限られる。すなわち，第1に，CISGの対象は，当事者（の営業所）が異なる国に所在する場合に限定されている（国際性：1条1項柱書）。第2に，CISGが適用されるのは，当事者の所在する国がいずれもCISGの締約国であるか，国際私法によって指定される法がCISG締約国の法である場合である（条約関連性：1条1項a・b）。第3に，消費者売買や有価証券・船舶等の売買にはCISGは適用されない（2条）。

CISGの対象は，原則として，商人間の商品の売買である。第4に，CISGは売買契約の成立と当事者間の権利義務の問題のみを対象とし，契約の有効性や物品の所有権の問題は対象としていない（4条）。これらの問題は，CISGではなく，法廷地の国際私法などによって規律されることになろう。

なお，当事者がCISGの適用を排除した場合には，CISGは適用されない（当事者自治）。また，CISGの規定は任意規定であり，CISGが適用される場合であっても，原則として，当事者の約定が優先される（6条）。

【設例27-1】の場合，中国もCISGの締約国であるから，①～③の要件を満たしているので，契約の成立とXY間の権利義務についてはCISGが適用されることになろう。契約中に日本法を準拠法とする条項がある場合には，当事者の意思の解釈問題となるが，日本がCISGの締約国であることから，通常は，CISGを排除するものではなく，CISGの適用がない問題について日本法を準拠法とするものと解されよう。

2 売買契約の成立と当事者間の権利義務

> 【設例27-2】 日本会社Xはドイツ会社Yとの間で医療用材料の売買契約を締結した。契約締結時に，Yは当該材料をドイツその他の欧州諸国で販売するために購入する旨を伝えていた。その後，引渡期日直前にドイツの法令が改正され，当該材料に含まれている成分の使用が禁止された。そのため，Yは引き渡された本件材料をドイツ国内で販売することができなくなった。YはXに対して契約違反を理由とする損害賠償その他の請求ができるか。

CISGによれば，売買契約が成立するのは，申込みに対する承諾が効力を生ずる時である（23条）。承諾の効力発生時は，原則として，同意の表示が申込者に到達した時であるが，同意に相当する物品発送または代金支払いなどについては，その行為時である（18条）。変更を加えた承諾は，申込みの拒絶であるとともに反対申込みとなる。ただし，その変更が申込みの内容を「実質的変更（＝代金，支払い，物品の品質・数量，引渡しの場所・時期，当事者の責任限度，紛争解決に関する条件などに関する変更）」しない場合には，申込者が異議を述べない限り承諾となり，承諾の内容が契約の内容となる（19条）。

なお、CISG においても、原則として、方式の自由が認められている（11条）。

売買契約が成立した場合、売主には、①物品の引渡し、②書類（船積書類など）の交付、③物品の所有権の移転の義務（30条）が、買主には、①代金の支払い、②引渡しの受領の義務（53条）が、それぞれ認められる。実務上、頻繁に問題となるのは、物品の品質をめぐる争いである。CISG によれば、物品の品質・機能、収納・包装などの詳細が契約内容で定まっていない場合には、通常使用目的に適合し、かつ、売主に知らされていた特定目的に適合した物品を、売主は、引き渡さなければならない（35条）。不適合に関する売主の責任を追及するためには、買主は、不適合を発見し、または発見すべきであった時から合理的な期間内に、売主に対して不適合の通知をすることが必要である（39条）。

当事者が契約上・条約上の義務を履行しない場合（＝契約違反の場合）、当事者の故意・過失の有無にかかわらず、相手方には、一定の条件の下で、①履行請求権、②契約解除権、③損害賠償請求権などの救済が認められる（売主の契約違反については買主に④代金減額権も認められる）（45条・61条）。即時に契約解除を行うためには、契約違反が「重大」なものであることが必要である（49条・64条）。重大な契約違反とは、相手方がその契約に基づいて期待することができたものを実質的に奪うような不利益を当該相手方に生じさせるものをいう（25条）。損害賠償については、①自己の支配を超える障害による不履行で、②契約締結時に当該障害を考慮することが合理的に期待できないもので、③当該障害をまたはその結果を克服しまたは回避することが合理的に期待できないものであった場合には、不履行当事者の免責が認められている（79条）。

【設例27-2】では、売主Xの引き渡した物品の適合性が問題となる。契約で品質を詳細に約定していないため、35条の基準に従って判断されるが、多数説によれば、通常使用目的に関して、売主は買主国や使用地国の法令に適合する物品の引渡しを要求されない。したがって、Xは、ドイツ法上の規制に適合した物品を引き渡す義務を負わない。また、Yがドイツでの販売を予定している旨を事前にXに伝えていることから、特定使用目的も問題となるが、具体的な法令内容を伝えておく必要があると解する見解が有力であり、この見解によれば、単に使用地を伝えただけでは不十分であり、やはり当該物品は不適合なものと判断されないものと解されよう。

第28章 国際運送

　国際物品売買において，売主は，別の国に所在する買主に物品を引き渡す必要が生じるため，国際運送が必要となってくる。国際運送の方法としては，陸上（道路，鉄道）運送，海上運送，航空運送とこれらの複合運送が考えられるが，以下では，日本との関連で重要な，海上運送と航空運送のみを取り上げる。

第1節　海上運送

> 【設例28-1】　日本会社Xは甲国会社Aから冷凍エビを輸入することとし，海上運送業者Yに甲国から日本の港までの海上運送を依頼した。日本の港で陸揚後に検査したところ，冷凍エビの鮮度が落ちていたため，市価の半額で売却せざるをえなかった。冷凍エビの鮮度が落ちていた原因は，Yの冷凍貨物用コンテナーの温度が適当でなかったことにあった。XのYに対する損害賠償請求は認められるか。

　海上物品運送の種類としては，運送人が船員等をつけた上で船舶の全部または一部を貸し出す形態の傭船契約と，運送人が荷主から個々の物品の運送を引きうける形態の個品運送契約に分けられる。傭船契約については，実務上，民間統一規則・標準契約書式が使用されており，通常は，当該統一規則を組み入れた契約の問題として，契約自由の原則の下で処理されることとなる。

　個品運送契約についても，かつては契約自由の原則が妥当し，実務上，運送人（船主）に過度に有利な内容の契約が行われていたが，20世紀になり，荷主の側の利益を考慮し，運送人の免責を制限する強行法の世界的な枠組みが整備された。その代表例が，1924年「船荷証券に関するある規則の統一のための国際条約」（船荷証券統一条約，ヘーグ規則）である。その後，1968年・1979年改正議定書（ヘーグ・ヴィスビー規則）により，同条約はさらに運送人の責任を強化

した。

　日本はヘーグ規則に加盟し，国内法として「国際海上物品運送法」（以下「国海法」という）を制定した。その後，ヘーグ・ヴィスビー規則に加盟したため，国海法を改正した。以下では，国海法を中心にみていく。

　第1に，国海法の適用範囲は，船積港または陸揚港が外国である海上物品運送である（1条）。そこで，日本の裁判所で国際海上運送人の責任が問題となった場合，国海法と国際私法（通則法7条以下）との適用関係が問題となる。この点については，条約の審議過程や締約国が条約の適用範囲を変更していることなどを理由に，国際私法によって日本法が準拠法となった場合に国海法が適用されるとの見解と，ヘーグ・ヴィスビー規則10条が条約の適用範囲を明確に定めており，国際私法上の当事者自治（通則法7条）によって条約の適用を排除すれば運送人の免責制限という条約の目的が損なわれることなどを理由に，条約の適用範囲については国海法が直接に適用されるとの見解と対立している。

　第2に，運送人の責任については，国海法3条〜5条が定める。運送人が運送品を受け取ってから引き渡すまでの間に生じた運送品の滅失・損傷などについては，航海上の過失（船長等による船舶の航行や取扱いについての過失）や船舶火災が原因である場合や運送人が無過失であったことを証明した場合を除き，原則として，運送人の責任が認められる（3条・4条）。また，船舶を航海に堪える状態においていなかったことから生じた運送品の滅失・損傷などについても，無過失であったことを証明しない限り，運送人が責任を負う（5条）。これらの規定に反して運送人に有利な免責特約は無効とされる（15条）。

　第3に，運送人の責任が認められる場合の損害賠償については，限度額が設定されており，① 666.67計算単位か，② 滅失・損傷した運送品の総重量について1キログラム当たり2計算単位か，いずれか大きい方が限度額となる（13条）。計算単位とは，国際通貨基金（IMF）の特別引出権（SDR）に相当する金額のことであり（2条4項），世界統一的な価値基準を使う必要があることから，特別引出権が使用されている。

　なお，荷主は，運送品を運送人に引き渡した場合には，運送人に対して船荷証券の交付を要求することができる（6条）。船荷証券は，① 運送品の受け取りを証明する証拠証券であるとともに，② 裏面に契約条項を記載していることを記載してい

とから契約書の性質を有する。また、③ 運送人が仕向港で証券と引き換えに運送品を引き渡す受戻証券であるとともに、④ 運送品の譲渡が証券の譲渡によって行われる権原証券でもある。とくに船積みされたことを示す船荷証券（船積船荷証券）は、その所持人が確実に証券上に示された物品を運送人から受け取ることができることを示すものであるため、後述するとおり、信用状の条件とされることが多い。

【設例28-1】の場合、Ｙの冷凍貨物用コンテナーの温度が適当でなかったことから運送中に貨物が損傷しているため、運送人Ｙに責任が認められる（3条1項）。ただし、荷送人Ａの不適切な温度指示が原因であった場合には、Ｙは責任を免れる余地がある（4条2項6号）。Ｙに責任が認められる場合、Ｘの損害賠償請求が認められるためには、荷受人ＸがＹに対して適切な通知を行うことが必要である（12条）。損害賠償額は、「荷揚げされるべき地及び時における運送品の市場価格」（12条の2）であるが、13条によって決まる額が上限となる。

第2節　航空運送

　国際的な航空運送については、日本の加盟する「国際航空運送についてのある規則の統一に関する条約」（モントリオール条約）が適用されることが多い。条約が適用される「国際運送」とは、当事者間の約定により、運送の中断または積み替えがあるかないかを問わず、出発地および到達地が、① 二の締約国の領域内にある運送、または、② 一の締約国の領域内にあり、かつ、予定寄航地が他の国（この条約の締約国であるかないかを問わない）の領域内にある運送、をいう（1条2項）。

　条約には、裁判管轄の規定が置かれており、損害賠償についての訴えは、原告の選択により、いずれか一の締約国の領域において、① 運送人の住所地、② 運送人の主たる営業所の所在地、③ その契約を締結した運送人の営業所の所在地、または、④ 到達地の裁判所のいずれかに提起しなければならない（33条1項）。旅客の死亡・傷害から生じた損害についての損害賠償の訴えは、①～④のほか、⑤ 一定の場合には、事故発生時に旅客が主要かつ恒常的な居

住地を有していた締約国の領域の裁判所に提起することもできる（33条2項）。

仲裁による紛争解決も可能であるが，条約により裁判管轄を有する国で仲裁手続を行い，かつ，仲裁人が条約を適用することが要求されている（34条）。

条約の適用を潜脱するための当事者による準拠法指定や裁判管轄合意は無効とされており（49条），条約の適用範囲内の事項については条約が強行的に適用されることになる。

条約によれば，運送人は，運送中に貨物に生じた損害について無過失責任を負うが，貨物・荷造りの欠陥，戦争，公的機関の措置などがその原因であることを証明すれば免責される（18条）。運送人に責任がある場合でも，賠償額は制限されている（22条）。運送中に生じた旅客の死傷については，一定限度までは無過失責任とされている（17条・21条）。

第29章 国際支払い

> 【設例29-1】 日本会社Xは、甲国会社Aとの間で物品売買契約を締結した。売買契約では、甲国銀行Yが発行する信用状（Xを受益者とする）で決済することになっていた。Xが信用状で定められていた書類を呈示したところ、Yは、一部の書類上に記載された受益者の住所に間違いがあり、これが信用状条件との不一致（ディスクレ）に該当すると主張して支払いを拒んだ。Yの主張は正当か。

第1節　荷為替手形による取立て

　国際物品売買を行う買主は，別の国に所在する売主に対して代金の支払いを行う必要がある。国際的な支払いについては，銀行を通じて行われることが多い。

　支払いの方法としては，売主の指定した口座に買主が振込を行うことも考えられるが，この場合には，いずれかの当事者が先履行のリスクを負担することになる。そこで，実務上は，代金取立てのための「為替手形」を使用することが多い。というのは，売主は，いずれにせよ輸入のために必要な書類（原産地証明など）を買主に送付せざるをえないため，これら書類と一緒に為替手形を送付するのである。

　順を追って説明すると，①売主は，為替手形を振り出した上で，船荷証券を含む運送書類と組合せて一体のもの（「荷為替手形」という）とし，売主の地元の銀行Aに対して，荷為替手形による代金の取立てを依頼することになる。②銀行Aは，買主の国に所在する銀行Bに取立てを委任する。③銀行Bは，買主に対して為替手形の引受呈示を行う。④買主は，引受を行うことで，満期時に為替手形の支払義務を負うことになる（手形法28条を参照）。⑤買主から支払いをうけた銀行Bは，これを銀行Aに送金し，銀行Aから売主が代金を受領する。

このような取立てに関する銀行間の実務は，通常，「取立統一規則」と呼ばれる民間統一規則に従って行われている。それゆえ，銀行Aが売主から取立ての依頼をうける際にも，この取立統一規則に準拠して行うとの契約が交わされることになる。

取立統一規則によれば，別段の定めがなければ，銀行Bが運送書類を買主に引き渡すのは，買主による為替手形の支払時である（これをD/P条件という）。これに対して，売主の銀行Aに対する指示に基づき，買主による為替手形の引受時に，銀行Bが運送書類を買主に引き渡すこともある（これをD/A条件という）。D/A条件の買主としては，引受時から満期時（支払時）までの間に，運送品を第三者に転売することで，為替手形の支払資金を捻出することが可能となる。他方で，売主からみれば，買主に信用を与えるもので，運送書類を渡した後に買主が倒産するなど，代金を回収できないことになるリスクがある点に注意すべきである。

D/P条件は，代金支払いと運送書類（＝運送品）の交換となり，事実上，同時履行を実現する方法である。しかし，そもそも買主が為替手形の引受をしない場合には，買主の支払義務を生じないことから，依然として，売主の側にリスクが残る。そこで，代金支払いを確実にする方法として，「信用状」が使用されるようになってきた。

第2節　信 用 状

信用状とは，銀行が，一定の条件（信用状条件）をみたす場合に一定額の支払いを確約したものである。信用状条件として，売買契約で定めた物品・数量等を貨物の内容として記載する船積船荷証券などの書類の呈示を定めることが多い。船積船荷証券を見れば，契約どおりの物品・数量等が引き渡されるかどうかの判断を，買主が行うことができるからである。

信用状での代金支払いを定める売買契約においては，一般に，信用状の開設（銀行による信用状の発行）は，買主の義務であって（CISG54条を参照），買主は船積開始までに信用状の開設をしなければならないと解される（日本の判例と

して最判平成15・3・27金法1677号54頁）。そこで，買主は，銀行に対して信用状の発行を依頼することになる。

通常の信用状取引の流れは，つぎのようになる。①買主Aが，銀行Yに対して信用状の発行を依頼する。②銀行Yは，買主Aの支払能力を審査し，必要に応じて担保を取った上で，売主Xを受益者とする信用状を発行する。③銀行Yは，多くの場合，売主の所在地国の銀行Bを買取銀行と指定した上で，売主Xへの信用状の通知を銀行Bに依頼する。④銀行Bは，Yから送信された信用状をプリントアウトした上で，売主Xに当該信用状を通知する。⑤売主Xは，信用状条件に合致した書類を指定買取銀行であるBに持ち込み，買取を依頼する。⑥銀行Bは，当該書類が信用状条件に合致しているかどうかを審査し，合致していると判断すれば買取を行い，Xに支払いを行う。⑦銀行Bは，当該書類を発行銀行Yに送付し，Yから支払い（補償）をうける。通常は，これで信用状取引は終了することになるが，問題となるのは，設例のように，書類が信用状条件に合致していないと主張して，発行銀行が支払いを拒絶する場合である。

信用状をめぐる法律関係としては，発行依頼人（買主A）と発行銀行Yとの関係と，発行銀行Yと受益者（売主X）との関係が中心となる。いずれも契約関係と解する説が有力である。そのため，日本の裁判所でこれらの関係が問題となる場合には，通則法7条以下の規定によって準拠法が決定されることになる。

ただし，世界で流通しているほぼすべての信用状は，実務上，「荷為替信用状に関する統一規則および慣例」（「UCP」または「信用状統一規則」と呼ばれる）によって処理されている。UCPは，インコタームズや取立統一規則と同様，ICCが作成した民間統一規則であり，最新版は2007年発効の「UCP600」である。UCPは，民間統一規則であって国家法ではないから，当事者による契約への組入により，準拠法上の強行法規に反しない範囲で適用されることになる。

信用状の特徴は，その独立抽象性と書類取引の点にある。第1に，信用状は，その発行の原因となった売買契約とは別個・独立のものであって，売買契約の無効・債務不履行などとは無関係に，信用状条件に合致した書類の呈示がある限り，信用状の発行銀行は，信用状に基づく支払いを拒絶できない（独立抽象

性の原則。UCP4条)。

　第2に，信用状取引で取り扱う対象は書類である（書類取引の原則。UCP5条)。そのため，信用状を取り扱う銀行は，呈示された書類が信用状条件を充足するかどうかについて，書類のみに基づいて判断することになる（UCP14条)。そこで，発行銀行は，(買主の依頼に基づく）信用状条件として，必要な書類とその記載事項を詳細に定めるのが通常であり，これら書類の記載事項については信用状条件との厳格な一致が要求される（厳格一致の原則)。信用状条件との不一致（ディスクレパンシー。「ディスクレ」と略称される）がある場合には，条件を充足しない呈示として，発行銀行は支払いを拒絶できる（UCP16条)。そこで，実務上，ディスクレに該当するか否かの判断基準が重要となる。この点については，書類点検の標準としてUCPでも詳細な規定（UCP14条など）が定められているが，ICCは，別途，主要書類の点検基準を明文化した「国際標準銀行実務（ISBP)」を公表している。

　【設例29-1】の場合，Xの呈示書類にディスクレがあったときには，発行銀行Yは，支払拒絶が可能であるが，ディスクレの有無については，UCPに従って判断されることになる。UCP14条jによれば，呈示書類上の受益者の住所は，原則として，信用状条件で定められた住所と同一国内に存在するものでなければならないが，完全に一致する必要はない。したがって，Yの主張は認められないことになろう。

事項索引

あ 行

明らかにより密接な関係がある地がある場合
　………………………………………… 132, 137
UNCITRAL モデル仲裁法 …………………… 339
遺　言 …………………………………………… 269
　――者の本国法 ……………………………… 269
　――の執行 …………………………………… 262
　――の準拠法と相続の準拠法 ……………… 269
　――の成立・効力の準拠法 ………………… 269
　――の方式に関する法律の抵触に関する条約
　………………………………………………… 270
　――の方式の準拠法 ………………………… 270
　――の方式の準拠法に関する法律 ………… 270
　――優遇の原則 ……………………………… 270
遺産管理 ………………………………………… 263
遺産分割 ………………………………………… 263
異則主義 ………………………………………… 149
一方的抵触規則 ………………………………… 16
一方要件 ………………………………………… 177
異法地域間の法律行為の方式 ………………… 121
インコタームズ ………………………… 353, 355, 365
氏 ………………………………………………… 244
営業所所在地管轄 ……………………………… 286
応訴管轄 ………………………………………… 296
夫の本国法主義 ………………………………… 188
親子関係の国際裁判管轄 ……………………… 304
親子間の法律関係 ……………………………… 231
　――における子の利益保護 ………………… 234
親子間の利益相反行為 ………………………… 237

か 行

外交婚 …………………………………………… 185
外国会社に対する会社法の規制 ……………… 167
外国会社の子会社の所在地 …………………… 287
外国国際私法の適用可能性 …………………… 60
外国裁判所専属管轄約款 ……………………… 290
外国裁判所の確定判決 ………………………… 326
外国裁判所ノ嘱託ニ因ル共助法 ……………… 310
外国人
　――に対する日本法による後見 …………… 251
　――の私法上の地位 ………………………… 79
　――の地位 …………………………………… 311
　――法 ………………………………………… 9
外国成年後見開始審判の承認 ………………… 90
外国仲裁判断の執行に関する条約 …………… 339
外国仲裁判断の承認・執行 …………………… 346
外国仲裁判断の承認及び執行に関する条約
　………………………………………………… 339
外国における証拠調べ ………………………… 309
外国における送達 ……………………………… 309
外国判決
　――承認の要件 ……………………………… 326
　――の執行 …………………………………… 336
　――の承認・執行 …………………………… 4, 8, 321
外国法 …………………………………………… 313
　――事実説 …………………………………… 313
　――についての情報に関する欧州協定 …… 317
　――の性質 …………………………………… 313
　――の選定 …………………………………… 314
　――の適用違背と上告理由 ………………… 320
　――の内容の確定 …………………………… 315
　――法規説 …………………………………… 313
外国法人
　――の権利享有 ……………………………… 164
　――の登記 …………………………………… 166
　――の認許 …………………………………… 163
外国離婚判決の承認 …………………………… 335
加害行為地 ……………………………… 30, 293
隔地的取引 ……………………………………… 85
各当事者の本国法の配分的適用 ……………… 176
隠れた反致論 …………………………………… 68
過剰管轄 ………………………………………… 328
家庭法院の確認 ………………………………… 242
貨幣価値の変動 ………………………………… 147
貨幣準拠法 ……………………………………… 146

事項索引

管轄原因事実の証明問題……295
管轄配分説……278
間接管轄……328
間接規律性……5, 15
間接指定主義……36
間接反致……61
関連請求の管轄……296
旗国法……151
擬似外国会社……167
機能的公序論……56, 209
逆推知説……278
客観的連結……115, 117
狭義の反致……61
強行法規の特別連結理論……112
挙行地法主義……184
居住地管轄……249
居住地国の管轄権……87
金銭債権……146
具体的妥当性……26, 49, 150
契約債務の履行地……291
契約準拠法……97
契約の類型化……107
結果の統一性……20
結果発生地……30
血統主義……34
原因となる事実が発生した地……30
原告の住所……290
原告の住所地管轄……300
限定的選択制……195
権利能力……79
合意管轄……289
行為地……30
　——における取引保護……83
行為地法
　——の選択的適用……120, 241
　——の適用に対する例外……122
行為能力……80
　——における政策考慮……81
後見・保佐・補助……248
後見開始審判の準拠法……89
後見開始の審判の管轄権……86
後見事件の国際裁判管轄……249
後見の準拠法と親権の準拠法……250

公　序……331
　——論……112
公序条項……51, 52
　——の機能……51
　——の積極的適用……56
　——の発動の基準……51
　——の濫用……59
公法説……245
公法の属地的適用の理論……112
公法理論……111
国際裁判管轄……4, 8, 273, 327
　——の判断基準……327
国際私法……3, 4
　——上の公序……50
　——独自説……44
　——の統一……11
国際商事仲裁……337
国際訴訟競合……305
国際訴訟における当事者……311
国際的な子の奪取の民事上の側面に関するハーグ条約……239
国際的二重訴訟……305
国際取引の安全と円滑……21
国際民事手続法……8, 272
国　籍……9, 29, 34
　——主義……32
子条約……255
子に対する扶養義務の準拠法に関する条約……255
子の常居所地法主義……256
子の奪取……238
子の引渡し……237
子の利益保護……28, 211, 212, 213, 305
個別準拠法は総括準拠法を破る……261
個別的承認制……322
個別的仲裁……338
個別的利益考慮説……279
個別労働関係……298
婚　姻
　——挙行地の決定……185
　——準正……224
　——による妻の氏の変動……190
　——の効力……187

――の実質的成立要件の準拠法………176
――の成立要件と公序………182
――の成立要件と反致………180
――の方式の準拠法………183
――無効の国際裁判管轄………304

さ 行

債権債務関係………139
債権質………146
債権者代位権………139
債権譲渡………143
――の準拠法………144
――の第三者に対する効力………145
債権の消滅時効………141, 142
――期間と公序………143
再婚禁止期間………179
財産所在地………287
財産分与請求を認めない外国法の適用と公序
………208
裁判所の選択合意に関する条約………291
最密接関係地………39
最密接関係地法………18, 26, 106, 189, 341
――の強行法規の適用………114
事件に関連を有する国の利益………23
自国法適用の利便………63
自然人の普通裁判籍………284
実方の親族との親子関係の切断………229
実効的国籍の理論………35
実質審査主義………322
実質的成立要件の準拠法………241
実質法の基礎にある法目的………27
失踪宣告………91
――の管轄権………92
――の準拠法………94
指定の変更………196
自動車の所有権の取得の準拠法………152
自動車の登録地………152
自動的承認制………322
司法共助………309
死亡による相続の準拠法に関する条約……267
事務管理………136
仕向地………31, 151
氏名の準拠法………244

終局性の原則………323, 325
重国籍者の本国法………34
重婚の禁止………179
住所地法………40
――主義………32
出生による非嫡出母子関係の成立………223
受動的消費者………118
準拠法
――所属国の国際私法説………72
――説………44
――の要件………322, 335
準国際私法………8
準 正………224
消極的確認訴訟………294
常居所………29
――地法………40
証人・証拠収集の便宜………294
消費者契約………115, 116, 298
――における方式の特則………117
消費者の常居所地の強行法規の適用………116
消費者の保護………28
条 理………48, 130
人格権説………245
人格の錯誤に基づく婚姻………179
親権者・監護権者の指定………235
親権と公序………236
人際法………40
親族関係………243
信用状………353, 364
請 求
――の客観的併合………296
――の主観的併合………296
――の目的物の所在地………288
政策考慮………28
生産物責任………129
――の準拠法に関するハーグ条約（1973年）
………131
生産物の引渡しをうけた地………31, 130
生地主義………34
正当性の原則………323, 324
正当な期待の保護………24
制度的仲裁………338
成年後見・保佐・補助開始の審判………86

事 項 索 引

成年者の国際的保護に関するハーグ条約····254
セーフガード条項···············213, 222, 227
世界統一私法·······································6
絶対的強行法規の理論························112
折衷説······································71, 73
設立準拠法主義································162
善意の第三者····································198
先決問題···70
　――の解決······································72
専属管轄··297
選択的適用説···································246
選択的連結····················17, 213, 215, 216
船舶先取特権··································159
船舶の旗国······································31
相互の保証······························322, 333
相　続··259
　――財産の構成と公序·····················261
　――統一主義························259, 267
　――と反致···································265
　――の承認・放棄··························262
　――の放棄と公序··························262
　――分···261
　――分割主義································259
相続人··261
　――の不分明・不存在·····················264
送　達··330
双方的抵触規定································16
双方要件·······································177
遡及効··193
属人法···31
　――の決定基準··························31, 32
訴訟手続··308
訴訟能力··311

た　行

代用給付権····································147
代　理···································160, 169
単一の連結点····································16
段階的連結··············18, 189, 192, 201, 233
担保物権··157
父の本国法主義································232
知的財産権·····································155
嫡出親子関係の成立···························214

嫡出の推定····································216
仲裁合意··340
　――の準拠法································341
仲裁条項ニ関スル議定書····················339
仲裁地··344
仲裁廷···································344, 346
仲裁適格性····································340
仲裁手続·································343, 344
　――の準拠法································345
仲裁判断·······································345
　――の承認・執行··························349
仲裁法··339
調停・審判離婚································205
懲罰的損害賠償································333
直接管轄·······································328
直接指定主義····································36
著作権··156
通則法（法の適用に関する通則法）
　――4条1項···································82
　――4条2項························83, 84, 85
　――4条3項···································85
　――5条································86, 89
　――6条·······································92
　――6条1項······························92, 94
　――7条·······································98
　――8条1項·································106
　――8条2項·································108
　――9条·······································99
　――10条1項································119
　――10条2項································121
　――11条1項································116
　――11条6項································118
　――12条·····································113
　――12条2項································114
　――12条3項································115
　――13条·····································149
　――17条·····································125
　――17条ただし書··························125
　――18条·····································130
　――19条·····································132
　――20条·····································132
　――21条·····································133
　――22条·····································134

事項索引

- ——22条 2 項 …………………… 135
- ——23条 …………………………… 145
- ——24条 2 項 …………………… 184
- ——24条 3 項ただし書 ………… 186
- ——24条 3 項本文 ……………… 185
- ——25条 ……………… 188, 193, 201
- ——26条 1 項 …………………… 193
- ——26条 2 項 …………………… 194
- ——26条 3 項 …………………… 197
- ——26条 4 項 …………………… 197
- ——28条 …………………… 215, 216
- ——29条 …………………………… 220
- ——30条 …………………………… 225
- ——32条 …………………………… 233
- ——33条 …………………………… 243
- ——34条 …………………………… 241
- ——35条 …………………………… 248
- ——35条 2 項 …………………… 251
- ——36条 …………………………… 260
- ——37条 …………………………… 269
- ——38条 1 項 ……………………… 35
- ——38条 2 項 ……………………… 35
- ——38条 3 項 ………………… 36, 189
- ——39条 ……………………………… 40
- ——40条 1 項 ……………………… 41
- ——41条 ……………………………… 64
- ——42条 ……………………………… 50
- ——における不法行為地法主義の修正 … 129
- ——附則 3 条 1 項 ………………… 85
- 抵触規則 ……………………………… 4
- 適応問題 …………………………… 250
- 適用の容易さ ……………………… 25
- 手続は法廷地法による ………… 308
- 転致または再致 ……………………… 61
- 伝統的法選択規則 ………………… 14
- 統一私法 ……………………………… 6
- 同一常居所地法 …………………… 189
- 統一法としての万民法 …………… 6
- 当事者が選択した地 ……………… 30
- 当事者自治 …………………… 133, 194
- 当事者自治の原則 ………………… 98
- ——と強行法規 …………………… 110
- 当事者に最も密接な関係がある地域 … 38
- 当事者による準拠法選択のないとき
　………………… 103, 106, 115, 117
- 当事者による準拠法の指定 …… 268
- 当事者による準拠法の変更 … 99, 138
- 当事者による法選択 …………… 194
- 当事者の意思による有効な準拠法の指定 … 99
- 当事者の一方の本国法の選択的適用 … 185
- 当事者能力 ………………………… 311
- 当事者の利益 ……………………… 24
- 同則主義 …………………… 149, 150
- 登録地法 …………………………… 151
- 特段の事情 ………………………… 93
- 特段の事情論 …………… 280, 281, 303
- ——の機能 ……………………… 280
- 特徴的給付の理論 …………… 105, 108
- 特別縁故者による財産分与請求 … 264
- 特別裁判籍 ………………………… 278
- 特許権の効力 ……………………… 155
- 特許法上の職務発明 ……………… 156
- 取引保護主義の例外 ……………… 85

な 行

- 内国取引の保護 …………………… 197
- 内国取引保護主義 …………… 82, 83
- 内国法の優先 ……………………… 22
- 内国法偏重 ………………………… 75
- 荷為替手形 …………………… 354, 363
- 二重反致 …………………………… 62
- 日常家事債務の連帯責任 ……… 191
- 日本人条項 …………………… 186, 202
- 日本法によるべき法律関係 ……… 94
- ニューヨーク条約 …………… 339, 347
- 任意代理 …………………………… 169
- 認知準正 …………………………… 224
- 認知請求を認めない外国法の適用と公序 … 223
- 認知における追加的特則 ……… 221
- 年齢に基づく行為能力 …………… 80
- 能動的消費者 ……………………… 118
- 能力における本国法主義 ………… 96

は 行

- ハーグ国際私法会議 ……………… 12
- ハーグ国際動産売買準拠法条約 … 110

371

事項索引

配分的適用……………………………………177
配分的連結……………………………………17
母の夫の本国法主義…………………………215
判決の国際的調和…………………………20, 62
反　致………………………………………………60
　　──の一般条項としての機能……………63
　　──の根拠…………………………………62
　　──の排除…………………………………66
被害者の常居所地法…………………………132
被害者の保護…………………………………294
被後見人の本国法主義………………………250
被告住所地原則………………………284, 300
被告の財産の所在地…………………………288
被相続人の本国法……………………………260
非嫡出親子関係一般の準拠法………………221
非嫡出親子関係の成立………………………219
否認権…………………………………………217
表見・無権代理………………………………170
夫婦財産制の準拠法…………………………192
夫婦の氏………………………………………190
夫婦の扶養義務………………………………191
附合契約における準拠法約款の効力………101
不在者の最後の住所地管轄……………………92
普通裁判籍…………………………………277, 278
物権の準拠法…………………………………149
物権変動と所在地の変更……………………153
物理的な所在地法……………………………152
不統一法国に属する者の本国法………………36
不当利得………………………………………137
船荷証券……………………………354, 360, 364
不変更主義……………………………………193
不法行為………………………………………123
　　──の準拠法……………………………123
不法行為地…………………………124, 125, 293
　　──法主義…………………………123, 129
　　──法主義の動揺………………………125
扶　養…………………………………………255
扶養義務
　　──の準拠法……………………………256
　　──の準拠法に関する条約……………255
　　──の準拠法に関する法律……………256
分割指定…………………………………102, 196
分裂国家…………………………………………39

変更主義…………………………………193, 202
法　源……………………………………………9
法　人…………………………………………160
　　──の権利能力の準拠法………………163
　　──の従属法……………………………161
　　──の設立、内部組織の準拠法………165
　　──の設立地………………………………31
　　──の代表権の準拠法…………………166
　　──の普通裁判籍………………………285
法選択……………………………………………4
　　──規則…………………………………4, 14
　　──の基礎にある政策考慮………………20
　　──プロセス………………………………20
法定代理………………………………………169
法定担保物権の成立および効力の準拠法…158
法廷地……………………………………………31
　　──（実質法）説…………………………44
　　──国際私法説……………………………72
法廷地法………………………………………308
　　──の累積的適用……………………134, 135
法的安定性………………………………………25
法の適用に関する通則法（→通則法）………10
法の内容と適用の結果の考慮………………107
法律回避…………………………………………74
　　──の解決方法……………………………75
法律関係性質決定………………………42, 48
法律行為
　　──の成立の準拠法……………………119
　　──の方式………………………………119
法　例……………………………………………9
ボル事件………………………………………253
本拠地法主義…………………………………161
本国管轄………………………………87, 93, 249
本国法主義……………………………31, 32, 81, 176
本国法の優先…………………………………189
本国法の優先的適用…………………………233

ま　行

未成年者の後見を規律するための条約……253
未成年者保護条約……………………………254
身分的法律行為の方式………………………241
身分変動と氏…………………………………245
民事訴訟手続に関する条約…………………310

事項索引

民事訴訟手続に関する条約等の実施に伴う民事訴訟手続の特例等に関する規則……… 310
民事訴訟手続に関する条約等の実施に伴う民事訴訟手続の特例等に関する法律……… 310
民事執行法24条…………………………… 336
民事又は商事に関する裁判上及び裁判外の文書の外国における送達及び告知に関する条約 ………………………………………… 310
民事又は商事に関する証拠の外国における収集に関する条約……………………… 310
民事訴訟法
　——33条……………………………… 311, 312
　——108条…………………………………… 309
　——118条……………………………… 326, 336
　——118条1号………………………………… 327
　——118条2号………………………………… 330
　——118条3号………………………………… 331
　——118条4号………………………………… 333
　——184条…………………………………… 309
　——の裁判籍……………………………… 277
無国籍者……………………………………… 35
名誉・信用毀損…………………………… 131
面接交渉…………………………………… 237
黙示意思探求の理論……………………… 103
黙示意思による指定……………………… 106
目的物所在地法主義の根拠……………… 150
目的物の所在地……………………… 30, 151
最も密接な関係がある地………………… 31

や　行

約定担保物権の成立と効力の準拠法……… 157
養子縁組
　——と家裁の許可………………………… 230
　——と反致………………………………… 230
　——の許否・成立要件…………………… 228
　——の効力………………………………… 228
　——の準拠法……………………………… 227
　——の方式………………………………… 243
養親の本国法主義………………………… 227

ら　行

離縁を認めない外国法の適用と公序……… 229
離　婚
　——禁止国法の適用と公序……………… 203
　——原因…………………………………… 203
　——の許否………………………………… 203
　——の国際裁判管轄権…………………… 300
　——の際の慰謝料………………………… 207
　——の際の財産分与請求………………… 208
　——の際の財産分与請求を妻に認めない外国法の適用と公序……………………… 58
　——の際の親権者指定…………………… 235
　——の際の親権者を自動的に父と定める外国法の適用と公序………………………… 56
　——の準拠法………………………… 200, 201
　——の方法………………………………… 205
領事婚……………………………………… 185
量的制限……………………………… 101, 195
累積的連結………………………………… 17
連結点……………………………………… 29
　——の集中………………………………… 107
労働契約…………………………………… 110
労働者保護…………………………… 28, 114
労働者を雇い入れた事業所の所在地…… 30
労務提供地…………………………… 30, 298
ローマ条約
　——3条…………………………………… 102
　——4条1項……………………………… 105
　——6条…………………………………… 113
　——7条…………………………………… 113
　——8条…………………………………… 100

わ　行

ワルソー条約……………………………… 306

373

判例索引

長崎控決明治41・12・28法律新聞550号12頁 …… 52, 158
東京控判明治43・12・26法律新聞700号22頁 …… 71
東京控判大正5・11・4法律新聞1214号21頁 …… 236
大判大正6・3・13民録23輯78頁 …… 52
大判大正6・3・17民録23輯378頁 …… 143
神戸地判大正6・9・16法律新聞1329号23頁 …… 53
大阪地判大正10・3・11法律評論10巻諸法98頁 …… 104
大判昭和8・12・5法律新聞3670号16頁 …… 333
大判昭和9・12・27民集13巻24号2386頁 …… 103, 147
東京地判昭和10・2・4法律新報390号27頁 …… 64
大判昭和11・9・15法律新聞4033号16頁 …… 157, 158
東京高判昭和28・9・11下民集4巻9号1269頁 …… 154
東京地判昭和29・6・4判タ40号73頁 …… 168
東京地判昭和29・9・25下民集5巻9号1625頁 …… 67
福岡地判昭和30・1・19下民集6巻1号46頁 …… 65, 67, 68
京都地判昭和31・7・7下民集7巻7号1784頁 …… 207
静岡家沼津支審昭和31・9・24家月8巻11号35頁 …… 66, 175, 179, 180
京都地判昭和31・12・28下民集7巻12号3911頁 …… 190
東京高判昭和32・11・28下民集8巻11号2200頁 …… 54, 219, 223
東京地判昭和33・4・3下民集9巻4号576頁 …… 65
東京高判昭和33・7・9家月10巻7号29頁 …… 250
東京地判昭和34・6・11下民集10巻6号1204頁 …… 276, 288
横浜家審昭和34・6・24家月11巻12号42頁 …… 67
東京家審昭和34・6・24家月11巻12号142頁 …… 65
横浜家審昭和34・7・16家月11巻12号143頁 …… 65
神戸地決昭和34・9・2下民集10巻9号1849頁 …… 170
神戸地判昭和34・10・6下民集10巻10号2099頁 …… 317
最判昭和34・12・22判時211号13頁 …… 39
東京家審昭和35・2・8家月12巻5号171頁 …… 65
大阪地判昭和35・4・12下民集11巻4号817頁 …… 153, 315
東京地判昭和35・6・23下民集11巻6号1359頁 …… 54
東京地判昭和35・7・20下民集11巻7号1522頁 …… 334
神戸家審昭和35・12・6家月13巻3号156頁 …… 263, 269
大阪高判昭和35・12・20下民集11巻12号2702頁 …… 206
東京家審昭和36・2・10家月13巻6号168頁 …… 230, 231
東京家審昭和36・4・1家月13巻8号111頁 …… 178, 179
東京家審昭和36・7・18家月13巻11号108頁 …… 67, 231
福岡地小倉支判昭和37・1・22下民集13巻1号64頁 …… 316

佐賀地判昭和37・2・28下民集13巻2号317頁 … 191
東京地判昭和37・7・20下民集13巻7号1482頁 … 46, 140, 309
東京家調昭和37・9・17家月15巻1号164頁 … 204
浦和家審昭和38・6・7家月15巻8号131頁 … 179, 181
東京家審昭和38・6・13家月15巻10号153頁 … 318
大阪地堺支判昭和38・9・16家月16巻2号70頁 … 204
東京家調昭和38・11・18家月16巻4号165頁 … 65, 266
最大判昭和39・3・25民集18巻3号486頁 … 300, 302-305, 328
最判昭和39・4・9家月16巻8号78頁 … 300, 301
大阪地判昭和39・10・9下民集15巻10号2419頁 … 304
東京地判昭和39・10・15下民集15巻10号2447頁 … 171
名古屋家審昭和40・4・21家月17巻9号99頁 … 180
東京地決昭和40・4・26労民集16巻2号308頁 … 53, 111
東京地判昭和40・5・27下民集16巻5号923頁 … 305
大阪地判昭和40・8・7判タ185号154頁 … 264
熊本家審昭和40・9・28家月18巻3号93頁 … 65
大阪高決昭和40・11・30家月18巻7号45頁 … 65
名古屋家審昭和40・12・6家月18巻7号74頁 … 217
東京家審昭和40・12・20家月18巻8号83頁 … 237
東京地判昭和41・1・13家月19巻1号43頁 … 71
東京家審昭和41・2・4家月18巻10号83頁 … 219, 220, 223
東京家審昭和41・9・2家月19巻4号110頁 … 65
東京家審昭和41・9・26家月19巻5号112頁 … 47, 264
宮崎家審昭和42・4・4家月19巻11号122頁 … 65, 67
山口地柳井支判昭和42・6・26下民集18巻5・6号711頁 … 151
東京地判昭和42・7・9判タ210号174頁 … 112
東京地判昭和42・7・11金融法務485号33頁 … 144, 145
東京地判昭和42・10・17下民集18巻9・10号1002頁 … 292
東京地判昭和42・11・13下民集18巻11・12号1093頁 … 327
神戸家審昭和43・2・14家月20巻9号113頁 … 217
東京高判昭和43・6・28高民集21巻4号353頁 … 312
東京家審昭和43・8・6家月21巻1号128頁 … 68
東京地判昭和43・12・20労民集19巻6号1610頁 … 312
熊本地判昭和44・2・20家月22巻5号88頁 … 223
東京地判昭和44・5・14下民集20巻5・6号342頁 … 53, 112
最判昭和44・10・21民集23巻10号1834頁 … 219, 223
徳島地判昭和44・12・16判タ254号209頁 … 45, 52, 103, 109, 142, 143, 309
東京家審昭和45・3・31家月22巻10号101頁 … 60, 266
秋田地決昭和46・1・23下民集22巻1・2号52頁 … 151, 158
静岡地判昭和46・2・12下民集22巻1-2号160頁 … 318
横浜地判昭和46・9・7下民集22巻9・10号937頁 … 331
東京地判昭和46・12・17判時665号72頁 … 331
長野家飯田支審昭和46・12・23家月24巻10号113頁 … 87

判例索引

仙台家審昭和47・1・25家月25巻2号112頁	55, 265
東京地判昭和47・3・4判時675号71頁	223
東京地判昭和47・5・2下民集23巻5-8号224頁	328
大阪家審昭和47・10・5家月25巻7号73頁	71
横浜地判昭和48・1・18判タ297号315頁	54, 204
東京家審昭和48・4・20家月25巻10号113頁	266
東京地判昭和48・4・26判時721号66頁	71
東京家審昭和48・5・8家月25巻12号63頁	218
東京家審昭和48・10・3家月26巻4号95頁	237
大阪地中間判昭和48・10・9判時728号76頁	293, 305
水戸家審昭和48・11・8家月26巻6号56頁	55
東京地判昭和48・11・30家月26巻10号83頁	328
東京家審昭和49・1・29家月27巻2号95頁	191
東京家審昭和49・3・28家月26巻8号99頁	252
札幌地判昭和49・3・29判時750号86頁	103
札幌家審昭和49・7・23家月27巻5号146頁	319
最判昭和50・6・27家月28巻4号83頁	55, 219, 223
最判昭和50・7・15民集29巻6号1029頁	148
最判昭和50・7・15民集29巻6号1061頁	166
名古屋地判昭和50・10・7判時817号98頁	55
名古屋地判昭和50・10・7下民集26巻9-12号910頁	261
東京地判昭和50・11・17判タ334号331頁	54, 205
最判昭和50・11・28民集29巻10号1554頁	277, 290
東京高判昭和51・5・27下民集27巻5-8合併号324頁	191
東京地判昭和51・12・21下民集27巻9〜12号801頁	331
最判昭和52・3・31民集31巻2号365頁	54, 56, 232, 234, 236
東京地判昭和52・5・30判時880号79頁	102
東京家審昭和52・7・19家月30巻7号82頁	262
大阪家審昭和52・8・12家月30巻11号67頁	265
大阪地判昭和52・12・22判タ361号127頁	332
最判昭和53・4・20民集32巻3号616頁	46, 104, 107, 121, 146, 152
大阪家審昭和53・4・20家月32巻6号64頁	242
東京地中間判昭和54・3・20判時925号78頁	279
大阪家審昭和54・3・26家月34巻2号160頁	264
東京高判昭和54・7・3判時939号37頁	62, 67, 71
神戸地判昭和54・11・5判時948号91頁	54, 204
大阪地判昭和55・2・25家月33巻5号101頁	305
京都家審昭和55・2・28家月33巻5号90頁	47, 190, 245
名古屋高金沢支決昭和55・3・25判時970号163頁	209
神戸地判昭和55・3・31判時984号120頁	261
東京地判昭和55・11・21判タ441号140頁	54
富山家審昭和56・2・27家月34巻1号80頁	36
最判昭和56・7・2民集35巻5号881頁	320

東京高判昭和56・7・13家月34巻9号72頁	318
那覇家審昭和56・7・31家月34巻11号54頁	55, 229
神戸家審昭和56・9・21家月34巻7号89頁	266
最判昭和56・10・16民集35巻7号1224頁	274, 279, 288
長野家審昭和57・3・12家月35巻1号105頁	263, 318
仙台家審昭和57・3・16家月35巻8号149頁	39
浦和地判昭和57・5・14判時1058号99頁	305
神戸家審昭和57・7・15家月35巻10号94頁	270
東京地中間判昭和57・9・27判時1075号137頁	276, 280
横浜地判昭和57・10・19家月36巻2号101頁	37
最判昭和58・6・7民集37巻5号611頁	333, 334
大阪地判昭和58・11・21判時1125号134頁	207, 209
東京地判昭和59・2・15判時1135号70頁	305
東京地中間判昭和59・3・27判時1113号26頁	294
大阪地判昭和59・3・29判タ528号296頁	207, 209
札幌地判昭和59・6・26家月37巻7号65頁	319
最判昭和59・7・20民集38巻8号1051頁	54, 58, 200, 207, 209
最判昭和60・2・26家月37巻6号25頁	238
広島地判昭和61・1・30家月38巻6号43頁	319
東京地判昭和61・6・20判時1196号87頁	275, 276, 280, 289
大阪地判昭和62・2・27判時1263号32頁	262
広島高決昭和62・3・9判時1233号83頁	159
大阪高決昭和62・3・20家月39巻7号43頁	269
静岡家審昭和62・5・27家月40巻5号164頁	225, 305
東京地中間判昭和62・6・23判時1240号27頁	306
新潟地判昭和62・9・2判タ658号205頁	179
京都地判昭和62・9・30判時1275号107頁	318
東京高決昭和62・10・29家月40巻2号190頁	263
東京地判昭和63・4・25家月40巻9号77頁	66
東京家審昭和63・8・31家月41巻5号65頁	263
東京高判昭和63・10・5判タ703号215頁	266
横浜地判平成元・3・24判時1332号109頁，判タ703号268頁	223
横浜地判平成元・3・24判タ703号268頁	243
福岡家審平成元・5・15家月42巻1号116頁	218
東京家審平成2・6・20家月42巻12号56頁	247
東京高判平成2・6・28判時1361号56頁	267
盛岡家審平成2・8・6家月43巻3号98頁	230
東京地判平成2・11・28判時1384号71頁	45, 234, 236
東京地判平成2・12・7判時1424号84頁	41
水戸家審平成3・3・4家月45巻12号57頁	195
大阪地判平成3・3・25判時1408号100頁	329
東京地判平成3・3・29家月45巻3号67頁	54, 175, 182
那覇家審平成3・4・1家月43巻10号44頁	65, 234

判例索引

横浜家審平成3・5・14家月43巻10号48頁·····206
横浜地判平成3・10・31家月44巻12号105頁·····37, 38, 40, 47, 207, 208, 235
東京家審平成3・12・6家月44巻10号47頁·····235
東京地判平成4・1・28判時1437号122頁·····166
東京地判平成4・6・26家月45巻8号90頁·····55
東京家審平成4・9・18家月45巻12号63頁·····236
東京地判平成4・9・25家月45巻5号90頁·····219, 224
東京地判平成5・1・29判時1444号41頁，判タ818号56頁·····53
京都家審平成5・2・22家月46巻2号174頁·····235, 236
神戸家伊丹支審平成5・5・10家月46巻6号72頁·····236
高松高判平成5・10・18判タ834号215頁·····242
最判平成6・3・8家月46巻8号59頁·····65
京都家審平成6・3・31判時1545号81頁·····237
仙台高判平成6・9・19判時1551号86頁·····128
名古屋家審平成7・1・27家月47巻11号83頁·····217
大阪高判平成7・2・7民集54巻1号65頁·····72
神戸家審平成7・5・10家月47巻12号58頁·····55, 228
名古屋家審平成7・5・19家月48巻2号153頁·····217
東京家審平成7・10・9家月48巻3号69頁·····237
横浜家横須賀支審平成7・10・11家月48巻12号66頁·····229
東京家審平成7・11・20ジュリ1140号150頁·····55, 228
最判平成8・6・24民集50巻7号1451頁·····301
最判平成9・7・11民集51巻6号2573頁·····333
東京地判平成9・7・16判時1619号17頁·····128
千葉地判平成9・7・24判時1639号86頁·····128, 132
最判平成9・9・4民集51巻8号3657頁·····341
東京地判平成9・10・1判タ979号144頁·····104, 107
最判平成9・11・11民集51巻10号4055頁·····275, 281, 283
水戸家審平成10・1・12家月50巻7号100頁·····214, 217
最判平成10・4・28民集52巻3号853頁·····327, 329, 331
横浜地判平成10・5・29判タ1002号249頁·····37
水戸家土浦支審平成11・2・15家月51巻7号93頁·····55
最判平成12・1・27民集54巻1号1頁·····71-73
東京地判平成13・5・28判タ1093号174頁·····102
東京高判平成13・5・30判時1797号111頁·····156
最判平成13・6・8民集55巻4号727頁·····283, 288, 295
最判平成14・9・26民集56巻7号1551頁·····46, 53, 125, 135, 155
最判平成14・10・29民集56巻8号1964頁·····152
最判平成15・3・27金法1677号54頁·····365
大阪高判平成15・4・9判時1841号111頁·····334
東京高判平成15・5・28判時1831号135頁·····156
東京高判平成16・1・29判時1848号25頁·····156
東京地判平成16・2・24判時1853号38頁·····111

判例索引

最判平成18・10・17民集60巻8号2853頁……………………………………………………156
宇都宮家審平成19・7・20家月59巻12号106頁……………………………………………55, 228
最判平成26・4・24民集68巻4号329頁………………………………………………295, 328

■著者紹介

松岡　博（まつおか・ひろし）

- 1939年　大阪市生まれ
- 1961年　大阪大学法学部卒業
- 1981年　大阪大学法学部助手・助教授・ハーバード・ロースクール客員研究員等を経て，大阪大学法学部教授
- 1987年　法学博士（大阪大学）
- 1990年　大阪大学学生部長
- 1993年　大阪大学法学部長
- 1994年　大阪大学副学長
- 2002年　帝塚山大学法政策学部教授・大阪大学名誉教授
- 2003年　帝塚山大学法政策学部長
- 2005年　帝塚山大学学長
- 2013年　逝去

主　著　『国際私法における法選択規則構造論』有斐閣（1987年）
　　　　『国際家族法の理論』大阪大学出版会（2002年）
　　　　『アメリカ国際私法の基礎理論』大阪大学出版会（2007年）

　　　　『国際関係私法入門』有斐閣（2007年）編著
　　　　『国際私法概論（第5版）』有斐閣（2007年）共著
　　　　『レクチャー国際取引法』法律文化社（2012年）編著

〈補訂者〉

高杉　直（たかすぎ・なおし）

同志社大学法学部教授

主著業績：

『ケーススタディ国際関係私法』有斐閣（2015年）共編著
『マテリアルズ国際取引法（第3版）』有斐閣（2014年）共編著
『私法統一の現状と課題』商事法務（2013年）共著
『アメリカ抵触法〈上・下〉』レクシスネクシス（2008年・2011年）共訳

Horitsu Bunka Sha

国際関係私法講義〔改題補訂版〕

2015年5月1日 初版第1刷発行

著 者　松　岡　　　博
補訂者　高　杉　　　直
発行者　田　靡　純　子
発行所　株式会社 法律文化社

〒603-8053
京都市北区上賀茂岩ヶ垣内町71
電話 075(791)7131　FAX 075(721)8400
http://www.hou-bun.com/

＊乱丁など不良本がありましたら、ご連絡ください。
　お取り替えいたします。

印刷：中村印刷㈱／製本：㈱藤沢製本
装幀：前田俊平
ISBN 978-4-589-03682-7

Ⓒ2015　H. Matsuoka, N. Takasugi　Printed in Japan

JCOPY 〈(社)出版者著作権管理機構 委託出版物〉

本書の無断複写は著作権法上での例外を除き禁じられています。複写される
場合は、そのつど事前に、(社)出版者著作権管理機構（電話 03-3513-6969、
FAX 03-3513-6979、e-mail: info@jcopy.or.jp）の許諾を得てください。

野村美明編著
ケースで学ぶ国際私法〔第2版〕
A 5 判・288頁・3200円

平成23年の「民事訴訟法及び民事保全法の一部改正」により，国際民事裁判管轄の規定が民事訴訟法上におかれた。この改正をふまえて全面改訂するとともに，好評の説例事案のバージョンアップも図った。

植田　淳著
国際ビジネスのための英米法入門〔第2版〕
―英米法と国際取引法のエッセンス50講―
A 5 判・306頁・2900円

インコタームズ2010に対応した最新のルールや，近時の海上保険実務の動向をふまえロイズ海上保険証券（MARフォーム）の約款解説など，10年の初版以降に改正された法律・条約・判例等を盛りこむ。実践上の論点にも論及。

松岡　博編［αブックス］
レクチャー国際取引法
A 5 判・312頁・3000円

問題指向型アプローチをベースに，様々なケースを使って具体的叙述に心がけた入門書。コラムを使うなど初学者にもわかりやすいバランスのよい教科書。国際裁判管轄規定（民訴法改正）についても詳しく言及。

潮見佳男・中田邦博・松岡久和編
概説　国際物品売買条約
A 5 判・224頁・3800円

2009年8月に発効した「国際物品売買契約に関する国際連合条約」について，基本事項から全体像まで把握できるように工夫した概説書。本条約は債権法改正にも影響を与えるとされ，日本法との関連を意識して丁寧に解説。

日本国際経済法学会編／村瀬信也編集代表
国際経済法講座Ⅰ
―通商・投資・競争―
A 5 判・516頁・6000円

この20年間の国際経済法の主役たるWTOの動態分析を中心に公法秩序の鳥瞰図を示す。存在感を増すFTA，EPA等の地域経済統合，独自の発展を遂げる投資家・国際仲裁制度，国際競争法のグローバルな展開を取り上げる。

日本国際経済法学会編／柏木　昇編集代表
国際経済法講座Ⅱ
―取引・財産・手続―
A 5 判・506頁・6000円

グローバル経済が各国政策や企業行動に与えた影響を私法の面から分析する。法の適用に関する通則法や対外国民事裁判権法の成立，日本のCISGへの加入など国際取引法の流れを分析するとともに知的財産法等にも論究。

―法律文化社―

表示価格は本体（税別）価格です